MULTISYSTEMIC THERAPY
FOR ANTISOCIAL BEHAVIOR
IN CHILDREN AND ADOLESCENTS (2ND ED.)

아동 · 청소년을 위한

반사회적 행동의
다중체계치료

Scott W. Henggeler
Sonja K. Schoenwald
Charles M. Borduin
Melisa D. Rowland
Phillippe B. Cunningham 공저

김윤희 · 강윤숙 · 공영숙
박영순 · 서 미 · 서수균
소수연 · 이인숙 · 이정경
조고은 · 하성현 공역

학지사

🌳 역자 서문 🌳

이 책을 번역하기로 결심한 계기는 한 소년이 소년범이 되는 과정을 막지 못했기 때문이었다. 2017년 내가 자원봉사를 하는 한 보육원을 통해 심각한 폭력 문제가 있는 남자 중학생 철수(가명)를 치료해 달라는 부탁을 받았다. 두 달간 진행된 개인 치료는 그다지 도움이 되지 않았고, 얼마 지나지 않아 철수는 시설장 통고제도를 통해 소년원 위탁을 가게 되었다. 면회를 간 소년원에서 철수는 내게 다시는 폭력을 저지르지 않겠다는 굳은 의지를 보여 주었다. 우리는 함께 눈물로 기도하며 새 출발을 다짐했다. 철수의 눈물어린 약속에 크게 마음이 움직인 박영순 박사와 나는 퇴원 이후 철수의 치료계획을 세우기 위해 급히 이 책의 원서를 구했다. 우리는 철수가 퇴원한 다음날 만나서 한 달 동안 준비한 치료계획안을 보여 주었다. 철수는 휴대 전화 통제(비행또래들과의 만남은 대부분 SNS 활동을 통해서 이루어짐)와 외출 제한, 비행친구들과의 단절에 대해 모두 순순히 동의했다. 그러나 그로부터 일주일 사이, 우리는 철수가 변해 가는 것을 무력하게 지켜보아야 했다. 철수를 처음 비행으로 인도했던 고등학생 민철(가명)은 퇴원하는 날부터 이미 철수를 마중 나간 상태였다. 민철은 이후로도 철수와 온라인과 오프라인 공간에서 연락을 주고받으며 그를 다시 비행집단으로 끌어들였다. 함께 철수를 감독하기로 약속했던 담임교사와 선도위원은 막상 치료가 시작되자 '이런 아이들은 그렇게 옥죄면 안 된다'며 그냥 내버려 두라고 했다. 시설장은 철수가 원하는 대로 휴대 전화를 사용하게 하라며 오히려 보육사를 나무랐다. 주변 사람들이 서로 다른 의견으로 머뭇거리는 사이, 민철은 빠르고 용의주도하게 움직였다. 철수는 점차 우리를 피하기 시작하며, 주변 어른들에게 자신이 '알아서 잘할 수 있다'며 그냥 믿어 달라고 말했다. 지금 철수는 또 다른 지역의 소년원에 있다.

이 일은 나와 박영순 박사에게 큰 좌절감을 안겨 주었다. 우리는 이후 다중체계치료를 정말 제대로 공부하여 실행해 보자고 결심했다. 이후 이 책의 번역권을 취득하여 번역을 진행하고 책의 지침을 최대한 충실하게 따르며 시범사례를 치료하고 있다. 또한 번역진 중 일부 뜻있는 분들을 모시고 다중체계치료연구소 협동조합을 설립하여 다중체계치료의 성과를 출판하고 보급하는 데 힘쓰고 있다.

이 책의 번역과 시범사례 운영을 통해서 우리는 철수의 사례가 실패로 끝날 수밖에 없었던 원인과 함께 이를 극복할 해결책을 깨닫게 되었다. 책의 제1장에서는 다중체계치료의 근간을 이루는 치료원리인 변화이론을 다루고 있다. 다른 아동·청소년 정신건강 문제(예: 우울, 불안 등)와 달리 폭력이나 비행, 품행 문제와 같은 반사회적 행동 문제는 가정, 학교, 또래, 지역사회와 같은 많은 체계요인에 의해 다중적으로 결정된다. 그렇기 때문에 청소년 개인의 내적 심리변화에만 초점을 맞추는 개인치료만으로는 효과를 발휘하기 어렵다. 철수가 아무리 비행과 단절하겠다고 결심해도 가정, 학교, 지역사회가 한마음으로 일탈또래의 강력한 영향력을 막아 내지 않는 한 재범을 막기 어렵기 때문이다.

제2장에서는 다중체계치료의 독특한 사례개념화와 슈퍼비전에 대해 자세히 소개하고 있다. 다중체계치료는 핏서클과 핏요인으로 사례를 이해하고 이를 개념화 양식에 정리한다. 슈퍼바이저와 컨설턴트는 이 개념화 양식에 기초하여 치료진에게 주 1회 슈퍼비전과 자문을 각각 제공한다. 다중체계치료는 3~4명이 한 팀이 되어 최소 주 3회 이상 청소년과 그 주변 가족, 교사, 또래, 지역사회 관계자들을 방문해야 하는 고강도 치료이다. 위기상황에 따라서는 거의 매일같이 청소년과 그 가족을 방문해야 하며, 대상 가족과 24시간 연락을 유지해야 한다.

세3장부터는 청소년을 둘러싼 각각의 체계에 개입하는 방법을 자세히 다루고 있다. 제3장에서는 다중체계치료가 성공하기 위해 가장 중요한 역할을 하는 가족 개입을, 제4장에서는 청소년 주변의 또래체계에 개입하는 방법을 소개하고 있다. 제5장에서는 학교 및 교사와 협력하고 학교기반 개입을 실행하는 방법을 여러 예시를 통해서 안내하고 있다. 제6장에서는 상담자들에게 익숙한 개인치료를 다루고 있다. 양육자의 우울, 불안, 분노 문제와 청소년의 사회성 문제, ADHD, 외상에 대한 인지행동치료를 소개하였다. 제7장에서는 상담자보다 사회복지사에게 더 익숙할 것 같은데, 부모의 사회적 지원망을 확충하는 내용을 소개하고 있다. 우리는 시범사례를 운영하면서 제7장의 중요성을 점점 더 알아 가고 있다. 다중체계치료는 4개월에서

6개월의 비교적 짧은 기간 동안 치료를 시행하기 때문에, 치료효과를 지속하기 위해서는 치료종결 후에도 가족체계 자체의 변화뿐만 아니라 가족이 더 잘할 수 있도록 가족을 둘러싼 지원망을 견고하게 구축하는 일이 매우 중요하다. 이는 다중체계 치료의 대상자가 대부분 취약계층에 속하며, 사회적으로 고립된 가정상황에 있기 때문이다. 제8장에서는 수반성 관리에 초점을 맞춘 약물중독치료를, 제9장에서는 다중체계치료의 연구성과를 다루고 있다. 마지막으로 제10장에서는 다중체계치료의 강력한 서비스보증향상체계가 무엇인지 보여 주고 있다. 제10장은 상담서비스의 질 관리로 고민하는 많은 상담서비스 운영자에게 유용한 지침이 되리라 기대한다.

다중체계치료의 효과연구 중 가장 유명한 결과 중 하나는 미주리 비행 프로젝트이다. 이 연구에서 재범 위험이 높은 176명의 만성적인 중범죄 소년범을 MST 조건, 일반적 개인치료 조건, 무처치 조건의 세 가지 조건에 무선할당하고 그 효과를 비교하였다. 4년 후의 추수측정에서 MST 조건 집단의 재범률이 22%였던 것에 반해, 개인치료 조건 집단의 재범률은 72%, 무처치 조건 집단 재범률은 87%로 나타나 MST의 재범억제효과가 통상적인 개인치료의 4배에 달함을 보여 주었다(제9장 참조). 이 소년범들에 대한 21.9년 후 추적연구결과는 더욱 놀랍다. 21.9년 후 중년에 가까운 MST 조건 집단의 소년범의 중범죄 재범률은 34.8%로, 개인치료 조건 집단의 소년범의 재범률인 54.8%보다 유의미하게 낮았다. 경범죄의 재범률에서 MST 조건은 개인치료 조건의 1/5밖에 되지 않았다. 지금까지 12건의 시범사례를 운영하면서 우리 치료팀 또한 다중체계치료의 강력한 치료효과를 실감하고 있다.

타인의 권리와 안전을 침범한 소년범이라 할지라도 그들 대부분은 과거에 폭력의 희생자였다. 그들에게 손가락질하기에 앞서 더 이상 범죄를 저지르지 않을 수 있는 안전하고 긍정적인 환경을 만들어 주려는 다중체계치료의 정신은 아동권리헌장을 관통하는 핵심 철학이기도 하다. 이 책을 번역하는 중에 다중체계치료연구소 협동조합이 (예비) 사회적 기업에 선정되어 정부지원을 받게 되었다는 기쁜 소식을 접하였다. 가장 어두운 길을 가는 아이들의 발걸음을 지켜주는 작은 등불, 이것은 다중체계치료연구소의 모토이다. 우리가 서투르게 시도한 시범사례에서 좋은 성과를 거둘 수 있었던 것은 전적으로 이 책의 값진 가르침을 충실히 따르려 노력한 덕분이다.

대표역자로서 나는 이 책이 가장 어두운 길을 가는 아동·청소년의 구체적인 얼굴과 상심을 아는 분들의 손으로 번역된 것에 깊이 감사드린다. 그리고 이 책의 출판을 맡아 주신 학지사의 김진환 사장님과 꼼꼼한 편집을 통해서 책의 가치를 더해 주신 이영민 선생님께 감사드린다.

2020년 1월
백양산 연구실에서
대표 역자 김윤희

저자 서문

1998년에 우리는 반사회적인 행동을 보이는 아동 및 청소년을 위한 다중체계치료를 세상에 처음 내놓았다. 그 책은 2판이 나오기 전까지 다중체계치료의 임상과정에 대해 포괄적인 이해를 제공해 왔다. 초판이 나올 즈음에 MST는 이미 미국과 캐나다의 여러 지역에서 시행되고 있었다. 이제 2판이 출간되는 시점에 이르러서 전 세계의 10여 개국, 30개 주 이상에서 400개가 넘는 MST 프로그램이 시행되고, 이를 통해 매년 약 17,500명의 청소년과 가족이 MST를 받고 있다.

지난 몇십 년간 MST 프로그램이 이토록 확장될 수 있었던 것에는 다음과 같은 이유를 찾아볼 수 있다.

- 치료자, 가족, 주요 관계자가 MST의 변화이론, 임상절차, 치료결과를 연결하는 논리를 잘 이해하고 있다.
- 많은 공공기관과 지역사회의 주요 관계자가 소년범을 위한 기존의 제한적인 범위의 서비스의 한계를 절감하고, 지역사회에서 보다 효과적인 서비스를 제공하기 위해서 노력하였다.
- 많은 MST 연구자가 MST 모델의 임상적 장점과 비용 효율성을 지지하는 연구결과를 다수 발표하였다. 반면, 이러한 연구가 기대에 못 미치는 결과를 냈을 때도 그로부터 무엇인가를 배우려고 노력하였으며, 그 배움을 모델을 개선하는 데 사용하였다.
- MST 효과검증연구가 치료과학 분야의 최전선을 지켜 왔으며, 여기서 얻은 결과는 서비스보증향상체계의 토대를 이루었다. 서비스보증향상체계는 전 세계 MST 프로그램의 높은 치료충실도와 치료결과를 지탱해 주었다.
- MST 본사와 지역의 네트워크 파트너는 최고의 타당도와 충실도를 바탕으로

MST 모델을 보급하고 있다.

이 2판은 많은 치료자에게 MST 모델의 실용성과 임상적 토대를 알리고자 했던 부단한 노력의 산물이다. 지난 세월 동안 저자들은 많은 MST 프로그램에 직접적으로 관여하였고 많은 MST 치료자와 슈퍼바이저를 훈련하고 슈퍼비전하였다. 이러한 경험에 기반을 두고 2판에서는 다음과 같은 변화를 담았다.

- 청소년, 가족, 치료자의 안전을 도모하는 절차를 제2장에 추가하였다.
- 가족, 또래, 학교, 개인치료, 사회적 지원과 같은 임상기술을 다룬 제3장부터 제7장까지의 내용에서는 독자가 쉽게 읽을 수 있도록 학술적인 내용을 가급적 삼갔다. 이론이나 연구 근거를 논하기보다는 임상적으로 의미 있는 내용을 적으려 노력하였다. 다양한 사례를 추가하고 그림과 표를 보충하여 독자들에게 쉽게 전달되도록 고려하였다.
- MST 대상자 중에는 학업 외에 다른 길을 택해야 하는 경우가 많기 때문에, 학교 개입에 대해 다룬 제5장에 직업과 진로에 대한 내용을 추가하였다.
- 제8장에서는 소년범들에게 흔히 나타나는 문제인 약물중독 문제를 다루었다. 이 주제는 초판에서는 다루지 않았다.
- 제9장에서는 소년범에 대한 치료효과 연구결과를 업데이트하였다. 약물중독, 성범죄, 중증 기분장애, 만성질환에 대한 MST 결과까지 확대하여 다루었다.
- 제10장에서는 서비스보증향상체계를 새롭게 다루었다. 이 장의 내용은 MST 치료자, 슈퍼바이저, 행정가들이 치료충실도를 끌어올려 어떻게 치료결과를 개선하는지 그 전략에 대한 이해를 제공하고자 하였다.

저자들은 많은 독자가 MST에 관심을 가져 준 것에 대해 진심으로 감사드리며, 이 책이 여러분의 작업에 도움이 되기를 소망한다.

❧ 차례 ❧

제1장

다중체계치료의 변화이론

매일같이 수없이 많은 부모가 자녀의 문제로 치료기관을 찾는다. 오늘도 수많은 치료자가 이들을 돕기 위해 각고의 노력을 기울이고 있다. 하지만 이렇게 행해진 모든 치료가 다 효과적인 것은 아니다. 특정 문제에 대해 효과를 발휘하는 치료가 있는가 하면 그렇지 못한 치료도 있다. 이 책은 특히 심각한 수준의 반사회적 문제행동을 보이는 청소년과 그 가족을 위한 치료인 다중체계치료(Multisystematic therapy: MST)를 소개하고 있다. 구체적으로 MST의 기저 논리, 내용과 과정, 치료목표 성취를 돕는 피드백 전략, 훈련과 지원 등을 기술하였다. 이 책은 심각한 반사회적 청소년과 그 가족을 위해 MST를 실시하는 전 세계의 치료자와 슈퍼바이저들을 위한 치료 매뉴얼이라고 할 수 있다. 이 책은 이들에게 MST를 잘 설계하고 전달하는 방법을 안내하기 위해 집필되었다. 그렇지만 굳이 MST를 표준대로 실시할 필요가 없는 치료자에게도 이 책은 많은 도움이 될 것이라고 본다. 이 책을 펼쳐 든 독자가 누구이건 간에 저자들은 한 가지 굳은 희망을 이야기하고 싶다. 탄탄한 이론 위에 수많은 과학적인 검증을 거쳐 다듬어진 이 치료, 즉 가족 및 지역사회기반 MST를 충실하게 실행한다면 그 대상이 설사 심각한 반사회적 문제를 가진 청소년이라 해도 성공적으로 치료할 수 있을 것이다.

제1장은 MST의 이론적 기초를 설명하고 있다. 모든 치료는 임상적 문제를 개념화하고 개입을 안내하는 나름의 이론적 틀을 가지고 있다. 이러한 이론을 단순화시키면 다음과 같다. 변인 A가 문제 B를 야기한다고 할 때, 변인 A의 개선은 문제 B의 감소로 이어진다. 예를 들어, 인지행동치료(Cognitive Behavioral Therapy: CBT)는 과도한 부정적 사고가 청소년의 우울을 야기한다고 전제한다. 그러므로 부정적 사고를 감소시키면 우울 증상은 경감될 것이다. 결과에 선행하는 원인을 치료함으로써 문제를 감소시킬 수 있다는 것이 바로 개입의 기저를 이루는 변화이론이다. 이러한 변화이론은 연구를 통해 검증될 수 있다. 연구결과는 변화이론과 그로부터 도출된 치료의 타

당성을 지지하거나 반박한다.

① 사회생태이론

MST의 변화이론은 기본적으로 브론펜브레너(Bronfenbrenner, 1979)의 사회생태이론에 기초한다.

1. 인간 행동의 다중결정적 성질

사회생태이론의 핵심은 인간 행동이 여러 요인에 의해 결정된다고 보는 것이다. 브론펜브레너(1979)는 한 개인이 놓인 생태학적 환경에 대해 '한 세트의 겹겹이 싸인 구조로서, 하나 안에 또 다른 하나가 들어 있는 러시아 인형과 같다. 가장 안쪽에는 발달과정에 있는 개인에게 가장 근접한 환경'이라고 말했다. 각각의 동심원은 각 사람의 삶에서 필수적인 역할을 하는 체계(예: 가족, 또래, 학교, 이웃)와 하위체계(예: 형제, 자매, 확대가족)를 나타낸다. 사회생태이론은 개인의 삶이 놓인 다양하고 포괄적인 맥락, 즉 청소년이 직접적으로 접촉하지 않는 환경과 사람들(예: 어머니의 고용주, 학교 위원회)의 영향까지 강조한다는 점에서 기존의 가족치료와 다르다. 사회생태이론은 행동 문제를 포함한 청소년의 기능이 가족, 친구, 학교, 이웃 등 **청소년의 삶에서 중요한 환경 간의 상호작용에 의해 영향을 받는다는** 관점을 지니고 있다. 사회생태이론에서는 각 청소년의 행동 문제가 다중요인에 의해서 결정될 뿐 아니라 그러한 요인들이 개인마다 다르다고 간주한다. 이러한 위험요인을 정확하고 포괄적으로 평가하기 위해서 임상적 평가는 체계 내(예: 소홀한 부모감독, 일탈또래 어울림) 그리고 체계 간(예: 또래관계에 대한 양육자의 지식 부족, 학교와 양육자 간 갈등) 요인을 광범위하게 고려한다. 이후의 장에서 자세히 설명하겠지만, 다면적 MST 평가과정은 문제에 대한 초기 개입을 설계하고 실행하도록 돕는다. 치료자들은 평가를 되풀이하면서 개입의 성공요인을 확인하고, 반면에 개입이 효과가 없을 때 장애요인을 찾아 이를 해결하는 전략을 설계한다.

2. 생태학적 타당도

사회생태이론의 또 다른 특징은 인간발달과 행동을 이해하는 데 있어서 생태학적 타당도를 강조한다는 점이다. 생태학적 타당도의 기본 가정은 행동은 그것이 자연스럽게 일어나는 맥락 안에서 완전히 이해될 수 있다는 것이다. 이러한 가정은 MST 평가, 개입 설계 및 이의 전달에 필수적이다. 생태학적으로 타당한 평가를 하기 위해서 임상가는 청소년이 사는 진짜 세계(예: 집, 교실, 방과 후 활동)에서 청소년의 기능을 이해해야 하며 가능한 한 청소년과 직접 접촉하는 사람들(예: 양육자, 형제자매, 확대가족, 교사)로부터 정보를 얻어야 한다. 유사한 논리에서 개입 역시 최대한 생태학적 타당도를 가지고 실행되어야 한다. 이러한 이유로 제2장에서 제시된 바와 같이 가족기반 서비스 모형이 모든 MST 프로그램에서 사용되고 있다. MST는 문제가 발생하는 바로 그 장소, 가정, 학교, 지역사회에서 제공된다.

3. 인간상호작용의 상호적 성질

사회생태이론의 세 번째 주안점은 인간상호작용에 내재하는 상호적 성질이다. 부모자녀 관계의 상호성을 잘 보여 주는 예로 강압 기제(Patterson, Reid, & Dishion, 1992)가 있다. 예를 들어, 한 아버지가 자신의 10대 딸에게 설거지를 시키는 상황을 생각해 보자. 딸은 아버지의 지시를 심하게 거부하며 불평불만을 쏟아 놓는다. 딸의 불평불만을 듣다 못한 아버지는 딸에게 설거지를 시키느니 자신이 하는 것이 낫겠다고 생각하여 설거지를 혼자서 끝내 버린다. 설거지에서 벗어난 딸은 비로소 불평을 멈추었다. 이 상호작용을 통해서 딸과 아버지는 각자 무엇인가를 배웠다. 딸은 집안일을 억지로 해야 할 때 거세게 항의하고 불평하면 집안일을 모면할 수 있다는 것을 배웠다. 한편, 아버지는 딸에게 져 버리면 듣기 싫은 딸의 불평불만으로부터 벗어날 수 있다는 것을 배웠다. 이러한 상호성에 대한 이해는 MST의 평가와 치료에서 핵심적인 역할을 한다. 평가과정에서 치료자는 부모가 자녀의 훈육을 포기한 진짜 이유를 알 수 있다. 부모가 훈육을 하지 않는 것은 자녀를 덜 사랑해서가 아니라 학습된 무기력 때문일 수 있다. 이후 제3장에서는 이러한 상호성을 이해한 치료자가 치료 전략을 설계할 때 내담자의 익숙한 행동패턴을 대신할 치료적인 역반응을 찾는 방법을 다룰 것이다.

② MST 변화이론

브론펜브레너(1979)의 사회생태이론과 같이, MST 변화이론의 기본 가정은 청소년의 반사회적 행동(위법행위, 약물중독, 품행 문제)은 청소년이 속해 있는 여러 체계 내(가족, 또래, 학교, 이웃) 위험요인 간의 상호작용으로부터 비롯된다는 것이다. 따라서 개입이 최선의 효과를 갖기 위해서 치료는 광범위하고도 개별적인(모든 청소년과 가족이 동일한 위험요인을 가지는 것은 아니므로) 위험요인을 제거하는 동시에 보호요인을 구축하는 데 초점을 맞춘다.

MST 변화이론에서 두 번째로 중요한 가정은 청소년의 부모 혹은 양육자가 변화의 가장 중요한 전달자라는 점이다. 따라서 MST는 양육자가 효과적인 양육을 배우고 스스로 필요한 자원을 모을 수 있도록 임파워하는 데 초점을 맞춘다. 양육자의 양육기술이 증가하는 가운데 치료자는 양육자를 도와, 양육자가 몸소 일탈된 친구와 자녀를 분리시키고 자녀가 학교 공부에 힘쓰도록 지도할 수 있도록 한다. 가족은 청소년이 반사회적 행동을 줄이고 더 나은 생활을 하는 데 있어 가장 중요한 역할을 한다. MST 변화이론의 간단한 형태를 [그림 1-1]에 제시하였다. 치료자는 가족의 강점(예: 자녀에 대한 사랑, 가족 주변의 사회적 지원망)에 기반하여 가족과 협력함으로써 가족이 당면한 장애(예: 양육자의 약물중독, 스트레스와 무망감)를 극복하도록 돕는다. 양육자의 양육능력(자녀를 감찰ㆍ간독ㆍ지지하는 능력)이 커가는 가운데, 양육자는 치료자의 도움을 받아 자녀가 반사회적 문제행동을 줄이고 가족, 또래, 학교, 이웃

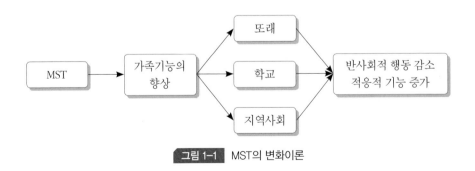

그림 1-1   MST의 변화이론

안에서 건강하게 잘 지낼 수 있도록 개입을 설계하고 실행한다. MST의 궁극적인 목표는 반사회적 행동에 이르게 하는 맥락이 아닌 친사회적 행동으로 이끄는 새로운 맥락(예: 친사회적 친구, 효과적인 양육기술 위에 자녀에게 관심과 보살핌을 제공하는 양육자, 지지적인 학교)으로 청소년을 에워싸는 것이다. 또한 제7장에서 자세히 언급하게 될텐데, MST는 치료기간 동안 성취된 변화가 유지되도록 가족 주변의 지원체계(확대가족, 친구, 이웃)를 구축하여 양육자가 잘 기능할 수 있도록 돕는다.

③ MST 변화이론을 뒷받침하는 연구

앞서 언급한 바와 같이 이론적 틀이나 변화이론의 타당성은 경험적 연구를 통해 검증될 수 있다. 변화이론은 연구를 통해 지지받을 수도 있지만 그렇지 못할 수도 있다. 다행히도 MST 변화이론은 오랜 세월의 검증을 통과하였다. 다양한 영역의 연구결과가 이를 입증하고 있다.

1. 최신 가족치료

가족치료의 최근 흐름을 개관한 르보(Lebow, 2005)에 따르면, 가족치료 영역에서 MST를 포함하여 최근 두각을 드러내는 신세대 가족치료는 그 핵심 특성이 상당히 흡사하다. 그중 가장 중요한 특성은 이 치료들이 모두 체계(예: 상호적 영향의 중요성, 전체가 부분의 합보다 크다는 관점)에 초점을 맞추고 있다는 점이다. 이러한 신세대 가족치료의 공통 특징은 과거 가족치료의 개척자들에게는 별로 주목받지 못했다. 하지만 이러한 특징은 이 책 전체에서 MST와 관련하여 논의될 것이다. 이 특징이야말로 MST와 변화이론 및 임상적 강조점과 일치하기 때문이다.

- 행동의 생물학적 기초 고려: 주의력결핍 과잉행동장애(Attention Deficit Hyperactivity Disorder: ADHD)를 공병장애로 가진 청소년을 치료할 때 MST와 약물치료를 병행하는 것은 생물학적 개입과 심리사회적 개입을 통합한 좋은 예이다(제6장 참조).

- **치료적 동맹 강조**: MST는 치료의 핵심이라고 할 수 있는 가족의 참여를 이끌어 내고 유지하기 위해 상당한 노력을 기울인다. 마찬가지로 가족의 주변 환경에서 치료에 영향을 미칠 수 있는 타인의 참여도 중시한다. MST에 모든 가족을 참여시키기 위해 치료자는 참여를 방해하는 장애물을 평가하고 해결하기 위한 전략을 구사한다(제2, 3장 참조).
- **특별한 이슈도 개입**: 대개 MST는 연구에서 일관적으로 확인된 청소년의 심각한 반사회적 행동의 위험요인을 표적으로 삼는다. 그러나 다른 행동 문제[예: 아동학대, 당뇨, 인간면역결핍 바이러스(Human Immunodeficiency Virus: HIV)와 같은 만성적 건강 문제]에 대해서도 MST가 확대적용되고 있다. 이는 제9장에서 자세히 다루고 있다. 확대된 MST는 각 문제에 대한 경험적 연구결과에 기반하여 수정 적용된다.
- **다중체계적 초점 유지**: 르보(2005)는 MST의 영향력을 주목하면서, 최신 가족치료 역시 때에 따라서 가족뿐만 아니라 여러 체계에 초점을 맞추고 있다고 언급했다.
- **지속 가능한 변화의 확대**: MST는 청소년이 자신의 일상에서 친사회적 행동을 지속할 수 있도록 청소년의 사회 생태계를 변화시키는 일과 함께(예: 스포츠팀, 교회 청소년단체, 성인 감독하의 다양한 활동을 통해 친사회적 친구와 어울림), 치료로 인한 긍정적 변화를 지속할 수 있도록 가족을 돕는 주변의 지원체계를 개발하는 것을 강조한다(제7장 참조).
- **가족의 강점 강조**: MST는 변화를 위한 지렛대가 바로 가족(또한 확대가족)의 강점에 있다고 본다. MST의 모든 개입과 서비스 관리는 강점에 초점이 맞추어져 있다.
- **내담자의 목표 고려**: MST는 치료목표를 정확하게 정의하고 분명하게 기술하는 명시적 절차를 사용하는데, 이는 제2장에서 자세히 설명하였다. 여기서 가족 구성원(또한 교사, 보호관찰관과 같은 사람들과 함께)이 치료목표를 결정하도록 한다.
- **치료결과 모니터링**: MST는 치료결과를 계속해서 모니터링함으로써 서비스 제공자의 신뢰도를 높이는 데 앞장서고 있다. 개입의 결과를 치료 중에 계속 모니터링하는 것은 MST의 가장 중요한 원칙 중의 하나이다(제2장 참조). 치료결과

평가는 MST의 서비스보증향상체계의 핵심 요소이다. 우리는 전 세계에서 이루어지는 MST의 성과를 효율적이고 타당하게 추적하기 위해서 지속적으로 노력하고 있다(제10장 참조).

• **문화에 주목**: 자녀와 부모의 문화적 맥락은 사회생태학 모형의 토대라고 할 수 있다. 따라서 MST를 설계하고 실행함에 있어 가족의 문화와 사회적 생태는 중요하게 고려된다. 우리는 가족과 지역사회의 문화를 이해하고 이를 치료에 반영할 수 있는 역량을 가진 치료자를 선발하려고 노력한다. 휴이와 폴로(Huey & Polo, 2008)의 연구와 슈엔왈드, 하이블룸, 살다나와 헹겔러(Schoenwald, Heiblum, Saldana, & Henggeler, 2008)의 연구에서 개관한 바에 따르면 MST는 여러 문화적 배경을 가진 청소년과 그 가족(아프리카계 미국인, 히스패닉, 태평양 섬부근 주민, 스칸디나비아인, 마오리족, 미국 원주민)을 성공적으로 치료했다.

2. 청소년의 반사회적 행동의 결정요인에 대한 연구

1970년대 후반, 청소년 비행 치료에 대한 연구는 거의 찾아보기 어려웠고, 일부 비행 치료의 경우 소년범죄 관련 변인 중 일부만 선택적으로 다루고 있었다. 당시 이와 같은 상황이 MST를 개발하게끔 한 강력한 동기가 되었다. 당시에도 이미 여러 연구에서 비행을 포함한 몇몇 아동·청소년 정신병리는 이들의 사회 생태계에 존재하는 가족, 또래, 학교, 이웃 변수와 밀접하게 관련된다는 것을 분명히 보여 주었다. 그럼에도 불구하고 당시 대다수의 치료는 극히 제한적인 위험요인에만 초점을 맞추었을 뿐이다. 이렇듯 임상적 초점이 협소한 치료가 실패로 끝난 것은 어찌 보면 당연한 귀결이었다. 설사 재능 있는 치료자들이라 해도 이런 실패를 피할 수 없었다. 이러한 당시 배경(비행을 겨냥한 기존 치료는 효과를 내지 못하는 가운데, 청소년 행동 문제는 다중요인에 의해 결정된다는 연구결과)에서 출발하여, 헹겔러와 동료들은 『비행과 청소년 정신병리: 가족생태체계 접근(Delinquency and Adolescent Psychopathology: A Family Ecological Systems Approach)』(Henggeler, 1982, Borduin도 일부 저술함)에서 비행청소년에 대한 치료는 문제에 영향을 미치는 여러 요인과 함께 가족을 최우선으로 고려해야 비로소 효과를 볼 수 있다고 주장하였다.

품행장애, 비행 및 약물남용 분야 치료를 개발한 연구자들은 아동·청소년기 반사회적 행동의 원인 및 관련 요인을 규명해 낸 재능 있는 연구자들에게 큰 빚을 지고 있다. 여러 연구 가운데서도 엘리엇(예: Elliott, 1994a), 로버(예: Loeber, Farrington, Stouthamer-Loeber, & Van Kammen, 1998), 손베리(Thornberry & Krohn, 2003) 등이 수행한 종단연구는 그 가치가 두드러진다. 비록 표본(예: 남자 대 여자, 백인 대 흑인, 초기 대 후기 청소년)에 따라 위험요인이 다소 다르다 해도 청소년의 반사회적 행동에 대한 연구는 수십 년 동안 일관된 결과를 보여 주고 있다. 그것은 청소년의 반사회적 행동은 청소년 내 변인, 사회 생태계 간 요인(예: 가족, 또래, 학교, 이웃)에 의해서 다중적으로 결정된다는 것이다. 몇 편의 훌륭한 개관연구(Biglan, Brennan, Foster, & Holder, 2004; Hoge, Guerra, & Boxer, 2008; Loeber et al., 1998)를 바탕으로 〈표 1-1〉에 치료로 바꿀 수 있는 위험요인을 제시하였다. 여기에 유전, 태내 독소 노출과 같은 개입할 수 없는 위험요인은 포함하지 않았다.

3. MST 변화이론에 대한 경험적 검증

연구를 통해 정서행동 문제에 효과적인 것으로 규명된 치료라 하더라도 그 기저의 변화이론까지 검증된 경우는 많지 않다(Kazdin, 2007). 하지만 심리사회적 개입의 근간을 이루는 개념적 기초의 타당성을 확인하기 위해서 이러한 검증은 필수적이다.

1) MST 임상연구 결과

청소년 범죄자들을 대상으로 엄정한 방법론(연구의 최고 표준이라 하는 집단 간 무선할당 임상실험연구)에 기반해 연구한 결과, 다른 종류의 개입과 비교할 때 MST는 유의미하게 청소년의 반사회적 행동(예: 범죄행위, 약물남용)을 감소시키는 것으로 나타났다. 이는 제9장에서 보다 자세히 다루었다.

이와 유사한 많은 연구에서 MST가 청소년의 반사회적 행동과 관련된 가족(예: 향상된 양육) 및 또래(예: 일탈또래 어울림 감소) 변수를 효과적으로 변화시키는 것으로 나타났다. 이러한 연구에서 가족관계의 향상 및 일탈또래 접촉의 감소가 청소년의 반사회적 행동의 감소를 야기했다는 인과관계가 직접적으로 입증된 것은 아니다. 하지만 인과관계의 가능성이 일관되게 시사되었다.

표 1-1	청소년의 반사회적 행동의 핵심 원인과 상관요인

- 청소년 수준
  - ADHD, 충동성
  - 비행과 약물에 대한 호의적 태도
  - 범죄에 대한 죄책감 결여
  - 부정적 정서
- 부모 수준
  - 소홀한 감독
  - 부모의 약물남용과 정신건강 문제
  - 비일관적이고 소홀한 훈육
  - 양육자, 형제자매와 부정적 관계
- 또래 수준
  - 약물을 남용하거나 비행하는 친구와 어울림
  - 또래관계 문제, 또래거부
- 학교 수준
  - 학습 문제, 저조한 성적, 유급
  - 학교 내 행동 문제, 무단결석, 정학
  - 학교에 대한 부정적인 태도
  - 청소년의 필요에 무관심한 학교(예: 무관용 원칙)[1]
- 이웃 수준
  - 무기와 약물에 대한 높은 접근성
  - 높은 환경적, 심리사회적 스트레스(예: 폭력)

2) MST 변화기제에 대한 직접적인 검증

MST에 관한 두 번째 연구 흐름은 MST 변화이론을 발전된 통계 방법을 통해 직접 검증한 것이다. 휴이, 헹겔러, 브론디노, 피크렐(Huey, Henggeler, Brondino, & Pickrel, 2000)은 중범죄 소년범(Heggeler, Melton, Brondino, Scherer, & Hanley, 1997)과 약물남용자(Henggeler, Pickrel, & Brondino, 1999)에 대한 여러 MST 연구의 데이터를 재분석하였다. 분석한 결과, 두 집단 모두에서 MST 치료충실도(adherance)가

---

1) 역자 주: 범법자에 대한 엄격한 처벌을 강조하는 정책

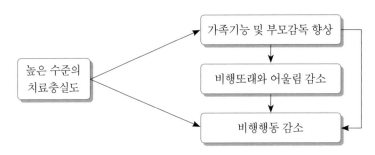

그림 1-2 중범죄 소년범 및 약물남용자에 대한 MST 변화이론

가족관계의 향상 및 비행또래 어울림의 감소와 관련되었고 이는 다시 청소년의 비행행동 감소와 관련되는 것으로 나타났다. [그림 1-2]에 이러한 연구결과를 제시하였다.

최근 헹겔러 등(출판 중)이 수행한 청소년 성범죄자에 대한 MST 무선할당연구에서 MST 실시와 12개월 추수측정 시점의 청소년의 반사회적 행동 감소라는 결과 사이에 양육자의 훈육 증가와 함께 일탈또래에 대한 양육자 걱정의 감소가 매개변인으로 작용하는 것으로 나타났다([그림 1-3] 참고). 이 결과를 풀어서 이야기하자면 MST를 받으면서 양육자들이 자신의 자녀에게 부정적인 영향을 미치는 친구들을 잘 식별하고, 그런 친구들을 멀리하도록 자녀를 도와주면서, 자녀에게 계획된 훈육을 잘 시행하면 결국 청소년 성범죄자들의 반사회적 행동이 감소한다는 것이다. 이 세 가지 성과연구는 모두 MST 변화이론을 뒷받침한다. MST(또는 MST 치료충실도)는 범죄행위와 관련된 가족 및 또래 관련 위험요인을 변화시키고, 이것은 다시 청소년의 반사회적 행동의 감소로 이어진다.

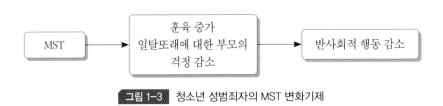

그림 1-3 청소년 성범죄자의 MST 변화기제

3) 청소년 반사회적 행동에 대한 기타 증거기반치료의 변화기제

청소년의 반사회적 행동을 치료하는 또 다른 증거기반치료들이 있다. 이러한 치

료의 변화기제에 대한 연구가 MST 변화이론을 지지하는 세 번째 연구 흐름이라고 할 수 있다. 다차원적 포스터케어 치료(Multidimensional Treatment Forster Care: Chamberlain, 2003)[2]에 대한 에디와 챔벌레인(Eddy & Chamberlain, 2000)의 연구를 살펴보자. 이 연구에서 청소년 범죄자들은 다차원적 포스터케어 치료 또는 일반적인 그룹홈 중 한 조건에 무선할당되었다. 그 결과, 다차원적 포스터케어 치료와 그 후 범죄행동 간의 관계에서 자녀에 대한 부모의 행동관리와 일탈또래 어울림이 매개하는 것으로 나타났다. 유사하게 록만과 웰스(Lockman & Wells, 2002)의 연구에서 전사춘기 남아에게 대처 파워(coping power) 프로그램을 예방적으로 실시했을 때 비일관적인 훈육을 매개로 반사회적 행동이 증가하는 것으로 나타났다.

지금까지 살펴본 내용을 요약하면, 세 가지 연구 흐름(최신 가족치료연구, 청소년의 반사회적 행동의 원인과 상관요인연구, MST 변화이론에 대한 경험적 검증)은 MST 변화이론과 MST가 기반한 사회생태이론을 강력하게 지지하고 있다.

4 MST 변화이론의 임상적 함의

지금까지 우리가 살펴본 사회생태이론, 반사회적 행동의 원인과 상관요인에 대한 연구, MST 변화이론을 뒷받침하는 연구들은 청소년의 심각한 반사회적 행동을 치료하는 방법에 대해 다음과 같은 함의를 제공한다.

• 청소년의 반사회적 행동은 다중요인에 의해 결정된다: 개입이 효과를 발휘하기 위해서 청소년이 속한 여러 체계의 광범위한 위험요인을 동시에 다룰 수 있어야 한다. 한편, 모든 청소년의 위험요인이 동일하지 않기 때문에 각 개인의 필요에 따라 위험요인을 다루어야 한다. 다시 말해서 강점중심적인 입장 위에서 양육능력(제3장), 청소년의 문제해결기술(제6장), 사회적 지원(제7장)와 같은 보호

---

2) 역자 주: 만성적인 반사회적 행동, 정서 문제, 비행 문제 청소년을 대상으로 실시되는 수감이나 입원을 대체할 수 있는 행동치료 프로그램이다. 다차원적 포스터케어 치료의 적용 결과, 남녀 청소년 참가자 모두에서 체포율, 수감시간, 중범죄 가담률이 유의미하게 감소했다는 연구결과가 있다.

요인의 구축에 많은 노력을 기울여야 한다.

- 가족이 청소년 문제를 해결할 수 있도록 임파워한다: 치료효과를 지속하기 위해서 무엇보다 양육자의 역할이 중요하다. 부모의 양육기술 증진이 청소년의 행동을 긍정적으로 변화시키는 핵심 기제이다. MST에서는 양육기술을 향상시키는 동시에, 부모의 약물중독(제8장)과 같은 장애요인을 찾아내어 해결한다. 부모의 양육기술과 능력이 향상되면 청소년 문제는 해결될 수 있다(제3장).

- 일탈또래가 미치는 부정적 영향을 해결한다: 앞에서 언급한 바와 같이 비행을 저지르고 마약을 하는 또래와 친하게 지내는 것은 청소년의 행동 문제를 강력하게 예측한다. 치료자의 지도하에 양육자는 자녀 주변의 일탈또래를 끊어 내고 자녀가 친사회적인 친구와 어울릴 수 있도록 최선을 다해야 한다(제4장).

- 청소년의 학업 및 직업 수행을 향상시킨다: 학교는 친사회적인 능력을 육성할 수 있는 많은 기회를 제공한다. 교육과 직업기술은 청소년이 미래에 건실한 사회인으로 성장하는 데 매우 중요하다. 합법적인 취업은 범죄를 끊어 내는 데 중요한 예측요인이다(Samson & Laub, 2005)(제5장).

- 소년과 가족이 이룬 긍정적 변화를 잘 유지할 수 있도록 주변의 지원체계를 개발해야 한다: MST에 참여하는 가족은 대부분 스트레스를 많이 경험할 때 도움을 주는 주변 사람(예: 친구, 이웃, 확대가족)이 거의 없다. MST는 가족의 친사회적인 행동을 격려하는 지지 자원을 찾을 수 있도록 돕는다(제7장).

제2장

임상적 기초

엘레나 혼토리아 터크[1] 공저

- MST 임상적 기초와 임상과정, 개념화 양식
- 안전성 평가와 개입
- 서비스보증향상체계와 MST 임상절차 및 구조의 통합
- 가족참여 전략

---

1) 사우스캐롤라이나 의과대학 정신의학 및 행동과학과 가족서비스연구센터 부교수이다. 터크 교수는 2007년에 버지니아 대학교의 임상 및 학교 심리학 교실에서 임상심리학 전공으로 박사학위를 취득하였고, 가족서비스 연구센터에서 연구 및 임상훈련 박사후 과정을 수료했다. 당시 터크 교수는 아동학대와 부모의 약물남용 공존 을 함께 치료하는 MST 효과연구 프로젝트를 지휘하였다. 터크 교수의 주요 관심사는 가족을 위한 효과적인 지 역사회기반치료를 평가하고 실행하는 것이다.

이 장에서는 MST의 임상적 기초와 실행 조직, 슈퍼비전, 서비스보증향상체계에 대해 설명한다. MST는 집중적인 가족기반치료로서 사회생태이론에 기초를 두고 있으며 아홉 가지 치료원칙에 따라 진행된다. MST 개입은 경험적 연구에 근거한 매우 명료한 치료로 치료충실도를 높이는 개념화 양식, 슈퍼비전, 서비스보증향상체계를 갖추고 있다.

① 가족의 주요 역할

MST는 심각한 반사회적 문제행동을 보이는 청소년과 그 가족을 치료하기 위해서 설계되었다. 가족은 MST에서 핵심적 역할을 담당한다. 양육자는 치료에 전적으로 협력하고 아동을 변화시키기 위해 주도적 역할을 해야 한다. 이를 위해 치료자는 가족과 양육자의 강점에 주목하고 이를 변화에 활용할 수 있어야 한다. 무엇보다 치료자는 가족이 자녀를 나쁜 아이로 낙인찍고 비난하며 포기해 버리는 것을 막기 위해 노력한다. 이 장의 마지막 부분에서 언급하겠지만, 실제로 MST는 가족의 참여와 관련하여 상당한 성과를 얻고 있다. MST는 실제로 치료에 가족을 참여하도록 하고 그들에게 높은 수준의 신뢰와 협력을 얻고 있다(제9장의 완치율 참고).

② 실행 기제

제1장에서 언급했듯이 MST는 사회생태학에 이론적 근거를 두고 있으며, 가족을 둘러싼 전체 생태환경을 포함하여 개입한다. 따라서 치료자는 청소년의 가족, 확대

가족, 또래, 학교, 이웃, 지역사회를 모두 평가하고 이해하며 이들과 협력하여 개입할 수 있는 역량을 지니고 있어야 한다. 이러한 다수의 복잡한 체계에 성공적으로 개입하기란 매우 어렵기 때문에 치료자는 다음과 같은 전략과 기제를 이해하고 활용한다.

- 아홉 가지 치료원칙
- 가족기반 서비스 모형
- 지속적인 훈련과 지원
- 청소년과 가족의 성과에 초점을 맞춘 분석과정
- 임상적 목표를 위한 개념화 양식(conceptual aids)

1. MST 치료원칙

MST는 아홉 가지 치료원칙에 근거하여 고안되었다. 아홉 가지 원칙은 MST 모델의 기초로서 개입충실도를 판단하기 위한 잣대로 활용된다. 서비스보증향상체계의 일부인 치료충실도는 이 원칙에 따라 측정한다(이 장의 뒷부분과 제10장 참조). 〈표 2-1〉에는 아홉 가지 원칙의 정의와 예가 제시되어 있다. 이 책의 초판에서는 아홉 가지 원칙에 대해 구체적으로 설명하였다(Henggeler, Schonwald, Borduin, Rowland, & Cunningham, 1998).

2. MST 임상절차

아홉 가지 원칙이 개입을 설계할 때 기반이 되는 것과 마찬가지로, MST 임상절차는 개입의 구조와 틀을 제공한다. 이 구조에는 팀 구성, 훈련과 서비스보증향상체계, 개입의 지속적인 실행을 돕는 개념화 양식이 포함된다.

1) 기본적인 팀 구성

MST 팀은 2~4명의 치료자와 MST 면허를 가진 슈퍼바이저로 구성된다. 치료자는 대부분 사회복지학, 심리학, 상담학, 가족학 분야에서 치료 관련 훈련을 받은 석사급 임상가이다. MST를 제공하는 기관은 보통 법무부 소년분과, 아동복지, 정신건강 관련기관과 협약을 맺고 서비스를 제공하는 사설 상담센터가 대부분이다(Sheidow, Schoenwald, Wagner, Allred, & Burns, 2006). 한 명의 치료자는 보통 넷에서 여섯 가족을 맡아 3~5개월 동안 가정 및 지역사회를 중심으로 집중적인 서비스를 제공한다. MST 치료기간은 비교적 짧은 편이나 집중적으로 개입이 이루어지기 때문에 치료자는 60시간 이상 가족과 직접적으로 대면하고 접촉한다.

표 2-1 9개 MST 원칙과 나베스 가족

- 핏요인 발견
  - 문제를 평가할 때 문제와 주변체계 간 '핏요인'을 이해한다.
  - 예: 릭의 문제행동에 영향을 미치는 학교, 양육자, 또래, 개인, 지역사회요인에 대해 핏서클을 그린다.
- 긍정 및 강점에 초점
  - 치료자는 사례의 긍정적인 면에 집중하도록 한다. 강점을 변화의 지렛대로 사용한다.
  - 예: 치료자는 아들을 향한 나베스 씨의 헌신적인 마음과 아버지에게 관심받고 싶어하는 릭의 마음을 지렛대로 활용하여 두 사람을 치료에 참여시켰다.
- 책임지기
  - 치료자는 내담자들이 무책임한 행동은 줄이고 책임 있는 행동을 더 많이 할 수 있도록 개입한다.
  - 예: MST의 핵심목표는 릭이 학교에 출석하고, 약물을 끊으며, 아버지가 부과한 규칙을 따르도록 하는 것이다. 또한 아버지 나베스 씨가 효과적인 양육을 할 수 있도록 개입한다.
- 현재중심적이고 행동지향적이며 명료한 목표 설정
  - 개입은 현재중심적, 행동지향적, 구체적이면서 명료한 문제에 대해서 이루어져야 한다.
  - 예: 치료목표는 분명해야 하며, 학교출석기록이나 소변검사 등과 같이 객관적으로 측정 가능한 것이어야 한다. 어머니의 부재에 대한 릭의 분노와 같은 과거요인보다는 양육자의 감독과 같이 현재 상황에서 개입할 수 있는 요인을 다룬다.
- 행동의 연쇄에 초점
  - 치료자는 내담자의 문제를 지속시키는 체계 내 및 체계 간에 일어나는 일련의 행동 연쇄에 개입한다.
  - 예: 치료자의 가정에 따르면, 가정과 학교 사이의 협력이 안 되었기 때문에, 아버지와 내담자 간 상호작용(비효과적인 감독, 부자갈등 등), 아버지와 학교 간 상호작용(아버지

가 학교의 연락을 피함, 학교가 아버지에 대해서 부정적으로 생각함), 청소년과 학교 간
상호작용(릭의 문제행동에 대해 학교에서 감독을 제대로 실시하지 못함, 릭이 아버지
에게 거짓말함)에 문제가 연쇄적으로 일어났다. 치료자는 이후 이러한 상호작용 각각
에 개입했다.
- 발달적 적절성
  - 개입은 발달적으로 적절해야 한다. 즉, 내담자의 발달적 필요를 충족시키는 방향으로
    개입이 설계되어야 한다.
  - 예: 행동에 대한 보상을 계획할 때, 10대가 좋아하는 음악, 게임, 휴대 전화 사용, 용돈과
    같은 것이 포함되도록 한다.
- 지속적 노력
  - 개입에는 가족이 매일 또는 매주 완수해야 할 과제가 포함되어야 한다.
  - 예: 일일학교생활기록부와 가정 내 행동계획에는 청소년과 양육자가 매일같이 해야 할
    과제가 포함되어야 한다.
- 평가와 책무성
  - 개입 효과는 다양한 차원에서 평가되어야 한다. 치료자는 치료의 성공을 저해하는 요인
    을 해결해야 할 책무가 있다.
  - 예: 치료자는 소변검사를 자주 실시하여 릭이 마약을 가까이 하는지 모니터링하고, 일
    일학교생활기록부를 통해 학교출석을 체크하며 아버지, 아들, 보호관찰관 보고를 통해
    서 통금 규칙이 잘 이행되는지 평가한다.
- 일반화
  - 양육자가 다양한 체계의 변화를 이끌 수 있도록 양육자의 능력을 개발함으로써 치료변
    화가 유지, 일반화될 수 있도록 개입한다.
  - 예: 나베스 씨는 교사와 소통하고, 이웃에게 필요한 도움을 받고, 가정에서는 릭의 약물
    사용을 감독하는 소변검사를 시행하였다. 여기에 더해 릭의 심리사회적 기능 향상을 위
    한 행동적인 개입을 실행한다.

2) 가족기반 서비스 모형

MST는 하루 24시간, 주 7일 동안 제공되는 가족기반 서비스이다. 가족기반 서비스는 다음과 같은 목적을 위해서 제공된다.

- 서비스 접근을 가로막는 장애물 제거하기
- 치료참여도 증진하기

- 생태학적으로 타당한 평가를 실시하여 개입을 설계하기
- 긍정적인 치료성과를 저해하는 위기에 시기적절하게 대응하기
- 생태학적으로 타당한 치료결과 평가하기
- 문제가 나타나는 환경 내에 직접적인 변화를 일으켜 치료결과를 일반화하기

치료는 가정 및 지역사회에서 이루어지며, 가족이 편한 시간에 치료가 진행된다.

3) 훈련과 지원

집중적인 치료를, 그것도 효과적으로 실시한다는 것은 치료자에게 여간 벅찬 일이 아니다. 따라서 MST에서는 치료충실도를 높일 수 있도록 치료자를 지원하는 과정과 구조를 제공하고 있다. 이 과정의 핵심은 MST 치료자에게 다양하고 지속적인 교육과 지원을 제공하는 것이다. 제10장에 상세히 설명하겠지만, MST 교육은 5일짜리 오리엔테이션 과정으로 시작된다. 오리엔테이션을 통해서 치료자는 MST 임상절차가 무엇인지, 증거기반치료에 어떤 것이 있는지 배울 수 있다. 이와 함께 가족에게 치료적 초점을 맞추는 법, 문제를 체계중심으로 개념화하는 법, 개입을 개발하고 실행할 때 가족이 놓인 핵심 생태체계(예: 또래, 학교, 이웃)를 포함시키는 법 등을 배운다.

5일 오리엔테이션 교육을 통해서 MST가 무엇인지 기본적인 것을 배울 수 있지만 실제 MST에 대한 훈련은 가족과 실제로 작업하고 슈퍼바이저와 컨설턴트에게 구조화된 슈퍼비전과 피드백을 매주 받는 과정을 통해 이루어진다. MST팀은 매주 슈퍼바이저와 만나는데, 이때 슈퍼바이저는 각 사례별로 발생하는 문제점을 구체적인 절차에 따라 검토하고 지도한다. 또한 팀은 필요하면 일주일에 한 번 MST 전문 컨설턴트와 만나 사례에 대한 추가 피드백과 지도를 받을 수 있다. 슈퍼비전과 자문의 최우선 목표는 치료자로 하여금 치료목표를 달성하고 MST 치료 프로토콜을 충실하게 지키도록 하는 데 있다. 이 장 뒷부분에서 슈퍼바이저와 컨설턴트의 역할 및 절차에 대해서 더 자세히 설명할 것이다.

4) MST 분석과정

'MST 실행고리(do-loop)'라고 불리는 MST 분석과정은 치료의 계획과 실행을 이

끄는 로드맵이다. [그림 2-1]은 연속적이면서 반복적으로 일어나는 MST 분석과정을 그린 것이다. MST 팀은 이 과정에 따라서 가족을 사례개념화하고 개입한다. 분석과정의 각 요소는 이후 소개되는 '슈퍼비전과 자문'을 위한 사례요약양식(Case Summary for Supervision and Consultation Form)의 항목에 반영된다.

이 양식에 따라 치료자는 주 1회 각 사례를 구체적으로 분석한다. [그림 2-1]은 MST에서 치료를 계획하고 실행하는 과정을 보여 준다.

① 치료자는 가족 및 주요 관계자와 협력하여 명확하게 합의된 핵심목표를 세운다.
② 치료자는 문제행동의 핏요인을 이해하기 위해서(예: 가족이 문제를 어떻게 이해하는지 포함하여) 청소년과 가족을 포함하여 체계 내 다른 사람들에게서 정보를 취합한다. 이때 체계 내 및 체계 간 정보에 모두 유의하도록 한다.
③ 치료팀과 가족은 문제유발요인의 우선순위를 매기고 그 요인을 해결할 수 있는 개입 전략을 세운다.
④ 개입을 실행하고 효과적인 실행을 방해하는 장애물을 탐색한다.

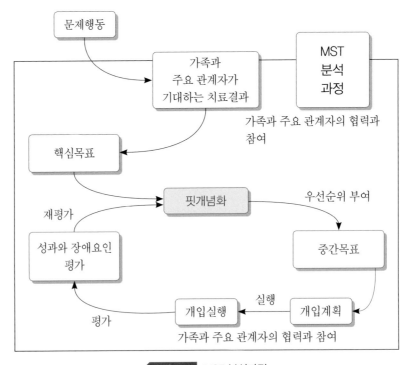

그림 2-1 MST 분석과정

⑤ 치료자는 개입이 의도한 효과를 내었는지 확인하기 위해 다양한 관점에서 개입의 결과를 평가한다. 만약 개입 효과가 나타나지 않았다면 치료자는 여러 가지 정보를 실행고리로 환류하여, 새로운 가설을 세우고, 수정된 가설에 따라서 개입을 수정한다.

이러한 과정을 반복하는 가운데 다음과 같은 MST의 중요한 특징이 드러난다.

- MST 팀은 청소년과 그 가족을 포기하지 않는다. 치료목표를 달성하기 위해 MST 팀은 '어떤 것이든지(whatever it takes, 역자 주: 이는 MST의 모토이다.)' 한다.
- 개입이 실패했다면 실패는 가족이 아니라 치료팀의 몫이다.

치료팀이 문제의 원인에 대한 정확한 가설을 세우고, 치료과정을 방해하는 장애물을 면밀하게 찾아내어 충실하게 개입한다면 치료목표는 성취될 수 있다.

5) 개념화 양식

사례에 대한 중요한 임상정보가 슈퍼바이저와 컨설턴트에게 잘 전달될 수 있도록 하는 의사소통체계로서 특정한 개념화 양식을 사용한다. 개념화 양식은 시간을 절약할 수 있도록 꼭 필요한 핵심 정보만을 포함한다. 개념화 양식은 치료자가 분명한 목표와 그 실행에 집중할 수 있도록, 또 슈퍼바이저와 컨설턴트가 최대한 유용한 피드백을 제공할 수 있도록 고안되었다. 개념화 양식을 작성하기 위해서 치료자는 양육자, 청소년뿐만 아니라 교사, 보호관찰관과 같은 주요 관계자까지 만나서 넓은 범위의 정보를 수집해야 한다. 릭의 사례를 통해서 개념화 양식을 어떻게 작성하는지 소개하겠다.

(1) 배경정보

배경정보는 접수면접에서 주로 수집되지만 이후에도 주기적으로 업데이트되어야 한다. [그림 2-2]에서 볼 수 있듯이 배경정보는 가계도로 시작된다. 가계도는 가족 구성원, 그들 간의 관계, 치료에 도움이 되는 강점을 빠르게 파악하는 데 유용하다. 이어서 MST에 청소년이 의뢰된 사유를 기술한다. 서비스 대상이 반사회적 행동

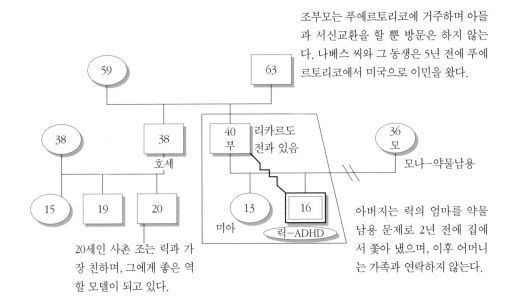

조부모는 푸에르토리코에 거주하며 아들과 서신교환을 할 뿐 방문은 하지 않는다. 나베스 씨와 그 동생은 5년 전에 푸에르토리코에서 미국으로 이민을 왔다.

아버지는 릭의 엄마를 약물남용 문제로 2년 전에 집에서 쫓아 냈으며, 이후 어머니는 가족과 연락하지 않는다.

20세인 사촌 조는 릭과 가장 친하며, 그에게 좋은 역할 모델이 되고 있다.

문제행동

행동	빈도	강도	지속기간
대마초 남용	3~4회/1주	2명의 또래와 함께 1~2개씩 피움	대략 16개월 동안
무단결석	2~3회/1주	하루를 통째로 결석	지난 해부터(12개월 전)
또래와의 싸움 및 신체적 폭력	2번	닉의 눈은 멍들었고, 상처를 꿰맸음	접수면접 3개월 전과 8개월 전에 각각 있었음
부자 갈등: 둘 다 서로에게 언어적으로 공격적임	1~2회/1주	1~2분 정도 부자가 소리를 지르며 닉은 버릇없는 말을 함	대략 2년 동안

기대목표

참가자	목표
릭	보호관찰 안 받기, 아빠 잔소리 안 듣기
리카르도 나베스 (아버지)	릭이 학교에 잘 가고 직업을 가지면 좋겠음 자랑스러운 아들이 되었으면 좋겠음
미아(여동생)	오빠가 착하게 행동하기, 문제를 그만 일으키기, 아버지와 싸우지 않기
호세 나베스(삼촌)	나쁜 아이들과 그만 만나기, 대마초 끊기
존슨 선생님(보호관찰관)	학교를 잘 다니기, 대마초 끊기, 더 이상 폭력 쓰지 않기

그림 2-2 릭 나베스에 대한 배경정보

으로 수감될 위기에 처한 청소년이기 때문에 여기서는 심각한 문제행동을 중심으로 기술해야 한다. 문제행동은 간결하면서도 구체적인 행동적 언어로 기술한다. 문제행동에 영향을 미치는 주요 체계에 대한 정보와 함께 행동의 빈도, 강도, 기간을 명시하도록 한다. 또한 치료자는 가능한 한 청소년의 생태계에 있는 주요 관계자, 즉 양육자, 형제자매, 확대가족, 교사, 보호관찰관 등을 만나서 그들이 치료에 기대하는 바를 표현된 그대로 기술한다.

(2) 강점과 욕구 평가

강점과 욕구 평가도 접수면접에서 이루어지며 이후 치료기간 동안 새로운 정보가 추가될 때마다 주기적으로 업데이트된다([그림 2-3]). 여기서 청소년과 가족이 속한 체계(개인, 가족, 학교, 또래, 지역사회) 각각의 강점(보호요인)과 약점(위험요인)을 기술한다. MST 팀은 이것을 주기적으로 검토하면서 체계의 강점은 강화시키고 약점은 최소화하거나 제거하는 개입 전략을 세운다.

(3) 슈퍼비전/자문 사례요약

슈퍼비전과 자문을 위한 사례요약 보고서는 총 여섯 가지 영역으로 구성되어 있다. 사례요약은 MST 슈퍼비전과 자문을 할 때 사용되며 매주 업데이트해야 한다. 이 양식은 MST 실행고리과정에 따라서 구성되어 있는데 [그림 2-4]는 그 예시이다.

I.　**MST 핵심목표**: MST의 가장 중요한 핵심목표를 기술한 파트이다. 핵심목표는 ① 치료팀과 가족 및 주요 관계자가 함께 설정한 것이며, ② 내담자의 문제행동을 정확하게 겨냥한 것이고, ③ 문제행동의 빈도와 강도를 감소시키는 방향으로, ④ 객관적·구체적·행동적으로 기술하고, ⑤ 측정이 가능해야 한다.

II.　**전주 중간목표**: 지난주 세운 중간목표를 열거하고 한 주간 달성 여부를 표시한다. 중간목표는 핵심목표로 가기 위한 중간 단계의 목표이다. 주 단위로 세워지며 핵심목표보다 작은 수준의 목표이다.

III.　**중간목표 장애물**: 중간목표의 성취를 방해하는 문제나 장애물을 적는다.

IV.　**치료적 향상**: 여기에서는 앞 조항과 달리 한 주간 발전한 점을 기술한다.

V.　**체계와 문제 간 핏평가**: 이 영역이 MST 치료충실도에서 핵심적인 역할을 수행

가족: 릭 나베스   치료자: 테리 도우   날짜: 10월 4일

체계의 강점	체계의 약점/요구
• 개인 －운동을 잘하며, 그중 특히 야구를 좋아함 －사회성이 좋음, 친구들 사이에 리더 역할 －일자리를 찾고 싶어함 －아버지와 잘 지내고 싶어 함 －대마초 사용을 인정함 －과거 ADHD 약물치료 반응성이 좋았음	－충동적이고 급한 성격. 생각도 하기 전에 행동함 －언어적 · 신체적 공격성 －폭력에 호의적인 태도 －거의 모든 수업을 낙제함 －대마초를 못 끊을 것이라고 생각함(비행또래에게서 벗 어날 수 없음) －갈등에 대한 자신의 책임을 인정하지 않음
• 가족 －아버지는 아들에게 매우 헌신적임 －여동생인 미아는 매우 모범적임 －삼촌은 아버지와 릭에게 지지적임 －사촌인 조는 릭에게 지지적이고 좋은 직업 모델임	－아버지의 양육태도는 권위주의적임 －부자 갈등이 때로 심각한 수준임 －아버지는 확인되지 않은 혐의로 구속된 적 있음 －어머니는 지속적으로 약물사용을 하였으며, 최근 2년 간 연락이 되지 않음

• 학교
－학교는 릭에게 변화의지가 있다면 기꺼이 돕겠다
  고 함
－학교에 야구팀이 있음
－체육 코치가 릭에게 관심과 염려를 보임(학업중단
  을 안 했으면 함)
	－학교에 나쁜 친구들이 많음
	－쉬는 시간 릭에 대한 감독이 잘 이루어지지 않음
	－학교는 릭이 거주하는 아파트 주민들에 대해 부정적임
	－릭은 성적 때문에 스포츠에 참여하기 어려움
	－학교는 아버지와 정기적으로 만나지 않음
	－아버지는 학교의 연락을 피함

• 또래
－릭의 아버지는 2년 전 릭과 어울렸던 좋은 친구들을
  기억해 냈는데, 이들이 같은 학교에 다니고 있음
－현재 친구 중 직업을 가진 친구가 있음(샘)
－좋은 역할모델이 되는 사촌 조가 있음. 그는 직업을
  가지고 있고, 릭을 돕고 싶어 함
－릭은 같이 놀아 줄 친사회적 친구 한 명을 찾았음.
  그 친구는 야구를 함 (제이알)
	－릭 친구의 대부분은 학업중단 상태이거나 학교를 다녀
	  도 학교를 자주 결석함
	－릭 친구 대부분은 대마초를 피고 음주를 함
	  릭이 연루된 폭력 사건 2건에 친구 두 명도 연루됨(마
	  이크와 에이제이)
	－릭이 통행금지를 어기고, 학교를 빼먹고, 말썽을 부릴
	  때마다 마이크와 에이제이가 함께 했음

• 지역사회 －집 근처에 야구장과 레크레이션 센터가 있음 －여동생은 삼촌과 숙모와 함께 교회를 다님 －같은 아파트 옆집 아줌마가 아버지를 잘 지지해 주 고 있으며, 여동생 미아도 가끔 돌보아 줌	－거주하는 아파트 단지의 범죄율이 높음 －아파트 단지 주변에서 약물을 쉽게 구할 수 있음 －경찰은 릭을 알지만 별로 좋아하지 않음

그림 2-3 릭 나베스의 강점과 요구 평가

가족: 릭 나베스   치료자: 테리 도우   날짜: 10월 4일

주간 보고

Ⅰ. MST 핵심목표

1. 성공적인 학교생활을 한다. 이에 대한 입증은 무단결석 및 문제행동에 기인한 출석정지 없음, 숙제완수, 낙제 없이 교과목을 패스했다는 학교기록으로 한다.
2. 대마초를 끊는다. 이에 대한 입증은 10주 연속 소변검사 음성반응에 대한 부모, 치료자, 보호관찰관의 보고로 한다.
3. 부자간 갈등과 논쟁이 줄어든다. 이에 대한 입증은 다른 가족 구성원(릭, 여동생, 아버지, 삼촌, 사촌)의 보고로 한다.
4. 집과 동네에서 더 이상 언어적·신체적 폭력 쓰지 않는다. 이에 대한 입증은 더 이상 기소되지 않는 것, 언어적·신체적 논쟁이 없었다는 부모의 보고로 한다.
5. 보호관찰규정을 준수한다. 이에 대한 입증은 보호관찰관의 보고로 한다.

Ⅱ. 전주 중간목표(달성/부분달성/미달성)

1. 치료자와 아버지는 학교 개별화교육계획(Individualized Educational Program: IEP)회의에 참석하여 가정-학교 연계개입을 수립한다(달성).
   a. 치료자가 아버지와 함께 교사와의 회의를 준비하기(달성)
   b. 교사용 일일학교생활기록부 만들기(달성)
   c. 모든 교사에게 일일학교생활기록부 작성 협조를 약속받기(부분달성)
   d. 릭의 학업부진 대책을 협의하기(부분달성)
   e. 추수모임 정하기(달성)
   f. 교사평정용 코너스 ADHD 척도 실시하기(달성)
2. 아버지는 지난주 살펴본 지침서에 따라 소변검사를 실시하고 검체를 모은다(부분달성).
3. 부자간 갈등이 생길 때 지난주 개발한 세 가지 전략을 시도한다(부분달성).
4. 사촌 제이가 릭의 카센터 구인면접에 동행한다(미달성).
5. 아버지와 함께 또래워크시트를 검토한다(미달성).

Ⅲ. 중간목표 장애물

1. 영어교사 스미스 씨가 IEP 회의에 불참하여 그에게서 일일학교생활기록부의 기록협조를 얻지 못하였고 릭의 학업보충에 대한 그의 생각도 듣지 못했다. 릭의 영어성적이 저조하고 또 영어수업 시 문제행동을 보이기 때문에 영어교사의 협조가 여전히 필요하다.
2. 릭은 지난주 화, 목요일 학교를 무단이탈하였다(IEP 회의에서 새롭게 알게 된 정보).
3. 아버지는 소변검사 검체를 모아 놓았으나 결과를 판독하는 법을 몰랐다. 그런데 아버지는 치료자에게 전화로 물어보지 않고 결과가 음성이라고 그냥 판단하여 릭에게 음성결과에 따른 보상을 주어 버렸다.
4. 릭은 문제행동을 했지만 부자는 갈등관리 계획을 따르지 않았다.
5. 사촌은 휴무일에 갑자기 일이 생겨 일터로 갔다.
6. 치료자는 다른 급한 개입으로 인해 아버지와 또래워크시트를 검토하지 못했다.

IV. 치료적 향상

1. 라미레즈 코치가 IEP 회의에 참석했는데, 그는 릭에게 호감을 가지고 있었고 회의에서 아버지와 말이 잘 통하는 것 같았다. 그는 앞으로도 회의에 기꺼이 참석할 것을 약속했다. 그는 가족에게 좋은 자원이 될 수 있을 것으로 보였다.

2. IEP회의에서 릭의 교육과정을 취업준비과정으로 변경하는 안에 합의하였다. 학교상담사가 구체적인 절차를 알아보기로 했다. 참석한 교사 모두 일일학교생활기록부를 기록하고 사인하기로 했다. 다음 학교회의는 11월 19일이다.

3. 릭은 사촌과 함께할 수 있는 시간으로 취업면접을 다시 잡았다.

4. 치료자들이 보기에 이번 주 아버지는 이웃의 도움을 더 많이 받는 것 같았다(아버지가 야근할 때 릭이 집에 왔는지 확인해 달라고 옆집에 두 번 전화했다).

5. 아버지가 지난주 행동계획을 잘 실행한 것으로 판단되었다. 릭과 아버지가 계획한 대로 릭이 매일 밤 귀가시간을 지키자 이에 대해 보상을 부여하였다.

V. 체계와 문제 간 핏평가

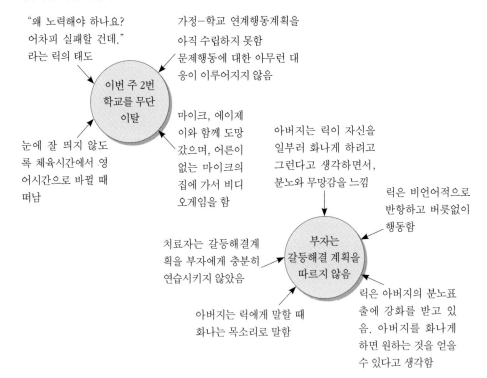

VI. 차주 중간목표

1. 치료자는 일일학교생활기록부 작성 및 진로 변경에 대하여 논의하기 위해서 영어교사와 만난다.

2. 치료자는 일일학교생활기록부를 아버지와 점검한다.

   a. 교사와 릭이 계획을 제대로 이행하는지 검토한다.

   b. 아버지가 약속대로 기록에 따른 처벌을 제공하는지 점검한다.

   c. 아버지가 약속대로 보상을 제공하는지 점검한다.

   d. 문제가 있다면 아버지가 해결할 수 있도록 돕는다.

3. 정신건강의학과 전문의를 찾아간다. 이때 교사 및 부모가 평정한 코너스 척도를 가져간다. 방문이유는 릭이 ADHD 진단에 부합하면 약물치료를 받을 수 있도록 하기 위해서이다.

4. 아버지는 체육수업 후 라미레즈 코치에게 전화하여 릭이 체육 끝나고 학교를 무단이탈하지 않도록 타일러 달라고 코치에게 요청한다.

5. 아버지와 또래워크시트를 검토한다. 아버지가 마이크 엄마에게 전화하여 릭이 폭력으로 보호관찰 중이니 어른 없는 집의 출입을 금해 달라고 부탁한다.

6. 아버지는 사촌 제이를 만나 릭의 취업면접에 동행할 수 있는지 확인한다.

7. 치료자들은 부자간 갈등을 해소하기 위한 작업을 지속한다.

   a. 지난주에 하기로 했던 계획이 잘 안 된 것에 대해서 부자가 이야기를 나누어 보도록 한다. 서로의 입장(조망)을 이해할 수 있도록 돕고 공동의 목표를 위해서 함께 노력하자고 격려한다. 이 과정에서 치료자는 아들에게 최선을 다하려는 아버지의 마음과 아버지에게 인정받고 싶어하는 아들의 마음을 치료의 지렛대로 사용한다.

   b. 아버지와 릭이 서로 역할을 바꾸어 가며 역할극을 하도록 한다.

   c. 분노와 절망감이 느껴질 때마다 대안적 사고를 할 수 있도록 아버지를 연습시킨다.

   d. 공손한 방식으로 비언어적 소통을 할 수 있도록 릭을 연습시킨다.

   e. 회기를 마치고 피자를 시켜 먹으며 여동생을 포함한 가족의 참여를 촉진시키고 부자간의 긍정적 상호작용을 격려한다.

8. 치료자는 아버지가 있을 때 불시에 릭의 소변검사를 실시한다. 이 과정에서 아버지는 검체판독 및 수집법을 다시 배울 수 있다. 결과가 양성으로 나올 때 약속한 행동적 결과를 이행해야 하는데 이때 발생하는 어려움을 같이 해결해 본다.

9. 귀가시간과 규칙에 대한 행동계획이 잘 실행되고 있는지 계속 체크한다.

그림 2-4 슈퍼비전/자문 사례요약

한다. 치료자는 의뢰된 문제와 핵심목표를 살펴보고 지난주 새롭게 수집된 정보에 기반하여 핏개념화에서 수정 · 보완해야 할 점이 있다면 이를 다시 핏서클로 표현한다. 핏서클을 통해 치료팀은 문제행동의 원인과 영향요인을 이해하게 된다.

VI. **차주 중간목표**: 마지막으로, 치료자는 다음 주에 시행할 새 중간목표를 기술한다. 자문과 슈퍼비전에서 치료팀, 슈퍼바이저, 컨설턴트는 치료자와 차주 중간목표를 수정 · 발전시키며 이를 실행할 방법에 어떤 것이 있을지 고민한다. 이때 내담자와 그 가족, 처한 환경의 강점과 장애물을 잘 고려하여 모색하는 것이 중요하다.

(4) 핏서클(Fit Circle)

핏 또는 핏서클이라는 단어는 MST의 첫 번째 원칙에서 파생되었다. 평가의 핵심 목표는 문제행동과 그 문제를 둘러싼 체계적 맥락 간의 인과관계, 즉 핏요인을 이해하는 데 있다. 이런 이유로 치료팀은 '핏서클'을 통해 문제행동 및 상호작용 패턴을 유발하는 원인 및 영향요인에 관해 가설을 세운다. 핏서클은 문제를 평가하고 이해하는 데 있어 매우 핵심적인 역할을 한다. 치료자는 가족 및 MST 팀과 함께 브레인스토밍을 통해서 핏서클을 발전시킨다. 핏서클에서 문제행동에 영향을 미치는 요인에 대한 가설을 세우고, 이에 따라 어떤 치료적 개입을 어떤 순서로 실행할지 결정한다. 치료자는 접수면접 때부터 시작하여 의뢰된 모든 문제와 추가로 발견되는 문제행동에 대해서 각각 핏서클을 그려 나간다. 치료자는 매주 핏서클을 업데이트하거나 새로운 것을 추가한다. 다음에 제시한 사례를 통해서 핏서클의 예시를 살펴볼 수 있다([그림 2-5] 참조).

3. 사례 예시: 릭 나베스

다음 사례는 MST 임상절차를 잘 드러낼 뿐 아니라, 개념화 양식이 어떻게 MST의 충실도를 향상시킬 수 있는지를 잘 보여 주고 있다.

1) 배경정보

릭 나베스는 푸에르토리코에 사는 16세 라틴계 소년이다. 릭은 보호관찰규정을 반복적으로 위반하여 자칫하면 소년원에 수감될 위기에 있었다. 릭은 귀가시간을 계속 지키지 않았으며 최근 대마초를 소지하여 죄목을 하나 더 추가하였다. MST 접수면접에서 파악된 릭의 문제행동은 대마초 남용, 무단결석, 또래와의 싸움으로 나타났다. 과거에 릭은 ADHD 진단을 받은 적이 있으며, 충동성과 분노조절 문제가 있었다. 릭은 아버지, 13세 여동생과 아파트에 함께 살고 있었다.

여성 치료자 테리는 릭과 가족이 모두 참여한 가운데 치료를 시작했다. 테리는 일단 최대한 많은 주요 관계자를 만나서 치료에 대한 그들의 기대를 파악하는 것을 첫 번째 목표로 삼았다. 여러 사람에게서 릭의 문제행동 빈도, 강도, 지속기간에 대한 정보를 수집하였다. 치료팀이 가족의 역사와 잠재적 자원을 파악할 수 있도록 심리

가족: <u>릭 나베스</u>　　치료자: 테리 도우　　날짜: 10월 4일

접수면접시 작성된 문제에 대한 핏서클

낮은 충동통제력　　과거 약물사용 습관

이웃의 지도감독이 허술함
동네에서 할 일 없이 어슬렁거리는
시간이 많음

어머니의 약물남용 과거력-릭은 약
물사용을 모델링하였고 당연한 일로
간주하게 됨

대마초 남용

이웃에서 쉽게 약물을
구할 수 있음

대마초를 피우는 친구들을
동네에서 언제든지 쉽게
만날 수 있음

가족의 문제해결기술 부족

허술한 아버지의 감독　　가족갈등

또래친구들이 부모와 어른에
대한 부정적인 태도 조장

아버지의 비일관적인 훈육

공격성을 모델링시키는 이웃

릭의 충동성과 의사소통기술 부족

부자갈등

문제해결, 갈등해소를 위한
가족의 해결책 부재

어머니의 부재에 대해
아버지를 원망함

릭이 대마초를 하면
아버지와 싸울 가능성이
높아짐

문화적 배경차로 인해
부자의 대인관계 스타일이 다름

마이크와 에이제이가 함께함
마이크가 리더로서 폭력을 일으킬 때
릭이 참여를 거부하기 어려움

공격성을 모델링시키는 이웃

대마초에 취한 상태에서 잘못된
결정을 함. 폭력에 가담할 때는
거의 항상 대마초에 취한 상태임

이웃의 지도감독이 허술함
동네에서 할 일 없이 어슬렁거리는
시간이 많음

폭력
-친구들과 싸움

가족갈등-부자간에 다투면
릭은 나쁜 친구들을 찾고
대마초를 피움

동네에서 쉽게 만날 수 있는
나쁜 친구들

학교의 허술한 지도감독
허용된 자유시간이 많음

허술한 아버지의
감독

아버지와 아들의 부족한
문제해결기술

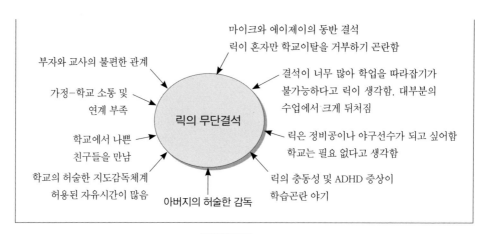

마이크와 에이제이의 동반 결석
릭이 혼자만 학교이탈을 거부하기 곤란함

부자와 교사의 불편한 관계

결석이 너무 많아 학업을 따라잡기가
불가능하다고 릭이 생각함. 대부분의
수업에서 크게 뒤처짐

가정-학교 소통 및
연계 부족

릭의 무단결석

학교에서 나쁜
친구들을 만남

릭은 정비공이나 야구선수가 되고 싶어함
학교는 필요 없다고 생각함

학교의 허술한 지도감독체계
허용된 자유시간이 많음

아버지의 허술한 감독

릭의 충동성 및 ADHD 증상이
학습곤란 야기

그림 2-5 핏서클

적 가계도를 작성하였다. [그림 2-2]에서 보듯이 릭의 가족이 살고 있는 곳 근처에 삼촌과 숙모, 남자사촌들과 여자 사촌 한 명이 살고 있었다. 이들은 릭의 가족에게 사회적 지지를 제공할 수 있는 잠재적 자원으로 파악되었다. 치료자는 가족, 삼촌과 보호관찰관으로부터 치료에 대해 기대하는 바를 들었다. 이를 종합하여 치료자는 릭의 문제행동, 즉 대마초 남용, 무단결석, 또래와의 싸움, 부자간 논쟁의 빈도, 강도, 지속기간을 확인하였다.

2) 강점 및 요구 평가

테리는 접수면접에서 가족, 학교, 또래, 지역사회를 평가하면서 각 체계의 강점과 요구 또한 탐색하였다. 이러한 정보는 가족, 교사, 보호관찰관과의 면담 및 행동관찰을 통해 수집된다. 여기서 치료자는 변화의 지렛대가 될 수 있는 강점을 파악하고, 향후 추가 평가나 개입이 필요할 수 있는 약점이나 장애물을 확인하였다. 예를 들어, 나베스 씨의 양육방식은 권위주의적이었으며 릭과 자주 다투었지만 한편으로 그는 아들에게 매우 헌신적이었고 릭 역시 진심으로 아버지와 관계 회복을 바라고 있었다. 치료자는 이러한 정보를 활용하여 아버지의 감독 문제와 부자간 높은 갈등을 해결하기 위한 개입 전략을 세웠다.

3) 문제행동에 대한 핏서클

문제행동의 빈도, 강도, 지속기간이 파악되면 다음으로 핏서클을 그린다. 이 단계에서 테리는 릭과 그 여동생, 아버지와 삼촌에게 핏서클에 대해서 설명했다. 테리와 가족들은 함께 문제행동에 영향을 끼친 것이 무엇인지 생각해 보면서 각자 주요 원인이라고 생각되는 것을 이야기하였다. [그림 2-5]의 첫 번째 핏서클로 릭의 대마초 남용을 살펴보자. 핏서클을 둘러싸고 있는 요인으로서 개인(낮은 충동통제력), 또래(언제든 만날 수 있는 약물사용 또래), 지역사회(이웃에서 쉽게 약물을 구할 수 있음), 가족(가족갈등) 요인 등이 있다. 여기서 치료자는 가장 영향력 있고 직접적으로 관련되어 보이는 요인(예: 약물사용 또래, 허술한 아버지의 감독, 가족갈등)을 굵은 글씨체로 강조하였다. 이렇게 의뢰된 문제행동에 대한 핏서클을 완성하는 가운데, 첫째, 치료팀과 가족은 공동의 치료목표와 비전을 갖게 되어 치료에 더욱 몰입할 수 있고, 둘째, 여러 체계가 어떻게 문제행동에 영향을 미치는지 더 잘 이해하게 되며(원칙 1), 셋째, 정교하고 구체화된 개입 전략을 세우게 된다(원칙 4).

4) 슈퍼비전과 자문 사례요약

치료 후 한 달이 지났을 때 테리가 컨설턴트와 슈퍼바이저에게 제출한 주간 보고서의 예시를 [그림 2-4]에 제시하였다. 다음에 제시된 로마 숫자는 사례요약의 로마 숫자와 일치한다.

I. **MST 핵심목표**: 접수면접 기록과 핏서클을 완성한 후에 테리는 자문을 위해 다음과 같은 준비를 하였다. 그녀는 가장 기본적이면서 핵심적인 목표를 설정하였다. 앞서 설명하였듯이 치료자는 가족과 함께 핵심목표를 설정하며, 설정된 핵심목표는 치료를 이끌어 가는 기능을 한다. [그림 2-4]를 살펴보면, 핵심목표는 릭의 네 가지 문제행동을 구체적으로 개선하는 방향으로 설정되어 있다. 여기에 한 가지 추가된 것이 있다면 그것은 보호관찰명령을 준수하는 것이다. 핵심목표는 접수면접에 참여한 사람들이 바라는 결과가 포함되도록 하며, 그 성과를 쉽게 모니터링할 수 있도록 기술되어야 한다. 가족과 치료팀이 핵심목표에 대해 합의를 하면 이 핵심목표는 매주 보고서 상단에 적혀 있어야 한다.

II. **전주 중간목표**: 여기에 테리는 지난주에 세운 중간목표 목록을 적고 중간목표의 달성 여부를 체크했다. 중간목표는 현재중심적·행동지향적(원칙 4)이면서, 발달적으로 적절하고(원칙 6), 쉽게 측정될 수 있어야 한다(원칙 8). 아울러 치료자, 양육자, 청소년이 중간목표를 성취하기 위해 매일같이 무언가를 할 수 있도록 만들어야 한다(원칙 7). 중간목표를 세울 때, 핏서클에서 영향력 있는 핏요인을 다루어 주는 것이 중요하다([그림 2-5] 참조). 예를 들어, 사례요약을 보면 가족과 학교 간의 소통을 향상시키는 내용에 대한 중간목표가 있는데, 그 이유는 가정과 학교 사이의 소통 부재가 릭의 무단결석이라는 문제에 많은 영향을 미치고 있기 때문이다. 또한 중간목표를 설정할 때 핵심목표가 고루 다루어지도록 함으로써 모든 문제영역에 걸쳐 치료성과가 나타나도록 한다.

III. 중간목표 장애물: 여기서 치료자는 목표가 미달성되거나 부분달성된 이유를 설명했다. 릭의 사례에서 나베스 씨가 아들에게 소변검사를 한 후 보상이나 처벌을 부여하지 않은 것은 그가 소변검사 결과를 판독할 줄 몰랐기 때문이었다. 또한 나베스 씨는 테리에게 문의하지도 않았다. 이는 앞으로 나베스 씨가 이런 종류의 개입에 참여할 의사가 별로 없을 가능성을 시사하는 것이다. 이 단계는 MST 분석과정에서 개입의 성과와 장애물을 평가하는 단계이다. 원칙 8에서 강조되었듯 개입의 효과성에 대한 지속적인 평가는 매우 중요하다. 이 단계의 정보는 다음 단계에서 핏서클을 작성하는 데 활용된다.

IV. 치료 진전: 여기서는 치료의 진전 상황이나 치료에 도움이 될 수 있는 좋은 정보를 기록한다. 예를 들어, 테리는 학교에서 회의를 하던 중 학교의 코치가 나베스 씨와 잘 어울리는 것을 발견하였다. 그는 기꺼이 릭과 나베스 씨를 돕고 싶다고 말했다. III 단계와 마찬가지로, 이러한 정보는 개입이 효과가 있었는지 알려 주는 역할을 하며 다음 단계의 핏서클을 그리는 자료가 된다. 치료팀은 치료 진전을 지속적으로 평가하는 가운데 점점 더 강점에 초점을 두는 것이 무엇인지 배우게 된다(원칙 2).

V. 문제와 체계 간 핏평가: 이 단계에서 치료자는 개입 효과를 평가하면서 파악된 장애물을 열거하고 그 원인에 대한 가설을 세운다. 릭의 사례에서 두 가지 문제가 파악되었다(예: 학교무단이탈 2번, 부자가 싸웠을 때 합의한 갈등해결 계획을 실행하지 않음). [그림 2-4]에서 보듯이 이러한 문제의 원인이나 영향요인을 찾아서 핏서클을 만들었다(원칙 1). 핏서클은 차주 중간목표를 세우는 다음 단계

(VI)에서 활용된다.

VI. **차주 중간목표**: 치료자는 차주에 실행할 개입을 결정하기 위해서 V 단계에서 작성한 핏서클의 핏요인들에 대해 우선순위를 매긴다. 테리는 장애를 일으키는 것으로 판단된 핏요인에 대해서 새로운 중간목표를 개발하였다. 예를 들어, 테리와 나베스 씨는 무단이탈에 가장 큰 영향을 미친 핏요인으로, 가정과 학교 사이에 소통 부재와 함께 문제행동에 대응하는 구체적인 행동계획을 사전에 수립하지 못한 것을 꼽았다. 이에 따라 핏요인을 해결할 수 있는 몇 가지 중간목표를 설정하였다. 먼저 테리와 나베스 씨는 릭과 교사가 일일학교생활기록부(제5장 참조)를 잘 기록하는지 매일 점검할 것이다. 이때 나베스 씨가 검토와 보상을 잘 챙기지 못할 것으로 판단했기 때문에, 테리는 나베스 씨가 이를 잘 이행하는지 매일 체크하고 실제로 나베스 씨가 기록부를 점검하고 결과를 부여할 때 옆에서 도와주면서 가르치기로 하였다.

5) 릭과 가족을 위한 치료과정

MST 치료자는 슈퍼비전을 받기 위한 사례요약을 매주 제출하였고 실행고리에 따라 치료를 지속하였다. 치료는 5개월 동안 지속되었고 여기에 실제 치료시간이 약 70시간 이상 소요되었다. 가족은 치료 도중 심각한 위기를 경험하기도 했지만(다음 부분에서 안전 문제를 다룰 때 설명할 것이다), 결과적으로 핵심목표는 대부분 달성될 수 있었다. 이 과정에서 무엇보다 아버지가 아들을 더 잘 감독할 수 있는 기술과 자원을 갖추었다는 것이야말로 가장 중요한 성과라고 할 수 있다. 나베스 씨는 다음과 같은 과정을 거치면서 양육능력이 향상되었다. 첫째, 릭의 행동에 대해 약속한 보상과 결과를 부여하고, 둘째, 자신이 수행하기 어려울 때면 조카와 남동생, 이웃에게 아들의 감독을 부탁했으며, 셋째, 교사와 소통을 통해 학교 출석 및 행동에 대해 약속된 결과를 가정에서 부여하였다. 테리와 나베스 가족의 노력으로 릭은 이제는 친사회적 활동에 적극적으로 참여하고(예: 두 곳에서 일을 함), 일탈또래와 보내는 시간이 줄었다. 치료가 종결될 즈음에 가서는 릭의 아버지와 가족은 치료자가 도와주지 않아도 스스로 이 모든 일을 잘 수행하게 되었다.

③ MST 안전성 평가 및 개입

MST 대상자들이 위험한 행동을 할 수 있을 뿐만 아니라 MST가 시행되는 장면이 위험을 내포한 생활현장이기 때문에 MST 치료자와 슈퍼바이저는 가족의 안전을 늘 면밀히 모니터링하고 다루어야 한다. 안전 문제로는 가정 내 폭력(예: 청소년과 가족 간 폭력, 부부폭력, 아동학대), 청소년을 위험에 빠뜨리는 동네 사람(청소년 범죄자의 총기사망률은 매우 높다: Teplin, McClelland, Abram, & Mileusnic, 2005), 청소년이 이웃에 가하는 위험(예: MST에 참여하는 청소년 대부분은 폭력 범죄자이다), 자살시도 등을 꼽을 수 있다.

1. 행정적 · 임상적 접근법

안전 문제는 행정적 · 임상적 측면에서 다루어진다.

1) 행정적 접근

표준 MST의 배제기준에 따라 MST는 현재 자살(자해), 타살(타해)의 가능성이 매우 높거나, 조현병 상태에 있는 청소년의 경우 치료에서 배제한다. 위법행위로 수감될 위기의 청소년에게 MST는 적절한 선택이다. 하지만 MST가 정신과 입원치료의 대안이 될 수는 없다. 또한 만약 청소년이 이웃의 안전에 상당한 위협이 되고 있다면 그를 소년원에 수감하는 것이 적절하다. 그런데 대부분의 판사와 검사는 중범죄를 저지른 청소년을 모두 위험하게 여기는 경향이 있으므로, MST 팀은 대상자를 선별하기 위해서 제10장에서 기술된 바와 같이 상당한 주의를 기울여야 한다.

이 장과 제10장 뒷부분에서 제시되어 있듯이 팀에 속한 치료자는 문제나 위기에 대응할 수 있도록 주 7일, 하루 24시간 언제나 MST 슈퍼바이저나 대체 슈퍼바이저에게 연락할 수 있다. 또한 (임상훈련을 제공하고 서비스보증향상체계를 관리하는) MST 컨설턴트는 근무시간 동안 자문을 제공한다. 치료팀의 나머지 치료자들도 다양한 지원을 제공한다. MST 치료자는 결코 혼자 위기를 다루지 않는다. 치료자는 한마음으로 도우려는 동료의 지지와 충고 속에서 협력을 통해 치료를 진행한다.

2) 임상적 접근

일반적으로 MST 팀은 다른 임상적 문제와 마찬가지로 개념화 양식을 활용하여 안전 문제에 접근한다.

(1) 체계 이해-핏서클

안전 문제는 체계 내 요인, 체계 간 요인의 상호작용에 의해 유발되는 것으로 보고 이를 체계의 관점에서 개념화한다. 따라서 우려되는 행동이 인식되는 순간(예: 과거에 무기를 사용하여 공격한 적이 있음), 치료자와 팀은 다중체계적 관점에서 문제행동(예: 비행청소년 어울림, 범죄를 지지하는 이웃, 부모감독 부재, 퇴학, 총기류 접근성, 충동성)의 핏요인을 파악한다. 다음으로 그 행동을 일으키는 요인의 우선순위에 따라 치료자와 가족은 이를 해결하기 위한 개입을 시작한다(예: 비행또래 및 무기에 대한 접근을 관찰하고 감독하기, 친사회적 활동을 증가시키기, 직업훈련 연계하기).

(2) 전문가 지원

앞서 지적하였듯이, 슈퍼바이저와 컨설턴트는 안전 확보에 핵심적 역할을 수행한다. 이들은, 첫째, 정보를 제공하고(예: 폭력의 위험요인 평가를 교육), 둘째, 평가 및 개입이 효과적으로 이루어지도록 지원을 제공하며(예: 치료자와 동행하여 평가), 셋째, 안전이 지나치게 위협받는다고 판단되는 시점에 이르면 그에 맞는 적절한 개입을 선택하여 실행하도록 한다(예: 청소년을 입원시설에 의뢰).

(3) 안전성 척도

치료자가 안전 문제를 다룰 때 유용한 MST 도구가 있다. MST 안전 체크리스트(Henggeler, Schoenwald, Rowland, & Cunningham, 2002)는 위험한 물건(칼, 총)을 집에서 치웠는지 확인하기 위한 도구이다. MST 안전계획(Wenson et al., 2005)은 가족과 함께 세우는 것으로, 예상되는 위험이 발생했을 때 대처하는 일련의 행동을 자세하게 적은 것이다.

나베스 가족이 겪었던 위기상황을 소개하면서 MST 팀이 안전 문제를 이해하고 개입했던 과정을 설명하겠다.

2. 릭 나베스 사례: 안전 문제

치료를 시작하고 6주 정도 지났을 때 릭의 아버지가 갑자기 테리에게 전화를 했다. 내용은 마이크가 칼을 소지한 것이 드러났고 이 일로 릭과 에이제이가 교장실에서 같이 조사를 받고 있다는 것이다. 나베스 씨와 테리는 즉시 학교로 갔다. 학교 측의 설명을 들어보니 그날 학교전담경찰이 불시에 소지품 검사를 하였는데, 이때 마이크의 사물함에서 사냥용 칼이 발견되었다는 것이다. 그런데 에이제이와 릭까지 교장실로 소환된 이유는, 첫째, 이들이 마이크와 친했고, 둘째, 학교상담자가 이 세 친구가 갈등을 겪는 다른 무리의 아이들과 한판 붙을 계획이 있는 것 같다고 말했기 때문이었다. 결국, 마이크는 그 즉시 퇴학을 당했다. 그러나 테리와 나베스 씨는 릭이 학교를 계속 다닐 수 있게 해 달라고 학교측을 설득했다. 더 이상 이런 사건이 재발하지 않도록 공식적인 안전계획을 세울 것이며 앞으로 무슨 일이든지 적극적으로 학교와 협력하겠다고 다짐했다. 이 사건과 관련된 핏서클과 MST 안전계획은 [그림 2-6]과 [그림 2-7]에서 제시하였다.

1) 안전 핏서클

테리는 나베스 씨의 전화에 즉각 대응하여 바로 학교로 가서 나베스 씨와 함께 릭, 교사, 라미레즈 코치를 만났다. 테리는 가장 문제가 되는 핵심적인 안전 문제 두 가지에 대해 핏서클을 그렸다. 첫 번째는 칼이 마이크의 사물함에서 발견된 것이고, 두 번째는 릭이 비행을 부추기는 에이제이와 마이크를 자주 만난다는 것이다. 평가를 통해 학교, 또래, 가족, 개인 체계와 이러한 체계 간의 연결에 의해 위기가 발생한다는 것을 알 수 있었다.

치료자와 팀은 체계별로 요인을 점검하고 [그림 2-6]과 같은 안전 핏서클을 그리면서 다음 사항에 주목했다. 개인 차원에서 릭의 충동성은 두 개의 핏서클 모두에서 가장 순위가 높은 영향요인(굵은 글씨)이었다. 이 과정에서 테리는 중요한 사실을 알게 되었다. 릭이 몇 주 전 정신과 의사를 만나서 충동성과 ADHD에 대한 약을 처방받았지만 정작 받아 오지는 않은 것이다. 가족 차원에서 볼 때 릭이 비행청소년, 특히 마이크나 에이제이와 가깝게 지내는 것을 아버지가 제대로 감독하지 못하는 것은 가장 치명적인 요인 중 하나였다. 또한 나베스 씨가 릭의 또래관계를 잘 관리할

가족: 릭 나베스   치료자: 테리 도우   날짜: 11월 15일

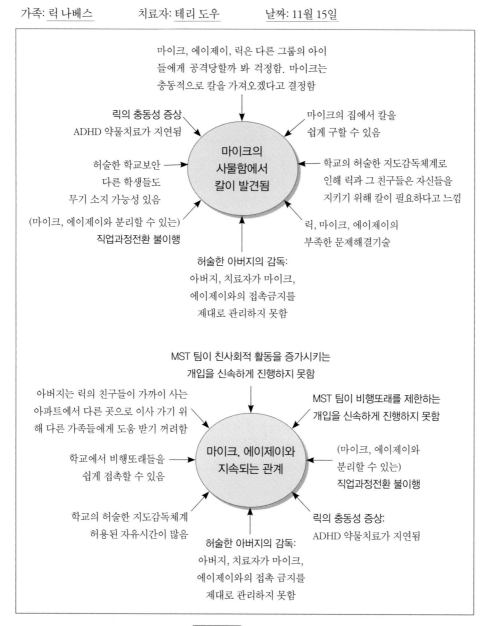

마이크, 에이제이, 릭은 다른 그룹의 아이
들에게 공격당할까 봐 걱정함. 마이크는
충동적으로 칼을 가져오겠다고 결정함

릭의 충동성 증상
ADHD 약물치료가 지연됨

마이크의 집에서 칼을
쉽게 구할 수 있음

허술한 학교보안
다른 학생들도
무기 소지 가능성 있음

**마이크의
사물함에서
칼이 발견됨**

학교의 허술한 지도감독체계로
인해 릭과 그 친구들은 자신들을
지키기 위해 칼이 필요하다고 느낌

(마이크, 에이제이와 분리할 수 있는)
직업과정전환 불이행

릭, 마이크, 에이제이의
부족한 문제해결기술

허술한 아버지의 감독:
아버지, 치료자가 마이크,
에이제이와의 접촉금지를
제대로 관리하지 못함

MST 팀이 친사회적 활동을 증가시키는
개입을 신속하게 진행하지 못함

아버지는 릭의 친구들이 가까이 사는
아파트에서 다른 곳으로 이사 가기 위
해 다른 가족들에게 도움 받기 꺼려함

MST 팀이 비행또래를 제한하는
개입을 신속하게 진행하지 못함

**마이크, 에이제이와
지속되는 관계**

(마이크, 에이제이와
분리할 수 있는)
직업과정전환 불이행

학교에서 비행또래들을
쉽게 접촉할 수 있음

학교의 허술한 지도감독체계
허용된 자유시간이 많음

허술한 아버지의 감독:
아버지, 치료자가 마이크,
에이제이와의 접촉 금지를
제대로 관리하지 못함

릭의 충동성 증상:
ADHD 약물치료가 지연됨

그림 2-6 안전 핏서클

수 있도록 다양한 체계가 주변에서 지원해야 하는데도 이것 역시 제대로 이루어지
지 못했다. 예를 들어, 릭의 교육과정을 직업훈련으로 전환하는 것으로 비행또래에
게서 릭을 분리시키고 보다 좋은 진로를 가질 기회를 마련할 수 있었지만 학교는 이

가족: 릭 나베스　　시작일: 11월 18일　　종료일: _____

- **안전을 위한 약속**: 앞으로 릭이 비행또래들(마이크, 에이제이를 포함하여 아버지, 치료자, 교사가 금지한 친구), 마약, 무기와 접촉하는 것을 금지합니다. 릭은 의사가 처방한 약을 복용합니다. 나베스 씨는 릭에 대한 모니터링 계획을 이행하며 릭이 새로운 친구를 만나고 바람직한 행동을 할 수 있도록 릭을 돕습니다. 교사는 일일학교생활기록부를 작성하고 릭이 친사회적 활동을 할 수 있도록 돕고 문제가 발생했을 때 나베스 씨 혹은 치료자에게 바로 알립니다.

- **의무사항**
 - **아버지**: 저는 다음과 같은 안전약속을 지키겠습니다.
  ① 매일 가정과 학교에서 시행되는 행동관리 및 모니터링 계획을 준수하겠습니다. ② 릭이 칼이나 다른 무기를 소지했는지 확인하기 위해 오늘부터 치료자와 함께 계속 방 점검을 실시하겠습니다. ③ 아버지의 근무 시에는 동생 부부에게 방과 후 릭의 감독을 부탁하겠습니다. ④ 동생 부부가 하기 어려울 때 이웃에게 릭의 감독을 부탁하겠습니다. ⑤ 릭의 ADHD 약물복용을 매일 점검하겠습니다. ⑥ 치료자와 함께 학교 개입을 이행하겠습니다. ⑦ 치료자와 함께 또래 개입을 이행하겠습니다. ⑧ 이상과 관련하여 도움이 필요할 때 치료자에게 연락하겠습니다.

 - **릭**: 저는 다음과 같은 안전약속을 지키겠습니다.
  ① 매일 가정과 학교에서 시행되는 행동관리 및 모니터링 계획을 준수하겠습니다. ② 마이크, 에이제이 및 다른 비행또래들을 만나지 않겠습니다. ③ 더 이상 마약을 사용하지 않으며 아버지가 매주 시행하는 마약검사에 적극 응하겠습니다. ④ 아버지, 치료자, 삼촌, 사촌과 함께 건전한 방과 후 활동을 찾겠습니다. ⑤ 의사 선생님이 처방해 준 약을 잘 복용하겠습니다. ⑥ 학교에서 도움이 필요할 때 라미레즈 선생님에게 찾아가겠습니다.

 - **학교**: 우리는 다음과 같은 안전약속을 지키겠습니다.
  ① 일일학업생활기록부를 작성하여 나베스 씨에게 매일 보내겠습니다. ② 학교에서 릭에게 문제가 생기면 나베스 씨나 치료자에게 연락하겠습니다. ③ 즉시 릭에게 맞는 교육지원(직업반)을 찾겠습니다. ④ 무기소지를 확인하기 위해 불시에 사물함 점검을 실시하겠습니다. ⑤ 라미레즈 코치는 월요일과 수요일 방과 후에 릭이 체육부에서 자원봉사하는 것을 돕겠습니다. ⑥ 라미레즈 코치는 릭이 요청할 때 릭을 도와줄 것입니다.

 - **치료자**: 저는 다음과 같은 안전약속을 지키겠습니다.
  ① 매주 불시에 학교에 들러 릭이 어떻게 지내는지, 수업은 들어가는지, 비행또래들과 어울리는지 점검하겠습니다. ② 릭이 일자리를 찾도록 도와주겠습니다. ③ 릭과 아버지가

다투거나 도움이 필요할 때 언제든지 연락을 할 수 있도록 주 7일, 24시간 대기하겠습니다. ④ 본 계획에 사인하는 모든 사람이 잘 이행할 수 있도록 돕겠습니다.

• 연락망
-아버지: 릭과 싸우거나, 릭이 어디에 있는지 잘 모를 때, 릭이 규칙을 어기거나, 무엇을 해야 할지 잘 모를 때 123-4567로 테리에게 전화하겠습니다.
-릭: 아버지와 싸우거나, 도움이 필요할 때 123-4567로 테리에게 전화하겠습니다.
-교사: 릭이 학교에서의 규칙을 어기면 876-5432로 나베스 씨에게 전화하거나 123-4567로 치료자에게 연락하겠습니다.
-치료자: 치료자는 테리 도우입니다(전화번호: 123-4567).

이상을 성실히 이행할 것을 약속합니다.

교사　　　　　　　서명　　　　　　　　부모/보호자　　　　서명

교사　　　　　　　서명　　　　　　　　릭　　　　　　　서명

그림 2-7　릭 나베스를 위한 MST 안전계획

를 제대로 이행하지 않았다. 또한 학교의 학생지도감독체계가 매우 취약해서 릭과 그 친구들은 쉽게 반사회적인 활동을 계획하고 실행할 수 있었다. 마지막으로, MST 팀 역시 어떤 면에서는 별 도움이 되지 못하고 있었다. 치료팀은 청소년에게 비행또래가 상당히 강력한 영향을 미친다는 사실을 잘 알고 있었음에도, 가족과 학교에게 또래 관리가 시급하다는 것을 제대로 이해시키지 못했고 부정적인 친구와의 만남을 제한하고 친사회적인 활동을 촉진하는 개입을 제대로 수행하지 못했다.

테리는 나베스 씨, 교사와 함께 주요 핏요인의 심각성을 논의하고 이 요인을 해결하는 방법에 대한 합의를 이끌어 냈다. 안전개입의 실행계획에는 모든 참여자와 체계가 빠짐없이 참여하도록 하였다(그림 2-7 참조). 모든 참여자는 계획에 서명하고 한 부씩 복사본을 가짐으로써 치료과정에서 각자의 역할을 숙지하였다.

2) MST 안전계획
서두에 릭을 안전하게 보호할 수 있는 약속을 요약하여 기술한다. 요약은 문제의

재발을 막기 위한 전반적인 계획을 보여 준다. 이때 체계별로 각각 수행할 역할이 부여되어야 하며 각 계획은 참가자가 책임 있는 행동을 할 수 있도록 고안된다(원칙 3). 릭은 약물치료를 받고, 비행또래와 마약을 끊으며 친사회적인 활동에 참가한다. 나베스 씨는 릭을 잘 감독하고 관리한다. 치료자는 반사회적 친구와의 만남을 줄이고, 친사회적인 친구와의 만남을 늘리도록 돕는다. 나베스 씨는 가족과 이웃의 지원을 적극 활용하기로 한다. 또한 학교는 릭을 좀 더 면밀하게 감독하고 릭에게 보다 더 적합한 교육과정을 제공하겠다고 약속한다. 테리는 체계 각각의 개입을 지도하고 촉진시키며 참가자 간에 의견을 조정하도록 돕는다.

　　MST의 다른 개입과 마찬가지로 안전계획 역시 상위의 목표를 달성하는 방법을 자세하게 기술한다. 각 방법은 구체적이고 행동지향적이며 측정 가능하다(원칙 4). 학교를 예로 들면, 첫째, 매일 일일학교생활기록부를 작성하고, 둘째, 문제가 발생하면 치료자와 가족에게 즉시 전화하며, 셋째, 릭에게 가장 적합한 교육과정을 신속하게 배치하고, 넷째, 무기소지 여부를 확인하기 위해 릭의 사물함을 불시에 검사하며, 다섯째, 매주 2일씩 방과 후 라미레즈 코치와 릭이 함께 자원봉사하는 데 동의했다. 이 실행계획은 이행 여부를 쉽게 점검할 수 있고 쉽게 수정할 수 있도록 작성했다. 치료자는 핏서클과 MST 안전계획을 문서로 작성하여 슈퍼바이저와 컨설턴트에게 제출했고, 슈퍼비전 사례요약서에 세부적인 안전계획을 중간목표에 포함시켰다.

3) 안전 회복

　　나베스 가족을 위한 MST 안전계획은 공식적인 문서를 필요로 하는 학교의 행정적 요구를 충족시키고, 모든 사람이 문제해결과정에 보다 확실히 참여하도록 하는 데 중요한 역할을 수행했다. 학교에서 일어난 사건으로 나베스 씨와 테리는 정신을 바짝 차리게 되었다. 이 사건 이후 나베스 씨는 이전보다 더 제대로 개입을 수행하는 한편, 테리는 또래라는 위험요인에 더 주목해야 한다는 점을 명심하게 되었다. 결국 릭이 직업과정에 들어가고 친사회적 활동에 참여하며(라미레즈 코치와 자원봉사 하기, 차량정비소에서 사촌과 일하기) 비행청소년을 멀리하게 되면서 이 사례는 성공적으로 끝났다. 나베스 씨는 집, 학교, 동네에서 아들을 효과적으로 관리감독하는 기술을 익히게 되면서 상당한 활약상을 보여 주었으며, 다른 가족 역시 이러한 나베스 씨를 적극적으로 도왔다.

4 MST 임상절차 지원: 슈퍼바이저와 전문 컨설턴트 역할

MST 슈퍼바이저와 컨설턴트는 팀의 임상역량을 신장시켜야 한다. 이들은 MST가 실행적·임상적 성과를 내는 데 있어 실천적으로나 행정적으로 체계 내 장애물을 인식하고 해결해야 할 책무가 있다. 여기서는 전문가의 특성과 역할에 대해서 설명하고자 한다. 이후 제10장에서 전문가 훈련과 지원, 평가에 대해 자세히 설명할 것이다.

1. 슈퍼바이저

MST 치료자는 임상목표를 달성하고 치료에 의뢰된 가족을 돕기 위해서 '무엇이든지' 할 수 있어야 한다. 이러한 책무를 감당하기 위해 치료자는 숙련된 MST 임상가의 지원을 받아야 한다. MST 슈퍼바이저는 MST 치료팀의 효과적인 기능과 발전에 있어 매우 핵심적인 역할을 수행한다.

MST 슈퍼바이저는 MST 프로그램이 운영되는 센터에서 전일제로 일하면서 보통 두 팀을 관리감독한다. MST는 요구되는 치료충실도 수준이 매우 높을 뿐만 아니라 가족에게 찾아가는 서비스라는 점에서 고강도 치료이다. 따라서 슈퍼바이저는 MST에 온전히 전념하기 위해서 부수적인 직업을 갖지 않는다. 대부분의 MST 슈퍼바이저는 석사 및 박사학위 소지자이며, MST 치료자와 마찬가지로 심리학, 사회복지학, 상담학, 가족치료학 분야에서 수련을 받은 사람들이다. MST 슈퍼바이저의 대부분은 유능한 MST 치료자 중에서 선발되기 때문에 슈퍼바이저가 되었을 때 이미 이들은 상당한 수준의 관련 경험을 지니고 있다. 슈퍼바이저의 책무는 다음과 같다.

- **최신의 임상지식과 임상기술을 잘 알고 있다.** MST 슈퍼바이저는 MST와 관련된 최신 지식(예: 비행의 원인과 영향요인 연구, 증거기반치료)을 잘 알고 있다. 또한 MST에서 사용되는 강력한 증거기반 임상기술을 사용할 수 있다. 임상가와 관리자로서의 역량을 학습하고 계발하기 위해 MST 컨설턴트와 적극적으로 협력한다.

- 치료자들이 MST를 잘 수행하도록 지원한다. 슈퍼바이저는 각 사례에 따라 MST가 충실하게 진행되도록 관리할 책임이 있다. 다중체계적 평가를 수행하고, 타당한 중간목표와 핵심목표를 수립하도록 하며, 아홉 가지 치료원칙을 준수하고, 분석과정을 관리하는 것이 그것이다. 이것은 모두 청소년을 위한 최적의 성과를 성취하는 데 그 목적이 있다.
- 매주 MST 팀 슈퍼비전과 자문이 계획대로 진행되는지 확인한다. 슈퍼바이저는 행정적·임상적 측면에서 MST 충실도를 높이고 결과를 향상시킬 수 있는 방향으로 사례양식이 작성되고, 슈퍼비전과 자문이 규정대로 이루어지는지 감독한다.
- MST 치료자 개개인의 성장과 발달을 촉진시킨다. 슈퍼바이저는 컨설턴트와 함께 치료자의 임상기술을 강화한다. 이를 위해서 치료자와 역량을 평가하고 역량의 발휘를 방해하는 요인을 파악하며, 치료자역량 강화계획을 작성·실행·수정한다.
- 주요 관계자들에게 MST 프로그램을 대표한다. 슈퍼바이저는 여러 기관에 팀의 요청을 전달하고, 팀에는 기관의 요청과 자원을 전달한다. 슈퍼바이저는 지역사회 내 주요 관계자(예: 교사, 보호관찰관, 판사)들에게 프로그램을 대표하는 얼굴이다.

2. 전문 컨설턴트

MST 컨설턴트는 치료팀이 치료목표를 달성하고 슈퍼바이저가 자신의 역할을 잘 수행할 수 있도록 '필요한 모든 것을' 해야 하는 기본 책무를 지닌다. 따라서 컨설턴트는 MST에 대한 전문가 수준의 지식을 겸비한 가운데, MST 실행 중 청소년과 가족에게 발생할 수 있는 다양한 문제를 해결하기 위한 근거기반지식과 함께 관련 경력이 풍부할 뿐 아니라, 이러한 임상지식과 기술을 타인에게 교수할 수 있는 능력을 갖추어야 한다. 이러한 요구로 인해 초기 MST 컨설턴트는 임상심리학 및 상담심리학 박사졸업자가 대부분이었다. MST가 널리 보급됨에 따라 최근에는 MST 치료자 및 슈퍼바이저를 수행하며 풍부한 경험을 쌓은 숙련된 석사수준 전문가들이 수행평가준거모델에 근거하여 컨설턴트가 되고 있다. 일반적으로 MST 컨설턴트의 책무는 세 가지로 정리된다.

- 치료자가 MST를 잘 수행하도록 지원한다. 컨설턴트는 치료자가 충실하게 MST를 실행하도록 가르치며, 이 과정을 저해하는 기관 내 장애물을 해결할 수 있도록 돕는다. 따라서 모든 사례의 진행을 매주 평가하면서 장애물 해결 및 치료계획과 실행 전반에 대해 조언을 제공한다.
- 치료자와 슈퍼바이저의 치료역량을 강화한다. 컨설턴트는 치료자 및 슈퍼바이저의 역량을 평가한다. 컨설턴트는 슈퍼바이저가 치료자를 위한 역량개발 전략을 잘 세울 수 있도록 돕고, 슈퍼바이저의 슈퍼비전 기술이 향상되도록 노력한다.
- MST 충실도를 위협하는 관련기관 및 체계의 위협을 해결한다. 컨설턴트는 MST 실행을 저해하는 기관 내 요인과 기관 간 요인을 파악하고, 치료팀과 논의하여 위협요인에 대한 해법을 찾아 이를 실행할 수 있도록 행정적 리더십을 발휘한다.

5 MST 서비스보증향상체계

　MST 서비스보증향상체계(MST Quality Assurance/Quality Improvement system: MST QA/QI)는 MST의 충실도를 높이기 위해 고안된 것으로서 치료성과에 필수적인 요소를 충실히 이행하도록 보증한다. 저자들은 15년 넘게 MST 팀을 운영하는 지역 상담센터를 지원해 오면서 체계의 기초를 닦았다. 제10장에서는 MST 서비스보증향상체계의 구성요소를 자세히 설명하고 있다. 특히 [그림 10-1]은 복잡한 체계가 어떻게 운영되는지 잘 보여 주고 있다. 제10장에서 논의하겠지만 최근 연구를 통해 체계의 각 영역에 대한 검증이 진행되고 있다. 연구에서 확인된 가장 중요한 결과는 치료성과와 서비스보증향상체계가 매우 밀접하게 관련되어 있다는 것이다. 이 체제의 구성요인은 다음과 같이 구성되어 있다.

- 훈련
  - 5일 오리엔테이션 훈련
  - 분기별 보수교육
  - 주간 슈퍼비전
  - 주간 자문

- 기관 지원
  - 프로그램 개발 지원: MST 프로그램을 도입하고자 하는 기관에 대한 광범위한 지원
  - 지속적인 기관 지원: 연 2회 MST 프로그램 평가, 효과적인 실행을 저해하는 장애물에 대한 문제해결, 프로그램 관리자 지원
- 실행측정 및 보고
  - 치료자의 아홉 가지 MST 치료원칙 충실도 측정
  - 슈퍼바이저의 MST 슈퍼비전 프로토콜 충실도 측정
  - 컨설턴트의 MST 자문 프로토콜 충실도 측정
  - 청소년 내담자 성과 측정

MST 서비스보증향상체계는 MST 임상방법과 유사하게 분석과정이나 실행고리([그림 2–1])를 따른다. 즉, MST 컨설턴트, 기관 및 슈퍼바이저가 함께 협력하여 팀이 수행할 핵심목표를 수립한다. 목표는 조직 영역(예: 연평균 치료 건수, 재범률, 평균 치료기간), 임상 영역(예: 보수훈련 요구), 서비스보증향상 영역(충실도 점수, 결과데이터 수집)으로 나뉜다. 슈퍼바이저와 컨설턴트는 목표를 달성하기 위한 최선의 방법을 찾고 서비스보증향상의 구조적인 방식에 따라 개입을 실행한다. 모든 영역의 결과(예: 평균 치료 건수 및 치료기간, 재범률, 시설배치율, 치료자 충실도 및 슈퍼바이저 충실도)에 관한 자료는 수집되어 치료자, 슈퍼바이저, 기관 관리자에게 정기적으로 피드백된다. 이러한 정보를 통해 MST 치료진은 MST의 강점과 장애물을 잘 이해할 수 있고 이를 통해 보다 효과적으로 MST를 실시할 수 있다. 이렇듯 기관, 슈퍼바이저, 치료자의 장점을 발판삼아 이전보다 더욱 발전된 형태로 개입이 이루어지고 대싱 청소년과 가족은 더 효과적이고 지속 가능한 성과를 얻을 수 있다.

MST는 서비스향상보증체계를 갖춘 증거기반치료로서 가족기반 서비스를 제공한다. MST 치료자는 가족에게 최선의 치료결과를 안겨 주기 위해서 '필요한 모든 것을' 한다. 다각적인 서비스보증향상체계를 통해서 치료자는 다음과 같은 지원을 얻을 수 있다. 첫째, 연구에 기초한 임상도구 및 자료, 둘째, 증거기반실천에 대한 훈련, 셋째, 충실하게 MST를 수행할 수 있도록 돕는 슈퍼바이저와 컨설턴트의 지속적인 관리, 넷째, 치료모델을 잘 준수할 수 있도록 돕는 기관 지원. 따라서 MST는

치료자, 슈퍼바이저, 기관, 체계의 강점을 활용함으로써 심각한 문제행동과 정서 문제를 보이는 청소년의 가족이 지속 가능한 변화를 이룰 수 있도록 돕는다. MST의 핵심은 가족의 지속적인 참여이다. 다음으로 가족의 참여를 이끌고 유지하기 위해 치료자가 어떤 접근을 사용해야 할지 설명할 것이다.

⑥ 가족을 치료에 참여시키기

여기서는 MST 치료자가 가족을 치료에 참여시키기 위한 일반적인 전략을 설명한다. 특히 의뢰기관(예: 가정법원)에 의해 억지로 치료를 받게 되었다고 느끼는 가족에 대해 다룰 것이다. 만일 중요한 사람들(의뢰된 청소년의 양육자, 가족의 자원을 관리하는 주요 관계자)이 치료에 참여하지 않는다면 문제를 정의하고, 목표를 설정하며, 이를 달성하기 위한 일련의 치료과정은 진행되기 어렵다. MST 관점에서 부모와 그 밖의 가족은 긍정적인 치료결과를 달성하는 데 있어 필수적이다. 가족 구성원의 헌신적인 노력만이 긍정적인 결과를 이룰 수 있다.

실행고리([그림 2-1])에서 보듯이 치료 전반에 가족을 참여시키는 것은 MST에서 가장 기본적인 것이다. MST 치료자는 가족의 참여를 이끌어 내고 유지하기 위해 전력투구해야 한다. 가족이 적극적으로 참여한 MST 연구의 치료 완료율(예: 90% 이상, 제9장 참조)과 지역사회기반 프로그램 치료 완료율(예: 평균 85% 이상, MST 본사에 제공된 치료자 보고)의 차이는 가족참여의 중요성을 분명하게 보여 준다. 가족을 성공적으로 치료에 참여시키기 위해 여러 가지 개입과 도구가 활용될 수 있다.

예를 들어,
- 가족기반 서비스를 제공함으로써 서비스 접근을 용이하게 한다.
- 적은 수의 사례를 진행함으로써 도전적인 가족을 참여시키는 데 보다 집중할 수 있다.
- 가족의 강점과 문화적 맥락을 강조하는 치료원칙에 기반하여 치료한다.
- 치료목표를 설정하고 개입하는 과정에 가족의 협력을 강조한다.
- 임상 지원(예: 슈퍼바이저와 컨설턴트)과 도구(예: 핏서클, 실행고리)를 통해 가족

참여를 방해하는 장애물을 확인하고 이를 극복하기 위해 개입한다.

이러한 노력으로 가족참여를 촉진한다 해도 이것만으로는 충분하지 않을 것이다. 이러한 과정과 도구를 효과적으로 사용하기 위해서 치료자가 갖추어야 할 기본적인 임상기술이 있다.

1. 가족참여를 돕는 임상기술

대부분의 임상 및 상담 훈련과정은 치료동맹을 구축하고 내담자의 참여를 유지하는 데 중요한 임상기술과 행동을 소개하고 있다. 이러한 기술과 행동은 MST에 대한 가족의 참여를 유도하고 유지하는 데 있어서도 중요한 역할을 한다.

1) 공감

치료에서 가장 큰 도움을 받은 점이 무엇인지 물어보면 많은 내담자는 공감을 꼽는다. 따라서 MST 치료자는 그 중요성을 염두에 두면서 치료 전반에 걸쳐 '공감적 입장'을 유지하도록 노력해야 한다. 공감은 동정심과는 다르다. 동정심은 자기 자신을 잃지 않고 상대방의 경험에 반응하고 연민을 느끼는 것이다(예: "그 사람 차가 압류되었다니 안타깝네요. 그 가족도 힘들겠네요."). 반면 공감은 다른 사람의 내적 세계를 자신의 것처럼 경험하는 것이다(예: "그 사람의 차가 압류되었다니 마치 내 차가 압류된 것 같아요. 정말 끔찍해요."). 치료자는 공감적 태도로 가족의 현재 상태에 일치하는 개입을 고안한다. 일부 전문가는 이를 '그들이 머문 그곳에서 그들과 만나는' 경험이라고 설명한다.

사실 누구라도 연민을 느낄 수밖에 없는 사람(예: 피해를 입은 청소년, 장애를 가진 양육자)에게 진정성 어린 연민을 느끼는 것은 쉬운 일이다. 하지만 아무런 노력도 하지 않고 자식보다 자신을 우선시하는 사람과 작업하려 할 때 치료자도 화가 날 수 있다. 하지만 이러한 치료자의 분노가 내담자에게는 평가적으로 느껴질 수 있다. 어떤 내담자도 자신을 싫어하고 가혹하게 평가하는 사람에게 협력하고 싶지 않을 것이다. 따라서 MST 치료자는 자신이 가족원을 잘 공감하고 있는지 스스로 면밀히 모니터링하고 더 많이 공감할 수 있도록 노력해야 한다. 이때 슈퍼비전과 팀원 간의 즉석토론이 큰 도움이 될 수 있다. 그 밖에도 치료자는 다음과 같은 전략을 통해서 좌절감을 줄이고 공감의 지평을 넓힐 수 있다.

(1) 비임상 시간

가족들이 서로 갈등할 때 상대방의 입장을 헤아리기 어려운 것처럼 치료자 역시 가족 중에 치료에 잘 참여하지 않고 훼방놓는 사람을 이해하기 어려울 수 있다. 이 러한 상황에는 '커피' 개입이 필요할지 모른다. 즉, 치료자가 평가와 개입을 일단 중 단하고, 공감하기 어려운 가족(예: 가정폭력 가해자)과 비공식적으로 편안한 시간을 가져 보는 것이다. 이 시간 동안 치료자는 그 사람의 생각을 이해하고 치료자에게 불쾌감을 주는 행동의 원인이 되는 핏요인을 탐색한다. 보통 부모가 처한 사회적 환 경을 치료자가 헤아리면 부정적인 감정이 가라앉고 치료적 동맹이 공고해진다.

(2) 인지적 도움

치료자는 자신을 힘들게 하는 가족원을 좀 더 어린 나이의 상태로 바라보거나 연 민이 느껴지는 상황에 그를 놓아 보는 인지적 상상을 시도한다. 예를 들어, 어떤 아 버지가 주변을 힘들게 하고 있다면 이 아버지를 좀 더 너그럽게 대할 수 있는 10세 소년이라고 상상해 보는 것이다. 치료자의 상상 속에서 아버지는 학교에 가고, 놀 기 좋아하고, 어른의 인정을 받으려고 애를 쓰는 작은 어린이이다. 이 어린 소년에 게 치료자는 무엇을 원하고 있을까? 그 아버지가 다른 양육과 교육을 받았다면 지 금 어떻게 달라져 있을 것인가? 만일 상황이 나아지지 않을 경우 내담자 청소년이 그 아버지의 나이가 되었을 때 어떤 모습이 될 것인가? 이 시점에서 어떻게 다른 가 족으로 하여금 그에게 연민을 느끼도록 할 수 있을까?

2) 따뜻함

많은 치료자가 처음 이 분야를 선택한 것은 타인을 돕고 싶었기 때문이다. 치료자 는 휴먼서비스 분야에 맞는 성격을 갖고 있는 경우가 많다. 대인관계에서 보이는 따 뜻함은 이러한 성격특성 중 하나로 협력적 치료관계를 구성하는 데 있어 결정적인 역할을 한다. 따뜻함은 가족과 환경에 따라 다양한 방법으로 전달될 수 있다. 예를 들어, 내담자와 함께 진정으로 즐거워하는 치료자라면 자연스럽게 그 즐거움이 상대방에게 전달될 것이다. 치료자는 내담자들이 서로 어울리는 방식을 관찰하면서 자신도 이들에게 애정과 관심을 전하기 위한 적절한 방법을 찾을 수 있다(예: 악수보다는 뺨에 키스하는 인사방식을 선호하는 부모에게 똑같이 인사하기). 치료자의 외모, 자세 및 표정은 치료자와 내담자 관계를 더욱 가깝게 하거나 반대로 거리감을 느끼게 할 수 있다. 예를 들어, 내담자로부터 멀리 떨어져 앉거나 폐쇄적 자세(예: 좌석의 가장자리에 앉거나 팔짱을 낌)를 취하면 내담자 가족에게 불편감을 준다. 편안하면서도 관심을 기울이는 태도(예: 1미터에서 1미터 50센티 정도 떨어져 앉아 느슨하게 손을 쥐고 약간 앞으로 몸을 기울임)로 치료자가 방문한 가정에서 편안하게 있다는 것을 보여 준다.

3) 반영적 경청

반영적 경청은 다른 사람의 경험을 잘 이해하고 있음을 전달하는 기본적인 치료기술이다. 숙련된 반영적 경청이란 치료자가 내담자의 경험을 수용하고 존중하는 방식으로 그가 말한 내용과 의미를 정확하게 요약하는 것이다. 이때 내담자의 현재 관점에 동의를 표시하는 것은 아니다. 간단한 반영은, 첫째, 내담자가 더 자세히 이야기하도록 격려하기 위해 중요한 단어나 구절을 되풀이하고("'자포자기한' 느낌에 대해 좀 더 이야기 해주세요."), 둘째, 기저의 메시지를 잘 이해하고 있음을 보여 주기 위해 새로운 말로 중심 주제를 언급한다("당신은 지금 정말로 좌절감을 느끼고, 무엇을 시도해야 할지 막막하군요."). 특정 진술이나 주제를 선택적으로 선택하여 대화를 어떤 방향으로 안내하는 정교한 반영은 매우 치료적이다(Miller & Rollnick, 2002). 예를 들어, 치료자가 "당신은 학교에 있는 모든 사람을 정말로 싫어하시는군요."라고 반영한다면 내담자의 어머니는 자녀의 학교에서 겪었던 부정적인 경험을 더 많이 이야기할 것이다. 반면, 치료자가 가정과 학교 간 연계를 촉진시키려면 "학교에서 실제로 문제가 많았군요. 학교에게서 지금보다 도움을 더 많이 받기 위한 좋은 방법으로 어떤 것이 있을지 궁금하네요."라고 반영할 수 있다.

4) 재구성

청소년 문제는 가족이 서로의 행동을 부정적으로 귀인하면서 악화될 수 있다. 가령 어떤 어머니가 아들의 비행을 자신이 엄하게 키운 것에 대한 '복수'라고 생각하고, 아들은 어머니의 훈육을 적대감과 거부로 인식하는 경우가 그 예라고 할 수 있다. 고전적인 구성적 가족치료와 전략적 가족치료는(제3장 참조), 상황에 대한 대안적인(덜 부정적인) 설명을 찾는 과정으로 재구성을 소개하고 있다. 재구성은 서로를 향한 부정적인 태도를 줄이고 문제해결에 같이 협력하도록 돕는다.

재구성은 3단계 과정으로 진행된다(Alexander & Parsons, 1982).

- 치료자는 가족의 관점을 반영한다(예: "그가 당신에게 상처를 주기 위해 그렇게 행동한다고 여기시는군요.").
- 치료자는 부드럽거나 긍정적인 방식으로 행동을 바라보도록 다른 관점을 제안한다(예: "그의 행동이 아마도 독립성을 표현하는 나름의 방법이 아닌가 합니다." "어쩌면 너의 어머니는 너를 사랑하고 보호하고 싶어서 매우 엄격하게 행동하시는 것인지도 몰라.").
- 치료자는 가족에게 재구성이 그럴듯한지 물어보고 답변을 듣고 재구성을 다듬는다. 재구성을 위해 때로 상당한 사고의 전환이 요구된다. 특히 이전의 신념이 오랫동안 유지되었거나 고정되어 있었다면(예: "어머니는 나에게 관심이 없다") 더욱 그렇다. 처음부터 가족이 새로운 관점을 선뜻 수용하기는 힘들기 때문에 치료자는 시험적으로 재구성을 시도하고 가족에게 일부라도 수용할 기회를 제공한다(예: "이 부분도 현재 여기서 일어나고 있는 일을 부분적으로 설명할 수 있을까요?").

5) 유연성

유연한 사람은 변화에 잘 적응할 뿐만 아니라, 비록 최선이 아닌 상황에서도 최선의 결과를 이끌어 낼 수 있다. 공감, 따뜻함과 함께 치료자가 유연성을 갖추면 가족도 치료자를 문제해결력이 있는 사람으로 여길 것이다. 가족 및 그 이웃과 작업하는 치료자는 다양한 상황에서 유연하면서도 침착한 태도를 유지해야 한다. 다양한 물리적 제약(예: 거실의 좌석 부족, 에어컨 없는 가정)이나 갑작스러운 환경적 변화(예: 가족이 즉시 이사해야 함)에 이러한 유연한 태도가 필요하다. 유머를 잃지 않고 무엇이든 해결할 수 있다는 태도를 보여 준다면 가족들은 치료자가 어려운 상황을 이겨 낼 수 있는 사람이라고 신뢰할 것이다.

2. 가족참여를 촉진하는 비임상 전략

가족과 치료동맹을 세우고 이들을 치료에 참여시키기 위해 다음과 같은 실용적이면서 비임상적인 전략이 활용될 수 있다.

1) 가족사진

가족과 함께 가계도나 가족나무를 그리면서 가족사진을 한번 보자고 요청한다. 사진을 보면서 양육자는 중요한 가족사마다 누가, 무엇을 함께 했는지 구체적인 정보를 기억해 낼 수 있는데, 이러한 정보는 치료계획을 세우는 데 큰 도움이 된다. 또한 가족사진을 같이 보는 일을 통해 치료자가 가족의 문제뿐만 아니라 가족 자체에 대해 호감을 갖고 있다는 점을 전할 수 있다. 사진에 등장하는 사람, 장소나 옷에 대해 호기심을 보임으로써 위협적이지 않은 방식으로 중요한 정보를 이끌어 낼 수 있다. 청소년의 어린 시절 사진을 보면서 부모는 아이에 대한 좋은 느낌과 희망을 상기할 수 있다.

2) 음식

치료자가 가정의 '문턱을 넘는' 보편적인 전략이 있다면 그것은 음식을 준비해 가는 것이다. 음식을 선물하면 몇 가지 이점이 있다. 잘 만나 주지 않는 가족도 음식을 받으면 참여도가 달라진다. 음식을 선물하는 가운데 치료자가 가족의 필요를 세심하게 살핀다는 점을 보여 주고(예: 퇴근 후 피곤에 지친 양육자의 식사준비를 덜어 줌), 돌봄의 과정을 함께 함으로써 가족과 친밀해질 수 있다. 시간에 쫓기는 치료자라면 피자나 테이크아웃 음식을 가져가기도 하지만 숙련된 임상가라면, 특히 어려운 치료 시기에 '닭고기 수프 접근법'을 택할 것이다. 즉, 위기에 처한 가족에게 손수 만든 가정식을 가져가는 것이다. 이와 유사한 맥락에서 치료자는 가족이 대접하는 음식이나 음료를 거절하는 것을 조심해야 한다. 특히 음식을 거절하는 일을 관계에 거리를 두는 의미로 받아들이는 문화적 배경의 가족에게 그러하다. 치료자는 가정 출입을 허락해 준 데 대한 감사의 마음과 함께 가족의 관습에 대해 편안함과 존경을 표현하려고 노력한다.

3) 현실적 문제를 도움

현실적 문제가 치료를 방해하는 경우, 걱정이 해결될 때까지 치료가 제대로 진행되지 않을 가능성이 크다. '때로 치료자의 경계를 넘어서서' 가족에게 정말로 필요한 정보와 지원을 제공하는 것은 변화에 대한 가족의 동기를 증진시킨다. 만일 가족이 치료자가 무엇이든 도와주려고 애쓰는 사람으로, 심지어 행정적인 처리와 서류작업까지도 도와줄 수 있는 사람으로 여긴다면 가족은 필요할 때마다 치료자를 자주 찾을 것이다. 도움을 줄 수 있는 기회는 여러 가지가 있다. 예를 들어, 치료자가 컴퓨터를 사용하여 주거신청양식을 다운로드해 주거나, 인터넷으로 저렴한 소파를 찾아 주거나, 내담자가 이력서를 잘 쓸 수 있도록 도울 수 있다. 마찬가지로 가족이 좀 더 안전한 주택으로 이사하려 할 때 이사 박스나 이동 트럭을 찾는 것도 도울 수 있다. 치료자가 가족이 당면한 문제를 창의적으로 해결할 방법을 찾아낸다면 그간 사회복지 담당자와 피곤한 다툼에 익숙해진 가족에게 신선한 놀라움을 선사할 수 있을 것이다.

4) 5분 회기

가족이 상담을 취소하거나 그날 상담을 별로 하고 싶어 하지 않을 때 5분 회기라는 접근이 유용하다. 양육자가 피곤하니 다음에 다시 만나자고 한다면, 치료자는 그럼 오늘은 일단 5분만 해 보고 결정하자고 말한다. 5분이 지난 후 치료자는 양육자에게 오늘 회기를 여기서 끝낼지, 아니면 내일 다시 만날지 묻는다. 대부분의 가족은 일단 회기가 시작되면 그냥 계속하는 쪽을 선택한다.

3. 가족참여를 위한 치료자의 자기평가

치료자는 앞서 설명한 MST 서비스보증향상체계를 통해 청소년과 가족에게 전념할 수 있도록 필요한 구조와 지원을 제공받는다. 그런데 이러한 외적 지원이 도와줄 수 없는 어떤 편견을 치료자가 가지고 있어 치료자와 가족 간 동맹을 저해할 가능성이 있다. 예를 들어, 치료자의 편견을 보여 주는 신호에는 다음과 같은 것이 있다.

- "아이 엄마보다 내가 더 아이를 위하는 것 같다." 또는 "내가 저 입장이라면 나

는 저렇게 안 할텐데."
- "나도 저 사람이 싫다. 나는 내 도움을 원하는 사람과 일하고 싶다."
- "그녀는 심각한 성격장애가 있어."
- 내담자의 외모, 가정, 태도, 습관, 사는 동네를 폄하하고 동료들과 이에 대해서 흉을 본다.

다음과 같은 전략으로 치료자의 편견을 약화시킬 수 있다.

1) 사회적 조망수용

치료자는 자신에게 불편감을 안겨 준 내담자의 말이나 행동에 대해 다음과 같이 생각해 본다.

- 그때 내담자가 정말 말하고 싶었던 것은 무엇이었을까? 그의 기분이 사실은 어땠을까? 그가 좀 더 좋게 말하기 어렵게 만드는 무엇이 있다면, 이러한 방해요인은 무엇일까?
- 내담자는 어떤 과정을 거쳐 오늘의 모습에 이르게 되었을까? 과거에 이런 방식으로 소통했을 때(또는 이렇게 하는 것이) 내담자에게 어떤 유익이 있었던 것은 아닐까? 내담자는 이것을 어떻게 배웠을까?
- 이 상황에서 내담자의 강점을 찾아볼 수 있다면 무엇일까? 이것이 내담자의 고통을 반영하는 것은 아닌가? 타인의 도움을 받기 위해 더 이상 이런 방식을 고수할 필요가 없다는 사실을 어떻게 알려 줄 수 있을까?

2) 증거 찾기

치료자는 내담자의 강점을 보여 주거나 그가 노력한다는 증거를 찾는다.

- 반박할 필요가 있는 생각을 적는다(예: "이 어머니는 아들에게 관심이 없는 것 같다.").
- 이 생각이 잘못되었다는 것을 입증하는 내담자의 장점을 적는다. 이러한 것에는 변화하려는 노력이나 동기, 긍정적 감정을 담은 내담자 말이나 행동이 있다.

- 현실적인 목표(예: "어제는 증거 한 개를 찾았다. 오늘은 두 개를 찾아보자.")하에 내담자에게서 지속적으로 이러한 증거를 찾는다. 상대방이 계속 변화하는 대상이라는 점을 상기한다. 때로 어머니가 아들에게 관심이 있다는 증거를 찾지 못할 수 있다. 하지만, 치료자는 이런 일이 일시적인 현상일 뿐이라는 것을 열린 마음으로 바라본다.

3) 반대행동

반대행동이란 원래의 생각이나 감정과 양립할 수 없는 감정을 일으키는 행동을 말한다(Linehan, 1993). 예를 들어, 슬픔을 느끼는 사람은 슬픔과 양립될 수 없는 신체적 · 정서적 감각(예: 두근거림, 기대감, 안도감)을 유도하는 무서운 영화를 볼 수 있다. 반대감정을 자극하는 행동을 시도함으로써(예: "이번 회기를 잘하기 위해서 많은 시간을 준비했고 정말 잘하고 싶다. 그들이 정말 참여해 주었으면 좋겠다!") 원래의 감정(예: "나는 이 회기가 두렵다. 그들이 취소해 주면 좋겠다.")을 지우려 노력하는 것이다. 어떤 치료자는 내담자에게 꽃을 선물했는데 "이것이야말로 정말로 하기 싫었던 일"이었기 때문에 그렇게 했다고 한다. 이러한 치료자의 행동은 진실되지 못한 모습이라기보다는 내담자와 함께 힘든 시간을 보내고 있음을 스스로 인정하는 한편, 이를 좋은 감정으로 바꾸어 보려는 노력이라고 할 수 있다. 상담자의 이러한 태도는 다른 사람에게 부정적인 반응을 주로 일으키는 내담자에게 특히 효과적이다. 이 사례에서 꽃 선물은 치료자와 내담자 모두를 놀라게 했고, 치료자는 후에 "그 회기는 최고의 회기"가 되었다고 전했다.

4. 요약

치료에 가족을 적극적으로 참여시키고 참여를 지속하도록 하는 역량은 MST 치료자가 꼭 갖추어야 할 핵심 기술이다. 가족참여는 효과적인 개입의 필수요건이다. 따라서 이 장의 앞부분에서 설명한 MST 임상절차, 개념화 양식, 서비스보증향상체계를 통해서 참여를 평가 · 촉진 · 유지하는 데 필요한 지원이 치료자에게 제공되어야 한다.

제3장

가족 개입

가족의 형태는 다양하다. 부모가 모두 친부모인 경우, 입양으로 부모자녀 관계가 맺어진 경우, 한쪽만 친부모이고 다른 쪽은 의붓부모인 경우, 이혼 혹은 미혼 상태의 한부모가 자녀를 키우는 경우, 조부모나 친척이 부모 역할을 하는 경우 등이 있다. 이 같은 가족 형태의 다양성은 최근 들어 더욱 확대되고 있다. 점점 더 많은 아동이 이혼 혹은 재혼, 미혼인 양육자에 의해 길러지고 있다. 구체적인 가족 형태가 어떠하든, 발달중인 아동과 양육자의 관계는 개인의 삶에 가장 중요한 영향을 미친다. 실제로 대부분의 사회화 이론이 부모가 아동의 자기개념, 정서적 웰빙, 대인관계기술, 성취동기에 주요 촉진자 역할을 한다고 간주한다. 게다가 연구에 따르면, 보모나 기타 양육자와의 관계에서 뚜렷한 문제가 있는 아동 및 청소년은 반사회적 행동 및 비행을 비롯해서 정서적 · 행동적 어려움을 보일 가능성이 더 높았다(Cummings, Davies, & Campbell, 2000; Mash & Barkely, 2006). 심각한 반사회적 행동을 보이는 청소년의 가족관계는 MST에서 무엇보다도 중요한 개입 대상이다.

　이 장에서는 MST에서 청소년 범법자 가족을 대상으로 흔히 사용하는 평가 및 개입 전략을 살펴보고 특정 가족의 변화를 이끌기 위해서 어떤 전략이 필요한지 평가하는 지침을 소개하고 있다. MST 가족 개입 전략은 하나의 치료양식이라기보다 구조적 및 전략적 가족치료, 행동적 가족체계 접근(Robin & Poster, 1989), 행동적 부모훈련(Wierson & Forehand, 1994), 행동적 가족 개입(Sanders, 1996), 인지행동치료(Kazdin, 2003; Weisz, 2004) 등에서 가져온 다양한 형태의 개입을 포함하고 있다. 양육방식에 대한 개입은 자녀의 귀가시간을 정하고 감독하는 일과 같이 치료자의 작은 도움이면 충분한 단순하고 초점적인 행동적 개입이 있다. 반면 부부 갈등, 어머니의 우울증, 자녀에 대한 훈육 등 여러 문제가 있어 이를 동시에 다루기 위해 치료자가 보다 복잡한 여러 가지 개입을 조직해야 하는 경우도 있다.

　이 장에서 소개하는 가족치료 전략을 보다 자세히 살펴보고 싶은 MST 치료자와 슈퍼바이저는 저명한 전략적 가족치료자(Fisch, Weakland, & Segal, 1982; Haley, 1987, 1993) 및 구조적 가족치료자(Minuchin, 1974; Minuchin & Fishman, 1981; Minuchin, Nichols, & Lee, 2007)가 쓴 저서를 참고하면 도움이 될 것이다. 가족치료 기술의 습득과 적용을 촉진하기 위해 무엇보다 가족치료 회기를 녹화하여 슈퍼비전 받기를 적극 권한다. 이것은 치료자의 부가적인 시간과 노력을 요구하지만, 녹화된 치료 영상을 살펴보는 것은 개입기술을 향상시키는 데 있어 상당한 도움이 된다. 치료자는 가족으로부터 촬영을 허락받기 위한 적절한 양식을 준비해 두어야 하고 촬영 목적(치료자가 치료를 더 잘하기 위해서라는 것)을 가족이 잘 이해할 수 있도록 각별히 신경을 써야 한다.

이 장의 첫 번째 부분은 MST에서 사용되는 체계, 부모자녀관계, 부부 요인 등에 대한 지속적인 평가에 관한 것이다. 평가의 목적은 가족기능을 위태롭게 하고 의뢰된 문제를 일으키는 요인들의 특정 조합을 찾는 것이다. 두 번째 부분에서는 부모자녀, 부부 관계와 관련된 가족기능 향상을 위한 개입을 소개하고 있다. 사례를 통해서 MST에서 사용되는 가족평가 전략과 가족 개입을 살펴보고자 한다.

1 가족관계 평가

1. 전체 개관

가족관계 평가는 지속적인 과정이다. 가족을 처음 만날 때부터 시작하여 개입이 이루어지고 그 효과가 관찰되는 치료 내내 평가는 지속된다. 청소년의 문제를 가장 가까이에서 강력하게 예언하는 구체적인 가족 간 상호작용을 치료자와 가족은 같이 관찰하고 찾아내기 위해 노력한다. 이 과정 내내 치료자는 제2장에서 소개한 MST 사례 개념화와 개입 실행에 대한 반복적인 과정을 따라야 한다.

- 가설 만들기: 문제행동을 일으키는 가족요인의 상대적 기여도에 관한 가설(예: 설명, 직감, 짐작)을 세운다. MST 원칙 4와 5(구체적으로 잘 정의된 문제를 표적으로 삼기, 다중체계 내 혹은 다중체계 간의 연쇄 행동을 표적으로 하기)에 맞게, 가설

은 관찰 가능한 상호작용과 행동에 초점을 두어야 한다. 예를 들면, 어머니와 여교사 등 성인 여성에 대한 조의 언어적 공격성과 적대감의 주요 원인은 한부모인 존스 부인과의 처벌적이고 정서적으로 소원한 관계 때문이라고 가설을 세울 수 있다.

- **증거 수집**: 가설을 지지하거나 반박하는 증거(관찰내용, 자기보고식 자료, 질문지, 표, 관계자의 전화 내용 등)를 수집한다. 존스 가족에 대해 치료자가 수집한 정보에 따르면, 성인 여성에 대한 조의 언어적 공격성을 지속시키는 요인으로 조에 대한 존스 부인의 정서적 소원함뿐만 아니라, 부부간 가정폭력, 훈육에 관한 존스 부인의 무지, 최근 이혼 후 존스 부인이 경험하는 사회적 고립감, 공격적이고 적대적인 조의 친구들이 중요하게 작용하고 있었다. 그래서 모자간 정서적 단절이 조의 문제행동의 주된 동인이라고 본 최초의 가설이 가정폭력, 사회적 지지, 가족 밖의 기타 요인(또래관계)이 포함되어 보다 정교화될 필요가 있었다.

- **개입하기**: 가설에 포함된 핵심 기여요인을 표적으로 개입한다. 앞에서 제시한 예의 경우, 존스 부인이 남자와 비폭력적인 관계를 맺도록 돕기, 지지적인 이웃과 좋은 관계 만들기, 친사회적인 또래와 친해지기, 효과적인 훈육 전략 개발하기, 모자간 긍정적 상호작용 늘리기 등이 포함될 수 있다.

- **관찰하기**: 개입이 문제행동에 어떤 변화를 가져오는지 관찰한다. 치료자는 다양한 정보를 검토하고 다양한 방법을 사용해서 가족 개입의 효과를 평가한다. 치료자는 양육자, 청소년, 형제자매, 교사, 또래친구, 학교친구, 가능하다면 이웃과 가족 친구, 다른 치료 전문가와 면담을 하거나 관찰할 수도 있다. 만약 개입 후에도 문제행동이 지속된다면, 치료자는 기여요인에 대한 추가적인 가설을 세울 필요가 있다.

- **개입에 대한 장애요인 찾기**: 치료자는 수정된 가설을 지지하거나 반박하는 정보를 수집한다. 존스 부인 사례에서 훈육에 대한 개입, 존스 부인의 사회적 지원망 확대, 조와의 관계 향상이 잘 진행되지 않았는데 그것은 전 남편과의 지속적인 갈등이 장애요인으로 작용하고 있었기 때문이라는 것을 치료자가 알게 되었다.

- **장애요인 극복 개입 설계하기**: 따라서 모자간 유대 증진 등의 개입을 잘 실행하기

위해서, 치료자는 존스 부인과 전 남편이 자녀양육에 대해 잘 협력하도록 돕는 개입을 여럿 개발할 필요가 있다.

2. 가족관계 핵심 차원

문제행동을 초래하는 가족요인의 상대적 비중에 대한 가설을 세우기 위해, 치료자는 가족관계(예: 모자간, 부부간)에 대한 관찰내용을 잘 정리할 수 있어야 한다. 이는 슈퍼바이저와 다른 치료진 그리고 가족이 잘 이해할 수 있도록 정리하는 것이다.

1) 부모자녀 관계 차원

정서와 통제는 부모자녀 관계에 많은 영향을 미치는 주요 차원이다(Maccoby & Martin, 1983; Seaburn, Landau-Stanton, & Horwitz, 1996). 치료자는 부모의 정서와 통제가 아동의 정서적·사회적 발달에 어떻게 작용하고 있는지 잘 알고 있어야 한다. 이는 특정 청소년의 공격 행동을 '제대로 이해할 수 있는' 포괄적인 사례 개념화를 하는 데 많은 도움이 된다.

(1) 온정(warmth)

부모자녀 관계의 정서 차원은 정서 톤이 담긴 언어적 및 비언어적 행동을 반영하는데, 이는 따스한 모습부터 거부적 모습까지 다양하다. 따뜻한 양육자는 자녀를 비교적 잘 수용하고 보살피며, 자주 긍정적인 보상(예: 칭찬, 언어적 격려, 유머, 놀기, 따라하기, 애정어린 목소리, 미소, 안아주기, 토닥이기)을 한다. 반면에, 방임적 양육자는 보살핌 수준이 매우 낮다. 거부적 양육자는 보살핌 수준도 낮고 자녀에게 비난과 공격 행동도 많이 한다.

양육자의 따뜻함은 두 가지 방식으로 아동 발달에 기여한다.

- 양육자의 따뜻함은 양육자와 아동이 서로를 이해하는 정서적 유대를 강화한다. 이런 유대는 아동에게 정서적 안전감을 제공하고 안정 애착을 발달시킨다.
- 양육자의 따뜻함은 아동에게 긍정적인 기분을 불러일으키고 유지시킨다. 아동이 긍정적인 기분을 느끼는 것은 중요하다. 왜냐하면 이런 상태가 아동에게 공

감을 발달시키는 기초 단계를 형성하고, 아동에게 타인과의 상호작용이 가치 있다는 것을 알려 주기 때문이다.

이는 낮은 긍정 정서(정서적 방치)와 높은 부정 정서(정서적 거절)를 경험하는 아동이 정서적 및 행동적 어려움을 보이기 쉬운 이유를 알려 준다. 실제로 정서적으로 방치되고 거부당한 아이들은 타인을 신뢰하고 공감하는 법을 배우기 위해 꼭 필요한 발달적 경험이 많이 부족하다. 이런 아동은 타인과의 교류를 자주 부정적으로 바라볼 뿐 아니라, 긍정적 상호작용을 시작하거나 유지하는 기술이 부족하다.

(2) 통제(Control)

양육자의 통제 전략은 허용적인 것부터 엄격한 수준까지 다양하게 존재한다. 허용적인 양육자는 아동에게 구조와 훈육을 거의 제공하지 않고 성숙한 행동도 기대하지 않으며, 아동의 충동적인 모습을 그냥 참는다. 반대로 엄격한 양육자는 아동의 행동에 대해 매우 지시적이고 과잉통제하며 간섭을 많이 한다.

양육자의 통제 전략은 아동의 발달에 있어서 몇 가지 중요한 기능을 한다.

- 양육자의 통제는 아동에게 좌절을 견디는 법을 가르친다.
- 양육자의 통제는 사회적으로 수용 가능한 행동 규범, 즉 공격적으로 행동하지 않는 것, 타인과 협력하는 것, 권위에 대한 존중을 가르친다.
- 부모의 통제로부터 배운 정서와 행동 조절은 일생 동안 또래나 다른 성인과 맺는 상호작용의 초석이 된다.

양육자가 자신(또는 다른 가족 구성원)에 대한 자녀의 공격적인 행동을 허용하거나 자녀의 요구에 굴복하면, 이는 자녀에게 다른 친구들에게도 공격적이고 비협조적으로 행동해도 된다는 사회규범을 가르치는 것이다. 마찬가지로 자녀에게 권위자를 존경하도록 가르치지 않으면 자녀가 다른 어른과 상호작용할 때 많은 문제를 보일 수 있다. 권위에 대한 존경이 없는(혹은 자신이 어른과 동등한 권리와 특권을 가지고 있다고 여기는) 아동은 교사, 청소년단체 지도자(예: 코치, 밴드 리더, 스카우트 리더 등), 이웃 어른, 더 나아가 법적 체계와 문제를 일으킬 수 있다.

(3) 양육방식

정서와 통제가 어떤 방식으로 결합되느냐에 따라 부모자녀 관계는 몇 가지 양육 방식으로 구분될 수 있다(Baumlind, 1989, 2005). 양육방식은 다음과 같다.

- 권위 있는(Authoritative) 양육자: 높은 통제, 높은 온정
  - 아동의 합당한 욕구와 바람에 반응한다.
  - 아동의 발달단계에 맞는 성숙한 행동을 자녀에게 요구한다.
  - 집안일, 학업수행, 가족/또래/어른을 대하는 행동에 대한 분명하고 구체적인 기대와 규칙이 있다.
- 권위주의적인(Authoritarian) 양육자: 높은 통제, 낮은 온정
  - 지시적이고 과잉통제를 한다.
  - 자녀가 부모의 권위에 토를 달지 않고 복종하도록 요구한다.
  - 부모가 정한 규칙을 어기면 심한 처벌(흔히 신체적인)을 가한다.
  - 지시적인 교육방식(억지로 하게 하기, 지시적으로 명령하기)을 사용하고 의사결정을 할 때 자녀를 참여시키지 않는다.
- 허용적인(Permissive) 양육자: 낮은 통제, 높은 온정
  - 자녀에게 틀을 부과하거나 훈육하는 경우가 거의 없다.
  - 성숙한 행동을 거의 요구하지 않는다.
  - 아동이 사회적으로 허용되지 않는 충동적인 행동을 해도 참는다.
  - 일반적으로 따뜻하고 반응적이지만, 요구는 하지 않는다.
- 방임적인(Neglectful) 양육자: 낮은 통제, 낮은 온정
  - 자녀를 훈육하지도 사랑하지도 않는다.
  - 양육에 대한 염려와 관심이 없다.
  - 자녀의 합당한 욕구와 바람에 반응하지 않는다.
  - 과제나 사회적 관계와 관련해서 자녀가 책임 있는 행동을 할 것을 기대하지 않는다.

일반적으로 연구에 의하면 권위 있는 양육방식은 청소년에게 긍정적인 결과(예: 높은 학업 성취, 사회적 책임감, 긍정적인 또래관계)를 가져온다. 특히 유럽계 미국인과

중산층에서 더욱 그렇다. 권위 있는 양육방식이 MST 가족기반 개입의 주된 목표이다. 반면, 권위주의적이거나 허용적인 또는 방임적인 양육방식은 다양한 청소년의 기능 지표에서 부정적 결과와 관련 있다(Baumrind, 1991; Bornstein, 2002; Steinberg, Lamorn, Darling, Mounts, & Dornbusch, 1994). 그러나 권위주의적 양육의 경우, 빈곤한 환경의 소수민족 청소년에게는 그다지 부정적이지 않은 것으로 보인다. 양육자가 엄격하고 철저하며 통제하는 다소 권위주의적인 양육방식이 이들 청소년에게는 오히려 도움이 될 수 있다(Steinberg et al., 1994).

비효과적인 양육방식(권위주의적, 허용적, 방임적)은 보통 청소년 문제를 초래하는 핏요인에 들어가지만, 특정 양육방식을 지속하게 하는 요인은 가족에 따라 다양하다. 어떤 양육자는 직장 스케줄, 어린 자녀의 양육, 부부 문제 등이 복합적으로 작용해서 허용적 양육을 한다. 또 다른 경우는 효과적인 훈육에 무지하거나, 훈계가 혹시 부모자녀 관계에 악영향을 미칠까 봐 허용적 양육을 지속하기도 한다. 어떤 권위주의적 부모는 강압적이고 독단적인 처벌이 효과가 있고 필요하다고 믿지만, 같은 유형의 다른 부모는 자녀에게 말로는 도저히 안 되서 체벌을 했다고 말한다.

2) 가족원 상호작용 차원

현재중심적이며 행동지향적인 MST는 가족치료 모델 중에서 구조적 모델(Minuchin, 1974; Minuchin et al., 2007)과 전략적 모델(Fisch et al., 1982; Harley, 1987)과 특히 잘 맞는다.

(1) 구조적 이해

미누친(Minuchin, 1974)은 가족구조, 즉 가족원의 행동을 결정하는 어떤 반복되는 상호작용 패턴은 오직 가족을 관찰할 때 식별할 수 있다고 하였다. 그의 구조모델에 따르면, 가족에서 선호되는 상호작용 패턴은 멤버십과 하위체계의 경계에 반영된다.

- 하위체계는 가족에서 어떤 핵심적인 기능(예: 정서적 지지 제공, 자녀의 사회화)을 수행하는 한 명 이상의 가족원으로 구성된 단위이다. 가족원은 여러 개의 서로 다른 하위체계에 속하며, 멤버십은 세대나 역할(예: 부부, 부모, 형제자매 하위체계)에 따라 형성된다.

• 하위체계의 경계는 암묵적인 규칙으로 그 내용은, 첫째, 하위체계 구성원은 누구인지, 둘째, 각자가 하위체계 내 특정 기능을 수행할 때 하위체계 내 다른 구성원, 혹은 하위체계 밖 가족원에게 어떤 역할을 하는지에 대한 것이다. 분명한 경계에서 하위체계 구성원들은 서로 지나친 간섭을 받지 않으면서 각자 기능을 수행하며 그 과정에서 하위체계 간 의사소통도 잘 허용된다. 분명한 경계는 모든 가족원의 개별성과 상호성의 건강한 발달을 촉진시킨다. 하위체계 경계가 너무 모호하거나(서로 얽혀 있거나) 경직되어(서로 멀리 떨어져) 있으면, 자녀는 정서적 · 행동적 문제를 일으킬 수 있다. 예를 들면 모호한 경계의 경우, 부모자녀 간에 지나치게 관여하고 의존하기 때문에 자녀가 스스로 문제를 해결하고 무언가를 성취하고 가족으로부터 분리되기 어렵다. 경직된 경계의 경우, 하위체계 간 소통이 어려우며 이로 인해 환경적 스트레스에 대응하고 가족원의 정서적 요구를 충족시킬 가족의 역량이 제한된다.

(2) 전략적 이해

MST 임상가들은 전략적 가족치료의 개념을 사용하여 가족기능을 평가하기도 한다. 치료자는 체계의 안팎 상호작용에 개입하기 위해서(원칙 5) 확인된 문제와 관련된 '반복되는 일련의 행동'을 평가해야 한다(Haley, 1987). 상호작용 문제를 이해함에 있어 힘의 위계, 즉 '누가 누구에게 지시하는지'를 평가하는 것이 매우 중요하다. 예를 들면, 자녀가 양육자의 합당한 요구를 따르지 않을 때 전략적 모델에서는 가족 내 힘의 위계에 '혼란'이 생겼다고 본다. 그 이유는 자녀가 양육자보다 더 강한 힘의 위치를 점하고 있기 때문이다. 삼각화와 부모자녀 간(혹은 세대 간) 강압도 부모자녀 관계와 부부관계에 혼돈을 주는 교류 양상을 일컫는 것이다. 이때 흔히 부부 갈등에 청소년을 끌어들인다.

3) 부부관계 차원

성공적인 결혼생활에서 부부는 대개 서로 사랑하고, 사랑받고 있다고 느끼며, 일부일처제 안에서 배우자에 대한 헌신을 지키고, 부부관계에서 주고 받는 것이 균형을 이룬다고 경험한다. 시간이 지나면서 부부는 자녀의 성장, 일, 재정, 주거지 등 다양한 변화에 대처해야 한다. 큰 변화를 만날 때 가족은 그 변화에 잘 적응해야 한다. 이때 변화에 잘 적응하지 못하면 가족은 해체되거나 불안정해진다. 따라서 부부는 각자 안정성과 융통성 사이에서 균형을 맞추어야 한다. 부모자녀 상호작용의 주요 차원이 온정과 통제라면, 부부 상호작용의 주요 차원은 친밀감과 권력이다 (Emery, 1994).

(1) 친밀감

친밀감은 성인 간 정서적 유대의 강도를 일컫는 것으로, 긍정적·정서적 유대는 친밀한 관계의 지속에 중요하다. 부부의 정서적 유대가 갈등, 무관심, 힘의 만성적인 불균형으로 인해 손상되면, 모든 가족원이 그로 인한 부정적 결과를 감당하며 살아갈 수밖에 없다. 반면 부부의 정서적 유대가 깊고 갈등을 해결할 능력이 있으면, 가족원은 보다 안정된 정서적 애착을 유지하며 스트레스 사건과 위기는 가족체계의 통합을 크게 위협하지 못한다.

(2) 권력

권력은 부부 각자가 관계의 정서적 및 도구적 측면에 미치는 영향력을 말한다. 도구적 수준에서 부부는 재무(수입, 예산, 지출), 가사, 양육, 확대가족이나 지역사회 내 여러 책무에 대한 의사결정을 해야 한다. 부부의 역할이 분명히 정의되어 있지 않거나 다양한 갈등상황의 해결기술과 동기가 부족하면 결혼생활은 고통스러울 수 있다. 게다가 부부갈등은 자녀의 정서적·행동적·사회적 문제와 관련된다 (Commings et al., 2000). 부부갈등은 양육자의 일관된 훈육을 저해하고, 자녀에게 부정적인 갈등해결기술을 모델링할 뿐 아니라 자녀에게 심한 스트레스를 줄 수 있다.

3. 가족관계 평가 방법

여기서는 MST의 가족기능 평가를 구체적으로 소개하였다. MST의 가족기능 평가는 제2장에서 소개한 포괄적 평가의 한 부분이다. 포괄적 평가는 청소년이 처한 생태계 내 체계 각각을 특징짓는 강점과 약점, 요구를 알아본다. 포괄적 평가는 다양한 체계(가정, 학교, 이웃)에서 가족원, 교사, 친척 등 다양한 정보원을 통해 이루어진다. 가족과 그 밖의 체계에 대한 평가는 치료과정에서 추가적으로 수집된 정보에 의해 필요에 따라 수정된다.

1) 부모자녀 관계 평가

치료자는 가정에서 첫 만남을 가지며 양육 유형과 가족 상호작용에 대한 평가를 시작한다. 치료자는 보통 양육자(예: 부모, 의붓부모, 조부모, 그 외 청소년의 안녕에 책임을 가진 어른), 확인된 '문제'의 청소년, 형제자매를 같이 만난다. 일반적으로 치료자는 먼저 자신을 소개하고 MST 작업에 대해 간략하게 설명한다. 여기서 가족이 필요할 때 자신에게 언제든 연락할 수 있다는 점, 다양한 장소(대개 가정, 학교, 이웃)에서 만남을 가질 것이라는 점, 청소년 및 가족에게 중요한 또 다른 사람도 만날 수 있다는 점, 만나는 시간은 낮이거나 밤이거나 어느 때가 될 수 있다는 점을 설명한다. 아울러 비밀보장의 한계를 설명한 후 가족은 치료자가 준비해 간 비밀보장 서식에 사인한다. 다음으로 치료자는 가족원 각각에게 말을 걸어 이름과 가족 내 역할을 묻는다(의붓아버지, 양육을 담당하는 조모 등). 이때 가족 개개인의 관심사를 간략히 묻는 것도 좋다(예: 엄마는 정원 가꾸기, 10대 아들은 보드 타기). 치료자는 가족원 개개인에게 직접 답을 들음으로써 모두가 중요한 참여자임을 주지시킨다. 가족과의 짧은 사회적 상호작용에 이어서, 치료자는 세 가지 방식으로 가족관계에 대한 정보를 얻는다.

(1) 직접 질문하기

치료자는 다른 가족원의 행동에 대한 지각과 그들의 반응에 대해서 물어본다. 먼저 청소년이 보이는 문제를 어떻게 보는지 각 가족원에게 물어볼 수 있다. 양육자의 권위를 세워 주기 위해서, 양육자의 반응을 가장 먼저 듣는다. 가족 간에 관점이 일치하는지 알아보기 위해서 가족원 모두의 이야기를 들어보는 것이 중요하다. 치료자는 문제에 대한 통찰이 있는지 질문하지 않아야 한다(이런 질문은 흔히 '왜'라는 말로 시작한다). 왜냐하면 그런 질문은 심리 내적 원인과 과거 초점적인 설명을 가족원로부터 이끌어 내기 때문이다. 물론 치료자는 과거와 관련하여 그 문제의 지속기간이나 이전 치료 경력을 알 필요가 있다. 하지만 이미 일어난 과거를 가족이 어떻게할 수 없다는 점을 항상 염두에 두어야 한다. 부모자녀 관계에 대해서 '무엇을'(예: 당신이 보기에 자녀가 무엇을 하는 것이 문제인가요?) 혹은 '어떻게'(예: 청소년이 규칙을 어기면 어떻게 반응하셨나요?)로 물어보는 것이 보다 생산적이다. 왜냐하면 그런 질문은 가족원과 치료자가 현재 상황에 초점을 맞추도록 만들기 때문이다.

- **부모의 통제 전략**: 치료자는 부모자녀 관계에서 통제를 평가하기 위해서 다양한 질문을 할 수 있다. 부모의 통제 전략을 평가하기 위한 질문의 내용은 다음과 같다.
  - 청소년과 다른 자녀에게 해당되는 가정 내 규칙
  - 청소년의 학업 수행, 가사참여, 대인관계에 대한 부모의 기대
  - 청소년이 규칙을 어길 때 부모가 하는 반응(훈육)
  - 부모의 훈육 전략의 효과에 대한 지각

　마이클 밀러는 엄마와 의붓아버지와 살고 있는 15세 소년이다. 마이클은 비행, 가출, 마약사용, 학교에서의 품행 문제 등으로 MST에 의뢰되었다. 밀러 씨(의붓아버지)는 의뢰 시점에 마이클과 그의 엄마와 3년째 살고 있었다. 마이클의 친부와 그의 형(19세)은 수감 중이었다. 밀러 씨는 장애가 있어 수입이 좋은 일자리를 갖기가 어려웠으며, 이전 결혼에서 얻은 두 자녀에 대한 경제적 지원도 해야 했다. 밀러 씨는 알콜남용 문제도 간간히 보였다. 밀러 부인은 동네에 있는 종이공장에서 순환근무를 하고 있었다. 마이클은 공공기물파괴, 자동차 절도로 네 차례 체포된 적이 있었다. 그중 한 번은 폭행혐의였고, 한 번은 가족과의 언쟁 후에 집을 나갔을 때 발생했다.

　치료자가 마이클과 그의 가족을 처음 방문했을 때, 밀러 부인은 마이클이 가출하기 전에 의붓아버지와 마이클이 심한 갈등을 겪고 있었으며 이때 서로 폭력을 사용하기도 했다고 보고했다. 마이클과 의붓아버지 둘 다 이 문제에 대한 각자의 생각을 자진해서 이야기하지는 않았다. 밀러 부인은 마이클의 일탈행동이 주로 가출해 있는 동안 일어났다고 했는데, 이에 대해 밀러 씨는 동의하지 않았다. 이때는 MST 치료자가 이와 관련된 정보를 다른 경로(예: 경찰 기록, 학교선생님, 이웃, 갈등과 문제행동을 탐색하는 가족과제)를 통해서 확인하기 전이었다.

　어머니, 의붓아버지, 마이클, 그리고 나중에 학교 측의 입장을 들은 후에야 치료자는 마이클이 보인 학교에서의 문제행동, 가출, 비행행동의 핏요인을 이해하는 데

있어 체계 내와 체계 사이의 복잡한 일련의 상호작용을 파악하는 것이 얼마나 중요한지 알았다. 최근 몇 달 사이에, 마이클은 심각한 문제행동을 일으켜 학교로부터 학교 내 정학(일정 기간 등교는 하지만 수업을 듣지 못함)이나 학교 밖 정학(일정 기간 등교를 못함) 같은 제재를 받았다. 학교 밖 정학을 받았을 때, 마이클은 집에 오지도 않고 부모에게 정학 사실을 알리지도 않았다. 이 과정에서 학교는 마이클의 부모가 마이클의 행동을 통제하려는 학교의 노력에 관심이 없다고 여겼다. 밀러 부인이 학교 측과 연락이 닿았을 때, 부인은 마이클과 학교 측에 실망하고 화가 났다고 했다. 그녀는 마이클에 대한 불평을 남편에게 말하면서 학교도 마이클의 행동을 통제하지 못하고, 자신에게 제대로 알리지도 않았다며 남편에게 지지를 구하듯이 말했다. 하지만 밀러 씨는 밀러 부인이 애를 너무 허용적으로 키워서 그렇게 된 거라며 부인을 비난하였다. 언제나처럼 부부간의 언쟁이 이어졌다. 마이클이 집에 온 후에도 이러한 부부싸움은 계속되었다. 마이클은 여기에 끼어들어 자신의 어머니를 두둔하였는데 이는 밀러 씨를 화나게 만들었으며 밀러 부인을 혼란스럽게 만들었다. 밀러 부인은 마이클과 남편 모두에게 화가 났다. 마이클과 밀러 씨의 갈등은 점점 커져서 신체적 폭력을 가하겠다고 서로를 위협하기에 이르렀다. 이런 상황이 되면 마이클은 보통은 흥분해서 집을 나가 다음날까지 안 들어왔다. 이런 가족 간 상호작용의 연쇄가 반복되어 마이클의 행동을 지속시키고 있었으며, 가족 안팎 구성원 간의 오래되고 복잡한 상호작용 연쇄의 일부였다. 이러한 복잡한 고리를 이해하기 위해서 가족 구성원과 가족 밖 정보원의 보고가 필요했다.

- **온정과 정서**: 가족 내 정서적 관계를 평가하기 위해서 치료자는 다음의 정보를 수집해야 한다.
  - 주요 이슈(예: 쓰레기 버리기, 숙제를 제 시간에 하기)를 둘러싸고 일상적으로 일어나는 상호작용에서 양육자와 청소년 사이에서 오가는 언어적 및 비언어적 메시지
  - 양육자가 청소년의 성공이나 긍정적 행동(예: 시험에서 좋은 성적을 받아 오는 것, 다른 형제를 도와주는 것)에 대한 반응으로 칭찬을 하는지
  - 양육자가 자녀의 학교생활, 또래관계, 다른 가족원과의 관계에 관심을 갖고 이를 자녀에게 표현하는지, 그리고 취미나 방과 후 활동을 존중하는지

－자녀가 잘 지내지 못하는 것에 대한 염려를 표현하는지

어떤 가족의 경우, 밀러 가족에게서 자주 일어났던 것처럼 부모자녀 갈등상황에서 강한 부정적인 정서가 일어난다.

밀러 부인이 처음에는 아들에 대한 화와 좌절감을 토로했지만, 치료자는 엄마와 아들의 유대가 긍정적이라는 근거를 다수 보게 되었다(예: 치료적 동맹이 생긴 후 부인은 좌절감보다 염려를 주로 표현하였다. 엄마와 아들의 진심어린 대화가 가끔 이루어졌다). 또 지난 18개월 동안 밀러 씨와 마이클이 많이 멀어지기는 했지만 처음에는 두 사람이 가끔씩 함께 시간을 보내기도 했다(예: 인근 호수로 낚시를 가거나 카레이싱 관람). 면담 중 밀러 씨는 머뭇거리며 다시 그런 시간을 가져 보겠다고 말하였다. 그러나 그런 와중에도 어쩌다가 둘 사이에 언쟁이 격화되면 서로 소리를 지르고 폭력적인 위협을 하곤 했다.

치료자는 양육자에게서 청소년에 대한 강한 부정적 정서 표현이 자주 나타나는지 잘 살펴야 한다. 정서적으로 중립적이거나 긍정적인 상황임에도 부모가 자녀에게 자주 부정적 정서를 보인다면, 이것은 양육자와 자녀 사이 유대가 약하다는 증거가 될 수 있다. 이런 경우, 치료자는 정서적 방임이나 거절이 일어나고 있는지 살펴야 한다. 이는 청소년의 긍정적인 행동에 부모가 거의 반응을 보이지 않는 것, 청소년이 부모와 대화나 무엇을 같이 하고 싶어하는데 부모가 거부하는 것, 부모를 향한 청소년의 정서적인 바람이 분명한데도 불구하고 부모가 이를 홀대하는 것을 보면 알 수 있다. 거절하는 양육방식에서는 청소년이 중립적이거나 긍정적인 행동을 할 때조차도 부모가 일관적으로 비판적이고 비하적이며 적대적으로 반응한다.

(2) 가족 상호작용 관찰
치료자가 가족과의 초기 만남에서 가족을 관찰하는 것은 가족원이 서로 관계하는 방식에 대한 중요한 정보를 제공해 준다. 치료자는 가족관계를 평가할 때 가족의 언어적 진술에만 의지해서는 안 된다. 치료자는 가족의 보고를 통해 세운 가설을 선택할지 기각할지 결정하기 위해서 반드시 가족원이 서로 어떻게 행동하는지 관찰해야 한다.

첫 만남을 시작하면서 치료자는 가족이 말한 내용이 맞는지 확인하기 위해서 비언어적인 단서에 주목해야 한다. 치료자는 양육자와 자녀가 서로에게 말하는 방식을 살펴본다. 예를 들어, 양육자가 아이들에게 너무 엄하거나 관심을 보이지 않는지 등을 살펴야 한다. 자녀에게 사랑을 표현하거나 순종하기를 바라는 부모에게 자녀가 어떻게 반응하는지, 부모 중에 한 명이 자녀와 연합해서 다른 부모에 대항하고 있지는 않은지(예: 훈육 문제와 관련해서 자녀와 편을 먹는 것) 또는 부모가 10대 자녀를 어떻게 양육할지 의견이 서로 다르지는 않은지 관찰해야 한다. 부모자녀 관계에서 드러나는 문제에 대한 잠정적 가설이 만들어지더라도, 당장은 가족에게 관찰한 바를 말하거나 조언하는 일을 피해야 한다. 그 이유는 이것이 가족의 방어를 높일 수 있기 때문이다. 대신에 치료자는 관심을 갖고 가족의 얘기에 귀를 기울이고 관찰하면서 가족과 어울리도록 노력한다.

치료자는 가족과의 첫 번째나 두 번째 만남에서 충분한 시간 동안 양육자와 자녀의 상호작용을 관찰하면서 양육자와 자녀 간 정서적 관계의 샘플과 부모의 통제 전략을 파악한다. 이 같은 '상호작용 단계(interaction stage)'(Haley, 1987) 혹은 '가족재연(family enactment)'(Minuchin, 1974) 동안, 치료자는 자신과 가족 간이 아닌 가족 간에 상호작용이 일어나도록 한다. 즉, 여러 유형의 상황에서 가족이 어떻게 대처하는지를 살펴보기 위해서 치료자는 상황을 주고 그 안에서 가족원이 서로 상호작용하도록 이끈다. 불순종하는 자녀를 통제하는 상황이나 부모자녀 간 갈등을 해결하는 상황과 같이, 부모자녀 관계의 다양한 측면을 담은 문제상황을 가족이 다루어 보도록 지시한다. 이때 가족이 그들의 상호작용 안에 치료자를 끌어들이려 하거나(예: 치료자의 지시를 무시하고 계속 치료자에게 이야기한다든가), 그들 자신의 문제를 의논하기를 거부하더라도(예: 자신들은 이미 문제에 대해서 충분히 논의했고 다시 논의할 필요가 없다고 주장한다든가) 치료자는 전형적인 상호작용이 나타날 때까지 가족이 서로 이야기하게 이끌어야 한다. 치료자는 가족원의 물리적인 위치를 조정해서 이러한 재연을 촉진할 수도 있다. 아무튼 어떤 경우라도 치료자의 과제는 부모자녀 관계 문제가 그 안에서 일어나도록 촉진하는 것이지, 가족원이 그 문제에 대해서 이야기만 하도록 해서는 안 된다.

자나 존슨은 14세의 8학년 학생으로, 어머니와 함께 살고 있으며 두 명의 자녀 중 장녀이다. 어머니인 존슨 부인은 3년 전 남편과 이혼했고, 친부인 존슨 씨는 다른 주에 살고 있으며, 자나와 동생은 아버지를 1년에 한두 번 만났다. 자나가 보호관찰관에 의해 MST에 의뢰된 이유는 마리화나 소지와 상점 절도로 경범죄 처분을 받았기 때문이다. 그녀는 8학년을 마치지 못했고 7학년도 간신히 통과했다. 등교를 하더라도 흔히 엎드려 자거나 교사와 논쟁을 하고 수업을 빼먹었다. 존슨 부인은 근처 식당에서 종업원으로 일했다. 교사에 의하면 존슨 부인은 자나의 행동에 대해 의논하려는 학교 측의 연락을 받지 않았다고 한다. MST 치료자와 처음 만났을 때, 존슨 부인은 딸이 정신을 차리지 않으면 내쫓을 거라고 했다. 또 존슨 부인은 지금까지 상담자, 보호관찰관, 학교 관계자가 해 준 것이 아무것도 없다고도 말했다.

치료자는 자나 가족에게 필요한 것과 그들의 강점을 처음 평가하면서 MST 사례개념화에서 가족을 관찰하는 것이 얼마나 중요한지 실감했다. 가족기능 평가에서 치료자에 의해 확인된 약점 중 하나는 '불분명한 세대 간 경계'였다. 모녀가 서로 얘기를 할 때, 대화는 자주 전남편에 대한 존슨 부인의 넋두리로 흘러갔는데, 이는 부모자녀의 경계가 모호하다는 가설을 지지했다. 이어서 치료자는 모든 가족원(자나, 어머니, 여동생, 아버지)과 그 관계에서 일어나는 경계 침범을 확인할 수 있었다. 모녀간의 상호작용이 늘 갈등으로 얼룩졌지만 이러한 넋두리로 모녀의 친밀감이 일시적으로 증가하는 것은 긍정적인 측면이었다. 하지만 이 가운데 어머니의 위신은 땅에 떨어졌고 자나에 대한 훈육이 소용없게 되었다. 자나가 학교에서 보이는 문제(무단결석, 낙제, 윗사람과의 충돌)와 비행또래와 보이는 문제(약물사용과 음주, 상점절도)를 감안하면, 모녀간 친밀감이 잠시 좋아지는 것을 감안하더라도 그 대가가 너무 컸다.

MST 치료자는 자나의 행동 문제를 유지하는 요인이 가족체계 안팎에 많이 있다는 점을 알았으며, 특히 존슨 부인의 부모기능 저하를 가져오는 요인을 뒷받침하는 증거를 수집하기 시작했다. 확인된 요인으로는 청소년에 대한 양육지식 부족, 이혼 전 아버지의 권위주의적 양육에 기인하는 어머니의 저조한 훈육기술, 양육과 직장생활 병행으로 인한 소진, 이혼으로 인한 사회적 고립 등을 들 수 있다. 치료자는 가족 상호작용에 대한 치료자의 관찰(무단결석을 포함한 자나의 문제행동에 대해서 모녀가 대화하도록 요청했을 때 부인이 보인 모습), 존슨 부인의 직장 스케줄 점검, 존슨 부인과의 대화 등을 통해서 자나의 행동 문제 유지에 여러 요인이 긴밀하게 관련되어 있음을 확인하였다. 부부 문제로 새어 나가는 대화가 왜 자꾸 일어나는지 그 핏요인을 찾아보니, 이혼 후 겪는 정서적 고통과 사회적 고립으로 인해 존슨 부인이 자꾸 전남편 이야기를 한다는 것을 알게 되었다. 그래서 자나의 행동 문제 유지와 관련해서 부적절한 경계가 원인이라고 보았던 첫 가설에 직장 스케줄 같은 실제적인 문제와 양육, 사회적 지지 요인 등이 추가되었다.

(3) 가족원에게 특정 행동을 살펴보고 기록하도록 부탁하기

부모자녀 관계에 대한 정보를 얻기 위해 구체적인 행동과 일련의 상호작용에 대해 양육자에게 기록을 하도록 요청할 수 있다. 부모의 통제 전략을 평가하기 위해서, 치료자는 양육자에게 모든 훈육 시도와 그것에 대한 자녀의 반응을 기록하도록 부탁할 수 있다. 특히 치료자는 양육자가 다음 사항에 대해서 매일 기록하도록 부탁하는 것이 좋다.

- 청소년 자녀의 문제행동
- 자녀의 문제행동에 대한 두 양육자 각각의 반응
- 양육자의 훈육 시도에 대한 자녀의 순종 혹은 불순종
- 자녀의 순종과 불순종에 대한 두 양육자 각각의 반응

그 다음으로 치료자는 훈육 전략, 이 전략의 효과성에 대한 지각, 전략에 나타난 양육 유형(예: 권위주의적인, 허용적인, 방임적인, 권위 있는)을 평가하기 위해서 양육자의 기록을 살펴본다.

마이클 밀러 가족은 2일 동안 상호작용을 기록했다. 마이클과 의붓아버지(밀러 씨) 사이에서 집안일과 관련된 상호작용이 다섯 번 있었는데, 그중 네 번 동안 밀러 씨는 지시를 내리고 고함을 질렀으며 명령이 무시당하면 아이를 붙들어다 강제로 시켰다. 이때 지시의 이유를 설명해 주거나 아이의 사정을 고려하여 집안일을 줄여 주는 일은 전혀 없었다. 치료자는 이를 보고 밀러 씨의 양육이 권위주의적인 방식이라고 결론 내렸다. 권위주의적인 양육방식의 증거는 다른 것도 있었다. 밀러 씨는 잘못에 비해 지나칠 만큼 가혹한 신체적 처벌을 주었다. 규칙에 대한 토론이나 협상은 아예 없거나 드물었다. 토론은 청소년 자녀를 둔 가정에서 일반적인 것이며 발달적으로 볼 때 적절하다.

자나의 가정에서 이루어진 관찰내용 위에 치료자는 어머니에게 요청한 기록을 검토했다. 어머니가 일하러 나갔을 때 자나가 동생을 돌봐야 했는데, 이 한 가지 규칙은 분명했다. 그러나 자

나의 귀가시간, 숙제, 집안일에 대한 규칙은 없었다. 게다가 보통 아이들이라면 어른이 지도해 주었을 법한 일을 자나는 스스로 결정해야 했다(예: 주말 귀가시간, 나이 많은 소년과 차에 동승하는 일). 이러한 증거를 종합하여 치료자는 자나의 문제를 초래한 요인 중 하나가 허용적인 양육이라고 결론 내렸다.

양육자는 부모자녀 관계의 정서적인 면을 반영하는 행동을 살펴보고 기록하도록 요청하기도 한다. 치료자는 부모자녀 사이의 정서적인 관계를 평가하기 위해서 양육자에게 다음의 내용을 기록하도록 부탁할 수 있다.

- 가정, 학교, 그 외의 장소에서 청소년 자녀가 했던 좋은 행동과 성공
- 좋은 행동과 성공에 대한 양육자 각각의 반응
- 양육자가 청소년의 긍정적인 행동을 인정해 줄 때 자녀의 반응

이런 모니터링은 치료자가 양육자와 자녀 간의 긍정적인 정서적 상호작용을 이해하도록 돕는다. 이후에 보다 자세히 기술되겠지만, 치료자는 양육자에게 모니터링 과제를 줄 때 정확하게 지시해 주어야 한다. 그리고 양육자가 과제를 마치기 전에 중간 점검을 하도록 시키는 것이 좋은데, 특히 과제가 다소 복잡하다면 더 그렇게 해야 한다.

2) 부부관계 평가

자녀의 심각한 행동 문제가 MST를 시작한 이유이기 때문에, 당장은 부부 문제가 문제로 인식되지 않을 수 있다. 흔히 훈육과 같은 다른 주제로 이야기하다가 부부 문제가 드러나곤 한다. 예를 들어, 자녀의 행동 문제에 대해서 설명하면서 남편은 아이가 말대꾸할 때 아내는 그냥 두지만 자신은 체벌한다고 이야기한다. 또 청소년 자녀가 말하기를 어머니가 금요일 밤 외출을 허락하지 않으면, 허락해 줄 거 같은 아버지한테 물어본다고 한다. 이 두 예는 자녀 훈육 전략에 있어서 부모의 불일치를 나타내며, 이는 흔히 의뢰된 문제를 설명하는 핏요인 중 하나이다. 많은 경우, 양육 전략의 불일치는 결혼생활 갈등이라는 맥락 속에서 일어난다. 간혹 다른 부부 기능에는 별 문제가 없어서 불일치하는 양육 태도의 심각성을 별로 느끼지 못하다가 이

것이 아이의 문제행동을 초래한다는 것을 알고 부부가 비로소 심각하게 생각한다. 끝으로, 배우자의 씀씀이가 크다거나, 자녀와 시간을 보내지 않는다고, 혹은 너무 일을 많이 한다거나, 가정 밖 여가활동에 시간을 너무 많이 쓴다며 불만을 이야기하는 도중에 부부생활의 어려움이 드러나기도 한다.

(1) 부부의 친밀감과 권력

치료자가 보기에 부부 갈등이 의뢰된 문제에 기여하고 있다면, 치료자는 자녀를 제외하고 부부 면담을 준비해야 한다. 치료자는 부부에 대한 초기 면담에서 부부간 친밀감 정도와 정서적 관계의 긍정성을 평가한다. 오랫동안 묵혀 왔던 부부 문제와 갈등을 해결하기 위한 작업을 같이하기 위해서는 두 사람 사이에 약간이라도 긍정적인 유대가 남아 있어야 한다. 치료자는 다음과 같은 언어적 및 비언어적 단서에서 정서적 관계에 대한 정보를 수집할 수 있다.

- 부부가 얼마나 가까이 앉는지
- 서로 눈맞춤을 하는지
- 목소리 톤
- 질문이 진지한지 아니면 형식적인지
- 부탁이 사실은 명령을 의미하지는 않은지
- 특정 주제에 대한 배우자의 입장을 이해하려고 노력하는지

치료자는 부부에게 서로의 장점을 이야기해 보라고 요청함으로써 부부의 정서적 관계에 대한 정보를 얻을 수 있다. 이때, 치료자는 사회문화적 차이가 서로에 대해 말할 때 영향이 미칠 수 있음을 기억해야 한다. 예를 들어, 고등교육을 받았으며 비교적 부유한 사람은 배우자의 유머나 배려를 장점으로 이야기하는 반면, 사회경제적으로 낮은 계층의 사람은 남편이 가족을 부양하고 있다든지 부인이 요리를 잘하는 것을 장점으로 생각할 수 있다. MST 개입은 결혼생활 고유의 장점과 욕구에 맞춰지기 때문에, 치료자는 부부의 사회경제적 맥락을 염두에 두고 결혼생활을 이해해야 한다.

상대방의 장점을 거의 이야기하지 못하는 배우자가 있다면, 그 배우자는 상대방

이 정말로 장점이 거의 없다고 느끼는 것일 수 있다. 한편, 오랫동안 갈등관계에 있었던 부부는 관계에 대해 일시적인 편향을 보일 수 있다. 오랫동안 갈등을 경험해 온 부부는 보통은 관계의 부정적인 면에는 주의를 하지만 긍정적인 면은 거의 보지 않는다. 자녀가 만성적인 행동 문제를 보이는 양육자 역시 자신들의 관계를 부정적으로 보는데, 그 이유는 부부간 대부분의 상호작용을 포함하여 공공기관(학교, 소년 법원, 정신건강 및 사회복지 센터), 주변 사람들(예: 이웃, 자녀의 친구 부모)과의 상호작용이 거의 안 좋았기 때문이다.

> 로드리게스 부부는 15세 딸, 안젤라를 통제하는 데 어려움이 있어 MST에 의뢰되었다. 로드리게스 씨에 따르면, 안젤라는 지난 몇 년간 가족 규칙(귀가시간, 집안일, 성적, 등교)을 점점 더 많이 어겼다고 했다. 최근에는 19세 남자 청소년과 집 주변 공원에서 밤늦게까지 술을 마시고 있는 것을 경찰이 발견하기도 했다. 로드리게스 부인은 남편이 가혹한 처벌자라고 말하며 안젤라와 다정하게 지내는 것을 본 적이 별로 없다고 했다. 남편은 늘 딸의 외모와 행동에 대해서 비난만 한다고 말했다. 반면, 로드리게스 씨는 딸을 오냐오냐 키워서는 안 된다고 말했다. 그는 오히려 부인이 딸 편만 들고 있고 훈육뿐만 아니라 사사건건 자신의 의견에 반대를 해서 자신이 상처받고 배신감을 느꼈다고 말했다. 로드리게스 부부 모두 자신들의 결혼생활이 오래가지 못할 것이라고 말했다. 왜냐하면 그들은 안젤라 때문에 서로 싸우고 학교나 경찰과 씨름하느라 좋은 시간을 가져 본 기억이 없기 때문이다.

배우자가 상대방의 좋은 면을 얘기하기 어려워하면, 치료자는 미래에 관계가 호전될 것이라는 희망이 서로에게 생길 여지가 있는지 알아보아야 한다. 이를 위해 치료자는 부부에게 다음과 같이 물어볼 수 있다.

- 그들이 처음 데이트할 때 관계가 어땠는지
- 무엇에 서로 끌렸는지
- 뭘 하면서 즐거운 시간을 보냈는지
- 결혼식 날은 어땠는지(결혼식 사진을 보여 줄 수 있는지 물어본다.)

성생활 역시 부부의 정서적 관계의 한 단면을 보여 준다. 치료자는 부부의 성생활에 대해서 평가하기 위해 부부관계의 횟수와 만족도에 대해서 물어본다. 성생활이 거의 없는 부부는 관계가 소원하고 활발한 부부는 친밀한 것이 일반적이기는 하나, 이러한 황금률에도 예외가 많다. 심각한 불화를 보이는 가운데에도 활발한 성생활을 할 수도 있다. 성생활에 대해서 평가할 때도 마찬가지로 사회문화적 민감성을 활용해야 한다는 점을 잊지 않도록 한다.

(2) 혼재된 메시지

수개월에서 수년간 적대적인 상호작용을 경험해 온 부부는 보통 자신들의 결혼생활이 나아질 거라는 기대를 잘 하지 않는다. MST 치료진은 다양한 스트레스원과 청소년 자녀의 심각한 문제가 두드러진 가족 맥락에서 부부관계를 평가하기 때문에, 초기 가족 면담에서는 부부관계에 대한 회의감을 잘 감지하지 못할 수 있다. 누구에게든 결혼생활에 대한 회의감이 느껴진다면, 치료자는 이를 느끼는 배우자와 부부면담 이전에 따로 만나 이야기해 볼 수 있다. 회의감을 느끼는 배우자는 상대방이 없을 때 치료자에게 더 쉽게 말할 수 있기 때문이다. 치료자는 그런 회의감을 느끼는지 직접적으로 물어보아야 한다. 또 부부치료를 고려하는 것과 같이 결혼생활 자체를 위해서 노력해 온 점도 물어보아야 한다. 이런 면담을 통해서 치료자는 혼재된 메시지를 명확히 하고 그 배우자가 부부치료를 보다 개방적으로 고려하도록 도울 수 있다.

(3) 압도적으로 부정적인 메시지

치료자가 배우자의 양가감정을 다룰 때 그가 결혼생활의 지속을 더 이상 원하지 않는다는 것을 알게 되는 경우가 있다. 이는 대개 몇 년 동안 만들어진 암묵적인 결정이다. 보통은 이런 감정을 겉으로 드러내지 않는데, 이는 여러 가지 이유(예: 양육권, 경제적 지지, 친척들의 사회적 지지 등을 잃을 수 있다는 두려움) 때문이다. 이 장의 뒷부분에서 다루겠지만, 결혼생활을 끝내겠다는 한쪽 배우자의 속마음은 개입을 설계할 때 매우 중요한 함의를 갖는다.

3) 가족이행에 대한 적응도 평가: 이혼, 재혼, 한부모됨

심각한 반사회적 행동을 보이는 청소년을 둔 가족의 상당수는 이혼, 재혼, 한부모

가정이다.

(1) 부부 하위체계 변화
이혼한 부부는 다음과 같은 대단히 중요한 과제를 달성해야 한다.

- 친밀감의 경계 재설정(어떤 조건에서 얼마 동안 전 배우자의 삶의 영역에 접근이 허용되는가 여부).
- 권력 경계 재설정(자녀, 경제 문제와 관련하여 전 배우자에게 미치는 영향력).
- 부모 역할과 부부 역할 구분

치료자는 이혼 부부가 역할을 혼동하는지 보여 주는 의사소통에 주의를 기울여야 한다. 예를 들어, 아이가 전 배우자의 집에 다녀왔을 때 입고 있었던 옷, 아이와 보낸 여가활동, 방문 스케줄 등에 대한 불일치가 그러한 것이다. 이와 같은 불일치는 전 배우자와 자녀 사이의 부모자녀 관계, 혹은 전 배우자에 대한 통제를 포기하기 싫어하는 마음을 담고 있을 수 있다. 전 배우자에게 아이 문제를 핑계로 자주 전화하는 것은 전 배우자와 멀어지기 싫어하는 마음을 드러내는 것일 수도 있다. 다음 사례는 전 배우자에 대한 복수심으로 아이를 이용하는 경우이다.

13세 바비 지오다노는 학교에서 친구들을 신체적으로 공격하고 무단결석을 반복했으며 엄마가 너무 엄격하다며 가출을 하였다. 바비의 부모는 6년 전 이혼했다. 이혼 과정은 매우 고통스러웠으며 부모 모두 재혼하지 않았다. 두 사람은 모두 적극적으로 혹은 은근히 바비와 한편이 되려 하였고 다른 부모를 자주 헐뜯었다. 지오다노 부인은 전남편을 "자신 외에는 누구도 신경 쓰지 않는 주정뱅이 부랑자"라고 불렀다. 부인은 바비에게 아버지를 사랑하라고 하면서도, 동시에 아버지 같은 사람은 믿을 만한 사람이 아니라고 이야기하기도 했다. 반면, 지오다노 씨는 바비가 집에 오면 지나치게 허용적이었다. 네 앞길을 막는 애는 다 '때려눕히라'고 가르쳤으며, 선물을 지나치게 많이 사 주었다. 지오다노 씨의 이런 모습 때문에 부인은 더욱 엄격하고 검소한 생활을 하려 했다. 지오다노 씨는 바비에게 완전한 양육권을 갖고 싶다고 말했다. 하지만 이것은 바비를 자주 보고 싶어서라기보다는 부인의 화를 돋우기 위해서인 것 같았다.

(2) 부모자녀 하위체계 변화

이혼 부모의 양육이 청소년의 문제에 영향을 주는 것처럼 보일 때, MST 치료자는 그런 양육방식이 이혼 전후 언제 발생한 것인지 평가해야 한다. 왜냐하면 이에 따라 개입이 달라지기 때문이다. 예를 들어, 자나 존슨의 경우 부모자녀 관계의 여러 측면이 의뢰된 문제에 영향을 미치고 있었다. 존슨 부인은 허용적인 양육방식을 보였으며, 자나가 어디 있는지 지속적인 감독을 못했고, 때때로 자나에게 부적절한 정서적 위안을 구했다. 허용적인 양육방식은 이혼 전부터 보였지만, 감독 문제와 아이에게 의존하는 문제는 이혼 때문에 나타난 것이다.

(3) 구체적이고 현실적인 어려움

치료자는 이혼으로 인한 구체적이고 현실적인 어려움이 청소년 자녀의 문제행동을 일으키고 있지는 않은지 평가한다. 이혼에 의한 새로운 어려움으로 다음과 같은 것이 있다.

- 새로운 집으로 이사해야 함
- 부모 면접 일정을 조율해야 함
- 이혼 및 양육 문제 관련 법적 조치를 준수해야 함
- 이혼으로 인한 경제적 손실을 메꾸기 위해 더 장시간 근무해야 함

양육을 맡은 부모의 근무 시간이 증가하면, 그 부모(흔히 엄마)는 자녀를 잘 감독하기 어렵고 자신도 적응에 어려움을 겪기 쉽다. 대부분의 시간을 일과 양육에 쓰다 보면 자신은 사회적 지지망으로부터 고립될 수 있다.

(4) 부모의 심리적 고통

양육자의 대처 전략 역시 자녀의 문제행동을 초래하는 데 기여할 수 있다. 부모가 이혼에 대해 우울, 만성적인 적개심과 분노로 대처할 때 적절히 양육하는 것은 어렵다. 이 장의 두 번째 부분과 제6장은 부모의 우울, 불안, 사회적 고립을 다루는 개입을 소개하고 있다.

(5) 재혼가정

대부분 재혼가정에서는 모든 어른과 아이들이 이미 이혼의 과정을 거쳐 온 경우가 많다. 따라서 재혼가정과 작업할 때 치료자는 과거 이혼과 관련 문제를 평가하고 다룰 필요가 있다. 게다가 새로운 가족의 형성은 새로운 도전거리를 만들기 때문에 치료자는 재혼이 가족기능을 어느 정도 향상 혹은 손상시키는지 평가한다. 마이클 밀러 가족의 경우, 의붓아버지의 존재가 갖는 잠재적 이득(예: 경제적 스트레스가 줄고, 양육을 맡은 부모의 효능감을 높이고, 어른의 지도와 모니터링의 용이성이 증가됨)은 의붓아버지의 (이전 결혼에서 낳은 자녀에 대한) 경제적 스트레스, 정신건강이나 약물 남용 문제, 불분명한 기대와 역할 갈등 등에 영향을 받는다.

이혼가족처럼 재혼가정의 경우에도 청소년의 문제가 재혼 전에 있었는지, 재혼 후 악화되었는지, 재혼 후 처음 나타났는지를 평가한다. 예를 들어, 자녀의 공격행동과 그런 행동에 기여하는 허용적인 양육이 재혼 전에도 있었다면, 자녀의 문제의 원인이 의붓아버지의 권위주의적인 양육방식이라는 가설은 잘못된 것일 수 있다. 마이클 밀러 가족의 경우는 의붓아버지가 마이클과 충분한 정서적 유대 없이 아이를 엄격히 훈육하려다 보니 원래 있던 마이클의 문제와 이를 지속시켜 온 부모자녀의 상호작용으로 인해 문제가 더욱 악화되었다.

(6) 한부모 가정

이혼으로 인해 한부모 가정이 된 경우, 치료자는 이혼 관련 요인이 의뢰된 문제에 기여하고 있는지 세심하게 살펴야 한다. 게다가 한부모가 데이트를 시작하면, 치료자는 이로 인해 새로 인연을 맺게 된 연애 상대가 가족의 삶에 미치는 영향을 평가할 필요가 있다. 한부모가 자신의 연인관계와 양육 책임 사이에 적절한 경계를 유지하면 부모의 연애가 주는 충격은 미미하다. 자녀가 그 관계를 유익하게 경험할지 혹은 해롭게 경험할지는 다음과 같은 요인에 달려 있다. 앞서 언급한 재혼가정에서 작용하는 요인을 포함해서 자녀와 한부모 관계, 자녀와 연애 상대의 관계, 양육 역할의 투명성 등이 있다. 자녀가 연애 상대와 잘 지냈고 연애 이후 전반적인 가족기능도 좋아진 경우, 한부모가 연인과 결별할 때 자녀는 이를 정서적으로나 도구적으로 하나의 큰 상실로 경험할 수도 있다. 반대로, 자녀가 보기에 한부모의 파경으로 가족기능이 더 좋아졌다면 그러한 상실은 오히려 반가운 일이다. 어떤 경우든 성인 양육자의 관계가 자녀가 가족 안에서 느끼는 경험에 자꾸 영향을 준다면, 그 자녀는 여러 차례 가족이행을 경험하고 있다고 봐야 한다. 재혼가족 자녀도 마찬가지인데, 이런 경험이 반복되면 아이들은 변화에 적응하려는 의지를 점점 잃어 간다.

어떤 경우, 연인과 부모자녀 관계 사이의 경계가 너무 허술하거나(예: 엄마의 남자 친구가 자녀를 훈육하도록 허용함), 부모가 자녀와의 관계를 희생해 가면서 연인에게 몰두하면, 한부모의 연애는 가족기능에 부정적인 영향을 미친다. 때로는 한부모가 계속해서 연인을 바꾸기도 하는데, 이때 한 관계가 시작되고 끝날 때마다 부모자녀 관계의 성격과 가족의 상호작용이 달라지기도 한다. 부모의 연애가 의뢰된 문제의 핏요인이라고 여겨지면 MST 치료자는 한부모가 연애 상대를 계속 바꾸는 요인이 무엇이고, 그러한 관계의 어떤 면이 가족기능의 효율성을 떨어뜨리는지 찾아야 한다.

- 연애로 인해 생계 문제가 경감되었는가?
- 연애로 인해 자녀를 훈육하고 감독하는 한부모의 스트레스가 경감되었는가?
- 부모의 사회적 · 정서적 지지원은 누구인가?
- 한부모가 연인이 아닌 다른 지지체계를 만들 수 있는 사회적 기술을 갖고 있는가?
- 혹시 어머니가 10대에 아이를 가져서 성인과 교류하는 사회성 발달이 지체된 것은 아닌가?

(7) 부모 역할을 하는 친척

MST 참여 가족 중에는 법적 양육권은 가지지 못했으나 조부모나 다른 친척이 대리 부모의 역할을 하는 경우가 많다. 대리부모(예: 위탁부모)의 경우 양육의 주된 책임자는 아니지만 상당한 관여를 하고 있다. 또 어떤 경우에는 여러 친척이 양육의 책임을 나누어 지고 있다. 다른 가족과 마찬가지로 MST 치료자는 아이에게 부모 역할을 하는 친척의 가족 생태를 잘 평가해야 한다. 혹시 친척과 아이가 상당기간 동안 떨어져 살았다면 치료자는 두 사람 사이의 정서적 연결을 잘 살펴야 한다. 치료자는 그 양육자의 관계망에서 아이와 양육자를 지원할 수 있는 사람들, 혹은 그 둘의 안정적인 관계에 걸림돌이 될 수 있는 사람들을 잘 파악하도록 한다.

2 가족관계 치료

1. 개관

여기서는 가족관계를 향상시키기 위해서 사용될 수 있는 개입들을 소개한다. 먼저 모든 가족 개입을 할 때 주의 깊게 고려해야 하는 세 가지 사항이 있다.

1) 개입은 개별 사례에 맞춘다

MST 개입은 해당 청소년의 문제행동을 지속시키는 가족 내외 요인의 고유한 조합에 맞게 진행되기 때문에, 개입은 요리책처럼 정해진 단계에 따라 착착 진행될 수 없다. 모든 사례에서 개입이 어디서 어떻게 이루어질지는 연속적인 MST 평가과정에 의해서 결정된다. 이 과정을 통해서 다수의 설명요인과 관련된 증거가 채택되거나 배제된다. 또한 지속적인 관찰, 개입의 실행, 개입 결과의 평가에 기초하여 그 요인들이 문제행동을 일으키는 근접(원격의 반대)요인인지 판단한다(제2장 참조).

2) 개입은 여러 측면에서 이루어진다

MST에 의뢰된 가족의 경우 그들에게 간단히 조언하거나 과제를 주는 것만으로 치료가 충분히 이루어지기 어렵다. 부모자녀 및 부부 상호작용, 양육기술 부족, 효율적인 양육의 사회적·실제적 장애를 다루는 개입은 대개 치료목표가 성취되기까지 계속 모니터링해야만 하는 여러 가지 기법을 요한다. 부모자녀 관계에 대한 MST의 복잡한 개입 중 어떤 것은 구조적/전략적 가족치료에서 빌려 온 것들이다. 각각의 치료 접근에서 관계 문제와 치료기법을 나름의 언어로 기술하고 있지만, 이 개입 전략들은 공통점이 많고(Peake, Borduin, & Archer, 2000) MST 접근과 잘 통합된다. 이미 얘기했듯이, 치료자와 슈퍼바이저는 가족의 역기능적인 상호작용의 순환을 중단시키고 효율적인 상호작용 방식으로 대체하도록 세심하게 계획을 세울 필요가 있다.

3) 개입의 우선순위를 정해야 한다

MST가 유연한 접근일 뿐 아니라 여러 개입이 계속해서 제공되기 때문에 개입의 어디에 초점을 두고 어떤 순서로 개입을 할지 치료자가 혼란스러울 수 있다. 어떤 가족 개입을 시도할지 결정하기 위해서 다음 사항을 고려한다.

- 문제행동의 핏요인을 생태학적 관점에서 포괄적으로 평가하기(원칙 1)
- MST의 8개 원칙
- 특정 문제에 대한 개입이나 기법의 효과검증연구
- 치료자의 훌륭한 임상적 판단
- 치료기법을 다루는 치료자의 기술
- 치료자의 창의성

MST 원칙 4, 5, 9(개입은 현재중심적 · 행동지향적이어야 한다, 구체적 연쇄와 명확한 문제를 표적으로 삼는다, 개입은 다중체계 내/다중체계 간에 일어나는 일련의 행동을 표적으로 삼는다, 개입은 치료 일반화를 높여야 한다.)와 일관되게, 어떤 개입을 어떤 순서로 할지에 대한 치료자의 결정은 대부분 '1차' 요인에 달려 있다. 1차 요인은 가족 안, 가족과 외부체계 간에 매일같이 일어나서 쉽게 관찰할 수 있는 일상적인 상호작용 사건이다. 예를 들어, 현실적인 문제(예: 교통수단의 부재, 열악한 주거 조건, 양육자의 야근), 양육 지식과 기술 결핍, 양육자의 사회적인 고립이라는 문제를 한 가족이 가지고 있는 경우, 치료자는 양육 지식과 기술에 가장 먼저 개입한다. 사회적 지지는 이후에 이어서 다루는 것이 좋다.

2. 부모자녀 관계 변화시키기

자녀의 문제행동이 양육자의 비효율적인 양육방식(예: 허용적인, 권위주의적인, 방임적인)이나 부모자녀 상호작용 양상에 의해 지속되고 있음이 분명할 때, 치료자와 양육자는 비효율적인 양육방식이나 상호작용 양상을 유지시키는 가족의 사회생태학적 요인을 찾아야 한다(이 장의 후반부에 제시한 [그림 3-2] 참조). 개입 전략은 이러한 요인의 역할에 따라 달라진다. 치료자는 부모, 가족, 사회생태학의 강점과 요구에 맞춰 개입을 해야 한다. 무엇보다 먼저 양육자가 치료과정에 참여하도록 만들어야 한다.

1) 라포 유지와 부모의 변화 동기 부여

양육자는 보통 자녀의 문제행동과 행 통제의 어려움으로 좌절감을 경험하고 있다. 흔히 자녀를 잘못 키웠다고 생각한다. 치료자가 혹시라도 암묵적이든 명시적이든 자녀의 문제가 양육자 탓이라는 메시지를 암시하면 협력 관계가 깨어져 긍정적인 변화를 기대하기 어려워진다. 제2장에서 언급했듯이, 치료자는 문제와 관련된 가족요인을 평가하면서 양육자와 연대해야 한다(예: 정서적 지지를 계속해서 제공하고 양육의 긍정적 면을 알아준다). 일단 치료자와 동맹이 형성된 대다수의 양육자는 좌절감을 인정하고 도움을 적극적으로 구한다. 어떤 양육자는 좌절감이 크다보니 자녀를 비난하고 싶어 변화될 수 있다는 이야기를 거부한다. 또한 변화라는 것을 양육자 입장에서 더 많이 노력하라는 것처럼 들릴 수도 있다.

양육기술을 바꾸어 보자는 치료자의 제안에 양육자들은 다양하게 반응할 수 있는데, 이러한 반응에 대비해 치료자는 몇 가지 전략을 갖추고 있어야 한다. 각 전략은 양육자와 불필요한 마찰을 피하면서 변화의 필요성을 이해시키는 것이다. 다음은 양육자 자신의 변화가 필요함을 전달하는 데 도움이 되는 전략이다.

- 현재 양육습관이 계속될 경우, 그것이 청소년 자녀에게 미칠 부정적인 영향을 설명한다. 예를 들어, 허용적인 양육자라면 자녀의 충동조절 문제와 반사회적 행동의 원인이 자녀의 요구를 너무 쉽게 들어주고 윗사람에 대한 무례한 행동을 용인해 왔기 때문이라고 말해 준다. 권위주의적 양육자에게는 자녀에 대한 지나친 처벌은 부모에 대한 분노와 적개심을 키운다는 점을 설명한다. 체벌은 비효과적일 뿐만 아니라, 청소년에게는 사적 영역을 침범하고 신체적 안전권을 무시하는 것으로 여겨질 수 있다. 결과적으로 체벌은 자녀에게 모욕감을 주면서 부모자녀 관계를 저해할 수 있다.
- 양육습관이 자녀에게 초래할 부정적인 결과를 걱정하지 않는 양육자도 있다. 그런 경우 치료자는 현재의 양육습관이 양육자 본인의 삶에 미치는 부정적인 결과를 이야기할 수 있다(예: 자녀의 말썽으로 인한 직장생활 곤란, 학교나 이웃, 경찰과 불쾌한 상호작용, 양육 스트레스로 인한 건강 악화).
- 치료자는 그간 양육자가 자녀의 문제를 해결하기 위해서 노력했지만 (현재의 양육 습관을 포함하여) 잘 되지 않았던 모든 것에 대해 물어본다. 이러한 질문을

하면서 이전에 잘 되지 않았던 것에 대한 목록을 작성해 본다. 양육자가 지금까지 기울여 온 노력이 모두 실패했다는 것을 깨달으면 치료자의 제안에 더 귀를 기울일 것이다.

- 치료자는 양육자에게 먼 미래를 생각해 보게 한다. 어떤 변화도 생기지 않을 때 자녀와 가족에게 닥칠 부정적 결과(구금, 구직능력 저하)를 같이 생각해 본다. 이를 통해 양육자는 자녀를 책임 있는 성인으로 키우기 위한 양육기술 변화를 위해 노력할 것을 결심할 수 있다.

양육자가 변화의 필요성을 인지하면 치료자는 양육자가 대안적인 양육방식을 개발하고 부모자녀 관계를 의미 있게 개선하도록 도울 수 있다. 만일 양육자가 양육 개입을 변화시키는 데 참여하기를 계속해서 주저하거나 완강히 거부하면, 치료팀은 이 장의 후반부에 제시된 참여 장애물(예: 약물중독, 정신의학적 장애, 부부 문제, 양육에 대한 잘못된 생각, 현실적인 어려움, 낮은 양육 관심)을 찾아 이를 직접적으로 해결해야 한다.

2) 훈육 전략 바꾸기

양육자의 훈육 전략이 자녀의 문제행동 유지에 기여하고 있다면, 치료자는 양육자에게 세 가지 과제를 제시한다.

- 양육자는 자녀의 행동과 관련해서 명확히 규칙을 정하는 법을 배워야 한다.
- 양육자는 규칙과 그에 따라 부여할 결과를 결정해야 한다. 즉, 청소년이 규칙을 지키면 긍정적 보상이 따르고, 지키지 않으면 부정적 결과(처벌)가 따른다.
- 양육자는 자녀가 규칙을 지키는지 또는 지키지 않는지 효과적으로 감독하는 법을 배워야 하며, 양육자의 부재 시에도 감독이 이루어져야 한다.

Munger(1993, 1999)은 부모를 위한 두 권의 책, 『자녀 행동 빨리 바꾸기 그리고 다루기 힘든 자녀를 위한 규칙(Changing Children's Behavior Quickly and Rules for Unruly Children)』과 『부모를 위한 훈육 지침서(The Parent Discipline Bible)』에 이 세 과제의 단계를 자세히 소개하였다. MST 치료자는 다음과 같이 핵심 개념과 기술을 가르친다.

(1) 규칙

MST 원칙 4(명료한 문제를 표적으로 삼음)와 일관되게, 규칙의 1차적인 목표는 바람직한/바람직하지 않은 행동을 분명하게 정의하는 것이다. 흔히 이것이 치료목표가 된다. 치료자는 다음의 지침에 따라 양육자가 규칙을 만들고 적용하도록 돕는다.

- 기대 행동은 아주 분명하고 구체적이어서 누구라도 그 행동이 일어났는지 여부를 쉽게 알 수 있도록 한다.
- 규칙은 긍정적 행동으로 기술한다(예: '짐은 평일 밤에 늦어서는 안 된다.' 대신, '짐은 9시까지는 집에 들어와야 한다.'로 표현한다).
- 규칙을 지켰을 때와 어겼을 때 부여 혹은 회수되는 특권은 규칙과 함께 열거되어야 한다.
- 규칙은 날짜를 적고 서명해서 집의 공개된 장소(예: 냉장고 문, 찬장, 가족 달력 근처)에 붙여 둔다.
- 규칙은 예외 없이 100% 적용한다.
- 규칙을 적용할 때 부모가 부정적 감정을 싣지 않는다.
- 특권은 자녀가 규칙을 위반/준수할 때 예외 없이 정확히 회수/부여한다.
- 특권을 부여하면서 칭찬도 함께 한다.
- 두 부모 모두가 규칙에 동의하고 같이 적용한다(부모의 협력을 방해하는 요인과 그에 대한 처방은 이 장의 뒷부분에 소개하였다).

(2) 보상과 처벌

자녀에게 바람직한 행동을 가르치기 위해서 아이가 원하고 좋아하는 특권과 물건을 파악하고 통제할 수 있어야 한다. 양육자는 '기본 권리'는 건드리지 않는다(예: 주거, 음식, 옷, 사랑). 예를 들어, 기본적인 음식이라 것은 세끼 식사를 말하는 것이며, 여기에 간식, 디저트, 감자튀김은 해당하지 않는다. 이러한 음식은 양육자가 선택적인 권한으로 사용할 수 있다(Munger, 1993, 1999). 또한 양육자는 '성장' 활동도 제한해서는 안 된다. 이것은 자녀의 친사회적 발달에 기여하는 활동으로서 교회단체, 운동부, 스카우트 활동 같은 것이다. 그러나 비디오게임, 토요일 밤 외출, 휴대전화 사용은 성장 활동이 아니다.

'기본' 혹은 '성장' 권리가 아닌 모든 강화물은 '선택적' 권리(권한)이다. 양육자는 이와 같은 권리를 좋은 행동에 대한 보상으로 사용하거나 문제행동에 대한 처벌로서 박탈해야 한다. 효과가 있으려면 청소년에게 처벌은 혐오적인 것으로, 보상은 매우 좋은 것으로 여겨져야 한다. MST 원칙 6번에 맞게, 효과적인 보상과 처벌은 자녀의 발달 수준에 맞게 달라져야 한다. 초기 10대들의 경우, 선택적 권리로는 플레이스테이션, TV 시청, 좋아하는 과자 등이 있다. 초기 10대들은 대개 부모와 공원에 가거나 야구 관람 같은 활동도 보상으로 여긴다. 한편 10대 중후반 청소년의 경우, 선택적 권리는 쇼핑몰, 예쁜 옷 사기, 전화 타임, TV 시청 등을 들 수 있다. 청소년들은 일반적으로 친구랑 노는 것을 좋아한다.

다음과 같은 지침에 따라 권리를 부여 혹은 회수하는 것이 효과적이다.

- 보상은 아동·청소년이 매우 좋아하는 것이어야 한다.
- 어릴수록 바람직한 행동은 더 자주 보상을 받아야 한다.
- 연령을 막론하고 좋은 행동이 가치 있게 여겨지려면 그 행동이 자주 보상받아야 한다.
- 보상은 반드시 좋은 행동에 대한 구체적인 규칙과 묶여 있어야 한다. 행동 변화에서 결정적으로 중요한 부분이 바로 규칙과 그에 따른 긍정적인/부정적인 결과의 연결이다.
- 규칙을 만들 때 자녀의 연령을 잘 고려한다. 양육자는 자녀의 인지적·정서적·신체적 발달 수준에 맞추어 자녀에게 기대하고 요구해야 하며, 이 과정에서 지료진의 도움 을 필요로 할 수 있다.
- 양육자는 보상과 처벌 체계를 적용하기에 앞서 자녀와 함께 규칙과 권리에 대해 의논해야 한다. 무엇이 달라질지, 부모가 무엇을 기대하는지, 행동이 좋아지면 부모에게 무엇을 얻을 수 있을지 자녀는 잘 이해해야 한다.
- 10대 자녀가 부모 모두와 살고 있다면 부모 모두 규칙과 결과를 함께 만들고 일관되게 적용해야 한다.

규칙, 특권, 처벌의 효과적인 적용을 위해서 규칙 준수 여부를 양육자와 자녀가 수시로 살펴볼 수 있도록 종이에 자세히 적어야 한다. 앞에서 언급했듯이, 규칙은

날짜: 11월 2일 ~ 8일 일주일

규칙	특권	처벌	일자	규칙 준수? (네/아니요)
1. 티아는 학교에 가서 수업을 모두 듣는다.	숙제를 다 한 후 8시까지 외출할 수 있다.	숙제를 다 해도 외출할 수 없다. 그 날은 휴대 전화와 컴퓨터를 사용하지 못한다.	월 화 수 목 금	네 네 네 아니요
2. 티아는 평일(일요일 포함)에는 8시까지 귀가한다.	10시까지 휴대 전화와 집 전화를 사용할 수 있다. 10시까지 컴퓨터를 가지고 놀 수 있다.	휴대 전화와 컴퓨터를 사용하지 못한다. 컴퓨터를 가지고 놀지 못한다(컴퓨터로 숙제는 할 수 있다).	월 화 수 목 금	네 네 네 네 아니요
3. 티아는 금요일과 토요일에는 10시까지 귀가한다.	다음 주말 귀가시간이 11시로 연장된다.	다음 주말 귀가시간이 9시로 단축된다.	금 토	

그림 3-1 규칙, 특권, 처벌에 대한 행동표 예시

분명하게 정의되어야 하고, 모든 시간 100% 적용되어야 하며, 누구나 볼 수 있는 장소에 이 종이를 붙여 두어야 한다. [그림 3-1]의 표는 그 예시로 15세 티아에 대해 작성한 것이다. 티아는 어느 평일 밤에 약물을 하는 연상의 청소년과 소란을 피워 체포되었으며 무단결석도 하고 있었다. 이 표를 만든 주에 치료자와 양육자는 티아가 세 명의 일탈 청소년과 어울리고 있다는 확실한 정보를 수집했다. 그래서 그 다음 주에 이 세 청소년 중 누구와도 전화하거나 만날 수 없다는 규칙을 만들고 그에 대한 특권과 처벌을 추가했다.

(3) 적용: 성공 가능성 높이기

규칙과 특권, 처벌을 담은 행동 표까지 만들면 이제는 행동 변화를 일으킬 준비가 된 것이다. 하지만 표를 작성했다고 끝난 것이 아니고 이제부터 청소년의 행동을 감독하고 결과를 적용해야 한다. 치료자는 양육자가 이를 잘해 나갈 수 있도록 준비시킨다.

- 갈등에 대비한다: 문제가 술술 풀리면 얼마나 좋겠냐마는 현실은 그렇지 않다. 치료자는 가족규칙의 강화에 청소년이 부정적으로 반응할 가능성에 대해서 양육자를 준비시켜야 한다. 양육자는 자녀가 새 규칙을 '시험'할 것을 예상하고 준비해야 한다. 시험에 대한 예측과 함께 치료자는 양육자가 물러서지 않고 보상 프로그램을 단단히 유지할 수 있도록 지지해야 한다. 또한 주변의 지인(배우자, 친척, 주변 부모)에게 새로운 양육방식에 대한 지지를 받을 수 있도록 돕는다(원칙 9 참조). 특히 허용적인 양육자는 자녀가 시험할 때 많은 지지가 필요하다. 허용적인 양육자는 새 규칙에 대한 자녀의 부정적인 반응을 견디느니 차라리 파괴적 행동을 모른 척하는 것이 낫다고 생각할 수 있다. 치료자는 양육자의 이러한 마음을 충분히 이해해 주면서도 이번에 포기하면 문제가 가정 내에서 끝나지 않으며 자녀의 삶이 더욱 악화될 것이라는 점을 주지시킨다.

바바라 워커는 자신의 아들인 데이비드(16세)를 통제하는 데 많은 어려움을 겪고 있다. 데이비드는 절도, 이웃의 주차 차량 파손뿐 아니라 스테레오를 구입하기 위해 어머니의 귀금속을 몰래 내다 파는 등 오랫동안 비행을 보여 MST에 의뢰되었다. 워커 부인에게는 데이비드 외에 두 명의 아이들(9, 11세)이 있다. 그녀는 치료자에게 자신은 데이비드를 사랑하고 있다고 말하며, 이러한 규칙 때문에 데이비드의 끝없는 불평불만을 듣느니 차라리 아이의 문제를 참고 살겠다고 말했다. 이에 대해 치료자는 "어머니에게 보이는 심한 행동까지는 참을 수 있을지도 모른다. 그러나 이것은 집 밖에서 행해지는 데이비드의 반사회적 행동(상해, 구금)도 승인해 주는 셈이 되며, 결국 두 동생에게 나쁜 본보기가 될 것"이라고 여러 차례 말해야만 했다. 이렇게 치료자는 데이비드가 준수할 수 있고 워커 부인이 통제할 수 있는 규칙을 만들기까지 상당한 시간을 할애하였다.

- 감정을 자제하고 규칙을 적용한다: 양육자는 감정을 가라앉히고 규칙을 적용하려고 노력해야 한다. 양육자는 자녀에게 규칙을 지키라고 애원해서는 안 된다. 자녀가 규칙은 지켜도 되고 안 지켜도 된다고 생각한다면 곤란하다. 규칙을 잘 만들었다면 규칙을 따를지 말지를 논쟁하는 일이 있어서는 안 된다. 따라서 양육자는 논쟁하려는 청소년의 시도에 반응하지 않는다. 가정은 규칙의 타당성을 따지는 재판장이 아니다. 특히 심각한 문제행동을 보이는 청소년을 다루어

야 할 때 양육자는 자신을 선의를 가진 절대군주처럼 생각하고 가정을 운영하도록 한다. 이때, 처벌에 양육자에게 약간 도움이 되는 측면이 있으면 규칙을 적용하기가 용이하다. 예를 들면, 세차, 욕실 청소, 창문 닦기 등을 들 수 있다.

- **잘 적용된 결과가 효과가 없을 때:** 때로 심각한 반사회적 행동을 보이는 청소년의 경우, 양육자가 적절한 통제 전략(예: 규칙을 적용하여 그에 따라 권리를 부여하거나 박탈하고 청소년은 싫어하지만 양육자에게는 도움이 되는 처벌을 내림)을 배워서 일관되게 적용했어도 자녀의 행동이 달라지지 않을 수 있다. 이럴 경우, 치료자와 양육자는 자녀의 문제행동에 대한 결과로 보다 과감한 것을 부여할 수 있다. 가령 양육자는 자녀가 귀가시간을 지키지 않으면 집에서 쫓아내고 문을 잠그겠다고 얘기할 수 있다. 이는 청소년의 기본 권리(주거권)를 박탈하는 것이지만, 청소년이 치료에 반응하도록 하기 위해 극단적인 접근이 필요할 때도 있다. 다른 모든 접근이 다 수포로 돌아갔다면 치료자와 양육자는 슈퍼비전을 받고 사법체계 사회복지단체에 이를 고지한 후 과감한 전략을 적용하도록 한다. 이런 전략은 MST에서 드물게 사용되지만 대개 청소년의 행동을 성공적으로 변화시키며 자녀에게 해가 되거나 치료자가 법적으로 곤란해지는 일은 거의 일어나지 않는다. 다시 말하지만, 치료자는 이러한 전략의 윤리적·법적인 부분을 슈퍼바이저와 소속기관, 그리고 청소년이나 그 가족을 보호하거나 기소할 법적 권한을 가진 지역사회 기관과 신중하게 검토하고 논의해야 한다.
- **긍정적인 분위기를 유지하기:** 끝으로, 청소년이 가족 규칙의 강화에 부정적으로 반응하려 할 때 치료자는 양육자가 긍정적인 부모 역할을 잊지 않도록 자주 격려한다. 양육자가 보다 효과적인 훈육 전략을 시도하다 보면 부모 역할과 훈육을 같은 것으로 보고, 자녀와의 정서적 유대가 가장 중요하다는 사실을 잊을 때가 있다. 부모가 자녀의 행동에 제한을 가한다면 이는 자녀의 심리사회적 발달에 대한 염려와 사랑 때문이다. 자녀를 충분히 사랑하면서도 단호할 수 있다는 점을 양육자에게 잘 전달하도록 한다. 간혹 양육자가 자녀의 행동을 어떻게든 통제하려 애쓰고 자녀는 모든 힘을 동원하여 그런 양육자의 노력을 무력화시키려고 하면, 양육자(때로는 치료자도)는 자녀와 정서적 유대의 중요성을 간과하기 쉽다.

17세의 피터 데이비스는 2년 전 학업을 중단하였으며, 일탈행동, 습관적인 불복종, 공공기물 파괴, 절도를 포함한 많은 비행 문제를 보였다. 그는 몇 달 전에는 허락도 없이 어머니의 차를 몰고 200마일 떨어진 친구 집에 다녀왔다. 최근에는 이웃집의 우체통에 있는 수표를 훔쳐서 콘서트 티켓을 사기도 하였다. 이웃집 수표 절도에 대한 기소는 취하되었지만 피터가 더 심각한 문제를 저지르는 것은 시간 문제였다. 같이 어울리는 또래 그룹 중 몇 명은 작년에 강도와 중한 절도죄로 수감되기도 하였다.

피터의 어머니인 데이비스 부인은 성공한 부동산 중개인으로, 피터가 MST에 의뢰되기 6년 전에 이혼하였다. 피터 외에 16, 20세의 딸이 있었으며 모두 함께 거주하고 있었다. 데이비스 부인은 자녀를 따뜻하게 잘 보살폈지만 훈육기술이 부족했다. 다행스럽게도 피터를 제외한 다른 아이들은 행동이 발랐으며 집안일을 잘 돕고, 밖에서도 자기 할 일을 잘하고 있었다(작은 딸은 학교생활을 잘하고 있었고 큰 딸은 전일제 직장에 다니고 있었다). 모든 자녀는 지나칠 정도로 공손하고 예의가 발랐다. 피터는 매력적이고 사회성이 좋은 아이로 치료자를 포함해서 누구와도 좋은 관계를 잘 맺었다. 어머니가 피터에 대한 불만을 표하자 피터는 지금 구직중이며 어머니가 세운 규칙은 무엇이든 기꺼이 따르겠다고 말했다.

이후 2개월 간 치료자는 모자와 긴밀히 협력해서 귀가시간, 또래관계, 집안일, 구직 등과 관련된 규칙을 세워 나갔다. 하지만 피터는 말로는 잘 지키겠다고 하면서도 규칙을 계속해서 무시하고 어머니의 훈육 노력에 응하지 않았다. 피터는 변명하고 둘러대는 데 일가견이 있었다. 그는 항상 규칙을 잊었거나 어쩔 수 없는 일(예: 시계가 없어서 시간을 못 봤고 그래서 귀가시간을 어겼다.) 때문에 지키지 못했다고 둘러댔다. 치료자와 피터의 이모가 두 번 일자리를 얻어 주었으나 곧 그만두었으며 이에 대해서도 비슷한 변명을 늘어놓았다. 게다가 데이비스 부인의 업무시간이 길고 불규칙해서 부인은 피터의 행동을 제대로 감독하지 못했고 이로 인해 상황은 더욱 복잡해졌다.

피터는 누가 보더라도 총명하고 사교성이 좋은 청소년이었다. 본인은 어른대접을 받고 싶어 했지만 자신의 능력을 생산적으로 쓰고 싶지 않은 것 같았다. 그즈음 치료자는 뭔가 개입하지 않으면 피터가 곧 범죄를 저질러 자신과 타인에게 심각한 해를 끼칠 수 있겠다는 판단이 섰다. 그래서 치료자는 데이비스 부인과 함께 직업을 구하고 집안일을 제대로 하는 규칙의 시한을 정했다. 부인은 과제의 완수까지 5주(피터의 18번째 생일날까지)의 시간을 주었다. 만일 그때까지 과제를 완수하지 못하면 피터는 집을 나가야 했다. 사실 피터가 이를 이행할 가능성이 낮았기 때문에 데이비스 부인은 피터가 마음대로 집에 들어오지 못하도록 자세한 계획을 세웠다(예: 현관문의 비밀번호 변경. 강제로 집에 들어오려 하면 경찰을 부를 거라고 피터에게 미리 말함). 또한 피터가 쫓겨난 후에 다시 집에 돌아올 수 있는 기준도 세웠다.

예상대로 피터는 기한 내에 요구 조건을 맞추지 못해 집에서 쫓겨났다. 3주간 피터는 여러 친구 집을 전전했다. 그러나 18세 청소년을 계속 무료로 먹이고 입혀 줄 수 있는 친구나 부모들은 없기 때문에 피터는 곧 친구 집에서 나올 수밖에 없었다. 피터는 일자리를 구하고 어머니를 도와 집안일을 하는 것이 최선임을 깨달았고 어머니의 요구를 따랐다. 한 달 동안 피터는 집에 돌아와 지냈지만 직장을 또 그만둬서 집에서 쫓겨났다. 2주 후 그는 다시 일자리를 구하고 집으로 돌아왔다. 이후 1년이 지나도록 직장을 잘 다녔고 집에서 계속 살 수 있었다. 또한 그는 야간학교에 다니면서 고등 검정고시를 준비하기 시작했다.

3. 치료 회기 동안 가족관계 변화시키기

치료자가 문제행동을 초래하는 부모자녀 상호작용 양상을 확인하고, 변화의 필요성에 대해서 가족을 설득했다면, 부모자녀 관계를 변화시키고 향상시키는 작업을 시작할 수 있다. 치료자가 할 수 있는 가장 효과적인 전략 중 하나는 회기 중에 가족원이 서로 소통할 때 부모자녀 관계 변화를 시도하는 것이다. 이 전략은 문제가 되는 상호작용에 치료자가 직접 개입하고 가족관계에 대한 개입 효과를 즉각 관찰할 수 있기 때문에 특히 효과적이다. 앞서 언급하였듯이, 가족 간 상호작용을 설명하는 것보다 그것이 실제 상황으로 벌어질 때 치료적으로 훨씬 가치가 있다. 이 점은 치료자가 가족관계 문제를 평가하든, 가족관계에 개입하든, 가족관계 개입의 효과를 평가하든 동일하다.

1) 회기 내 과제 할당: 의사소통 촉진하기

치료자는 회기 내에 가족원들에 개입할 틀을 만들기 위해서 다양한 과제를 사용할 수 있다. 과제는 복잡성 면에서 다양할 수 있고 치료자와 가족원이 협력해서 만든 치료목표와 밀접히 관련되어야 한다. 다음은 치료자가 가족 내 의사소통을 촉진하기 위해서 흔히 사용하는 기법이다.

• 치료자는 해당 주제에 대해서 가족원끼리 얘기를 나누도록 요청한다. 예를 들어, 치

료자는 학교에서 있었던 최근의 문제행동에 대해서 양육자와 청소년에게 서로 대화를 나누도록 하면서 회기를 시작한다.

- 치료자는 자연스러운 대화의 흐름을 따라가면서 둘 이상의 가족원이 서로 대화하도록 지시할 기회를 찾는다. 예를 들면, 청소년이 아버지에게 자신과 같이 하는 시간이 거의 없다고 불평하면, 치료자는 청소년에게 이렇게 말할 수 있다. "아버지에게 직접 그것에 대해서 말해 봐. 아버지가 네게 어떻게 해 줬으면 하는지 아버지에게 제안해 보면 좋겠어." 청소년이 아버지에게 직접 얘기를 했다면, 그 후에는 아버지가 아들에게 반응하도록 촉진한다. 그렇게 하면서 둘 사이에 대화의 문이 열릴 수 있다. 이후에는 한 가족원이 다른 가족원의 행동에 대해 얘기할 때, 치료자가 얘기할 사람을 가리키거나 보는 것으로 충분하다.

- 치료자는 특정 가족 상호작용을 주목하고 어떤 변화를 제안하기 위해서 과제를 내줄 수 있다. 예를 들면, 지배적인 언니와 복종적인 동생이 있는 가족의 경우, 치료자는 회기 중에 언니가 동생의 말을 자르지 말라고 양육자가 언니에게 지시하도록 요청한다.

- 치료자는 가족원 간 소통의 필요성을 강조하기 위해서 위치와 공간을 조정할 수 있다. 예를 들면, 자녀의 마약사용을 줄이기 위한 계획을 자녀에게 얘기할 때 두 부모가 서로 옆에 앉도록 한다. 또 양육자가 아들과 대화할 때, 치료자는 자신의 의자를 가족과 좀 멀리 떨어트려 놓음으로써 치료자가 아닌 가족원끼리 대화하는 것이 중요하다는 것을 강조할 수 있다.

- 양육자가 효과적으로 대화하는 기술이 부족하거나 감정을 잘 통제하지 못할 경우, 치료자는 전체 가족과 만나기 전에 양육자와 역할극을 해 볼 수 있다(양육자가 얘기할 것을 먼저 연습해 보는 것). 역할극을 통해 치료자는 양육자가 할 말과 전달방식을 가다듬도록 돕고, 양육자는 청소년의 반응을 미리 예상하고 대비할 수 있다. 그렇게 하면 양육자가 청소년과 성공적으로 대화할 가능성이 높아진다.

2) 가족구조 바꾸기

치료자는 개인적인 경계와 하위체계 경계를 향상시키기 위해서 가족 내의 역기능적인 교류를 변화시키는 구조적 개입을 사용할 수 있다. 두 종류의 경계 모두에서 치료자는 경계를 세우는 과제(가족원들이 명확히 제시된 틀 내에서 서로 상호작용하도록 지시한다.)를 사용할 수 있다.

(1) 분화 지지하기

개인적인 경계를 높이기 위해서 치료자(나중에는 결국 양육자가 해야 함)는 회기 동안 다음과 같은 간단한 규칙을 소개하고 적용할 수 있다.

- 가족원은 다른 가족원의 이야기를 경청하고 그가 말하고자 하는 것을 인정해 준다.
- 가족원은 상대와 직접 대화를 한다. 다른 사람에 관해 얘기하는 것은 안 된다.
- 가족원은 다른 가족원에게 한 질문에 대신 대답해서는 안 된다. 자신이 가족 전체를 위한 기억 은행인 것처럼 행동해서는 안 된다.

이와 같은 규칙은 가족원 간 혹은 치료자와 가족 간 상호작용과 관련이 있을 때마다 즉각적으로 적용한다. 일상적인 소통의 흐름을 중단시킴으로써, 치료자는 가족의 반복되던 상호작용의 연쇄를 바꾸어 개인의 자율성을 높일 수 있다.

치료자는 또한 자녀의 연령에 맞는 권한과 지위를 인정함으로써 가족 내에서 자녀가 분화되도록 양육자와 작업할 수 있다. 예를 들면, 앞에서 언급했듯이 양육자는 자녀의 연령을 고려해서 집안일, 식사, TV 시청, 목욕, 옷 입기, 취침 등의 일상적인 활동에 대한 규칙을 만들어야 한다. 가족 안에서 아동의 자율성이 손상되는 것처럼 보이면, 치료자는 가족이 여러 아동의 차이를 인정하고 각자에게 맞게 축하하도록 도와야 한다(예: 모두가 볼 수 있도록 한 아이는 냉장고 문에 미술작품을 걸어 주고, 다른 아이는 시나 에세이를 걸어 준다). 치료자는 양육자가 각 아동의 발달단계에 맞추어 아동에게 책임을 할당하고 보상을 제공하도록 도와야 한다. 개인적인 경계 문제는, 특히 권위주의적인 양육 가족에서 문제가 되는데, 치료자는 이 부분에 대한 개입의 필요성에 대해 주목하고 있어야 한다.

(2) 하위체계 경계 바꾸기

치료자는 하위체계의 경계가 표적인 개입을 사용할 수 있다. 한부모 가정의 경우, 치료자는 부모자녀 하위체계 내 정서적 유대를 보다 강화하고, 동시에 청소년에 대한 부모의 권위를 지지하는 방향으로 의사결정권이 있는 부모의 하위체계 경계를 강하게 만들 필요가 있다. 부모가 모두 있는 가정도 마찬가지로, 치료자는 의사결정권이 있는 하위체계의 결정을 지지할 필요가 있는데, 특히 양육과 관련해서는 더욱 그렇다. 게다가 다른 한쪽 부모에 맞서 자녀와 한쪽 부모가 연합(아버지-어머니-자녀 삼각관계)하고 있는 가정의 경우, 치료자는 흔히 '자녀(혹은 다른 제 3자)가 관여되지 않고 부부 문제를 논의할 수 있도록 부부 하위체계를 강하게 만들기' '지나치게 관여하는 양육자와 자녀를 둘러싼 경계를 약화시키기' '관여하지 않는 양육자와 자녀의 경계를 강화하기'와 같은 하위체계의 경계를 재정의해야 한다. 어떤 가족의 경우, 치료자는 지나친 부모의 간섭에서 형제 하위체계를 보호하기 위한 개입을 할 때가 있다. 이러한 개입을 통해서 자녀는 또래와 어울리는 기술을 배울 수 있다. 치료자는 경계 바꾸기를 위해서 회기 내에서 다음과 같은 다양한 전략을 사용할 수 있다.

- 교류방식 차단하기: 치료자는 한 하위체계를 둘러싼 경계를 강하게 만들고 다른 하위체계를 둘러싼 경계를 약화시키기 위해서 가족 안에서 이루어지는 일상적인 상호작용의 연쇄를 차단할 수 있다. 예를 들어, 큰 아이가 반복해서 어머니의 말을 중간에서 가로채고 동생에게 자기 식으로 전달하는 모습을 보이면, 치료자는 이런 행동을 제지함으로써 어머니와 다른 자녀의 접촉을 증가시키고 가족 안에서 큰 아이의 위계적 지위를 약화시킬 수 있다. 이 같은 다양한 개입(예: 역할극, 코칭)을 사용해서 치료자는 어머니가 모든 자녀에 대한 양육을 책임 있게 수행하도록 도울 수 있다.
- 하위체계에 과제 할당하기: 치료자가 부모자녀 관계의 정서 및 통제 차원을 다루기 위해서 가족 안의 하위체계에 숙제를 내줄 수 있다. 예를 들어, 치료자는 정서적으로 소원한 의붓아버지와 의붓아들에게 다음 주에 둘이 함께할 수 있는 재미있는 활동을 계획해 보라고 요청한다. 한편, 동시에 그 소년의 어머니와 치료자는 다른 방에서 양육 문제에 대해서 의논한다. 그럼으로써 아들에 대한 일차적인 훈육자인 어머니의 경계를 세울 수 있다. 재미있는 활동을 같이 계획하는 과제는 부자간의 관계를 좋게 해 줄 뿐만 아니라 부부관계에도 긍정적인 효

과를 가져온다. 어머니는 남편이 자신의 양육을 도와준다고 느낀다.

- **개입 집단 구성 바꾸기**: 치료자는 가족 안의 다양한 하위체계와 선택적으로 작업함으로써 경계를 강하게 만들 수 있다. 예를 들어, 치료자는 부모자녀의 정서적 관계를 전체적으로 다루기 위해서 부모 두 명과 네 자녀로 구성된 전체 가족과 회기를 시작할 수 있다. 회기 후반부로 가면 치료자는 양육이나 부부 문제를 다루기 위해서 다시 집단을 구성하여 자녀들은 다른 방으로 보내고 부모만 남겨서 이야기를 나눌 수 있다. 다음 회기에서는 치료자가 어린 두 자녀에게는 해당하지 않는 훈육 문제를 의논하기 위해서 그들을 제외하고 부모와 나이 많은 두 자녀를 만날 수도 있다.

- **기저의 갈등 드러내기**: 갈등이 깊이 파묻혀 있어서 생산적으로 해결되지 못하는 가족의 경우, 치료자는 특정 이슈에 대한 가족원의 생각 차이를 드러내고 이에 대해서 서로 대화하도록 촉진할 필요가 있다. 이런 전략은 양육 전략이나 부부 관계와 관련된 이슈를 다룰 때 매우 유용하다. 예를 들어, 한쪽 양육자만 양육(혹은 결혼생활)에 대해서 주로 이야기하고 다른 양육자는 모두 동의한다고만 말하는 경우, 치료자는 항상 정말 그런지 확인해 봐야 한다. 치료자는 말이 없는 양육자에게 힘을 실어 주면서(예: 그 양육자가 매우 똑똑해 보이며 틀림없이 이 문제에 대한 자신의 생각이 있을 거라고 언급함으로써) 그가 자신의 생각을 표현해 보도록 격려한다. 심각한 반사회적 행동을 보이는 청소년의 양육자들은 보통 양육 전략이나 자신들의 관계에 대해 서로 완전히 동의하는 경우가 거의 없다. 그래서 치료자는 기저의 갈등을 확인하고 해결하기 위해 양육자 각자가 자신의 생각을 표현해 보도록 항상 격려해야 한다.

- **동맹이나 연합에 동참하기**: 치료자는 하위체계의 경계를 만들기 위해서 일시적으로 일부 가족원이나 하위체계에 동참해서 다른 쪽에 맞설 수 있다. 갈등을 경직되게 부인하거나 없애 버리려는 가족이나 커플에게(그런데 이들은 문제해결을 위해서는 애쓰지 않는다.) 흔히 유용한 전략이다. '연합에 동참하기'는 (경계가 없이) 너무 융합되어 있는 가족에게 사용함으로써 가족 안에 분화된 규칙을 만들고 적절한 수준의 지지를 주고받도록 할 수 있다. 이 전략을 사용할 때, 치료자는 연합되지 못한 가족원이 소외감을 느끼지 않도록 그를 지지해 주는 것이 매우 중요하다. 궁극적으로 치료자는 가족 모두와 동맹을 맺고 있다는 것을 모든 가

족이 늘 느끼고 있어야 한다. 예를 들어, 회기 중에 가정주부 어머니와 10대 아들이 계속해서 아버지를 실패자라고 이야기할 때(아버지가 돈도 잘 못 벌고 능력도 별 볼 일 없다며 비난한다.) 치료자는 아버지가 현재 가족을 위해 최선을 다하고 있다고 말하고, 아버지에게 미래에 바라는 것을 이야기해 보도록 요청함으로써 그를 지지할 수 있다. 아버지가 좋은 의도를 가지고 있다는 데 초점을 두면서 어머니로부터 아버지에 대한 지지를 끌어낼 수 있다. 이를 통해 모자 연합이 약화되고 부모 연합이 일시적으로 강화되어 보다 직접적인 부부 개입이 이루어질 수 있다.

- **행동 혹은 증상의 재구성**: 치료자는 어떤 가족원의 행동에 전과는 다르게 이름을 붙일 수 있는데, 이렇게 함으로써 다른 가족원들이 그 가족에 대해 지각하고 반응하는 방식을 바꿀 수 있다. 예를 들어, 남편과 자녀가 어머니의 행동을 과잉 통제하고 침범한다고 표현하고 있으면, 치료자가 보기에 어머니가 자녀에게 매우 관심이 많고 자녀를 위해 많이 애쓰고 있는 모습이 그렇게 보이는 것 같다고 말할 수 있다. 어머니의 행동 이면의 긍정적인 동기를 강조함으로써(강점 중심 개입), 치료자는 어머니와 다른 가족원 간에 새로운 교류가 가능한 환경이 조성되도록 한다.

- **확실한 달성을 위하여**: 양육 전략이나 부모자녀 상호작용을 바꾸는 것은 보통 어렵고 많은 연습이 필요한 작업이다. 그래서 치료자는 여러 회기에 걸쳐서 회기 내에서 연습하고, 회기 간에도 연습할 수 있도록 과제를 내주어야 한다. 집에서 하는 과제를 부여하는 이슈는 이 장의 후반부에서 다루고 있다.

3) 가족 개입의 전략과 순서: 친밀한 관계 증진을 시도한 사례

구조적 및 전략적 가족치료는 가족 상호교류를 변화시키는 개입에서 치료자의 계획이 매우 중요하다고 강조한다. 이는 MST의 사례개념화 및 개입과정에서 치료자의 계획을 중시하는 것과 일맥상통하는 것이다. 가족의 교류양상을 변화시키는 개입을 하기에 앞서 치료자와 슈퍼바이저는 **치료 회기 내** 및 **치료 회기 간** 개입 순서를 면밀하게 설계해야 한다. 치료자는 회기계획을 막판에 급하게 만들지 않는다. MST팀은 매주 슈퍼비전 모임에서 충분한 시간을 들여 치료 전략과 그 실행을 검토하고 의논하여 일치된 의견을 도출한다. 치료자가 면밀하게 계획하지 않으면 많은 시간을 헛되이 낭비하고 그 사이 가족은 변화에 대한 관심과 동기를 상실한다. 물론 치료자가 회기계획을 잘 세웠음에도 예상치 못한 사건(예: 가족 위기)이나 새로운 정보를 가족이 말하면서 계획이 틀어지기도 한다. 그래도 치료자는 회기계획과 목표를 쉽사리 바꾸지 않는다. 각 회기계획과 목표는 애초에 가족과 치료자가 힘을 합쳐 만든 핵심 치료목표와 일관되어야 한다.

다음의 축어록은 만성적인 소년 범죄자에 대한 가족 개입에서 치료자가 한 회기 내에 개입의 순서를 잘 배열하여 치료목표를 이루는 과정을 보여 준다. 라이언은 절도, 빈집털이, 폭행(그 대상은 친구, 경찰과 교장)으로 열 번 체포되었다. 라이언은 교장을 폭행하여 약 두 달 동안 소년원에 수감되었다가 지금은 집으로 돌아왔다. MST에 의뢰되었을 때, 라이언은 무단결석과 낮은 성적으로 학교 야구팀에서 쫓겨나 다시 반항적인 친구들과 어울리기 시작했다. 그럼에도 치료자는 라이언이 매우 영리한 아이이며 사회적인 기술이 뛰어나다고 평가했다. 라이언의 반사회적인 행동 및 비행청소년 결탁의 주요 원인은 방임적 양육, 정서적으로 소원한 모자관계, 폭력행동을 모방할 수 있는 수감 중인 아버지라고 추측했다.

처음 3회기 동안 어머니와 치료자, 두 사람만 만나면서 라이언에 대한 통제를 망설이는 어머니의 마음을 다루었다. 어머니가 규칙을 세우고 귀가시간을 포함한 통제를 시작한 4회기 직후, 라이언의 친구들이 집으로 몰려와 도끼로 현관문을 부수고 어머니에게 "라이언을 내보내!"라며 협박했다. 어머니는 바로 경찰에 신고했고 경찰은 이들을 현장에서 체포했다. 어머니는 이 일을 겪은 후 마음이 많이 약해져서 라이언의 행동통제를 무척 망설였다. 5회기에 치료자는 어머니에게 통제 규칙을 조금만 더 유지해 보자고 설득했다. 한편 치료자와 슈퍼바이저는 라이언이 어머니보다 친구들에게 더 애착해 있는 현 상황에서 어머니의 통제가 효과를 발휘하기 어렵다고 결론지었다. 따라서 치료자는 6회기에 **따뜻한 모자관계를 형성**할 수 있는 개입을 계획했다.

다음의 녹취록은 6회기 시작 후 2분이 경과한 지점에서 시작된다. 치료자는 라이언과 어머니(아버지와 이혼함), 여동생(8세)과 함께 이야기를 시작한다. 치료자는 라이언이 최근 가정에서 어떻게 지내는지 알아보기 위해 여동생을 회기 초반에 함께 참석하도록 했다.

치료자: (라이언에게) 그래서 네가 친구들과 외출하는 문제로 엄마와 더 이상 싸우지 않겠다고 결심했구나!

라이언: (치료자에게) 소란피우고 싶지 않아서 그냥 방에 들어가 잤어요.

어머니: (치료자에게) 네, 라이언 말이 맞아요.

치료자: (라이언에게) 왜 소란을 피우고 싶지 않았을까?

라이언: (치료자에게) 몰라요.

치료자: (라이언에게) 이제는 안 하고 싶구나. 라이언.

라이언: (치료자에게) 네?

치료자: (라이언에게) 이제는 정말로 안 하고 싶어.

라이언: (치료자에게) 무슨 뜻이에요?

치료자: (라이언에게) 음, 너는 외출 문제로 엄마를 힘들게 하고 싶지 않아. 너도 힘드니까.

어머니: (치료자에게) 저는 아이 방에 다시 가서 확인하면서 말했죠, "라이언, 너는 이미 금요일 밤에 외출했고, 그 정도면 되었다."

라이언: (치료자에게) 제가 밖에 잠시 나갔는데 엄마는 내가 외출하는 거라고 생각했나 봐요. 저는 자전거를 집 안에 들여 놔야 한다고 엄마에게 말했어요. 난 자전거를 가지러 간 거예요. 집에 금세 돌아와서 문을 닫고 내 방에 들어가서 바로 잤어요.

치료자: (여동생에게) 너는 오빠가 달라진 거에 대해 어떻게 생각하니?

여동생: (치료자에게) 전 정말 좋은 것 같아요. 오빠가 요즘은 날 귀찮게 하지 않거든요. 어젯밤 오빠가 저한테 목걸이를 주기로 하고 저는 마지막 피자를 오빠에게 줬어요. 엄마가 그랬죠. "부끄러운 줄 알아라, 너희 둘 다……."

어머니: (웃으면서 여동생에게) "욕심꾸러기"

(치료자와 가족 모두 함께 웃는다.)

여동생: (어머니와 치료자에게) 그렇게 안 말했어요. "둘 다 미쳤구나!"라고 했잖아요.

치료자: (여동생에게) 오빠는 널 귀찮게 안 하니?

여동생: (치료자에게) 안 해요.

치료자: (여동생에게) 오빠는 너를 힘들게 안 하니?

여동생: (아니라고 머리를 흔든다.)

치료자: (여동생에게) 그럼 너는 오빠를 힘들게 하는 것 같니?

라이언: (모두에게) 가끔이요.

여동생: (치료자에게) 사실은 자주 오빠를 힘들게 해요.

　치료자는 라이언이 어머니가 정한 귀가시간과 가정 내 행동 규칙을 잘 따라 주어서 기쁘다. 이제 라이언과 여동생을 방에서 내보내고 어머니와 단둘이 부모체계를 튼튼하게 세우는 작업을 시작한다. 또한 모자체계 개입을 위한 기초작업도 시작한다.

치료자: 지난주도 그렇고 며칠간 정말 모든 게 잘 진행되는 것 같아요. 어머님이
　　　　그간 매우 속상하셨지요.

어머니: 라이언에게 이제 모든 걸 금지할 거라고 말했죠. 거리를 배회하는 것은 허
　　　　락할 수 없으며, 방과 후 집으로 곧장 와야 하고, 더 이상 주말도, 아무것
　　　　도 허락할 수 없다고 말했어요. 귀가시간과 행동 규칙을 잘 지킬 수 있을
　　　　때까지 학교에 다니는 것 말고 외출금지라고요. 그리고 열여섯 살이 되면
　　　　군대에 보낼 것이라고 말했죠(웃으면서). 라이언은 "학교는 그만두지 않
　　　　을 거예요."라고 하더라구요, 저는 "글쎄……, 만약 네가 규칙을 잘 지키지
　　　　못하면 엄마는 너를 군대에 보낼 거야."라고 말했죠. (긴 침묵) 우리 애가
　　　　달라졌어요. 요즘 제가 "라이언, 이제 네 방에 들어가라."라고 말하면 라
　　　　이언이 "여기 좀 더 있으면 안 되나요?"라고 묻는다니까요.

치료자: 이 변화에 대해 어머니 생각은 어떠세요?

어머니: 정말 많이 변했어요. 라이언은 예전처럼 혼자 방에 있지 않아요. 우리와 함
　　　　께 많은 시간을 보내요. 어젯밤 우리 모두 거실에 앉아서 TV에서 하는 만
　　　　화영화를 보고 웃고 있었죠. 나는 팝콘을 만들고 라이언이 바로 옆에 앉아
　　　　서 저에게 바짝 다가왔죠, "왜?"라고 하니까 "엄마가 팝콘 가지고 있잖아
　　　　요."라고 하더군요. (치료자와 함께 웃는다.) 이젠 우리 애가 약간 자랑스
　　　　러울 정도예요. 라이언이 내 말을 듣기 시작했어요. 내 말을요. (웃는다.)

치료자: 어머니가 뭘 어떻게 하신 거죠?

어머니: 내가 뭘 한 것 같기도 하고, 아니면 우리 애가 그냥 피곤해서 그런 것도 같고.

치료자: 아니요, 어머니. 아이가 피곤해서 그런 건 아닌 것 같아요.

어머니: 그래요. 지금은 라이언이 "엄마, 오늘 밤에 외출하고 싶은데 허락해 주실 수 있어요?"라고 묻는다니까요(잠시 멈춘다). 라이언도 물론 더 노력해야 할 부분이 있지만요. 우리가 같이 했던 노력이 빛을 발하는 것 같아요. 여름이 되어서 라이언이 "젠장, 나는 학교 안 다닐거야. 이 규칙을 지킬 필요 없어." 이런 말은 하지 않았으면 좋겠어요.

치료자: 그건 전적으로 어머니에게 달려 있다고 생각해요. 분명히 라이언이 어머니를 시험할 겁니다.

어머니: 네.

치료자: 라이언은 어머니의 한계가 어딘지 끝까지 시험할 겁니다. 새벽 2시, 3시까지 거리를 배회하겠죠. 그래도 어머니는 꿋꿋이 버텨야 합니다. 저는 어머니가 해낼 수 있다고 생각해요. 라이언은 가능한 한 모든 방법으로 도전할 거예요. 어머니는 끝까지 잘 버텨 낼 수 있어요. 라이언에게 어머니가 얼마나 단호한지 진짜로 보여 주셔야 해요.

어머니: 저는 잘 버텨 낼 겁니다.

치료자: 라이언이 얼마나 좋아졌는지 라이언에게 말해 주신 적 있나요?

어머니: 네, 라이언이 아마 들었을 거예요.

치료자: 정말요?

어머니: 무엇을 말이죠? 누가요?

치료자: 어머니가 라이언을 자랑스럽게 여기는 거요.

어머니: 아! 네.

치료자: 어머니가 라이언을 자랑스럽게 여기고 집안 분위기가 좋아져서 정말 기쁘다고요. 그리고 두 사람 사이도 좋아진 점도요.

어머니: 글쎄요. 라이언에게 그런 말을 많이 하지는 않았어요. 그러나 선생님이 알고 있듯이 라이언도 알 거예요.

치료자: 어머니가 라이언에게 말하지 않은 이유가 특별히 있을까요?

어머니: 글쎄요. 내가 라이언에게 무슨 말을 하려고 하면 라이언이 도망가요. "엄마, 별로 듣고 싶지 않아요."

치료자: 어머니, 잘 아시잖아요. 그게 라이언의 방식인걸요. 그렇게 말하고 있을

　　때 웃고 있지 않던가요?

어머니: 네, 웃고 있었죠.

치료자: 그것이 무엇을 뜻할까요?

어머니: 라이언이 저번에 자기 방에 가 봤는지 물어보더라고요, "엄마 내 방 어때
　　　요?" 제가 "멋지다. 정말 깨끗해."라고 말했어요. 그랬더니 라이언이 "정
　　　말 그래요. 저만큼 방을 잘 청소하는 사람은 없을 거예요."라고 말하더라
　　　고요.

　　　(어머니와 치료자 함께 웃는다.)

치료자: 예전에 어머님이 마빈(라이언의 아버지)이 라이언의 모델인 것 같다고 말
　　　씀하셨죠. 멀쩡히 일해야 할 사람이 결국 교도소로 가게 되었다고 말씀하
　　　셨죠. 어머니는 라이언에게도 자주 라이언이 아버지같다는 얘기를 하셨
　　　다고요. 이것은 일종의 자기실현적 예언이 될 수 있어요. 너무 자주 말하
　　　고 들어서 결국 진짜 현실이 되는 거죠. 저는 라이언이 아버지와 같다고
　　　생각하지 않아요. 라이언이 어떤 점에서 아버지와 비슷한 점이 있을 수도
　　　있죠. 그러나 라이언 아버지는…….

어머니: 두 사람은 한 콩깍지 안에 든 콩 같아요.

치료자: 그러나 라이언은 교도소에 가지 않을 수도 있어요. 나는 어머니가 라이언
　　　에게 "넌 네 아버지와 똑같다!"라고 말할 때마다, 라이언이 자신의 미래를
　　　그 방향으로 그릴 것 같아요.

어머니: 네.

치료자: 부자간에 공통점이 많을 수 있지만 괜찮아요. 라이언은 자기만의 미래를
　　　그려야 합니다.

어머니: (끄덕인다.)

치료자: 라이언이 "나는 아버지처럼 살고 싶지 않아요."라고 말합니다. 자 이제 라
　　　이언에게 어떻게 말하실 거예요?

어머니: "남처럼 될 필요는 없다. 다른 사람이 원하는 것 말고 네가 원하는 것을 해
　　　라." 이렇게 말할래요. 전 사실 옛말을 그냥 따랐던 것 같아요. '아들은 아
　　　버지를 닮는다'는 그런 말들이요. 그런데 이런 말은 너무 상투적이잖아요.

치료자: 그냥 생각없이 받아들이기 쉽죠.

어머니: 나는 별 생각 없이 그런 말을 되뇌인 것 같네요. (자기 머리를 가리키며) 누구누구와 똑같다는…….

치료자: 자, 이제 저를 라이언이라고 생각하고 말해 보세요.

어머니: (웃으면서) 또 시작이군요.

치료자가 라이언인 척하며 의자에 구부정하게 앉는다. 역할극을 시작한다는 신호이다. 회기 후반에는 다시 라이언을 불러와 어머니와 대화하도록 하였다. 어머니가 마지막으로 한 말("또 시작이군요.")은 전에도 치료자와 역할극을 했으며, 역할극이 사실 별로 유쾌하지는 않다는 것을 보여 준다. 이렇게 역할극을 꺼리는 이유는 역할극이 부모에게 이전에 자녀를 대했던 방식과 다른 방식을 연습시키기 때문이다. 바로 그 때문에 치료자는 새로운 부모자녀 관계를 촉진하기 위해 역할극을 사용해야만 한다.

어머니: 좋아, 라이언. 너도 잘 알겠지만, 나는 "너는 정말 네 아빠랑 똑같다."라는 말을 자주 했어. 너는 좋은 아이란다. 너는 네가 누구인지 알고 무엇을 하고 싶은지 알고 있어. 나는 네가 너 자신을 찾고 원하는 것을 스스로 찾아야 한다고 생각한다.

치료자: 엄마!

어머니: 나는 네가 이런 이야기를 싫어하는 것 알아. 너는 네 힘으로 해야 해. 다른 사람이 너에게 원하거나 기대하는 것에 맞추어 살지 마.

치료자: 나도 알아요, 엄마.

어머니: 네가 야구를 하거나 무엇이든 원하는 걸 해. 할 수 있다는 것을 믿고 꿈을 향해 앞으로 나아가라.

치료자: 무슨 말씀인지 알겠어요.

어머니: 너는 다른 사람처럼 될 필요 없어. 네가 되고 싶은 사람이 되어라.

치료자: 근데 엄마는 내가 아빠와 똑같다고 항상 말했잖아요.

어머니: 내가 그랬지. 그러지 말았어야 했는데, 너는 다르다고 말했어야 했는데. 너에게 너 자신이 되라고 말했어야 했어.

치료자: 엄마는 내가 아빠와 똑같다고 생각해요?

어머니: 아니, 너는 아빠와 달라.

치료자: 내가 어떻게 달라요?

어머니: 너는 라이언이야, 너는 너만의 방식이 있어.

치료자: 그게 무슨 뜻이죠?

어머니: 그게 뭐냐고? 그건 네가 간절히 바라는 것을 이루기 위해 노력하면 결국 바라는 것이 이루어진다는 이야기야. 너는 네 목표를 이루려고 노력해라.

치료자: 엄마는 내가 아빠처럼 교도소에 갈 거라고 생각해요?

어머니: 글쎄, 라이언, 네가 원하는 것이 그거라면 그렇게 되겠지. 그러나 네가 원하지 않는다면 그렇게 되지 않을 거야. 네가 매춘부가 되기를 원하면 매춘부가 될 것이고, 네가 시장이 되기를 원하고 그걸 위해 노력하면 시장이 될거야. 다른 사람을 따라하지 마. 리더를 해라, 추종자가 되지 말고.
(역할극은 여기에서 끝나고 치료자는 자세를 고쳐 앉았다.)

치료자: 잘하셨어요. 어머님은 정말 이해력이 뛰어나세요. 라이언에게 꼭 강조하세요, "애야, 너는 아빠와 다르다. 너는 정말 열심히 노력하고 있어. 너는 아빠와 다른 삶을 살 거야." 그것을 꼭 강조하세요.

　치료자는 방에 어머니를 남겨두고, 라이언과 함께 돌아와서 어머니 옆에 앉는다. 다음 단계가 시작될 때 어머니를 지지하고 격려하기 위해서이다. 치료자는 어머니에게 라이언이 규칙을 따르기 위해 노력해 줘서 기쁘다고 직접 말하게 했다. 초기에 언급한 바와 같이 이 회기의 가장 중요한 목적은 모자간에 친밀해지는 것이다.

어머니: 라이언, 엄마는 매우 기쁘단다. 내가 너에게 요청한 것을 잘 지켜 주어서 우리 둘 사이가 많이 편해졌어. 그리고 이제 함께 있는 것을 둘 다 좋아하는 것 같아. 라이언, 너와 함께 다시 집에 있게 되어서 좋아(웃는다). 그리고 과거에 내가 자주 "너는 너의 아빠와 똑같아."라고 말해 온 것 말이야. 나는 정말 그렇게 말하면 안 되는 거였어. 왜냐하면 너는 너니까, 라이언.

라이언: 정말요?

어머니: 너는 너야. 그리고 너는 무엇이든 할 수 있을 거야. 너는 똑똑하고 너만의 방식이 있잖아. 다른 사람을 따라하지 말고 네가 원하는 것을 해.

라이언: 나는 야구를 하고 싶어요.

어머니: 야구를 하고 싶구나. 그럼 도전해 봐. 손을 뻗어 만나세요. 여기 AT&T가
있습니다(웃는다).[1]

치료자는 이번에 라이언 옆으로 옮겨 앉아 라이언이 잘 대답할 수 있도록 도왔다.

치료자: 엄마에게 무슨 말을 하고 싶니?

라이언: 무엇을요?

치료자: 엄마에게 무슨 말이든 한다면?

라이언: 엄마가 나를 자랑스럽게 여겨서 고맙다고…….

치료자: 집에 있는 것이 좋지?

라이언: 네.

치료자: 소리 지르지 않는 엄마와 함께 있는 것은 어때?

라이언: 좋아요.

치료자: 엄마가 너에게 소리 지르지 않아서 좋다는 거지? 엄마와 앉아서 이야기하
고 웃는 건 어때?

라이언: 좋아요. 엄마와 같이 웃을 때면, 엄마가 나를 잘 쓰다듬어요.

치료자: (웃는다.) 설마 엄마가 너를 괴롭힌다고?

라이언: 네? 에이 몰라요.

치료자: 엄마가 너를 좋아하시네.

라이언: 네. 근데 익숙하지 않아서요.

치료자: 엄마가 너를 좋아하는 것 같니?

라이언: 네.

치료자: 너는 어때? 엄마를 좋아하니?

라이언: (잠시 조용하다가) 네.

치료자: 그걸 엄마에게 말할 수 있겠니?

라이언: 몰라요.

---

1) 역자 주: 이 말은 AT&T의 광고카피임

치료자: 준비됐니?

라이언: 아니요.

치료자: 엄마!

라이언: 아니요, 못해요.

치료자: 자!

라이언: 아니요, 못해요, 엄마……(길게 멈춘다).

치료자: 나는 정말로 엄마를 좋아해요.

라이언: 나도 알고 있어요.

　　　　(모두 웃는다.)

치료자: 네 마음을 엄마에게 말해서 엄마가 아시도록 해 드리렴.

라이언: 엄마, 나는 엄마가 정말 좋아요.

어머니: 고맙다, 라이언.

　치료자는 어머니와 라이언을 격려하고 때로는 집요하게 밀어붙여 결국 회기의 끝 무렵에 두 사람이 서로 따뜻하고 다정한 사랑과 감사를 나눌 수 있도록 이끌었다. 회기 안의 개입순서를 살펴보면 치료자가 이 회기를 얼마나 꼼꼼하게 준비했는지 알 수 있다. 치료자는 이어지는 다음 회기를 위한 사전 단계를 점진적으로 밟아 나가고 있다. 이후 한 달 동안 정말로 어머니와 라이언 사이는 점점 더 좋아졌다. 이를 바탕으로 치료자는 어머니를 도와 비행청소년 집단과 완전히 관계를 끊고, 학업과 운동을 중요하게 여기는 친구들과 어울리도록 개입을 실시해 나갈 수 있었다.

4) 가정 과제 계획 시 유의점

　회기 중에 가족관계의 증진을 이루었다면 그 성과를 일반화하고, 치료의 속도를 내기 위해 회기 간에 집에서 할 수 있는 '과제'를 부여하도록 한다. 이때 과제는 회기 중에 가족과 함께했던 개입과 일관된 것으로 고안한다. 즉, 회기 내 개입과 유사하게 가족 경계 및 상호교류 양상에 대한 것을 과제로 부여한다. 또한 과제는 회기에서 이룬 변화를 강화하는 방향으로, 혹은 가족의 엄청난 노력의 결과로 이제 막 시작된 변화를 이어갈 수 있도록 설계되어야 한다. 치료자는 과제를 세심하게 만들어야 하며 치료 회기가 끝날 무렵에 급하게 과제를 내서는 안 된다. 다음 제시되는 가

이드라인(Haley, 1987)은 과제를 잘 설계하는 방법과 실제로 가족관계를 효과적으로 변화시킬 수 있는 방법을 제시하고 있다.

(1) 과제를 완수하도록 가족을 설득한다

앞서 다루었던 부모의 적극적인 참여를 위한 동기화 전략은 회기 내 과제와 회기 간 과제와도 관련된다. 가족에게 과제를 제시하는 방법을 통해 가족의 협력을 이끌어 낼 수 있다. 예를 들어, 치료자는 도전을 좋아하거나 크고 어려운 과제 앞에서 에너지가 넘치는 가족과, 반대로 과제가 작거나 쉬워도 마지못해 하거나 무기력감을 느끼는 가족을 알아볼 수 있어야 한다. 가족이 체계적이고 논리적인 방식을 선호한다면, 치료자는 체계적이고 논리적인 방식으로 과제를 제시할 수 있어야 한다. 무엇보다 중요한 것은 가족이 과제를 하지 않는 일이 생기지 않게 치료자가 과제를 설계하는 일이다. 치료자가 치료목표 설정부터 가족과 함께 작업하고, 가족의 강점에 주목하며, 과제가 왜 꼭 필요한지 합리적으로 설명한다면, 가족은 십중팔구 힘을 합칠 것이다.

(2) 과제는 단순하게 만든다

치료자는 가족이 과제를 충분히 수행할 수 있도록 단순하게 만들어야 한다. 과제가 가족에게 구체적인 면이나 실제적인 면에서 수행하기 어렵게 느껴져서는 곤란하다. 그들의 상황에서 충분히 할 수 있는 것이어야 한다.

(3) 가족에게 맞게 과제를 설계한다

치료자는 가족원이 서로 대하는 방식이 체계적으로 변화하는 과제를 내주도록 한다. 예를 들어, 어떤 아버지와 아들이 속으로는 서로 관계 개선을 바라지만 실제로는 서로 관여하지 않는다면 이들이 공통적으로 좋아하는 농구를 과제에 이용해 볼 수 있다. 치료자는 생활체육센터를 방문하여 아들이 들어갈 수 있는 팀이 있는지 알아보는 과제를 부자에게 내준다. 이때 아버지는 코치 보조 자원봉사가 가능한지도 알아볼 수 있다. 또한 이 가족에서 부모간의 협력을 증진하고자 한다면, 부모에게 아들의 농구 시합을 같이 보러 가는 과제를 내줄 수도 있다. 또는 아들이 농구를 하는 날에는 둘이서 저녁 메뉴를 같이 의논하고 요리도 함께하는 과제도 가능하다.

과제 성격이 무엇이든 치료자는 가족 내에서 갈등으로 이어지는 행동의 순서를 염두에 두고 그 순서를 차단하는 방식으로 과제를 계획한다.

(4) 과제는 정확하게 제시한다

치료자는 가족에게 과제를 수행하는 방식에 대해 분명하게 알려 주도록 한다. 치료자는 제안하거나(예: "아마도 부모님이라면 ……을 기꺼이 해 주실 것도 같은데요.") 질문하기보다(예를, "……를 한번 해 보면 어떨까요?"), 무엇을 해야 하는지(예: "……해 주세요") 직접적이고 정확하게 알려 준다. 가족 중에 누구라도 잘 이해하지 못하는 것 같으면 다시 설명한다. 정확하게 지시해야 가족이 과제를 제대로 수행할 수 있다.

(5) 가족 모두를 참여시킨다

치료자는 전체 가족을 강조하면서 가족 모두를 과제에 동참시키도록 한다. 한 명은 과제를 계획하고, 두 명은 과제를 수행하고, 또 다른 한 명은 수행을 도와주거나 감독할 수 있다. 예를 들어, 새어머니와 아들이 일주일에 한 번씩 서로 대화하는 과제를 받았다면, 아버지는 대화할 시간이 되었음을 알려 주는 과제를 수행한다. 그러나 과제 목표에 따라, 치료자는 과제에 한 명 또는 그 이상(같이 나이의 형제자매)을 제외할 수도 있다.

(6) 과제를 함께 검토한다

일반적으로 치료자는 모든 가족이 과제를 다 같이 검토하도록 한다. 모든 가족이 참여한 상태에서 과제를 안 하려고 피하는 것을 포함해서 과제 수행 시 발생할 수 있는 모든 문제를 같이 예상해 본다. 대부분의 가족은 과제 완성의 장애물을 잘 이야기한다. 이 같이 과제수행의 장애물을 논의하고 해결책도 함께 찾는 과정에서 가족이 과제를 열심히 수행할 가능성이 높아진다.

(7) 다음 회기에서 과제 성과를 토의한다

과제를 내주고 난 다음 회기에 과제를 검사한다. 과제를 완수했다면 치료자는 이를 축하하고 회기를 이어 가야 한다. 전반적인 가족 상호교류 양상의 진전 여부에 따라 치료자는 다음 과제로 비슷한 것을 내줄지 새로운 과제를 내줄지 결정한다. 한

편, 가족이 과제를 부분적으로 완수했거나 아예 하지 않았을 때 치료자는 그 이유를
분명히 짚고 넘어가야 한다. 경우에 따라 현실적인 어려움 때문에 과제를 못할 때도
있다. 이럴 경우 치료자는 가족이 겪는 현실적인 문제를 먼저 해결한 후 과제를 완
수하도록 한다. 그러나 어떤 경우에는 가족이 과제를 하지 못한 타당한 이유를 대지
못하기도 한다. 치료자는 과제를 완수하지 못한 것을 모른 채 하거나 가족의 변명을
쉽게 받아 주어서는 안 되며 개입의 장애물이 무엇인지 분명히 밝혀야 한다. 장애물
이 밝혀지면, 치료자는 이에 따라 핏개념화를 수정하고, 장애물을 해결할 개입을 설
계할 수 있다.

4. 부모자녀 문제 및 가족관계 문제에 기여하는 요인 다루기

MST 치료자는 효과적인 양육의 장애물을 분명하게 파악하기 위해 [그림 3-2]와
같은 체계적인 도구를 자주 사용한다. 일반적인 장애물은 생활고(주거, 난방, 교통수
단 등), 양육 지식과 신념, 양육기술 부재, 양육에 대한 무관심, 양육자의 우울 및 불
안 등의 정신건강 문제, 양육자의 약물남용, 자녀의 특성, 부부 하위체계의 문제(이
혼, 재혼) 등이 있다. 개입을 설계하는 초기에 치료자가 이를 고려하지 않는다면 이
요인들이 이후 개입을 방해할 수 있다. 따라서 치료자와 치료팀은 초기 개입을 설계
할 때나 중도에 개입실패 원인을 분석할 때, 성공을 가로막는 잠재적 장애물을 면밀

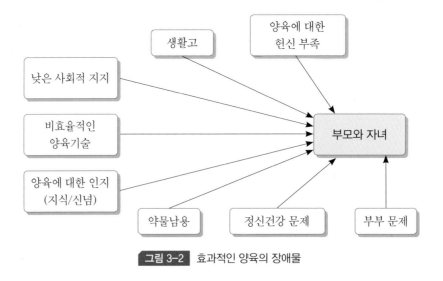

그림 3-2 효과적인 양육의 장애물

히 조사해야 한다.

1) 양육에 대한 인지(지식과 신념)

만일 양육자의 신념과 인지가 양육을 비효율적으로 만들고 자녀와의 관계에 악영향을 미친다고 평가된다면, 치료자는 양육자가 청소년의 능력과 동기에 대한 비현실적인 기대가 담긴 말을 하지 않은지 잘 살펴보도록 한다. 이와 함께 잘못된 인지와 일관된 양육자의 행동정보를 수집한다. 예를 들어, 어떤 양육자는 열한 살이면 학교 끝나고 동네 불량배 주변을 어슬렁거릴 정도로 '바보가 아니라고' 말할지도 모른다. 또 열네 살이면 학교에 다니는 것이 '최우선'이라는 것쯤은 안다고 생각한다. 간혹 권위주의적인 양육을 하는 양육자는 자녀의 긍정적인 행동에 부여하는 보상을 '뇌물'이라고 여기거나, '나는 그 나이에 부모님 말씀은 무조건 따랐으니' 자녀도 그렇게 해야 한다고 주장한다. 또 어떤 양육자는 아이가 부모를 괴롭히려고 일부러 나쁜 행동을 한다고 믿는다.

(1) 신념의 기원 이해

양육자의 잘못된 생각이나 신념이 청소년과의 관계 문제에 영향을 미치고 있다는 증거가 확인되면 이러한 신념을 변화시키기에 앞서 신념의 기원부터 이해하도록 한다. 예를 들어, 어떤 양육자가 자녀에게 심한 체벌을 지속한다면 그 기저에는 "나는 체벌을 받았기 때문에 잘 성장했다."라는 신념이 있을 수 있다. 이전에 양육자는 자신도 유사하게 컸으며 자신은 "잘 자랐다."라고 말한 적이 있었다.

만일 치료자가 강점에 기반한 치료를 계획했다면 치료자는 양육자가 정말로 '잘 자랐다'는 것을 여러 가지 면에서 인정해 주도록 한다. 사실 치료자가 양육자에게 체벌이 얼마나 해로운지 입증하는 사실이나 수치를 거듭 이야기하고, 지금은 세월이 변했다고 논쟁해 봐야 아무 소용이 없다. 그보다 현재 여기 이 청소년이 여러 가지 문제(예: 정학, 법적 처분, MST 의뢰 문제)로 고통받고 있으니, 다소 급진적으로 들리겠지만 대안적인 훈육을 적용해 보는 것이 좋겠다는 점을 강조한다. 이와 같은 접근은 자신의 자녀와 같은 아이에게는 다른 방식의 훈육도 괜찮겠다는 생각을 양육자가 보다 쉽게 받아들이도록 한다. 양육자에게 청소년을 도울 능력이 있음과 청소년의 현재 문제가 장기적으로 나쁜 결과를 낳을 것이라는 점을 치료자가 잘 강조한다면 양육자는 더욱 쉽게 협력할 수 있다.

(2) 인지적 왜곡 다루기

양육자와 청소년의 잘못된 생각, 신념이 둘의 관계를 갈등하게 만들 수 있다. 다음 사례는 인지적 왜곡을 다루는(제6장 참조) 좋은 예다.

> 힐 씨는 그의 아들 로버트(15세)가 부모의 지시에 무조건적으로 순종해야 한다고 믿었다. 로버트는 아버지의 규제로 자기 삶이 엉망이 되었다고 말했다. 로버트가 이웃집 몇 곳에서 강도 짓을 벌여 시작된 MST 치료를 위해 초반에 핏서클을 그려 보니 힐 씨와 로버트의 이러한 인지적 왜곡이 핏요인 중 하나였다. 치료자는 왜곡된 인지를 재구성함으로써 가족원이 자신들의 비합리적 생각을 알아차릴 수 있도록 도왔다. 로버트는 아버지가 자신의 모든 행동을 사사건건 통제하려 한다고 생각했는데, 치료자는 이를 다음과 같이 다시 기술(재구성)하였다. 즉, 아버지는 아들의 안전과 행복에 대해 많이 걱정하고 있기 때문에 아들의 나이에 걸맞는 귀가시간을 정하려고 엄청난 노력을 기울이고 있다는 것이다. 이와 함께 아버지가 그렇게 행동하는 이유를 아들이 잘 이해할 수 있도록 치료자는 부자에게 효과적인 의사소통(예: 경청하기, 비난하지 않고 문제점을 전달하기)과 대인관계기술을 가르쳤다. 치료자는 또한 그릇된 신념이 타당한지 감찰하고 검증하는 개입을 실행했다. 로버트가 통금으로 인해 자신의 삶이 망가졌다고 보고 있으므로 치료자는 로버트에게 구체적으로 파괴된 것이 무엇인지 목록을 작성해 보도록 요청하였다. 그와 함께 부자가 관찰자가 되어 부자가 생각하는 파괴적인 일이 일주일간 몇 번 발생하고 어떤 결과가 뒤따르는지 관찰하도록 했다. 일주일이 지난 뒤 함께 검토한 결과, 부자가 예상한 파괴적인 결과는 나타나지 않았다(즉, 두 사람의 인지는 왜곡으로 밝혀졌다). 따라서 치료자는 부자에게 그들의 생각이 현실로 이어지지 않았다는 것을 재인식하도록 도우며 상황을 좀 더 정확하게 지각하는 방법을 가르쳤다. 그러던 중 귀가시간 때문에 로버트가 정말 좋아하는 방과 후 활동(고등학교 축구 경기)에 참여하지 못하는 일이 발생했다. 이와 관련하여 치료자는 아버지에게 아들이 자기 인생이 망했다고 불평할 때마다 이에 차분하게 대응하는 법을 알려 주고, 로버트가 경기에 가지 못해 실망한 마음을 치료자가 알아 주고 이해해 주는 모습을 모델링함으로써 아버지도 이를 따라할 수 있게 했다. 로버트에게는 경기를 함께하지는 못 해도 친구들에게 거부당하는 것(축구 경기를 못 하게 되면 친구들이 더 이상 놀아 주지 않을 거라는)은 아니라는 점을 알려 주었다.

(3) 양육자의 강점 및 약점에 대해 유연하게 대처하기

치료자는 부모가 더 많은 양육지식을 익힐 수 있도록 전략을 개발한다. 이때 치료자는 부모가 배우고 실행할 수 있는 적정한 학습량을 세심하게 고려해야 한다. 또한 양육자가 새로 배운 것을 자녀 양육에 바로 적용해 볼 수 있도록 노력한다. 권위주의적인 양육자의 경우 아이들이 얼마든지 바른 행동을 익힐 수 있다는 점, 또한 이러한 바른 행동은 그것이 보상받을 때 잘 학습된다는 점을 상기할 필요가 있다. 바른 행동을 배우려면 이에 대한 설명과 양육자의 행동이 모두 필요하다. 방임적 양육자가 그런 것처럼 자녀에게 바른 행동을 하라고 설명만 늘어 놓는 양육자는 양육에 성공하기 어렵다. 반면 때로 권위주의적인 양육자가 그렇듯 앞뒤 설명 없이 아이의 행동에 대해 결과(즉, 처벌)만 부여하면, 자녀들은 무엇이 적합한 행동이고 무엇이 부적합한 행동인지 배우기가 어렵다. 따라서 치료자는 양육자가 (바른 행동에 대한 설명과 그에 대한 인과적 결과를 함께 제공하는) 권위 있는 양육을 하도록 돕는다.

치료자는 개입을 설계할 때 양육자의 지적 수준을 평가해야 한다. 이것은 MST에서 청소년의 발달 수준을 고려해야 하는 것(원칙 6)과 유사한 원리이다. 저자들은 수많은 가족을 대상으로 치료하면서 다양한 양육자를 만났다. 어떤 경우에는 뇌졸중에 기인한 기억 문제로 매우 구체적인 사고 외에는 불가능한 양육자도 있었다. 또한 지적 기능이 경계선이거나 그 이하인 양육자도 있었다. 이런 경우 목표(예: 부모감독의 증가)에 따른 개입계획을 설계할 때, 치료자는 신경심리 및 성인발달장애 전문가의 자문을 받아 기억 문제 혹은 발달장애를 가진 양육자가 잘 실행할 수 있는 계획을 만들도록 한다. 예를 들어, 할머니가 제때 잊지 않고 학교에 전화할 수 있도록 전화 일정을 칼라 스티커로 표시한 달력을 제공할 수 있다. 또 다른 경우로 13세 아들의 통금시간을 잘 확인할 수 있도록 한 어머니는 저녁 6시마다 알람이 울리도록 시계를 맞추는 방법을 사용했다. 알람이 울려도 아들이 귀가하지 않을 때 어머니는 알람시계 옆에 적어 놓은 두 명의 이웃에게 전화하여 도움을 요청하였다.

2) 사회적 지지

주변에 사회적 지지를 제공할 사람들이 있는지 유무는 결혼생활 적응, 가족 문제의 효과적인 관리, 다수의 긍정적인 가족치료성과와 밀접하게 관련되어 있다(Pierce, Sarason, & Sarason, 1995). 양육자가 일과 양육에 치여 다른 사회적 교류를 갖지 못할 경우 다른 집에서 부모가 아이들과 어떻게 지내는지 잘 알기 어렵다. 또한 살면서 힘든 일이 있어도 이를 나눌 대상이 없다. MST 치료자는 가족이 속해 있는 주변과 지역사회 내 여러 사람과 빈번하게 접촉하는 기회를 늘림으로써 사회적 지지망을 확보하기 위해 노력해야 한다. 제7장에서는 사회적 지지를 평가하는 방법과 함께, 치료성과 지속을 위해 사회적 지지를 어떻게 증진시킬지 자세히 다루었다.

3) 정신건강 문제

양육자가 우울과 불안, 기타 정신건강 문제를 겪는 경우 자녀를 효과적으로 키우고 감독하는 데 어려움을 겪는다. 제6장에서는 부모의 정신건강 문제를 파악하고, 증거기반 심리적 개입(예: 인지행동치료)을 실행하고, 양육자가 증거기반 약물치료를 잘 받을 수 있도록 격려하는 방법을 소개하였다. 부모가 양육 역할을 잘 수행하도록 하는 것이 청소년 행동 문제를 치료하는 데 무엇보다 결정적이다. 따라서 MST 치료자는 양육자의 정신병리를 파악하고 치료하는 데 세심한 주의를 기울여야 한다.

4) 약물남용

양육자가 약물남용을 한다면 이는 치료에 악영향을 끼친다. 심각한 반사회적 행동을 개선하기 위해 무엇보다 양육의 안정성과 일관성이 필요하다. 그런데 약물남용을 하는 양육자는 자녀에게 이를 제공할 수 없다. 다행히도 지난 15년간 약물남용 분야의 치료는 상당히 발전하였다. 다만 이러한 성과가 지역사회기반 상담센터에는 아직 널리 전파되지 않은 것 같다. 이 같은 치료연구 성과와 함께 그동안 축적해 온 우리의 풍부한 임상 경험을 담아 약물남용에 대한 장을 이 책에 추가하였다. 제8장에서는 MST에 통합될 수 있는 증거기반 약물남용 개입을 소개하였다.

5) 생활고

신체, 건강, 안전 등의 기본 욕구도 충족되지 않는 상태에서 가족이 무엇인가를 새롭게 배우고 성장하며 변화할 것이라 기대하기는 어렵다. 생활고로 인해 양육자가 자녀의 필요에 반응하지 못하고 있다면 치료자는 필요한 서비스와 지원을 연계한다. 예를 들어, 양육자가 최저임금에 장시간 노동에 시달리느라 아들이 어디서 무엇을 하는지 감독하기 어려울 뿐만 아니라 너무 지쳐서 아들과 친밀감을 나눌 시간을 가질 여력이 없다면 치료자는 다음과 같이 개입할 수 있다. 우선 어머니가 일을 하는 동안 방과 후 아들이 '집 밖에서 방황하지 않도록' 이웃, 확대가족, 양육자의 친구 중에서 아들을 기꺼이 감독해 줄 사람을 찾는다. 가족 주변의 사회적 지지체계를 구축하는 것은 매우 중요한 일이다. 이는 MST 원칙 9와 일치하는 것으로 제7장에서 이에 대해 자세하게 다루었다. 치료자는 또한 어머니가 더 높은 임금을 받는 일자리를 찾거나 공공기관으로부터 경제적 지원을 받을 수 있도록 돕는다. 이 경우 경제적인 스트레스가 줄어들면서 모자관계가 더 친밀해지고, 적절한 감독을 통해서 아들이 거리에서 사고치는 일을 막을 수 있을 것이다. 무엇보다 치료자의 1차적 책임은 변화의 장애물을 극복하는 전략을 가족이 세우고 실행할 수 있도록 돕는 것이다.

6) 양육에 대한 헌신 부족

치료에 건성인 부모, 과제를 하지 않는 부모, 치료에 반응이 없는 부모에 대해서도 부모자녀 간 상호작용을 바꾸는 다중체계치료 전략이 동일하게 적용된다. 보통 그렇게 양육자가 반응하는 것은 이전에 서술한 요인(지식, 신념, 생활고, 우울증 등)과 관련되거나 양육자와 공유되지 않은 목표를 치료자가 추구하거나, 치료자가 개입을 제대로 실행하지 않았거나 문제의 본질과 관련 없는 개입을 실행했기 때문이다. 정기적인 평가에서 비효과적인 양육을 지속시키거나 변화를 가로막는 요인이 양육에 대한 헌신 부족으로 나타나면, 언제나 그렇듯이 평가와 이후의 개입은 양육자의 관점에 대한 이해로부터 출발한다. 양육자가 아이를 키우기로 했으면서 왜 아이의 정서적·도구적 욕구에 주의를 기울이지 않는 것인가? 어떤 양육자는 직업적 성공과 경제적인 문제의 해결을 가장 중요하게 여긴다. 따라서 돈을 버느라 아이를 돌보는 데 쓸 시간과 에너지가 별로 없다. 또는 만성질환을 앓고 있는 다른 아이나 노인을 돌보느라 여념이 없어 의뢰된 청소년의 치료를 상대적으로 덜 급하게 여길 수 있다.

부모가 청소년의 정서적·발달적 필요에 응하지 않는 이유가 양육에 대한 헌신 부족일 때, 치료자는 양육자의 태도와 행동을 변화시키는 전략을 세운다. 양육자가 자녀에게 사랑이 필요하다는 것을 이해하고, 아이에 대한 사랑과 지도가 무엇보다 중요한 일이며, 아이를 긴 시간 방치했을 때 훗날 감수해야 할 대가가 크다는 것을 분명히 인식하면 자신의 태도와 행동을 바꾸는 경우가 많다.

치료자가 양육자에게 다음과 같은 점을 강조하면 양육자가 설득되는 경우가 많다. 즉, 자녀에게 더 많이 신경을 쓸 때 양육자의 삶이 나아질 수 있다는 점이다. 왓슨 씨는 아들의 범죄로 인해 법원 출두요구, 변호사 비용, 손해배상을 감당하면서 그의 사업과 명성, 결혼생활에 상당한 타격을 입었다. 왓슨 씨는 16세 아들과 관련된 일에 더 이상 신경 쓰고 싶지 않았다. 그는 속으로 '그 정도 나이면 범죄자가 될 수도 있겠다.'라고 체념했고, '자기 일은 자기가 알아서 할 때'라고 생각했다. 이때 아들의 미래를 위해 애써 보자는 치료자의 호소는 소귀에 경 읽기일 뿐이다. 대신 치료자는 아들 일에 지금보다 더 신경을 쓰면 아들의 범법행동이 줄어들고, 일찍 퇴근할 필요가 없어지고, 법률 비용을 줄이고 명성도 되돌릴 수 있다고 왓슨 씨를 설득했다. 결국 왓슨 씨는 마음을 고쳐먹었다. 일단 왓슨 씨가 마음을 바꾸자 치료자는 아들에게 전혀 간섭하지 않거나 반대로 기대에 어긋날 때마다 아들에게 성을 내는 모습이 도움이 되지 않는다는 점을 논의하였다. 아울러 이에 대한 효과적인 대안 전략과 아버지가 지도할 필요가 있는 영역에 대해서 이야기하였다.

요약하면, 전반부에서 서술한 바와 같이 효과적인 양육의 발달은 MST와 MST 변화이론에서 핵심이다. 그러나 효과적인 부모 역할을 방해하는 장애물이 MST의 실행과정에서 나타난다. 이 장에서는 장애물의 악영향을 감소시키는 여러 가지 지침을 제시하였다. 다음은 또 다른 장애물로서 부부의 고통에 초점을 맞추고 있다. 이 역시 상당한 관심을 필요로 하는 영역이다.

5. 부부관계 변화시키기

양육자가 두 명인 가족을 초기평가할 때, 부부 문제(또는 성인들 관계)가 청소년의 반사회적 행동에 기여하는 것을 발견할 때가 있다. 반대로 치료의 장애물인 부부 문제가 초기평가 때 잘 드러나지 않기도 한다. 어떤 경우든 MST 치료자는 다양한 경우에 맞는 부부 개입을 설계하고 실행해야 한다. 부부치료에 대한 연구 동향을 살펴보는 것은 이 장의 범위를 넘어서기 때문에 여기서 다루지 않겠지만, 최근 부부치료에 관해 정리한 개관연구(Sexton, Alexander, & Mease, 2004)를 참조하면 치료자들에게 많은 도움이 될 것이다. 지금까지 부부치료의 네 가지 모형이 경험적으로 검증되어 왔다. 이는 행동적 부부치료, 정서초점 부부치료, 인지행동 부부치료, 통합된 체계적 부부치료이다. 연구자들은 이러한 치료가 대체로 유사한 향상률을 보인다고 보고하였다. 즉, 치료종결 시점에 약 40~50%의 부부가 행복한 결혼생활을 영위하였다. 앞으로 이러한 효과가 단기, 장기적으로 얼마나 지속되는지 살펴보는 연구가 요구된다(Sexton et al., 2004). 이 장에 서술한 것은 MST 원칙에 잘 부합하는 행동적 부부치료와 통합된 체계적 부부치료이다.

개입의 초점이 양육자와 청소년 간의 문제에서 부부 문제로 바뀔 때, MST에 익숙하지 않은 치료자 중 간혹 비구조적인 지지기법이나 통찰지향적 기법으로 돌아가는 경우가 있다. 심지어 숙련된 MST 치료자조차 때로 부부치료를 주저한다. 치료자가 부부 개입이나 다른 적극적인 개입을 주저하는 이유를 핏서클로 그려보면 대체로 다음의 요인이 관련되어 있다. 치료자의 부부치료 경험이 부족하거나, 부부치료 기술에 대한 자신감이 부족하거나, 부모자녀 간 충돌에 비해 배우자들이 언어적으로 충돌할 때 효과적으로 개입할 수 있을지 염려되거나, 관련된 근거기반치료가 별로 없다고 생각하는 것 등이다.

치료자가 부부치료기술을 연습할 수 있도록 다음과 같은 요소를 포함한 집단 슈퍼비전을 자주 갖도록 한다. 첫째, 개입 회기를 녹화한 영상을 같이 검토하여 효과적인 전략을 강화하고 비효과적인 전략은 수정하며, 둘째, 역할극을 통해 부부갈등 상황을 중지시키고 재지시(redirection)하는 것을 연습한다. 필요하다면 역할극 실연을 위한 인원수가 되도록 슈퍼비전을 공동 개최하여 구조적인 피드백을 제공한다. 같은 MST 팀에 여러 치료자가 부부 개입을 하려 하는 경우 컨설턴트와 슈퍼바이저가 먼저 분기별로 부부 개입 중심 추가훈련을 제공하고, 이후 추가훈련에서 연습한 부부 개입을 치료자가 잘 실행하고 있는지 추적할 것을 권장한다. 다음으로 부부에게 개입할 때 나타날 수 있는 일반적인 문제와 이에 대한 전략을 살펴보겠다.

1) 부부 개입의 장을 마련하기

MST에 의뢰된 청소년의 문제가 긴박하다 보니 부모가 자신들의 불화보다 자녀의 문제에 초점을 맞추는 것도 무리는 아니다. 따라서 MST 치료자는 부부 개입을 시도하기 전에, 첫째, 부부 문제가 자녀 문제에 밀접하게 관련된다는 것을 잘 이야기하고, 둘째, 부부 문제를 위해 치료자와 협력하려는 마음을 부부에게 고취하기 위해 노력한다. 즉, 부부 개입을 위해서 치료자는 부부의 참여를 이끌어 내야 한다.

(1) 흔히 일어나는 문제와 관련지어 제시하기

치료자는 구체적인 사건을 순서대로 상세하게 묘사함으로써 일상에서 흔히 일어나는 문제상황과 부부 문제의 관련성을 보여 줄 수 있다. 즉, 자녀의 문제행동(예: 자녀가 외박하고 문제를 만듦)에 대한 개입이 부부 문제 때문에 실패로 돌아갔다(예: 자녀의 외출제한을 두고 부부가 다툼). 치료자는 부부에게 14세의 루카스가 지난주 숙제하기로 했던 한 시간 동안(학교에 지각하면 숙제하기로 함) 두 번이나 비디오게임을 한 일을 예로 들 수 있다. 이는 루카스의 부모가 지각의 책임이 누구에게 있는지 따지느라 아이에게 신경 쓰지 못해서 일어난 일이었다. 또한 치료자는 어떻게 부부 상호작용이 청소년 문제의 해결을 어렵게 하는지 보여 주기 위해 전에 완성한 핏서클을 사용할 수 있다. 치료자가 객관적인 방식으로 부부 문제와 청소년 문제의 관련성에 대한 가설을 설명하는 사이, 부부는 치료자의 가설을 함께 바라보고 같이 살펴보는 경험을 한다. 이러한 경험은 부부간 상호작용 패턴의 변화로 이어질 수 있다. 어떤 부부는 이 시점을 두고 그때부터 자신들이 변한 것 같다고 언급하였다. 부부가 '벽을 사이에 두고 반목하다가' 처음으로 소통을 시작한 느낌이라고 말이다.

(2) 부부 개입 초기에 참여를 이끌어 내기

어떤 부부는 자신들의 관계 문제가 자녀의 치료를 방해한다는 걸 깨달으면 치료에 적극적으로 참여한다. 또 어떤 경우에는 부부 중 한 명은 부부 문제의 악영향을 인정하지만 다른 한 명은 인정하지 않을 수 있다. 이 경우 치료자는 부부가 각각 결혼생활을 어떻게 보는지 이해하기 위해 따로 만난다. 이는 부부 문제를 다룰 수 있는 공동의 인식을 조성하기 위해서이다. 문제가 없다고 생각하는 파트너를 만날 때 치료자는 '눈높이를 맞추는 자세'를 취하도록 한다. 이는 도움을 구하는 자세로서, 치료자가 보기에 다소의 부부 문제가 있고 이것이 청소년의 치료를 방해하는 것처럼 느껴진다고 말하면서 이 상황을 올바로 이해할 수 있도록 부부 각자에게 도와달라고 부탁하는 것이다. 이후 공동 회기에서 부부 각자에게 들은 이야기를 교환하고 부부 문제의 해결을 위해 이 상황을 새로운 방식으로 바라보자고 촉구한다. 예를 들어, 각 파트너가 개별 회기에서 양육에 대한 생각이 서로 다르다는 점을 인정했다면, 치료자는 부부 문제를 양육방식에 대한 부부갈등으로 설명하며 부부가 공동의 문제로 바라보도록 돕는다.

(3) 파경이 분명할 때

불행하게도 부부치료가 막 시작되려 하는 순간, 한쪽 배우자가 결혼을 이어갈 마음이 없다고 밝힐 때가 있다. 결혼이 파경을 앞두고 있고 치료자가 보기에 청소년의 행동 문제를 악화시키는 부부간 혹은 부모자녀 간 상호작용이 이것 때문이라면 부부 및 가족을 위한 치료목표를 조정하여야 한다. 즉, 한쪽 배우자가 결혼생활을 끝내기를 원한다면 공동의 부부목표를 설정하는 것은 옳지 않다. 자녀가 면밀한 주의를 요하는 심각한 행동 문제를 보일 때 결별을 결심한 배우자는 앞으로 양육을 맡을 배우자가 보다 효과적으로 양육할 수 있도록 자신의 행동을 이에 맞추어야 한다.

그러한 경우 치료자는 부부기능과 부모기능은 별개라는 것을 부부에게 분명히 하고, 부모기능을 강화할 수 있도록 도와야 한다. 물론 결혼생활이 끝날 때 전형적으로 따라오는 정서적 고통은 협력적인 양육을 어렵게 만든다. 그러한 상황에서 양육을 방해하는 문제는 이후 이혼가족 부분에서 좀 더 살펴보도록 하겠다.

2) 개입 지침과 전략

청소년 자녀의 문제를 해결하기 위해 부부가 자신들의 문제를 다루기로 동의하면 치료자는 헹겔러와 보딘(Henggeler & Borduin, 1990)이 부부치료에 대해 서술한 핵심 지침을 제시할 수 있다.

- MST의 다른 개입과 같이 부부 개입에서도 부부 문제를 해결하기 위해서 매일같이 노력해야 하고, 회기 간에도 언어와 행동을 개선해야 하는 '행동적' 과제를 수행해야 하며, 옛날 같으면 거부했을 법한 도움을 서로에게 주거나 무엇인가를 포기하는 희생을 감수해야 한다.
- 부부와 치료자는 개입의 성공에 대해 공동의 책임이 있다. 치료자가 적합한 개입의 설계와 실행, 부부의 노력을 지원하는 1차적인 책임을 진다면, 부부는 자신들의 행동을 변화시킬 책임을 져야 한다.
- 부부 문제를 해결하기 위해 치료자는 다음과 같은 내용을 부부와 함께 작업한다.
  - 부부가 서로 경쟁하기보다 서로 협력하고 베풀기 위해 노력한다.
  - 부부가 갈등과 분노, 좌절을 쌓지 않고 해결하는 방법을 배운다.
  - 상대방이 긍정적으로 노력한 것을 알아준다.

(1) 각자 희망하는 변화를 확인한다

이러한 지침을 설명하고 관련된 질문에 답하며 부부의 염려를 해소하는 일이 끝나면, 다음으로 치료자는 정서적·도구적인 측면과 관련되어 부부관계에서 어떤 변화를 원하는지 부부에게 묻는다. 이때 MST 초기평가에서 양육자, 치료자, 관계자들이 사회적 생태의 모든 영역에 대해서 강점과 욕구 평가(제2장 참조)를 했던 것처럼 부부의 강점과 욕구 평가를 작성해 보도록 하는 것도 좋은 방법이다. 혹은 부부관계의 어떤 측면이 과거에는 행복했고 지금도 그리운지 떠올려 보도록 제안하는 방법도 괜찮다. 어떤 부부는 핏서클을 그려 봄으로써 자신들이 원하는 변화를 쉽게 찾아내기도 한다. 골치 아픈 말썽을 일으키는 반항적인 16세 조니의 어머니는 치료 중 자신만이 홀로 아이의 귀가시간 규칙을 지키게 하려고 애쓴다고 말했다. 부인은 남편이 이 일을 좀 도왔으면 좋겠다고 했다. 이에 치료자는 부인이 부부간에 협력했으면 좋겠다는 요청을 하고 있다고 재구성하면서, 남편에게 이러한 요청을 받아들일 수 있는지 물었다. 치료자는 부부가 원하는 변화(예: 더 많이 정서적으로 서로를 지지하고, 집안일을 도와주며, 더 자주 부부관계를 가지는 것)를 규정하고, 이 변화를 조작적으로 정의하며(예: "나는 일주일에 다섯 번 요리할 것이며 당신은 설거지를 한다."), 표준 MST 프로토콜에 따라 그 결과를 확인했다.

(2) 메타 수준의 메시지 이해하기

치료자는 부부가 서로에게 전달하는 '메타 수준'의 메시지에 주의를 기울여야 한다. 즉, 말의 내용뿐만 아니라 부부관계에 대한 지각과 기대, 기분이 말 속에 어떻게 내포되어 있는지 주의를 기울여야 한다. 무엇을 말하는가, 즉 말의 내용은 전달하고 싶은 메시지의 일부에 불과하다. 특정한 시점의 상호작용에서 혹은 오랜 시간을 두고 말이 어떻게 표현되는가는 관계의 더 넓은 맥락에서 이 메시지가 진짜로 무엇을 의미하는지 중요한 정보를 담고 있다. 다음의 예와 같이 치료자가 부부 사이의 메타 메시지를 정확하게 해석할 수 있을 때 적절한 부부 개입의 목표와 기술을 파악할 수 있다.

게리 롤링스와 토냐 롤링스는 결혼 후 11년간 행복하게 살았다. 그러나 토냐가 주부생활에 염증을 느끼고 바깥에서 할 일을 찾으면서 갈등이 시작되었다. 토냐는 일자리를 구했고, 관리자

과정도 이수할 계획을 세웠다. 게리는 이런 토냐의 변화에 불만을 느꼈다. 게리는 토냐에게 일을 그만두고 집안일과 세 아이의 양육, 그리고 MST에 의뢰된 첫째 아이에게 헌신할 것을 요구하였다. 토냐는 남편의 요구를 거절했고 부부의 갈등은 점점 심해졌다. 표면적으로 토냐의 직업과 집안일 간에 갈등이 있는 것처럼 보였다. 그러나 메타 수준에서 진짜 문제는 따로 있었다. 그것은 토냐가 일을 하면서 행여 자신에게서 마음이 멀어지고, 더 이상 가족을 최우선으로 여기지 않을지 모른다는 게리의 걱정이었다. 게리는 토냐가 점점 독립적이 되어 결국 자신을 떠날까 봐 두려워했다. 치료자는 이에 대한 가장 건설적인 해법은 게리가 토냐와의 관계에서 안전감을 경험하도록 하는 것과 함께 게리가 토냐에게 직업의 포기를 더 이상 종용하지 않는 것이라고 보았다. 메타 수준의 쟁점은 부부관계에 대한 헌신이지 집안일이 아니었다.

(3) 삼각화 피하기

치료자는 공동 회기를 진행하면서 삼각화를 형성할 수 있다. 간혹 치료자가 부부 중 유일하게 한 명과 개인 회기를 갖고 그 사람과 동맹을 맺으면 다른 배우자가 배제되는데, 이 역시도 삼각화이다. 이렇게 되면 치료자가 부부의 상호작용 패턴을 이해하고 변화시키는 과정에서 어려움을 겪을 수 있다. 삼각화가 발생하면 대개는 부부 중 한 명 혹은 두 명 모두 치료자가 정말로 도움을 줄 수 있는 믿을 만한 사람인지 의문을 제기한다. 이 경우 치료자는 이러한 의문을 인정하고 치료자의 어떤 말과 행동이 그런 생각을 갖게 했는지 알려 달라고 요청하도록 한다. 또한 치료자가 부부의 신뢰를 얻고 치료에 성공하기 위해서 이후 어떻게 행동하는 것이 좋을지 함께 토론하도록 한다. 어떤 경우 치료자나 부부는 삼각화의 단서를 알아채지 못했는데 사례 요약 또는 슈퍼비전에서 녹음을 듣다가 삼각화를 발견할 때가 있다. 이때 치료팀과 슈퍼바이저는 치료자에게 삼각화의 상호작용패턴을 이해시킨다(예: "당신(치료자)은 두 사람이 말다툼하고 있다는 것을 반영한 후 이를 중단시키지 않고 메리에 대한 밥의 행동을 옹호하는 것처럼 보여요."). 또한 치료자가 한 사람이 아닌 부부와 함께 작업하는 방법을 역할극을 통해 교육할 수 있다.

3) 부정적 감정 다루기와 타협

치료자의 도움으로 부부가 불행하고 불만스러운 결혼생활이라 느끼게 하는 부정적 상호작용을 중단할 수 있다면 결혼생활 만족도가 증진될 것이다. 이때 무엇보다 먼저 치료자는 문제도, 해결책도 두 사람 모두에게 달려 있다는 점을 강조한다. 즉, 누구 한쪽의 문제가 아니라는 것이다. 다음으로 부부는 기본적인 기술을 배우고 연습하며 실행한다. 헹겔러와 보딘(1990)은 부정적 상호작용을 중단하고, 충돌의 강도와 지속을 단축시키는 방법을 다음과 같이 제시하였다. 치료자는 부부에게 다음과 같이 코치한다.

① 부정적 상호작용의 시작단서를 인식하기: 첫 단계는 부부가 갈등의 전조를 인식할 수 있도록 하는 것이다. 치료자는 충돌의 초기 단계에서 '또 시작이라는 느낌(즉, 시작 단서)'을 부부가 인지할 수 있는지 물어본다. 이 시작 단서를 활용하여 치료자는 활용하여 충돌로 격화되는 과정을 멈추는 방법을 가르칠 수 있다. 먼저 무엇이 갈등의 시작을 만드는지 부부가 곰곰이 생각해 보도록 돕는다. 회기 중이든 회기 밖이든 이러한 단서(예: 공기 속의 긴장감, 낮은 목소리로 불평하는 상대방의 목소리)가 드러날 때 이를 간과해서는 안 된다. 단서가 있을 때 이것이 충돌로 발전하지 않도록 멈추는 것이 중요하다. 부부는 이러한 단서를 충돌을 알리는 일종의 조기경보 시스템으로 활용하는 방법을 배워야 한다. 치료자는 부부가 시작단서와 함께, 단서 뒤에 분명히 정의된 부정적인 상호작용이 발생했는지를 기록하는 과제를 내주도록 한다. 이것으로 조기경보가 얼마나 자주 발생하고 어떤 상황에서 발생하는지 기초선을 설정할 수 있다.

② 부정적인 행동의 발생을 배우자에게 표현하기: 이 단계에서 부부가 방어적이지 않은 방식으로 서로 대화하는 것이 중요하다. 치료자는 배우자의 부정적인 행동에 대해 비난하지 않고, 염려를 표현하는 방법을 부부에게 가르친다. 이미 서로 감정이 좋지 않은 상태에서 자신의 부정적인 행동을 두고 상대방이 뭐라고 하는 것을 경청하기란 쉽지 않다. 그래서 치료자는 부부에게 상대방에게 한 번 이야기한다고 통하는 것이 아니라는 점을 주지시키고 그 이유도 알려 준다. 치료자는 부부의 실제 생활의 예를 가져와 어떻게 이야기하고 거기에 어떻게 반응하는지 직접 모델링해 보여 준다. 그리고 나서 부부가 직접 말해 보도록 하고 이에 대한 칭찬과 교정적 피드백을 주도록 한다. 이때 치료자는 두 사람의 상호작용을 칭찬하고 교정적 피드백을 제공한다. 상대방의 부정적 행동에 대해서 말할 때 다음과 같은 전략을 사용해 보도록 한다.

- 한발 물러선다. 짐은 아내 잰이 "화가 난 것처럼 느껴지고 왠지 다시 싸우게 될까 봐 걱정된다."라고 말할 수 있다. 이때 짐의 목소리 톤과 몸동작 등의 비언어적 모습에서 한발 물러선 느낌이 느껴진다. 만일 짐이 서 있고 잰은 의자에 앉아 있어서 짐이 잰의 얼굴을 보지 않고 성난 투로 말한다면, 치료자는 짐에게 앉으라고 요청하고, 잰을 바라보며 부드럽지만 분명하게 말하도록 요청한다.

- 긴장감이 고조되면 5~10분 정도 타임아웃을 실시한다. 치료자는 타임아웃의 유용성을 설명한다. 타임아웃은 부정적인 상호작용의 악순환을 끊을 수 있고, 개인적인 관심보다 부부 관계를 기꺼이 우선시하겠다는 신호이다. 치료자는 또한 부부끼리 통하는 타임아웃 신호를 만들도록 한다. 예를 들어, 운동경기 중 사용되는 타임아웃 손신호를 사용할 수도 있고 건설현장의 멈춤신호를 사용하기도 한다. 타임아웃 동안에 부부는 서로 다른 방으로 들어가 배우자의 입장을 이해하려고 노력해 본다. 이와 같은 조망수용은 ④에서 자세히 설명한다.

③ 공격적이지 않게 배우자에게 행동과 그 의미를 설명하기: 타임아웃이 끝나면 바로 부부는 돌아와야 한다. 각자의 염려를 더 건설적으로 다루는 방법으로 치료자는 갈등에서 드러난 메타 수준의 걱정을 부부가 깨닫도록 돕는다.

- 아내가 집이 너무 지저분하다고 불평하는 이면에, 남편이 자신을 사랑하지 않아서 집안일을 도와주지 않는 것이 아닌가 하는 두려움이 있을 수 있다.
- 배우자의 친구에 대해 험담하는 이면에, 배우자가 자신보다 친구와 더 있고 싶어하는 것이 아닌가 하는 두려움이 있을 수 있다.

이전 단계와 마찬가지로, 치료자는 여러 회기에서 반복해서 연습하도록 하고, 회기 사이에 매일같이 연습해야 하는 과제를 내주고 시행을 검토해야 한다(원칙 7).

④ 부정적인 행동에 대한 배우자의 관점과 그 행동을 촉발한 배경을 이해하기: 결혼생활에서 부정적 상호작용이 반복되면, 부부는 자신의 관점이 상대방으로부터 이해받지 못하거나 가치없게 취급된다고 느낀다. 배우자들이 서로의 이야기를 듣지 않는 상황을 바꾸기 위해 조망수용기술을 사용해 보도록 한다. 조망수용은

어떤 상황에 대한 자신의 관점을 일단 보류하고, 다른 사람이 상황을 어떻게 보는지 이해하는 시간을 충분히 가져 보는 것이다. 오랜 세월 동안 불화가 이어져 온 부부는 상대의 관점을 이해하기보다 자신의 행동과 관점을 방어하는 데 더 애를 쓰는 경향이 있다. 다음과 같이 치료자는 조망수용기술을 가르친다.

- 부부생활의 실제 예를 가져와 치료자가 이를 모델링해 보여 줌으로써 부부에게 조망수용이라는 것이 어떤 것인지 알려 준다.
- 회기에서 여러 차례 연습하게 하고 치료자는 이에 대해 칭찬과 교정적 피드백을 제공한다.
- 다음 시간까지 집에서 연습하는 과제를 내주고 다음 회기에서 그 결과를 논의하고 장애물은 없었는지 살펴본다.
- 치료자는 각 파트너의 지적 수준을 고려한다. 추상적으로 생각하기 어렵고 매우 구체적인 사고만 가능한 사람이 있다면 그 사람은 사회적 조망수용기술을 배우기 어려울 수 있다.

⑤ 부정적 상호작용에 대해 서로 동의할 수 있는 해결책 만들기: 이 마지막 단계는 무엇보다 협상기술과 기꺼이 타협할 용의가 필요하다. 이전에 부부가 '상대를 꼭 이겨야 하는' 충돌 모드였다면 이제 부부는 치료자의 도움으로 서로 노력하는 모드로 전환해야 한다. 무엇보다도 부부는 서로 만족할 수 있는 결과를 위해서 합당한 일이라면 무엇이든지 할 용의를 가져야 한다. 이를 위해 치료자는 부부가 "나도 옳지만 저 사람의 입장도 이해가 된다."라고 생각할 수 있도록 돕는다. 부부가 이 정도로 타협할 수 있다면 이들에게 협상기술을 가르치는 것은 매우 쉽다. 그러나 부부가 계속 타협하지 못하면, 치료자는 중재를 반복해야 한다. 이때, 치료자는 각자가 양보할 수 있는 부분을 찾도록 도와야 한다. 안타까운 점은 치료자가 이렇게 중재자 역할을 하면 치료효과가 지속되지 못한다는 점이다(원칙 9). 중재할 치료자가 없어지면 부부가 문제를 해결하지 못하기 때문이다.

4) 도구적 관계를 변화시키는 것

부부가 집안일과 양육, 경제적인 문제와 같은 도구적(instrumental) 이슈 때문에 갈등한다면, 치료자는 서로 어떤 역할을 할지 함께 정할 수 있도록 돕는다. 결혼생활이란 50대 50의 비율, 즉 부부가 각각 동등한 시간과 노력을 투여하는 것이라는 인식을 갖도록 한다. 많은 부부가 실제로 50대 50의 비율에 동감한다. 하지만 구체적으로 얼마만큼 일하는 것이 동등하게 일하는 것인지는 다시 생각해 볼 필요가 있다. 충분히 생각해 보고 난 뒤, 바라는 역할을 쉽게 관찰하고 모니터링할 수 있는 방식으로 정의한다(원칙 4, 8). 예를 들어, '설거지하기'보다 더 구체적으로 주 3일 저녁 설거지, 일주일에 5일은 아이를 학교에서 데려오기라고 정의한다.

부부는 상대가 한 일에 대해 매일같이 피드백을 주도록 한다. 다음과 같이 부부가 피드백을 서로에게 준다.

- 하루를 마감할 때 서로 피드백을 준다. 각자 변화하려고 노력하고 있는 부분을 먼저 이야기한다.
- 부부는 서로 긍정적인 부분을 알아줌으로써 그간의 부정적 상호작용의 악순환을 끊을 수 있다.
- 또한 상대방이 한 일 중 잘못된 점에 대해서도 정확한 피드백을 주도록 한다.
- 매일 피드백을 하면 부부는 '잘못한 날'을 좀 더 넓은 마음으로 이해할 수 있게 된다. 왜냐하면 '잘못한 날'이 실제로 얼마나 자주 있는지 정확하게 알 수 있을 뿐만 아니라 '잘한 날'도 많았다는 것을 알고 있기 때문이다.
- 수행에 대해서 '기록표' 또는 '점수체계'를 도입하는 것도 유용하다.
- 상대방이 수행한 것을 기록하도록 한다. 자녀에 대한 개입과 같이 수행을 기록하면 치료자는 부부의 노력을 정확하고 지속적으로 파악할 수 있다(원칙 8).

버크 씨 가족은 제리(15세)가 세 번째로 체포되고 코카인 양성반응을 보이면서 MST에 참여하게 되었다. 제리는 세 아이 중 가장 어렸다. 누나(17세)는 임신 중이며 GED(General Education Development)[2] 시험을 치렀다. 제리의 형(20세)은 무직으로 가족과 함께 거주하고 있었다. 버크 씨 부부는 결혼한 지 20년이 되었고 결혼 후 12년 동안 알코올과 마약을 간헐적으로 남용했다. MST에 의뢰될 당시 부부는 3년 동안 약물을 사용하지 않았다. 버크 부인은 마약 자조 모임에 꾸준히 참석하고, 버크 씨는 부인의 거듭된 권유에 못 이겨 간간이 참여했다.

2) 역자 주: 미국 고등검정고시

치료 초기에 부부는 공공연하게 다투거나 반목하는 일은 별로 없었지만, 아이들이 없는 둘만의 시간을 따로 갖지는 않았다. 버크 부인은 결혼생활을 불행하게 느끼고 있었다. 부인은 남편의 참여가 없다면 치료목표(제리가 학교에 다니고, 코카인을 끊고, 위법행위를 하지 않고, 친사회적 활동에 참여하는 것)를 달성할 수 없다고 믿었다. 반면, 버크 씨는 결혼생활이 이상적인 정도는 아니지만 자신은 편안하고 굳이 변화할 필요를 느끼지 않는다고 밝혔다. 치료자는 부부 문제가 어느 정도인지 확신할 수 없고, 이전에 부부치료를 해 본 적이 없어서 일단은 방임적 양육을 겨냥하는 개입을 진행했다. 부부에게 제리의 소재를 감찰하고, 학교 교직원과의 관계를 개선하도록 하였으며, 17세에서 20세 청소년이 할 수 있는 집안일을 정하도록 하였다.

이 과정에서 부부는 함께해야 할 과제를 거의 하지 않았다. 아무런 진전이 이루어지지 않자 버크 부인은 화를 내면서 치료자의 능력을 의심했다. 결국 치료자는 부부를 만나 아이들을 돕기 위해서 부부 개입이 필요하다고 설명했다. 일주일 동안 치료자는 부부를 여러 차례 만나 그들의 강점과 욕구를 평가하였다(예: 처음 만났을 때 서로에게 어떤 점이 끌렸는지, 현재 서로에 대한 좋은 감정이 남아 있는지, 상대에 대한 조망수용과 경청을 할 수 있는지 등). 그리고 치료자는 이전 개입을 '잠시 보류'하고, 주 2회 부부 회기를 잡았으며 양육 개입, 학교 직원 및 이웃과의 만남은 그 밖의 시간에 별도로 진행하였다.

치료자가 가사분담을 조정하려는 첫 번째 협상은 실패했는데, 이는 무엇보다 상대방의 노력을 전혀 고마워하지 않았기 때문이다. 따라서 치료자는 도구적 이슈들에 대해 합의하기에 앞서 조망수용 연습을 하도록 했다. 회기 중 버크 부인이 남편이 자신에게 좀 더 애정을 가질 필요가 있다고 불평하자, 버크 씨는 1년 동안 부부관계를 하지 않았다고 불평했다. 그러자 버크 부인은 아이들이며 가족 문제로 진이 빠져 사랑을 나눌 에너지가 없다고 받아쳤다. 만일 남편이 양육을 공평하게 분담하고 자신을 정서적으로 지지해 주면 더 많은 에너지가 생길 것 같다고 했다. 치료자는 두 사람 간에 말다툼이 일어나려는 것을 재빨리 가로막고, 두 사람의 염려를 모두 인정해 주면서, 부부 사이 친밀감 증진을 중간목표로 정하자고 했다. 두 사람은 친밀감을 늘이기 위해서 부부 데이트를 하는 것이 좋겠다는 데에 동의했다. 첫 데이트에서 부부는 집안일과 아이들 문제를 두고 대화하지 않기로 하고 성관계에 대한 기대도 하지 않기로 동의했다. 첫 데이트는 다가오는 금요일로 잡았다.

금요일 저녁, 부부는 17세의 딸이 남자친구와 다투어서 심란한 것을 보고 딸을 데이트에 데려갔다. 치료자는 이 사건을 들어 부부와 자녀 사이에 뚜렷한 경계가 없다고 설명하였다. 부부는 다시 데이트 과제를 하기로 했다. 치료자는 데이트에 대한 세부적인 조건(자녀 동반은 안 됨)

을 추가했다. 이와 같이 수 차례 노력하고 중단하기를 반복한 끝에 부부는 마침내 술 없는 결혼 생활을 하게 되었다(그들은 결혼 후 12년이나 함께 약물을 남용했다). 부부는 서로를 도왔고, 이해하고 사랑한다고 말하게 되었으며 당연히 성관계도 다시 하게 되었다. 물론 두 사람의 관계가 완벽한 것은 아니었다. 그러나 부부생활의 만족감은 한층 높아졌고, 훨씬 뚜렷해진 부부 경계로 자녀의 문제를 다루어야 할 때 효과적으로 힘을 모을 수 있었다.

이 사례에서 집안일에 좀 더 책임을 갖도록 부부와 논의할 수도 있고, 불만이 많은 아내에게 남편의 사랑이 필요하다는 점을 이야기할 수 있지만, 어떤 주제를 다루든 간에 저변에 흐르는 치료과정은 같다. 부부 문제를 해결하려면 이제까지의 부부 관계를 새로운 시각으로 바라볼 필요가 있다. 논쟁의 내용보다 메타 수준의 과정(서로 진심을 확인하는 것)이 MST 부부 개입의 핵심이다. 치료자는 부부가 변화의 동기를 느낄 수 있도록 변화의 근거를 마련해야 한다. 인지적 재구성은 행동이 변화해야 하는 직접적이고 논리적인 이유를 마련한다. 상황을 새롭게 바라보는 것이 반드시 행동변화를 초래하는 것은 아니나 변화를 위한 토대를 마련할 수 있다.

6. 가족이행 이후의 기능 강화

대부분의 지역에서 MST를 받고 있는 가족 중 50% 이상이 한부모 가정이다. 양육자 대부분은 결혼한 적도 있지만 이혼을 한 경우도 많다. 에머리와 동료들(Emery & Sbarra, 2002; Pryor & Emery, 2004)이 지적한 바와 같이 별거와 이혼은 가족에게 정서적 · 행동적인 문제를 야기하기 때문에 MST에서 다루는 청소년의 행동 문제에 대한 치료를 어렵게 만든다. 다음으로 한부모 가정, 이혼과 재혼 가족을 치료하기 위한 치료지침을 살펴보도록 하겠다.

1) 이혼가족

이혼에 대한 잘못된 이해, 이혼 후 적응에 대한 부적절한 기대, 역할 협상 실패 등이 MST 의뢰 문제에 중대한 영향을 미칠 때 다음과 같은 목표를 설정할 필요가 있다.

• 치료자는 이혼에 대한 일반적인 반응에 대해 가족에게 교육한다. 일반적인 반응

은 아이들의 나이와 발달 수준에 따라 다르다. 예를 들면, 부모의 이혼을 경험 하는 유치원생은 학령기 아동보다 부모로부터 버림받을까 봐 더 두려워한다. 그러나 청소년이라 할지라도 부모가 이혼해도 변함없이 자녀를 사랑한다고 말 해 주어야 한다.

- 도구적인 가족기능(예: 집안일)의 공백을 메울 수 있도록 한다. 치료자는 가족 구성 원의 나이, 지적 · 신체적 능력을 고려하여 합리적으로 할 수 있는 일을 결정할 수 있도록 돕는다.
- 이전의 효과적인 양육방식을 유지할 수 있도록 강화한다. 혼자 양육을 담당해야 하 는 부모가 이전 배우자의 빈 자리를 메울 수 있도록 새로운 양육기술을 배우도 록 한다.
- 치료자는 정서적 · 경제적으로 어려운 부모가 효과적으로 양육할 수 있도록 사회 경제적 지원을 받을 수 있도록 도움을 제공한다.
- 이전 배우자와 협력적으로 양육할 수 있도록 이혼 부부간의 관계를 재조정하도 록 돕는다.
- 마지막으로, 부모가 효과적으로 기능하는 데 방해가 되는 고통을 겪고 있다면 그 고통을 관리하도록 돕는다.

(1) 부모와 자녀 하위체계

별거 또는 이혼 후 자녀와 같이 사는 부모든 그렇지 않은 부모든 자녀에게 일관적 으로 권위 있는 양육을 하기는 쉽지 않다. 에머리(1994, 1999, 2004)는 이혼하면서 아 이에게 느끼는 부모의 죄책감이 아이와의 상호작용에 부정적인 영향을 끼칠 수 있 다고 했다. 이러한 경우 부모는 아이의 가벼운 정서적 · 행동적인 문제를 다른 원인 보다 이혼 때문이라고 생각한다. 잘못된 귀인을 한 부모는 아이의 부정적인 행동을 축소 또는 과장하고, 아이를 달래려고 애쓰며, 적절한 훈육을 하지 못하는 경향이 있다. 그 결과 부모자녀 간에 강압과정이 발달한다. 이전이라면 처벌받았을 행동을 정적으로 강화하고(예: 달래기), 아이의 요구에 굴복하면서 부모는 부적으로 강화된 다(즉, 아이의 부정적 행동으로부터 놓여남). 결과적으로 아이는 빠르게 자신이 손에 넣고 싶을 걸 얻기 위해 부모에게 죄책감을 불러일으키는 방법을 배운다.

부모와 자녀가 이러한 악순환에 갇힐 때, 청소년 자녀의 진짜 동기(즉, 아이가 고의적으로 조종하려 했나?)가 무엇인지 토론하고 이해하는 것은 거의 도움이 되지 않는다. 자녀가 말과 행동으로 부모에게 죄책감을 불러일으켜 부모가 더 이상 규칙을 지키라고 하지 못한다면 아이 입장에서 세상 사는 것이 쉬워지는 셈인데, 이 경우 이와 같은 아이의 행동이 강화될 수밖에 없다. 그런 경우에 MST 치료자는 자녀의 동기에 대한 토론보다 부모가 일관성 있게 행동 규칙을 적용할 수 있도록 도와야 한다. 또한 치료자는 죄책감을 불러일으키는 자녀의 문제행동을 관리할 수 있다는 자신감을 가질 수 있도록 부모를 지원해야 하다. 아이가 죄책감을 유발해도 일관되게 부모가 규칙을 적용하는 데 성공하고, 강화 받지 못한 문제행동의 발생빈도가 줄어들면 부모는 자신감을 갖게 된다.

MST 치료자는 개입의 성공적인 실행을 위해 역할극을 자주 사용한다. 이것은 자녀가 부모에게 불평불만을 이야기하며 죄책감을 자주 불러일으키는 경우에는 필수적이다. 이혼 후에 부모는 아이가 다른 양육자와 비교할 때 아이가 자신을 덜 사랑하거나 불신할까 봐 걱정할 수 있다. 그 결과 아이가 비교하는 말(예: "아빠라면 그렇게 안 했어!")을 하면 약해져서 적절한 권위를 행사하지 못한다. 자녀의 말을 무시하기 어려운 부모에게 치료자는 다음과 같은 지침을 제시할 수 있다.

- 자녀의 말(예: "아빠라면 그렇게 안 했어!")보다 현재 벌어진 문제행동(예: 귀가시간 위반)에 초점을 맞추도록 한다.
- 자녀가 지켜야 할 규칙과 집안일에 대해 이야기할 때는 그 이야기만 한다. 현실적으로 두려운 문제(예: 양육자 간 갈등에 대한 걱정, 두 부모와 모두 좋은 관계를 유지해야 함, 불확실한 미래)는 나중에 토론하라.

다시 이야기하지만 치료자는 역할극의 맥락에서 이 모든 것을 반복해서 연습함으로써 이혼 후 부모가 빨리 안정적이고 효과적인 양육을 할 수 있도록 돕는다.

마지막으로, 이혼 후 자녀와 동거하지 않으며 아이와 만나는 아버지(또는 어머니)는 경계 이슈에 대해서도 유의해야 한다. 이혼 부모 사이에 서로 의견이 다른 문제가 있다면 이는 아이를 중간에 끼우지 말고 부모끼리 만나서 처리한다. 이 과정에서 치료자는 부모가 서로 효과적으로 대화할 수 있도록 도울 필요가 있다. 이혼 후 아이와 동거하지 않는 아버지(또는 어머니)는 아이를 만날 때마다 그동안 함께하지 못한 시간을 보상하기 위해서 특별한 이벤트와 활동을 하려고 할 것이다. 치료자는 아이와 일상적인 활동을 함께하는 것이 보다 중요하다는 점을 비동거 아버지(또는 어머니)에게 교육할 필요가 있다. 즉, 살면서 꼭 필요한 교훈(예: 타인을 돌보고 배려하는 것, 노력의 가치)은 놀이공원에 가는 것보다 일상을 함께하면서 배울 수 있다. 비동거 아버지(또는 어머니)는 그러한 교훈을 아이에게 가르칠 기회가 별로 없다고 느낀다. 이때 치료자는 멀리 보라고 부모를 격려한다. 앞으로 수년간 수많은 일이 일어날 수 있다. 아이가 청소년기를 지나 성인으로 진입하기까지 얼마만큼의 시간을 함께 보낼지는 결국 부모 스스로가 결정할 수 있다.

(2) 이전 배우자와의 관계

전 배우자와의 부정적인 상호작용이나 부모의 비일관성이 자녀의 행동 문제에 심각한 영향을 미칠 때가 있다. 이때 가장 중요한 치료목표는 비록 상호 간에 정서적·도구적 문제를 다시 논의하는 것이 고통스럽더라도 자녀를 위해서 최선을 다해 서로 협력하는 것이다. 이혼 부부가 효과적인 자녀 양육을 위해 서로의 친밀감과 힘에 대해서 다시 논의하는 것은, 그것이 설사 현실적인 문제와 정서적인 고통으로 얼룩져 있다 하더라도 지속되어야 하는 작업이다. 치료자는 이러한 개입을 계획할 때 부부가 서로 현실적으로 바라볼 수 있도록 도와야 한다. 에머리(1994)는 아이의 행복을 위해 이혼 부모가 서로 협력적인 관계를 맺는 것이 필수적이지는 않다고 밝혔다. 그렇다 하더라도 이혼 부부는 양육 과제에 대해 합의하고 이를 지킬 수 있어야 한다. 따라서 MST 치료자는 이혼 부부를 다음과 같이 돕는다.

- 치료자는 이혼 부부가 집안일과 병원방문, 생일파티, 방학과 같은 일상에 대해 서로 수용할 수 있는 의사소통 방법을 만들도록 돕는다.
- 치료자는 이혼 부부가 아이와 만남 약속을 정하고 이를 어기지 않도록 돕는다.
- 치료자는 이혼 부부가 아이에게 직접적으로 영향을 주는 갈등을 같이 해결하도록 돕는다.

이 과제를 부모가 잘 이루도록 치료자는 공동 회기 전에 각각 만나거나, 혹은 공동 회기 없이 한 명씩 만난다.

(3) 현실적인 문제

이혼은 보통 부모에게 구체적이고 현실적인 어려움을 초래한다. 이혼으로 발생한 금전적 손실로 인해 일하는 시간이 늘어나거나, 이혼 후 이사를 가야 하거나, 아이와 만남을 위해서 스케줄을 조정해야 하고, 이혼과 양육권에 관련된 법적 문제를 해결해야 한다. 이혼으로 수입이 감소하면 한부모, 특히 어머니는 전일제로 일해야 하거나 다른 부업을 추가해야 한다. 근무시간이 증가하면 자녀를 감독할 시간이 줄어들 뿐만 아니라 어머니의 개인적 적응에도 어려움이 초래된다. 일과 양육에 몰두하다 보면 사회적 연결에서 소외된다. 따라서 가족의 경제적 문제를 개선하는 개입이 필요하다.

- 급한 대로 경제적 문제를 경감시킬 수 있는 사회적 서비스를 받도록 돕는다.
- 양육자가 적정한 양육비를 받을 수 있도록 법률 지원을 연계한다. 단, 이러한 절차는 시간이 많이 걸리고 상당한 스트레스를 경험하며 당장의 경제적 위기를 해소하는 데 한계가 있다.

(4) 정서적 고통 다루기

이혼으로 초래되는 정서적인 고통(슬픔과 분노, 불안)에 시달리는 양육자는 양육을 효과적으로 수행하기 어렵고, 전 배우자와 양육 과제에 대해서 잘 대화하지 못할 수 있다. 이때 치료자는 다음과 같은 접근을 할 수 있다.

- 효과적인 양육, 전 배우자와의 대화에 개입하기 전에 먼저 양육자에게 정서적인 지지를 제공한다.
- 정서적ㆍ현실적 문제를 이겨 내고, 양육을 잘할 수 있도록 도와줄 수 있는 사람을 찾는다(제7장 참조).
- 도구적 지원(예: 아이 돌봄)을 주는 사람(예: 부모의 친구, 다른 확대가족)이 전 배우자나 부부 문제에 대해 아이에게(또는 아이 앞에서) 이야기하지 못하도록 개입한다.
- 사회적 지원이 양육자에게 필요한데도 가까운 주변 환경(가족, 친구, 동료)으로부터 도움 받기 힘들 때, 더 공적인 사회적 지지원(예: 교회 집단, 싱글들의 모임과

같은 공동체 조직)을 소개한다.

그러나 그 전에 치료자는 사회적 지지 확보에 방해가 될 수 있는 현실적(예: 일정 관리, 교통수단, 아이돌봄), 사회적(예: 집단에서 느끼는 불편감, 낙인에 대한 걱정), 문화적(예: 종교적·민족적 관습) 문제를 다루도록 한다. 게다가 양육자의 고통이 우울 또는 불안장애로 악화된다면, 치료자는 이에 대해 적절히 개입할 필요가 있다(제6장 참조).

2) 재혼가족

(1) 재혼가족이 겪어야 하는 경험의 정상화

청소년의 행동 문제에 가족에 대한 청소년의 비현실적인 기대(예: '우리 가족은 진짜 가족이 아니야.')가 영향을 미치고 있다는 증거를 치료자가 발견할 때가 있다. 이런 경우 치료자는 누구나 쉽게 이해할 수 있도록 가족 재구성이 어떻게 발달되어 가는지 설명한다.

- 한 가족이라는 정체성이 형성되려면 시간이 많이 걸린다.
- 서로 친밀하고 좋은 관계를 맺거나, 도구적 문제(예: 집안일 분담, 지출과 소비 방식)의 질서를 잡기 위해서 서로가 의식적으로 많은 노력을 해야 한다.
- 어떤 방식이 더 좋은지에 대해 서로 갈등하는 것은 정상이다.

재혼가족이 안정을 찾아가면서 나타나는 여러 가지 생각과 행동이 지극히 자연스러운 것이라는 점이 인지적으로 재구성된다면, 서로에 대한 비현실적 기대가 바뀌고 가족 내 협력이 증가할 수 있다.

부모가 다른 형제자매가 한 지붕 아래 거주할 때, 돈과 애정, 시간을 아이들에게 배분하는 문제가 갈등이 될 수 있다. 그러한 갈등이 청소년의 행동 문제에 상당히 기여하는 것으로 나타나면, 치료자는 어떤 요인이 실제적 및 지각된 불평등을 지속시키는지 철저하게 평가한다. 만일 아이들의 연령과 발달적 필요에 맞지 않은(예: 유아는 청소년보다 더 많은 부모 관심을 필요로 함) 심각한 불평등이 실제로 존재한다면 치료자는 그 이유를 부모와 함께 점검하고 수정해야 한다. 반면, 부모가 불평등을 과장해서 지각하고 있다면, 이복형제자매 사이의 갈등은 불평등 때문이 아니고 자연스러운 것으로 이해시켜야 한다. 부모는 단순히 그들이 서로 사랑하고 있고, 다 함께 살게 되었으니 아이들도 서로 친하게 잘 지내기를 바라고 기대한다. 그러나 아이 입장에서는 양육권을 가진 양육자 때문에 변화된 관계에 강제적으로 적응해야 하는 상황이다. 단지 그 이유로 양아버지와 양언니와 잘 지내라는 이야기를 반복해서 듣는 것이다. 치료자는 새로 형제자매가 된 자녀들이 친하기를 바라는 것은 부모의 지나친 기대라는 점을 부모에게 잘 이야기한다. 부모 입장에서 결혼은 스스로 선택한 것이지만, 아이들은 자신들이 선택해서 새 형제자매를 얻은 것이 아니다. 부모는 집안에서 아이들이 서로 존중하도록 행동 규칙을 세우고, 잘 지낼 수 있도록 돕는 활동을 장려해야 한다. 하지만 아이들이 시작부터 서로 좋아하고 이를 표현할 것이라고 기대해서는 안 된다.

(2) 부모 역할 명료화

불분명한 부모 역할과 부부간에 모호한 역할배분 때문에 아이의 행동 문제가 악화되는 경우 치료자는 아이들을 제외하고 부부만 따로 만난다. 회기에서 다음과 같은 것을 파악하도록 한다.

- 재혼한 부모가 서로의 아이를 모두 잘 돌볼 책임을 지겠다는 것을 형식적이 아니라 진심으로 합의했는지
- 그들이 어떻게 이러한 합의에 이르렀는지
- 합의하는 과정에서 의견 차이가 있었는지
- 의견 차이를 어떻게 다루었는지

새 가정에서 아이들이 잘 적응하고 안정되길 바라는 부부의 염려를 들어 보면, 문제의 원인이 무엇보다 부부가 양육 문제의 협의에 시간과 관심을 쓰지 않았기 때문이라는 것을 알게 될 때가 있다.

일반적으로 의붓아버지(또는 의붓어머니)는 먼저 아이들과 친구같은 관계를 맺고, 나중에 훈육자의 역할을 담당하는 것이 좋다. 즉, 의붓아버지(또는 의붓어머니)는 아

이와 긍정적이고 애정 어린 관계를 먼저 확립한 후에, 친모(또는 친부)의 훈육 전략을 따르는 것이 좋다. 그런데 친모(또는 친부)가 자녀 양육이 힘들어 도움을 받으려고 결혼한 경우 이 양육순서(선애정, 후지도)를 지키기 어려울 수 있다. 예를 들어 살펴보면, MST 치료자가 리오스 가족을 두 번째 만났을 때, 리오스 부인은 2년 전에 현재 남편과 결혼한 이유가 오랫동안 비행을 일삼아 온 아들을 '통제할 남자'가 필요했기 때문이라고 솔직하게 인정했다. 이런 경우 무엇보다 치료자는 홀로 양육하는 것이 얼마나 어려운지 어머니에게 먼저 공감해야 한다. 특히 아이가 심각한 행동 문제를 보일 때는 더 말할 여지가 없다. 그러나 치료자는 의붓아버지가 양육을 맡을 수 있고, 맡아야 한다는 어머니의 그릇된 신념을 깨야 한다. 치료자는 다음과 같이 진행할 수 있다.

- 친모(또는 친부)에게 효과적인 양육 전략을 가르친다.
- 친모(또는 친부)가 양육에서 성공을 맛볼 수 있도록 양육 전략을 사용해 볼 기회를 만든다.
- 의붓아버지(또는 의붓어머니)가 친모(또는 친부)를 지지하도록 요청한다.
- 의붓아버지(또는 의붓어머니)가 아이와 좋은 관계를 맺도록 지지한다.

이와 같이 했음에도 의붓아버지(또는 의붓어머니)가 훈육 역할을 맡아 주었으면 하는 친모(또는 친부)의 신념이 유지될 수 있는데, 이 경우 다음과 같은 것이 필요하다. 첫째, 친모(또는 친부)가 계속해서 양육을 효과적으로 잘 수행하도록 한다. 둘째, 의붓이버지(또는 의붓어머니)에게 훈육을 해 달라는 요청이 있어도 의붓아버지는 친모를 정서적으로만 지지하고, 곤란에서 구해 주지는 않는다. 치료자는 이와 같은 경험을 가족이 할 수 있도록 개입을 설계하고 실행한다.

(3) 한부모 가정

대부분의 이혼가정 개입은 한부모 가정에도 적용될 수 있다. 하지만 한부모의 이성교제가 의뢰된 문제에 중요한 영향을 미칠 때, 치료자는 이 밖에 추가개입을 실행한다. 이 경우 재혼가족과 마찬가지로 부모자녀 및 다른 하위체계 간 경계를 분명히 하는 데 초점을 맞추도록 한다. 그러나 재혼가족 또는 핵가족의 경우와 좀 다른 점은, 한부모 가정의 경우 아직 관계에 헌신하겠다는 약속을 하지 않은 제3자(한부모가 교제 중인 사람)가 논의에 참여하기 어렵다는 것이다. 왜냐하면 이제 막 교제가 시작되어 모든 것이 설레고 새로울 때, 앞으로 발전될 관계에 대해서 정의하고 규제하며 변화하라고 하는 것은 무리이기 때문이다.

한부모의 이성교제가 가족 상호작용에 변화를 일으켜 자녀의 문제행동을 악화시킨다면(예: 어머니가 남자친구 집에서 많은 시간을 보내거나, 큰 아이에게 어린 동생을 맡겨 두거나, 남자친구가 가족과 함께 살면서 아이들의 훈육자가 되는), 치료자는 이성교제, 경제적 지원, 양육 지원에 대한 한부모의 욕구는 이해하지만 자녀의 삶에 너무 급진적인 변화가 일어나는 것은 바람직하지 않다는 것을 한부모에게 이해시키도록 한다. 저자들이 만난 수많은 부모 중에는 치료자의 도움으로 경제, 정서 및 양육 문제를 잘 해결하면서 장기 연애를 하는 한부모가 많았다.

데비는 29세의 엄마로 아버지가 다른 15세 아들과 7세 딸이 있다. 데비가 기숙형 중독치유 프로그램을 마치자마자 아들이 MST에 의뢰되었다. 지난 3년간 데비는 경제적인 도움을 주거나 아이들의 대리부모 역할을 했던 여러 남자와 동거하였다. 첫 가족 모임에서 데비는 치료자에게 치료 프로그램에서 만난 남자인 알을 소개했다. 데비에 따르면 딸은 알을 '사랑하는' 데 비해 아들인 어원은 알에게 전혀 신경을 쓰지 않는다고 불평했다. 데비는 알을 무척 좋아했고 알이 아버지 역할을 해 주어서 너무나 기뻐했다. 치료자는 알이 데비에게 소중한 존재(예: 성인에게 필요한 친밀감과 우정 제공)라는 것에는 공감했지만, 아이들에게 아버지 역할을 할 것이라는 생각은 동의하기 어려웠다. 일주일간 치료자는 아들 어원의 행동 문제에 직접적으로 영향을 미치는 가족 상호작용과 과제에 대한 가족 반응에 대한 정보를 얻기 위해 직접관찰을 시행하였다. 이러한 정보로 단단히 준비한 후, 그러나 여전히 데비가 알을 친밀한 파트너라 여기는 긍정적인 경험을 인정하면서, 치료자는 만일 즉각적이고 광범위하게 아이들의 삶에 알을 연루시키면 아이들에게 부정적인 영향을 미칠 수 있다고 데비에게 이야기했다. 그 다음으로 데비에 대한 개입(아동돌봄서비스 연계, 취업을 위한 GED 등록, 약물남용을 하지 않으면서 사회적 지지를 제공할 성인 찾기, 양육기술 교육)이 이어졌다. 이 개입으로 데비와 알의 관계와 주변 가족 사이에 적절한 경계가 설정될 수 있다.

그런데 개입이 진행되는 동안 데비는 알에게 양육을 자주 미루었다. 따라서 치료자는 이후 커플을 자주 만나면서 알이 데비에게 정서적 지지와 친밀감, 우정을 제공하는 가치 있는 사람이라는 점을 강조하는 한편, 알의 양육참여를 금지하는 규칙을 정하고 이를 강화하였다. 앞으로 그들의 관계에 대해서 서로 의논하는 것이 중요하다고 강조하면서, 경제적 지원이나 양육에 대해서 둘 사이에 암묵적 혹은 공개적으로 어떤 합의를 했는지 이야기를 나누도록 하였다. 그런데 이 토론이 데비와 알 모두를 불편하게 만들었다. 왜냐하면 그들은 모두 이전 관계에서 받은 상처가 있고, 예전에 알이 이사올 때 동거는 하지만 장기적인 책임은 지지 않기로 서로 동의했기 때문이었다. 게다가 알은 자신이 데비의 가정을 경제적으로 도와주고 있기 때문에 아이들의 아버지 노릇을 해도 된다고 생각했고 데비 역시 암묵적으로 이에 동의한 상태였다. 결국 알은 MST 종료 3주 전에 짐을 싸서 떠났다. 그 이후 치료자는 매일 데비를 만나 양육기술을 훈련하고, 사회적 지원을 찾으며, 현실적인 도움을 제공하는 공공서비스를 받을 수 있도록 도왔다.

③ 결론

MST는 무엇보다도 가족기반 개입이다. 이 책 전체에서 강조하듯이 가족의 역량 강화는 청소년의 반사회적 행동을 줄이고 기능을 향상시키는데 있어 핵심이다. 그러므로 이 장은 책 전체의 임상적인 주춧돌이라고 할 수 있다. 가족관계 및 가족 개입에 대한 연구는 광범위하고 복잡하다. 저자들은 수많은 가족연구에서 MST에 가장 잘 맞는 사례개념화, 가족 개입을 뽑아내려고 노력했다. 임상적 성공은 대개 치료자의 능력에 달려 있다. 치료자는 가족의 강점과 생태적 강점을 변화의 동력으로 삼아 치료의 걸림돌을 제거하여 MST를 받는 청소년의 삶을 효과적으로 개선할 수 있다.

제4장

또래 개입

- 또래관계가 청소년 발달에 미치는 영향
- 반사회적 문제행동과 관련된 또래관계 유형
- 또래관계 정보수집 전략
- 비행또래 단절 전략
- 친사회적 또래관계 만들기 전략
- 집단치료, 폭력집단 등의 치료 장애물 극복 방안

또래관계와 우정은 아동 · 청소년의 인지적 · 도덕적 · 정서적 · 사회적 발달에서 중요한 역할을 한다. 비록 또래관계가 청소년의 반사회적 행동 문제에 막강한 영향을 미친다 해도 가족과 또래의 충분한 교류를 통해서 어려움을 극복할 수 있다.

① 또래가 발달에 미치는 영향

  또래관계는 청소년에게 의리, 애정, 소속감을 부여함으로써 청소년의 정서적 안정과 자존감의 발달에 많은 영향을 미친다(Bukowski, Newcomb, & Hartup, 1996; Prinstein & Dodge, 2008). 또래 간 상호작용은 인지발달과 학습을 촉진하고 행동규범과 도덕적 가치의 습득에 기여한다(Prinstein & Dodge, 2008; Roseth, Johnson, & Johnson, 2008). 따라서 청소년들은 미숙하지만 비슷한 대인관계기술을 가진 또래관계를 통해서 서로를 탐색하고 피드백을 주고받으며 관계기술을 개발하고 향상시켜 나간다(Brendt, 2002).

② 긍정적 또래관계기술

  긍정적 또래관계를 영위하기 위해서 청소년은 또래와 사회적으로 상호작용하면서 다양한 대인관계기술을 발달시켜야 한다(Bukowski et al., 1996). 이러한 대인관계기술에는 다음과 같은 것이 포함된다.

- 조망수용
- 공감
- 협력
- 상호작용을 시도하고 이에 응하는 것

친구와 잘 어울리는 청소년은 다양한 사회적 상황에서 이와 같은 기술을 사용할 수 있다. 반면 또래와 어울림을 시도하거나 잘 유지하지 못하고, 상호적인 주고받기를 잘하지 못하는 청소년은 또래관계에서 상당한 어려움을 겪는다. 이 중에 어떤 아이는 친구들에게 약간 무시를 받는 정도나, 적극적으로 거부당하는 아이도 있다. 무시받는 청소년은 대체로 사회적 상호작용에 서투르며 그에 따른 내재화 문제를 가질 위험이 있다. 거부당하는 청소년은 친구들에게 공격적이고 불쾌하게 행동하는 경향이 있으며 그에 따라 외현화 문제, 학교생활 실패, 비행 문제를 보일 가능성이 높다(Becker & Luthar, 2002; Hoza, Molina, Bukowski, & Sippola, 1995).

③ 반사회적 문제행동의 치료에서 또래관계의 중요성

발달 및 범죄연구에서 다음의 두 가지 연구결과가 일관적으로 보고되고 있다. 이는 또래관계가 청소년의 반사회적 문제행동 치료에 얼마나 중요한지 보여 주는 것이다.

- 여러 연구에서 반복적으로 또래관계 문제(예: 비행또래와 잦은 어울림, 대인관계 기술 부족)가 청소년의 반사회적 문제행동을 강력하게 예측하는 것으로 나타났다(Dodge, Dishion, & Lansford, 2006; Lahey, Moffitt, & Caspi, 2003; Loeber & Farrington, 1998). (제1장 참조)
- 대부분의 소년범죄는 또래와 어울리는 가운데 일어난다(Howell, 2003). 비행또래에 대한 강한 정서적 유대는 범죄행동 가담을 강화시킨다.

치료자는 이러한 청소년을 치료할 때 또래관계의 중요성을 잘 인식해야 하며 또래관계 개입과 관련된 전문가가 되어야 한다.

4 가족과 또래 간 접점의 중요성

양육자는 다음과 같이 또래관계에 긍정적 변화를 줄 수 있다.

- 양육자는 또래관계를 포함한 대인관계의 중요성을 알려 주면서 관계를 잘 맺고 유지하는 구체적인 방법을 자녀에게 가르친다. 일반적으로 가족응집력이 높고 관계가 좋은 가정에서 자란 청소년은 또래와 어울리는 기술을 배울 기회가 많다.
- 양육자는 바람직한 사회적 행동을 가르치는 코치나 선생님의 역할을 한다. 가령 자녀가 괴롭힘, 놀림, 거부, 공격을 당하고 있다면 여기에 어떻게 대처할지 가르쳐 준다.
- 양육자는 다른 아이들과 교류할 기회를 청소년에게 마련해 주면서 청소년의 사회생활을 돕는다(예: 친구를 초대해서 비디오게임이나 농구를 함께하거나 스포츠 동아리 또는 교회 모임에 가입시킴).

양육자는 자녀의 또래관계에 강력한 영향을 미친다. 따라서 양육자와 자녀 간에 상호작용 문제(예: 심한 갈등, 긍정 정서 부재)나 양육 문제(예: 엄격하고 비일관적인 규칙, 감독 부족, 권위주의적·허용적·방임적 양육방식)가 있을 때 청소년이 일탈또래와 어울리는 것은 당연한 결과이다(Kim, Hetherington, & Reiss, 1999; Reid, Patterson, & Snyder, 2002; Vitaro, Brendgen, & Tremblay, 2000). 한편, 아이들에게 나이에 걸맞는 활동을 금지하는(예: 과잉보호) 양육자는 청소년의 정서적·행동적 자율성을 억압하기 때문에 건강한 또래관계 발달을 저해할 수 있다.

가족관계와 또래관계가 서로 밀접하게 관련된 것처럼 또래친구 역시 다른 가정의 일부임을 기억할 필요가 있다. 친구의 가정은 간접적인 방식이기는 하지만 MST 대상 청소년에게 영향을 줄 수 있다. 예를 들면, 청소년이 친구들과 함께 금지된 어떤 새로운 활동을 하려 할 때 흔히 하는 합리화 중 하나는, 친구 부모가 허락해 줬다는 것이다. 청소년이 새벽 2시에 다른 아이와 집 밖에서 말썽을 일으키는 일이 자주 발생한다면, 아마 그 친구의 부모는 자녀를 거의 감독하지 않거나 자녀의 소재에 관심이 없는 사람일 것이다. 이러한 방식으로 비행또래 부모의 행동이 청소년의 문제행동 지속에 일조한다. 청소년의 외부체계(예: 친구 가족) 또한 청소년의 행동과 가족관계에 간접적으로 영향을 주기 때문에 치료자는 이러한 가능성을 지속적으로 평가해야 한다.

5 또래관계 평가

이 장의 초반부에서는 또래관계를 저해하고 반사회적 문제행동을 야기하는 요인을 확인하기 위한 평가과정에 대해 설명한다. 후반부는 또래관계 개입, 즉 일탈또래집단에게서 청소년을 분리시키는 일과 친사회적 친구와 친해지는 방법을 설명한다.

1. 또래관계의 핵심측면

또래요인이 문제에 기여하는 방식에 대한 가설을 세우기 위해 치료자는 자신이 또래관계에 대해 관찰한 바를 슈퍼바이저와 치료팀이 이해하기 쉽도록 정리해야 한다. 포괄적인 평가를 수행한 결과에는 다음의 두 가지 핵심적인 정보가 담겨 있어야 한다.

1) 사회적 지위
사회적 지위(sociometric status)는 또래로부터 수용되는 정도를 의미한다.

- 높은 지위의 청소년은 또래로부터 좋은 평가를 받고(즉, 인기가 있음) 리더로 간주되는 경향이 있다. 높은 지위는 청소년이 높은 수준의 친밀한 행동을 보인다는 증거이다.
- 무시당하거나 소외된 청소년은 친구 사이에서 인기가 많지도 없지도 않은 아이들로, 사회적 지위의 중간과 그 이하 어딘가에, 그러나 최하는 아닌 위치에 자리잡고 있다. 이러한 청소년은 수줍음이 좀 있고 높은 지위의 청소년보다 상호작용을 적게 하는 경향이 있다.

• 낮은 지위의 청소년은 또래들이 싫어하고(즉, 인기가 없음), 대놓고 거부하는 아이들이다. 낮은 사회적 지위는 낮은 수준의 친사회적 행동, 높은 수준의 공격성과 비협조적 행동을 시사하는 증거이다.

2) 일탈또래 어울림

나중에 자세히 설명하겠지만 일탈또래와 어울리는 정도는 치료에 중요한 함의를 갖는다. 일반적으로 치료자는 다음을 구분해야 한다.

• 친사회적 친구하고만 어울리는 청소년
• 친사회적 친구와 일부 어울리고 일탈또래와 일부 어울리는 청소년
• 일탈또래와만 어울리는 청소년

치료자는 사회적 지위의 종류와 일탈또래 어울림 정도를 분명히 파악해야 한다. 그래야 문제의 핏요인에 대한 종합적 이해와 함께 그에 상응하는 개입 방안을 마련할 수 있다.

2. 또래관계 평가방법

또래관계 평가를 위해 치료자는 다음의 접근을 사용할 수 있다. 하지만 이러한 평가는 언제나 청소년 개인의 특성(예: 인지적 기술), 가족관계 그리고 학교환경에 대한 종합적이고 지속적인 평가와 함께 이루어져야 한다.

1) 직접 질문하기

여러 출처에서 또래관계 정보를 수집하고 통합해야 한다.

(1) 양육자

치료자는 처음이나 두 번째 가족 회기에서 청소년의 사회적 기능에 대해서 가족에게 물어볼 수 있다. 양육자에게 다음을 물어보며 시작하는 것이 좋다.

- 그냥 아는 친구와 친한 친구의 수, 그들의 특성
- 그냥 아는 친구와 친한 친구의 인상, 평판, 사회적 기능, 학업성취 수준
- 친구에 대한 가족의 관심. 양육자는 그냥 아는 친구나 친한 친구들을 자주 보는가? 양육자는 그 친구의 부모와 얼마나 자주 만나는가, 왜 만나는가?
- 학교 안에서 만나는 또래관계와 밖에서 만나는 또래관계의 질이 서로 다르지는 않은가? 청소년에 따라서 방과 후나 주말에만 볼 수 있는 아이들 중에 친한 또래가 있는 아이가 있다. 때로는 교회나 운동팀에만 친한 또래가 있을 수도 있다.

이러한 초기질문을 통해 청소년의 또래관계에 대해 양육자가 어느 정도 아는지, 또 관심은 어느 정도인지 파악할 수 있다. 만일 답변하는 중에 혹시 양육자가 걱정하는 모습을 보인다면 다음의 사항도 평가하는 것이 좋다.

- 청소년이 또래관계를 잘하지 못하는 원인에 대한 양육자의 생각을 묻는다. 예를 들어, 양육자는 자녀가 나쁜 친구들의 꾐에 빠졌다고 하거나, 아이들이 이유 없이 자녀를 놀린다고 말한다.
- 청소년의 잘못된 또래관계를 해결하기 위해 그간 양육자가 시도해 본 방법에는 어떤 것이 있는가? 양육자의 행동이 의도치 않게 또래 문제의 해결을 방해하고 있을지도 모른다(예: 막말을 하는 친구들로부터 자녀를 보호하려고 학교에 보내지 않음).

(2) 청소년

다음으로 치료자는 청소년에게 그냥 아는 또래와 친한 친구에 대해 설명해 달라고 부탁한다.

- 친구들의 주요 활동과 관심사
- 학업성취 수준
- 친구와 그 부모와의 관계
- 청소년이 자신의 또래관계에 만족하는지, 만일 그렇지 않다면 또래관계를 개선하고 싶은지 여부

아이들은 자신의 친구에 대해 대체로 잘 이야기하지만 가족들이 있는 데서 또래
관계(또는 그 어려움)를 이야기하는 것을 망설이는(또는 완전히 침묵하는) 청소년도 있
다. 대개 이런 경우는 청소년이 친구 때문에 스트레스를 받고 있거나 양육자가 싫어
하는 친구를 사귀는 것이다. 그런 경우 치료자는 양육자로부터 이미 들었던 정보를
토대로 청소년과 둘이서만 대화를 해 볼 수 있다.

(3) 교사

학교에서 청소년이 또래관계로 힘들어한다는 것을 양육자가 알고 있어도 (교사가
치료를 의뢰한 것이 아니라면) 양육자는 보통 이런 문제를 중요하게 생각하지 않는다.
양육자의 관심은 가족에게 지금 당장 직접적인 영향을 끼치는 문제행동에 있다(예:
약물남용, 도둑질, 공격성, 불순종). 따라서 치료자는 학교에서의 또래관계를 따로 평
가할 필요가 있다. 교사는 비교적 객관적인 관점에서 또래관계에 관한 좋은 정보를
줄 수 있다. 청소년 또래관계를 포괄적으로 평가하기 위해서 치료자는 가능한 한 많
은 교사를 만나야 한다. 청소년은 점심시간이나 수업 외 활동 중에만 가끔 볼 수 있
는 친구를 사귈 수도 있고, 다양한 수업에서 여러 친구를 두루 사귈 수도 있다. 한두
명의 교사에 그치지 않고 가능한 한 많은 교사에게서 정보를 수집한다면 청소년의
대인관계 강점과 약점에 관해 보다 균형 있는 정보를 얻을 수 있다.

교사들로부터 수집해야 할 또래관계 정보는 다음과 같다.

- 청소년이 학교에서 사귀는 친구가 있는가? 치료자는 친구들과 대체로 두루 잘
  지내는 것(또래수용)과 절친한 친구가 있는 것을 구별해야 한다. 대개 또래의
  관심을 끌지 못하는 아이들도 친한 친구가 있는 경우가 많다. 또 절친한 친구
  가 없으면서 아이들과 두루 잘 지내는 아이도 있다.
- 만일 친구가 있다면 그 친구의 사회적 기능과 지적 기능은 어떠한가? 이러한
  정보를 종합하면 의뢰된 청소년의 사회적 역량을 가늠할 수 있다. 예를 들어,
  만일 의뢰된 청소년이 친구가 없거나 아이들이 모두 싫어하는 아이와 주로 어
  울린다면 그의 사회적 역량은 부족한 것으로 판단된다.
- 만일 친구가 있다면 그 친구에 대한 평판(소문)은 어떠한가? 그 친구의 주된 관
  심사는 무엇인가? 만일 청소년이 마약을 한다는 소문이 있는 친구와 어울린다

면 의뢰된 청소년은 약물 문제를 보일 수 있다. 만일 의뢰된 청소년이 아이들에게 인기도 많고 평판이 좋은 친구와 사귄다면, 이것은 변화의 지렛대로 사용될 수 있는 중요한 강점이다.

(4) 그 외의 사람들

확대가족, 친구 부모, 코치, 의뢰된 청소년과 그 가족을 아는 다른 사람들이 또래관계 정보를 제공할 수 있다.

2) 또래관계 관찰

다양한 사람에게서 들은 정보를 종합해 볼 때, 의뢰된 청소년의 또래관계에 문제가 없다면 또래관계의 직접관찰은 필수가 아니다. 반면, 정보가 상충되거나 면담으로 충분한 정보수집이 어렵다면 직접관찰이 필요하다. 또래 상호작용을 직접 평가하기 위해서는 청소년의 집, 학교(교실, 점심시간, 운동장), 동네, 그 밖에 또래와 어울리는 여타 장소에서 또래관계를 관찰할 기회를 찾도록 한다.

경우에 따라서 치료자가 청소년과 그 친구를 직접 만나서 또래관계 정보를 수집할 수 있다. 예를 들면, 인기 없는 청소년의 사회적 역량을 평가해야 하거나, 또래관계가 친사회적인지, 반사회적인지 상충되는 정보가 혼재되어 있는 경우를 생각해 보자. 이 경우 치료자는 청소년 및 그 또래와 직접 만나 볼 필요가 있다. 이때 청소년이 가진 흥미와 기술을 고려하여 아이들이 편안하게 느끼는 곳에서 만나도록 한다. 카드게임이나 치료자의 애완동물 만나기, 15분짜리 UCC 만들기 등 아이들이 좋아할 만한 여러 가지 활동을 기획한다. 다음으로 (부모가 친구 부모에게 미리 연락하여 동의를 구한 후) 양육자의 협조와 참석 아래 치료자는 청소년의 친구들과 함께 청소년의 집에서 재미있는 활동을 함께한다. 이렇게 아이들과 직접 어울리면서 청소년과 친구들의 인지적·행동적 기술과 함께 이들의 일상적 관심사에 관한 상당한 정보를 수집할 수 있다. 예를 들어, 치료자가 직접 관찰해 보니 의뢰된 청소년이 자기 친구라고 지목한 아이와는 잘 어울리지 못한 반면, 잘 받아 주는 착한 친구와 잘 어울리는 모습을 보였다면 개입 전략은 달라져야 할 것이다.

3. 핏서클 그리기

다른 모든 MST 개입과 마찬가지로, 평가를 통해 문제의 핏요인을 파악하는 것은
효과적인 중재를 설계하는 데 있어 가장 기본적인 요건이다.

1) 일탈또래 어울림

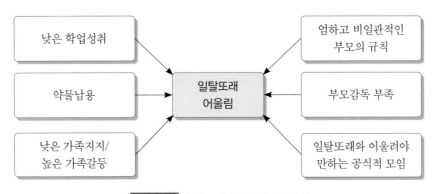

그림 4-1 일탈또래 어울림의 기여요인

청소년이 일탈또래와 계속 어울리도록 만드는 요인은 가족마다 다르다. [그림
4-1]은 이러한 요인을 설명하고 있다. 이 장의 초반부에서 보았듯이 가족 상호작용
양상(예: 가족갈등, 양육방식, 부모감독)이 일탈또래 어울림에 기여할 수 있다. 가족관
계에 대한 초기평가는 이러한 요인에 관한 단서를 제공한다. 또한 학업성취도가 낮
고 술과 마약을 가까이 하는 청소년은 공부는 관심 없고 마약을 즐기는 아이들과 어
울릴 가능성이 높다. 일단 일탈또래로 이루어진 집단과 어울리게 되면 집단에 휩쓸
려 반사회적 행동에 가담할 가능성이 높다. 반사회적 행동을 같이 하면서 또래에게
지지와 수용을 받을 수 있는데, 이것은 청소년의 반사회적 행동을 강화한다. 친한
친구들이 서로 끈끈하게 애착되어 있는 것처럼, 일탈된 또래끼리도 서로 애착되어
있기 때문에 청소년이 자발적으로 일탈집단을 빠져나올 가능성은 매우 낮다.

2) 따돌림 또는 또래거부

청소년이 또래에게 따돌림 당하거나, 거부 또는 무시를 당한다면(혼자 생활함), 청소년의 사회적 행동 중 소외와 따돌림에 기여하는 것이 있는지 평가하도록 한다. 따돌림이나 거부에 영향을 미칠 수 있는 요인은 [그림 4-2]에 설명되어 있다.

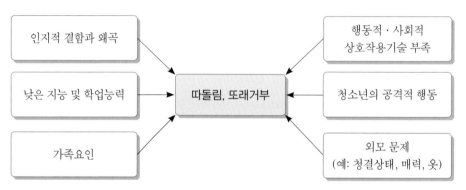

그림 4-2   따돌림 또는 또래거부에 기여하는 요인들

(1) 공격적 행동이 핵심 요인일 때

또래관계 어려움을 야기하는 주된 요인이 청소년의 공격적 행동이라면 치료자는 가족과 가정-학교 연계개입(family school intervention)을 통해 청소년의 공격적 행동을 지속시키는 요인을 해결하도록 한다. 만일 이상 개입을 잘 실행했는데도 공격적 행동이 계속된다면, 치료자는 제6장에서 언급된 개인요인이 작용할 가능성을 검토하고 이에 따라 중재를 설계한다. 인지결함과 인지왜곡은 서투르거나 공격적인 또래 상호작용에 기여할 수 있다. 뿐만 아니라 위생 문제(예: 더러운 옷, 악취), 외모(예: 너무 큰 키, 작은 키, 마르거나 뚱뚱함), 유행에 뒤처진 옷 역시 또래로부터 부정적 관심을 끌며 자의식을 증가시키고, 결국 또래와의 상호작용에서 갈등을 유발한다.

(2) 공격적 행동이 핵심 요인이 아닐 때

공격성이 긍정적 또래관계 발달을 저해하는 주된 요인이 아니라면, 치료자는 상호작용의 어떤 영역이 문제가 있는지 가족과 청소년에게 알아본다. 일반적으로 무시나 거부를 당하는 청소년은 사회적 상황에서 쉽게 위축되며, 밝은 분위기로 대화를 시작하거나 주고받기를 잘하지 못한다. 친구들이 좋아하고 수용할 수 있는 방식으로 행동하는 방법을 잘 모른다.

친구들 앞에서 위축되고 말을 잘하지 못하는 아이에게 주변 아이들은 잘 다가서지 않는다. 그 결과 이런 아이들은 또래와 긍정적인 접촉을 할 기회가 줄어들고, 그렇지 않아도 사회성 기술이 부족한데 친사회적 행동을 배울 기회마저 잃게 된다. 마찬가지로 어줍거나 피곤하게 끼어드는 친구도 아이들이 싫어하는 경향이 있다. 시간이 지나면서 이러한 청소년은 친구 사이에서 부정적으로 찍히고 놀림과 배척을 당할 수 있다. 또래에게 거부당하고 아이들에게 부정적인 낙인이 찍히면 청소년의 반사회적인 행동, 어줍거나 위축된 모습이 더욱 강화될 수 있다. 이는 주변 아이들이 해당 청소년이 부적절한 행동을 할 것이라고 예상하고 그런 행동에만 선택적으로 주의를 기울이기 때문이다. 주변 또래가 청소년에게 부정적인 기대를 가지면 다음과 같은 결과로 이어질 수 있다.

- 주변 친구들이 청소년의 친사회적 행동에 별로 주목하지 않으며, 긍정적 반응도 잘 하지 않는다.
- 계속되는 주변 친구들의 부정적 반응에 청소년의 자아상이 심각하게 손상될 수 있고, 이것이 다시 소외를 가중시킨다.

또래들로부터 반복되는 부정적 반응은 발달단계별로 적절한 사회적 행동을 배우기 위해 꼭 필요한 긍정적 상호작용의 기회를 갖기 어렵게 만든다.

6 또래관계 치료

청소년 또래관계 문제(예: 일탈또래 어울림, 따돌림, 거부)에 대한 치료는 MST가 종결되어도 그 효과가 지속될 수 있어야 한다. 따라서 무엇보다 양육자가 또래관계의 핵심 관리자로 참여하는 것이 중요하다. 치료자는 양육자가 다음의 역할을 담당하도록 돕는다.

- 행동 문제에 가려 자녀의 흥미와 재능이 잘 드러나지 않아도 부모는 여전히 자

녀의 흥미와 재능에 관해 가장 잘 알고 있는 전문가이다.

- 또래관계 문제로 행동 문제가 야기될 때 자녀에게 또래관계에 대한 조언과 지침을 제공한다.
- 일탈또래와 어울리지 않도록 규칙을 정하고 감독하고 훈육을 제공한다.
- 친사회적 친구와 어울릴 수 있는 기회가 생기는 방과 후 활동 참여를 촉진한다.
- 청소년의 친구 부모와 소통한다.
- 또래와 어울리는 활동을 감독한다.

1. 일탈된 또래관계 감소, 친사회적 또래관계 증가

청소년이 일탈또래와 어울리면서 반사회적 행동을 배우고 있다면 개입은 일탈또래와 덜 어울리고, 친사회적 친구와 더 어울릴 수 있도록 설계되어야 한다. 개입을 할 때 양육자가 다음의 과제를 이행하도록 돕는다.

1) 행방을 감독한다

양육자가 감독을 게을리한다면 그 원인을 무엇보다도 먼저 해결하여야 한다. 제3장에서 양육자의 감독소홀과 관련된 요인들, 감독과 모니터링을 증가시킬 수 있는 효과적인 개입에 대해 상세하게 설명하였다.

2) 또래친구 및 그 부모와 접촉을 늘린다

양육자는 다음 몇 가지 전략을 사용하여 또래친구와 접촉하는 양을 증가시킬 수 있다. 치료자는 양육자에게 언제, 왜 그러한 접촉이 필요한지 이해시킨다.

(1) 가정에서 친구와 놀게 하기

치료자와 양육자는 함께 집을 꾸며 친구들이 환영받는 분위기가 되도록 한다. 양육자는 집안 공간 한두 곳(예: 거실), 옥외 장소 한두 곳(예: 뒤뜰, 농구대 주변)을 친구들끼리 편하게 이야기하고 게임하거나 영화를 보는 등 나이에 걸맞는 활동을 할 수 있는 곳으로 내어 준다. 이곳은 양육자가 충분히(너무 많이 말고) 감독할 수 있는 곳이어야 한다. 여기서 '충분한 감독'이라는 것은 양육자가 옆에서 계속 지키고 서 있거나, 아이들의 놀이를 방해하는 것을 의미하지 않는다. 부모가 개입해야 할 문제가 발생하지 않는 한 양육자는 적당히 떨어져 있으면서 아이들이 무엇을 하고 있는지 보고 들을 수 있으면 된다. 친구들을 환영하는 방법 중 하나는 친구들이 방문했을 때 맛있는 다과를 제공하는 것이다. 양육자는 친구들이 얼마나 자주 올 수 있는지, 얼마 동안 집에 있을 수 있는지, 또 방문했을 때 할 수 있는 활동은 무엇이고 해서는 안 되는 활동은 무엇인지 지침을 미리 알려 주어야 한다. 만일 계획에 없는 친구가 방문한다면 어떻게 할지도 청소년과 의논한다. 청소년의 집이 친구들을 환영하면서도 지켜야 할 규칙이 분명한 집이 된다면, 양육자는 친구들과 어울릴 기회가 많아지고 자연스럽게 이들의 관심사와 활동에 관해 배울 수 있을 것이다.

(2) 일상의 기회를 이용하기

또래와의 어울림을 쉽게 관찰할 수 있거나, 어울림이 관리되어야 하는 일상적인 기회를 찾아본다. 아이들을 영화관, 마트, 야구장으로 데려다 주고 데리고 오는 일이 그런 예가 될 수 있다. 차가 없는 양육자라면 아이들이 버스나 택시를 타기 전에 청소년의 집에 다 같이 모여서 출발하도록 할 수 있다.

(3) 친구 양육자와 접촉하기

또래 어울림을 감독하는 방법 중 하나는 친구의 양육자와 규칙적으로 접촉하는 것이다. 아이들이 어른의 감독이 필요한 어떤 놀이를 계획하고 있다면, 그때마다 양육자가 친구 부모와 전화를 하거나 직접 만나서 의논을 하도록 한다. 예를 들면, 청소년이 금요일 저녁에 열리는 친구집 파티에 가고자 허락을 구할 때, 양육자는 파티를 여는 집의 부모뿐 아니라 참가하는 다른 친구들의 부모와 연락하여 문제가 없는 모임인지, 책임 있는 어른이 옆에서 감독하는지 확인해야 한다. 양육자는 친구 부모들과 규칙적으로 연락을 취하여 그 친구들이 책임감 있고 친사회적인 아이들인지, 그 부모도 애들이 어울리는 것을 관심을 갖고 감독하는지 확인한다. 이러한 교류를 통해 부모들은 서로를 신뢰하고, 효과적인 감독과 규칙 전략을 공유할 수 있다. 아이들이 건전하게 잘 어울리도록 하는 부모간 연대가 생겨나는 것이다. 이 과정에서 중요한 소득은 또 있다. 자녀를 거의 감독하지 않고 자녀가 말썽(예: 집에서 대마초 흡입)을 일으켜도 아랑곳하지 않는 부모가 누구인지 알게 된다.

(4) 유능한 부모들을 사귀기

치료자는 학부모가 참여하는 여러 모임(예: 학교 운동회, 부모교사협의회)에 양육자가 나가서 좋은 부모들과 교류하도록 독려한다. 청소년들이 서로 어울리며 방과 후 활동을 하는 사이, 부모들도 서로 친해지고 청소년들의 어울림을 같이 감독할 수 있다.

3) 반사회적 또래 교류를 처벌하고 긍정적 또래 교류를 보상하기

양육자는 청소년이 일탈또래와 계속 어울린다면 매우 불편한 결과가 따르도록 규칙을 확립한다. 제3장에서 언급하였듯이, 처벌은 청소년이 매우 싫어하는 것이어야 한다. 이렇듯 일탈또래와 어울림을 금지하는 규칙은 일반적인 기준에서 좀 과도해 보일 수도 있다. 예를 들면, 청소년이 누구와, 언제, 어디에서, 무엇을 할 수 있는지 제한하는 규칙을 만들고, 만일 이 규칙 중 무엇이라도 청소년이 어겼다면 양육자는 외출금지와 함께 아이가 무척 싫어하는 집안일(예: 화장실, 욕조, 씽크대와 부엌바닥 청소)을 포함하여 5시간의 집안일을 하도록 벌할 수 있다. 양육자는 집안일 처벌을 청소년이 제대로 이행했는지 꼭 검사하고 기준에 못 미치면 다시 하도록 해야 한다. 규칙을 위반할 때 벌로 부과하는 집안일은, 예를 들면 세차나 집 전체 청소처럼 청소년이 하기 싫어하는 것들이어야 한다.

4) 청소년의 능력과 관심을 찾기

청소년의 재능과 활동은 반사회적 문제행동, 학업실패, 법적 문제에 연루되면서 가려져 있을 수 있다. 하지만 이러한 재능과 흥미는 청소년이 좋은 친구와 어울릴 수 있도록 돕는 중요한 수단이다. 예를 들면, 양육자는 음악적 재능이 있는 청소년에게 음악동아리(예: 학교 재즈밴드) 활동을 하도록 격려할 수 있다. 문학적 재능을 가진 청소년은 졸업앨범 또는 학교신문 제작에 참가하도록 할 수 있고, 기계에 재능 있는 청소년은 직업 프로그램에 참여하거나 고용현장에서 실습생으로 일하도록 하며, 운동에 소질이 있는 청소년은 스포츠 활동에 참여해 볼 수 있다. 다른 친사회적 활동으로는 지역사회봉사단체, 교회집단, 레크리에이션센터, 방과 후 자원봉사 등이 있다. 청소년이 친사회적 활동을 어서 시작했으면 하는 양육자의 바람이 크다 하더라도, 실제로 어떤 활동을 할지 선택하는 것은 청소년의 몫이다(이것은 청소년에게 통제력을 제공한다). 이에 대해서 치료자는 초반에 가족토론을 하도록 한다.

5) 청소년이 친사회적 활동에 참여하도록 촉진하기

친사회적 활동이 무엇이든, 양육자는 청소년의 참여를 강화해야 한다. 예를 들면, 양육자는 활동에 필요한 물품(예: 악기, 운동장비)과 교통편을 마련해 주며, 청소년이 관심 분야를 발견할 수 있도록 격려한다. 양육자가 청소년이 하는 활동을 함께 한다면, 부모가 부모로서 최선을 다하고 있음을 아이에게 보여 줄 뿐만 아니라, 아이의 재능을 자랑스러워 한다는 것을 알려 줄 수 있다.

6) 양육자의 과제이행을 돕는 제안

이러한 과제를 잘 완수하기 위해 치료자는 청소년, 가족, 학교, 이웃, 지역사회의 강점을 고려하여 여러 가지 개입 전략을 사용한다. 또래 생태계를 재구성하기 위해 양육자가 적극적인 역할을 할 수 있도록 치료자는 다음과 같은 지침을 유념한다. 이러한 지침은 어려운 과제를 해결할 가능성을 높인다.

- 다가올 전투에 대비해 양육자에게 마음의 준비를 시킨다. 일탈또래와의 접촉을 줄이고 낯선 친사회적 친구와 접촉을 늘리는 것은 부모에게 매우 힘든 전투이다. 이에 대한 청소년의 저항이 대단하기 때문이다. 양육자는 다가올 전투에 대비해 마음을 단단히 먹어야 한다. 치료자는 또래관계를 바꾸는 과정에서 닥쳐올 다음의 일을 양육자에게 분명하게 전달한다.
  - 부모의 시간, 에너지, 감정의 소모가 상당할 것이라는 점
  - 청소년이 매우 분노할 것이고 부모의 결정을 바꾸려고 갖은 수를 다 쓸 것이라는 점

양육자가 또래관계를 변화시키려는 노력에 참여하길 꺼린다면 치료자는 다음을 실행할 필요가 있다.

  - 청소년이 일탈또래와 계속 어울릴 때 겪게 될 장기적인 부정적 결과를 짚어 주기(예: 수감, 약물중독, 총기범죄)
  - 일탈또래를 차단하면서 초래되는 단기적인 고통과 장기적인 고통을 비교하기

일탈또래와의 차단을 시도하기에 앞서 양육자는 다른 가족, 친구, 동료, 중요한 주변 성인(예: 교사, 이웃)의 지지와 협조를 받아야 한다. 주변의 지지가 충분히 확보되었어도 개입 초기에는 치료자가 엄청나게 많은 일을 도와주어야 한다(예: 한밤중에 청소년이 귀가하지 않았다는 응급전화에 대응하는 것, 청소년이 한밤중에 귀가하고 양육자가 야단을 한판 치려는 현장에 재빨리 출동하는 것). 만약 청소년을 재워 주고 숨겨 주는 친구들과 함께 있어서 쉽사리 소재를 파악하기 힘든 극단적인 상황이라면, 치료자는 양육자가 보호관찰관, 경찰, 사회복지사와 같은 보다 공적인 지역사회체계의 도움을 요청하도록 한다.

- **일탈또래와 어울리는 불이익을 청소년이 알도록 한다.** 또래관계 변화의 필요성을 청소년에게 인식시키기 위해 인지적 접근을 사용한다(양육자도 이렇게 하도록 코치한다). 이러한 접근은 동기강화상담(Motivational Interviewing: MI) 전략과 비슷하다(Miller & Rollnick, 2002). 치료자는 청소년의 교육적·직업적 목표를 확인하고 목표에 이르는 단계를 청소년에게 알려 준다. 목표와 단계를 확인한 후 치료자와 양육자는 청소년으로 하여금 현재 생활양식과 목표 사이의 불일치를 볼 수 있도록 한다. 만일 어떤 청소년이 '25세가 되면 그때 알아서 잘하겠으니 그때까지만 좀 놀겠다'고 말했다고 가정하자. 이때 치료적 과제는 그런 방식은 실패하기 쉽다는 것을 청소년에게 알려 주는 것이다. 이러한 토론을 통해 청소년은 자신의 삶의 목표가 보통 아이들과 얼마나 다른지 이해할 기회를 갖는다. 일단 청소년이 불일치를 인식하게 되면 치료자와 양육자는 청소년과 함께 목표를 달성하기 위한 보다 건설적인 방법을 함께 검토해 볼 수 있다. 이 지점에서 유사한 목표를 위해 노력하는 친구들과 친해지는 방안도 이야기해 본다.

  치료자는 주변 동네에서 사람들이 청소년을 어떻게 볼지, 즉 청소년에 대한 소문에 대해서 양육자, 청소년과 토론할 수 있다(대부분의 청소년은 자신이 범죄자로 소문나는 것을 좋아하지 않을 것이며, 비행또래와 어울리면서 이미 안 좋은 결과를 체험하고 있을 것이다). 청소년의 사회적인 기대와 현재 행동 사이의 차이점을 바라보면, 이를 해결할 수 있는 좋은 방법을 찾을 수 있다. 청소년은 대부분 좋은 직업도 갖고 싶고 사람들에게 인정도 받고 싶어 하기 때문에, 이를 위해 뭔가를 해 보자고 말하면 현재의 또래집단(심각한 일탈또래집단)에서 빠져나와야겠다고 느끼기도 한다. 청소년과 가족 주변의 다른 성인(삼촌, 코치, 이웃 등)이 부모보다 청소년에게 신뢰를 얻고 있다면(왜냐하면 이들은 또래관계에 대해서 청소년과 다툰 적이 없기 때문에), 치료자와 양육자는 이들의 도움을 받도록 한다.

- 청소년에게 소중한 친구를 호되게 나무라거나 무시하거나 모욕하는 일은 피한다. 양육자는 청소년이 가까이 지내는 친구에 대해 흉을 봐서는 안 된다. 치료자는 부모에게 이런 방식은 거의 효과가 없으며, 오히려 부모자녀 갈등만 부채질할 수 있다는 점을 이해시키도록 한다. 이러한 친구들이 청소년에게 정서적 지지와 소속감을 주는 것은 간과할 수 없는 사실이다. 따라서 치료자는 비행또래가 미치는 부정적 영향에 초점을 맞추면서도 청소년이 그러한 친구를 좋아하고 있다는 점을 양육자에게 알려 주어야 한다.

7) 일탈또래의 비중에 따른 고려점

치료자와 양육자가 개입을 설계하고 실행할 때 일탈또래와 어울리는 범위와 강도를 고려해야 한다.

(1) 여러 부류와 어울릴 때

청소년의 친구 중 친사회적인 아이들과 반사회적인 아이들이 섞여 있을 때 치료자와 양육자는 가급적 친사회적 친구와 어울릴 수 있도록 청소년을 이끈다. 양육자가 보기에 판단하기 어려운 친구(좋은 친구와 나쁜 친구의 경계선에 있음)와 청소년이 친하게 어울리고 있다면 양육자는 그 친구들과 어울릴 때 지켜야 할 분명한 어떤 제한을 설정할 수 있다. 아래는 두 번째 유형의 사례이다.

에릭 그레이엄은 고등학교 2학년이다. 그는 학교에서 친구들에게 신체적 폭력을 행사하여 두 번 체포되었고, 무단결석으로 세 번 정학을 맞았다. 치료자는 부모, 교사와의 면담에서 에릭이 작년까지 우수한 학업 성적(A, B)을 받았으나 그 이후부터 풋볼팀 친구들과 어울리며 학교를 빼먹기 시작했다는 것을 알게 되었다. 그 친구 중 몇 명의 부추김으로 에릭은 전 여자친구를 험담한 남학생과 싸움을 하였다. 이 사건에 대해 그레이엄 부부가 에릭에게 적절한 처벌을 주었지만(몇 주간 외출금지, 주말마다 집안일, TV와 음악특권 박탈) 에릭의 성적은 나아지지 않았고 계속 문제아들과 어울렸다. 그레이엄 부부는 에릭의 친구 중 한 명이 최근에 학교를 그만두었다며 에릭도 그렇게 될까 봐 걱정했다.

에릭 가족을 여러 차례 만나면서 치료자는 에릭을 포함하여 가족 모두가 학업성취와 직업적 성공을 가치 있게 여긴다는 것을 알게 되었다. 나아가 에릭은 학교에서 싸움에 휘말리고 성적이 저하될 때 뒤따르는 결과, 즉 징계, 축구팀 활동 금지, 나쁜 소문, 부모와 교사의 실망에 대해서 모르지 않았다. 그럼에도 불구하고 그는 초등학교부터 관계를 이어 온 친구들을 떠나라는 부모의 요구를 완강하게 거부하였다. 에릭은 자신은 친구를 선택할 권리가 있다고 주장했으며 부모의 생각은 안중에도 없는 것 같았다.

치료자와 부모는 의논해 본 결과, 지금의 친구들을 에릭에게서 떼어 놓고 좋은 아이들과 새로 어울리게 하는 것이 어렵다는 결론을 내렸다. 이는 다음과 같은 몇 가지 이유 때문이었다. 첫째, 에릭은 비슷한 재능(예: 축구, 운동능력)을 가진 친구들과 오랫동안 강력한 의리를 맺어 왔기 때문이다. 그가 새로운 친구들과 이 정도의 의리를 새롭게 형성할 가능성은 매우 낮았다. 에릭은 이미 이 문제에 대해서 부모가 어떤 처벌을 가해도 기꺼이 견디겠다고 말하였다. 둘째, 치료자가 어느 날 에릭과 그의 친구들을 방과 후에 만났을 때 새로운 것을 알게 되었다. 에릭의 친구들이 비록 학업에는 뜻이 없지만 일은 매우 열심히 한다는 것이다. 소년들은 풋볼팀에서 매우 강도 높은 훈련을 받으면서도 아르바이트를 병행하고 있었다. 더불어 이들은 약간 떨떠름해하면서도 에릭의 우수한 학교성적을 칭찬하기도 했다. 셋째, 친구들이 때로 에릭을 '마마보이'라고 놀리기도 하지만 그들은 에릭을 상당히 아끼고 또 잘해 주고 있었다. 그들은 에릭이 무단결석이나 싸움 때문에 부모에게 많이 혼나고 있다는 것도 알고 있었다.

앞선 요인들을 고려해 볼 때, 부모와 치료자는 차라리 학업성취를 무시하고 싸움을 부추기는 또래의 압력에 적절히 대처하는 법을 에릭에게 가르치는 것이 낫겠다고 결정했다. 치료자는 가족들과 브레인스토밍 회기를 가졌다. 거기에서 에릭과 그의 부모, 치료자는 부정적 또래압력에 대처할 수 있는 여러 전략을 가능한 한 많이 생각해 보았다. 그중 에릭이 가장 마음에 든다고 하는 전략을 선택하여 이를 '시운전'해 보는 역할극을 실시하였다. 여기서 양육자는 높은 압력을 가하는 또래를 연기하였다. 역할극을 해 보면서 부모와 에릭은 가장 효과적이라고 생각되는 다음의 전략을 선택하였다. 먼저, 또래의 부정적인 요구를 모른 척 무시한다. 만약 이것이 제대로 안 되면 다음으로 에릭은 친구들에게 더 이상 정학을 받아 축구팀에 해를 끼치고 싶지 않다고, 또 이미 부모님과 갈등하는 상황인데 내년을 또 외출금지로 보내고 싶지 않다고 말한다. 마지막으로 학교에서 있었던 일이나 TV에서 봤던 재미있는 이야기로 화제를 돌린다.

비록 그레이엄 부부는 처음에는 에릭이 새로운 친구를 찾기를 바랐지만 나중에는 점차 그들이 에릭에게 소중한 친구이며, 이들에게 거부당할까 봐 에릭이 많이 걱정하고 있다는 점을 인정하기 시작했다. 에릭은 교육의 중요성을 이미 잘 알고 있었고 친구와 멀어지는 것에 대한 부모의 보상을 별로 달가워하지 않았지만, 그 대신 치료자와 부모가 대안으로 제시한 부정적 또래압력을 거절하는 일을 수행하려고 열심히 노력했다. 에릭이 MST를 받으면서 수업을 몇 번 빼먹긴 했지만 그의 성적은 놀라울 정도로 향상되었으며 친구들도 더 이상 결석하자고 조르지 않게 되었다. 1년 후, 그레이엄 부부는 에릭이 상당히 높은 성적을 잘 유지하고 있으며 지방에 있는 대학에 입학을 준비하고 있다는 소식을 전해 주었다.

에릭의 예와 같이 청소년이 일탈또래들과 친사회적 흥미와 재능을 공유하고 있다면, 굳이 현재의 친구와 관계를 끊지 않아도 일탈행동에서 벗어날 수 있다. 이 과정에서 살펴본 또래압력에 대한 대처법 외에 다른 전략을 사용할 수도 있다. 다음의 예는 치료자와 어머니가 지역사회자원을 활용하여 10대 소녀의 생활을 개선하고 친사회적 행동을 촉진시킨 예를 보여 준다.

16세 여고생 브렌다 엘리스는 상점 절도를 되풀이하고, 친구와 밤늦게까지 거리를 배회하며, 자신을 촌스럽다고 놀린 여학생을 주먹으로 때리고 발로 찼던 일로 인해 MST에 의뢰되었다. 브렌다의 아버지는 3년 전에 가족을 버렸고, 남겨진 엘리스 부인은 브렌다와 다섯 명의 어린 동생을 키워야 했다. 엘리스 부인은 브렌다도 걱정이지만 그보다 양육과 경제적 어려움으로 정신을 차릴 수가 없었다. 정서적 · 도구적 지지를 기대할 만한 이웃이나 친척도 주변에 없었다. 엘리스 부인은 브렌다의 행동을 면밀히 모니터링할 시간도, 힘도 없었으며 브렌다가 계속 사고를 친다면 위탁가정 같은 곳으로 보낼 것이라고 말하였다.

치료자는 브렌다와 제일 친한 친구 두 명을 면담한 후, 아이들의 문제행동이 상당 부분 분에 넘치는 옷과 물건을 갖고 싶어 일어난 일이라는 결론을 내렸다. 아이들 모두가 가정에 여유가 없어서 그중에 용돈을 받는 아이가 한 명도 없었다. 면담을 통해서 치료자와 엘리스 부인은 브렌다와 두 친구, 친구들의 부모까지 모두가 좋아할 만한 합의에 도달하였다. 아이들이 절도, 거리 배회, 싸움을 그친다면 부모들이 집 근처 상가에서 아르바이트를 찾아 주기로 한 것이다. 엘리스 부인과 다른 부모들의 도움을 받아 치료자는 아이들에게 이력서 작성법을 가르치고 일자리를 알아봐 주었다. 한 달 후, 아이들은 학교와 집에 지장이 생기지 않는 아르바이트를 구했다.

다음 회기에서 치료자는 엘리스 부인, 브렌다와 함께 급여관리, 학교출석 및 학업수행, 집안일, 동생 돌보기, 친구와 놀기에 관련된 규칙을 만들었다. 18개월 후 브렌다는 고등학교를 졸업하였고 좋은 직장에서 전일제 일자리를 얻었으며 재범을 일으키지 않았다.

(2) 일탈또래만 있는 경우

일탈또래 외에 다른 친구가 없을 때, 치료자와 양육자는 일탈또래와의 어울림으로 얻는 이익에 대적할 만한 강력한 긍정적 강화와 부정적 처벌을 제공하는 방식으로 청소년의 생태환경을 재조정할 필요가 있다. 먼저, 앞서 언급한 개입을 시도해 본 뒤에 그래도 안 된다면 청소년을 일탈또래와 분리하는 결정을 내린다. 다음의 네 가지 조건이 충족된다면 분리결정을 내린다.

- 친구들이 어떠한 형태의 친사회적 활동(예: 공부, 동아리, 아르바이트)에도 흥미가 없으며 참여하지 않는다.
- 친구들에게 강력하고 지속적인 범법행위 이력이 있으며, 폭력에 가담하거나 약물을 남용한다.
- 그동안 또래관계 변화를 위한 개입이 성공을 거두지 못했다.
- 친구들의 부모는 자녀에게 규칙을 부과하거나 감독할 의지가 없으며, 그들 자신도 불법적 행위에 가담하고 있을 가능성마저 있다.

다음의 예는 부모와 가족의 지지체계 내에 있는 여러 사람이 협동하여 청소년을 일탈또래에게서 분리한 사례이다.

자스민 캠벨은 다 큰 어른같이 보이는 조숙한 15세 여학생이다. 지난 18개월간 성적 저하, 경절도로 인한 반복된 체포, 기물파손, 난폭한 행동, 성 문제 등을 일으킴에 따라 부모의 걱정이 이만저만이 아니었다. 부모는 아이의 자유를 점점 더 구속하는 처벌을 통해서 문제를 해결하려고 했다. MST에 의뢰되었을 때 자스민은 말 그대로 자신의 집에 갇혀 있었고 부모는 간수 역할을 하고 있었다. 휴대폰을 사용할 권한도, 방과 후 외출도 허락되지 않았으며, 주말 동안에도 집에 갇혀 있어야 했다. 이렇게 감금되어 있던 어느 날 밤 자스민은 몰래 18세의 남자친구를 2층 창문을 통해 그녀의 침실로 불러들였다. 또 다른 날에는 새벽 1시에 몰래 집을 나가, 남자친구와 그의 친구들과 함께 자동차 대리점에서 차를 훔쳐 술을 마시며 몇 시간을 돌아 다녔다.

치료자는 가족과 지난 일을 의논하는 가운데 자스민과 친구들을 떼어 놓아야겠다고 결론을 내렸는데, 이는 다음과 같은 몇 가지 사실을 확인했기 때문이다. 첫째, 남자친구를 포함하여 다른 나이 많은 아이들(남자친구의 친구들) 중 어느 누구도 바람직한 삶의 목표를 가지고 있지 않았다. 모두 고등학교를 중퇴하였고, 일을 하지 않았으며, 심한 방임을 하는 부모와 살고 있었다. 둘째, 자스민은 남자친구에게 너무 깊이 빠져 있었다. 자스민의 부모는 따스함이 좀 부족한 사람들이었다. 그런 가운데 만난 남자친구는 그녀의 첫사랑이자, 부모가 채워 주지 못한 정서적 허기를 충족시켜 주고 있었다. 셋째, 만약 자스민에게 가족과 친구(특히 남자친구) 중 선택하라고 한다면 아마도 그녀는 친구를 선택했을 것이다. 넷째, 자스민의 부모는 지적이고 능력 있는 사람들로 딸의 안위를 진심으로 걱정하고 있었다. 다섯째, 비록 자스민이 외모는 조숙했지만 정서적으로는 많이 어렸다.

치료자와 부모는 행동방침을 결정하기 전에 몇 가지 중요한 이슈에 대해 합의하였다. 첫째, 집은 감옥이 아니며 그런 집은 가족 누구도 원하지 않는다는 것이다. 자스민은 함께할 수 있는 친구를 원하지만 부모가 염려하는 성 문제, 학교 문제, 위법행위부터 해결해야 했다. 둘째, 치료자와 부모는 남자친구에 대한 자스민의 마음을 충분히 이해하지만, 장기적으로 보면 이들은 계속 이어질 수 있는 바람직한 관계가 아니었다. 남자친구에게는 용납하기 힘든 몇 가지 심각한 문제가 있었으며, 자스민은 보다 책임감 있는 남학생과 사귈 만한 좋은 점을 많이 지니고 있었다. 자스민은 아직 15세이기 때문에 법적으로는 부모의 결정을 따라야 했다. 자스민의 감정은 십분 이해되었으나 부모는 남자친구 및 다른 친구들과의 관계를 허락할 수 없었다.

다음으로 치료자와 부모는 가정을 정상화시키고, 남자친구 및 그 친구들과 관계를 단절시키면서 자스민에게 일상의 자유를 되돌려 주기 위해 함께 계획을 세웠다. 먼저, 자스민에게 나이에 걸맞는 권한과 자유를 되돌려 주기로 하였다. 그러나 자스민이 남자친구와 그 친구들을 계속 만난다면 부모는 친구들을 법적 강간, 미성년자 유인죄목으로 형사고발할 것이다. 또한 자스민을 제약이 많은 여자기숙학교로 보낼 수 있다. 부모와 치료자는 자스민에게 정말이지 이렇게까지 하고 싶지 않다고 강조했다. 하지만 지금처럼 집이 감옥같고, 계속 자스민의 안위를 염려해야 한다면 이렇게 하는 수밖에 없었다. 따라서 자스민이 남자친구와 그 친구들을 계속 만난다면 그 이후는 매우 곤란해질 것이다. 하지만 자스민이 부모의 도움을 받아 그 관계를 끝낸다면 예전 같은 일상과 자유를 다시 회복할 수 있다.

치료자는 자스민이 남자친구와 결별을 결심하고 이를 지켜 나갈 수 있도록 인지개입, 가족개입, 또래 개입을 하였다. 인지개입으로 치료자는 자스민이 얼마나 영리하고 장점이 많은지 스스로 자각하도록 했다. 또한 자스민에게 어울리는 좋은 남자를 만날 기회가 앞으로도 많을 것이라는 점을 이해시켰다. 가족 개입으로 치료자는 부모에게 과제를 부과하여 가족관계 및 부부관계의 정서 문제를 해결하고자 하였다. 첫째, 부모는 자스민에게 부모의 사랑과 염려를 보다 자주 표현한다. 둘째, 부모는 부모 역할과 배우자 역할을 잘하고 있다고 서로 응원한다. 마지막으로 셋째, 치료자는 자스민이 또래 청소년과 건전한 관계를 맺도록 부모가 여러 가지 노력을 기울이도록 하였다. 부모는 자스민이 교회에서 여러 활동을 할 수 있도록 도왔다. 여기서 자스민은 친사회적 친구와 어울리면서 나중에는 정말 좋은 새 친구를 사귀게 되었다. 이 중에는 자스민이 학교에서 수업을 하면서 이미 알던 아이들도 있었다. 또한 자스민은 학교 신문사 부원이 되어 매일 방과 후 신문사에서 활동하면서 새로운 남녀 친구들을 사귀었다. 비록 전 남자친구가 몇 번 학교로 찾아와 점심시간에 자스민을 만나려고 하고, 집으로도 여러 번 전화하여 때로는 부모를 협박하기도 하였으나, 부모가 교사, 경찰의 협조를 받아 두 사람의 만남을 막을 수 있었다. 결국 전 남자친구는 자스민의 인생에서 퇴장하였다.

2. 사회적인 거부, 무시당하는 청소년

일탈또래와 어울리는 청소년과 마찬가지로, 치료자는 또래에게 거부 또는 무시당하는 청소년을 위한 개입에 부모를 참여시키고 또래관계의 변화가 가정과 이웃에서 지속되도록 모든 노력을 기울여야 한다. 또래거부나 무시의 원인이 가족의 상호작용 양상에 있는 경우 치료자는 이에 초점을 맞춘다. 예를 들어, 가족전체가 사회적으로 고립되어 있거나, 양육자에게 사회불안이 있거나, 가족의 사회적 기술이 상대적으로 미숙할 수 있다. 게다가 어떤 양육자는 청소년에게 사회직으로 교류할 기회를 제공할 책임(예: 지역 사회 내 건전한 활동 찾아 주기, 친구를 집에 데려오게 하기, 쇼핑몰에 태워다 주기)이 자신에게 있다는 것을 모르기도 한다. 가족이 사회적으로 교류하는 방식이 청소년의 사회성 문제에 기여하는 경우, 청소년에게만 개입한다면 치료가 성공할 가능성이 낮다. 따라서 치료자는 이 장과 제6장에서 제시된 사회성 기술 훈련을 청소년에게 적용하기 전이나 적용 도중에 또래 문제에 기여하는 가족요인에 대해서도 개입할 필요가 있다.

1) 개입 표적: 사회성 기술 부족

사회성 기술이 부족한 청소년의 경우 교실과 같이 자연스럽게 또래와 상호작용할 수 있는 곳에서 치료를 진행하는 것이 가장 좋다. MST 일환으로 가정에서 사회성 기술 훈련을 계획하고 실행할 때, 또래들과 어울릴 수 있는 학교와 동네에서 사회성 기술을 연습할 기회를 마련하도록 한다. 치료자는 개입목표를 결정하기에 앞서 사회적 상호작용에서 청소년이 보이는 문제의 성격과 인지발달 수준을 고려하도록 한다. 일반적으로 다음과 같은 사회성 문제가 있을 수 있다.

- **관계시작기술 부족**: 어떤 청소년은 상호작용의 시작을 특히 어려워한다. 이들은 어떻게 상호작용을 시작해야 하는지 그 방법을 모를 수 있다.
  - 다른 사람에게 다가가기(예: 인사하기, 칭찬하기)
  - 대화 유지하기(예: 적절한 대답하기, 질문하기)
  - 무리에 참여하기(예: 잘 듣고 있다가 무리에 끼어들기)

아이들 중에는 간혹 상호작용을 시작하려고 잘난 척을 하거나 불안한 모습(예: 위축, 동정 구하기, 흐느껴 울기, 안절부절 못하는 것)을 보이는 경우가 있다. 이 경우 긍정적인 방식으로 또래에게 관심을 얻고 상호작용하는 방식을 배울 필요가 있다.

- **대화기술 부족**: 소외되거나 무시당하는 청소년은 다음과 같은 기술이 부족하다.
  - 친해지기 위해서 자신에 대해서 말하는 것(자기개방)
  - 친해지기 위해서 조언이나 제안을 하는 것
  - 도움을 구하거나 요청하는 것(직접적이고 침착하게 요청하기, 칭찬을 받으면 감사를 표하기)
  - 불평하거나 위축되지 않고 자신의 감정을 직접적으로 표현하는 것
  - 자신의 바람을 적절하게 표현하는 것(예: 적절한 방식으로 거절하기)
  - 다른 사람이 말할 때 공감하는 것(예: 다른 사람의 감정을 수용하고 이해를 표현하는 것)
- **나눔과 협동기술 부족**: 잘 놀지 못하는 아이, 즉 놀 때 재미가 없고 친구를 속이거나 혼자 이익을 독차지하려는 아이라면 모두가 싫어할 것이다. 어떤 청소년

들은 협력하거나, 상호 간 주고받기의 균형을 맞추는 등의 인간관계의 원칙에 대해 실질적으로 전혀 배운 적이 없다. 또래 상호작용에서 얼마나 지배적 혹은 수동적인지 하는 특성을 떠나서 이러한 아이들은 기본적으로 협력적인 상호작용기술이 부족하다.

• 문제해결 및 갈등해결기술 부족: 제6장에서 보다 자세하게 기술되겠지만, 사회적 상호작용에서 작용하는 인지적 문제해결능력이 부족하면 대인관계 효율성이 떨어질 수 있다. 사회적 기술이 부족한 청소년은 대인관계에서 문제가 발생할 때 달리 어떻게 행동해야 할지 곰곰이 따져 보는 능력이 떨어진다.

2) 또래관계 문제해결

치료자와 양육자는 청소년에게 사회성 기술 훈련과 문제해결기술 훈련을 가르칠 때 사용했던 교수 전략을 활용할 수 있다. 제6장에서도 설명되는 이러한 전략으로는 특정한 기술의 교육, 기술의 모델링, 그러한 기술을 연습할 기회의 제공, 연습을 관찰한 후 언어적 격려와 정확한 피드백 제공이 있다. 치료자는 양육자에게 이러한 교수 전략을 설명해 주고 치료자가 없을 때에도 청소년이 새롭게 배운 기술을 사용하도록 강화하고 코칭하도록 한다.

(1) 기술 교육

치료자는 위에 열거된 일반적인 문제뿐만 아니라 청소년 각각의 고유한 사회적 상호작용 결함이나 구체적인 문제에도 익숙해져야 한다. 다음 저스틴의 사례와 같이 청소년은 하나 이상의 사회성 기술에서 어려움을 보일 수 있다.

> 저스틴은 속어를 사용하며 반 친구들에게 인사를 한다. 그러면 아이들은 가끔씩 인사를 받아 주기도 한다. 그러나 저스틴은 아이들이 뻔한 주제(예: 숙제, 텔레비전 쇼, 방과 후 활동, 스포츠)로 일상적인 대화를 할 때는 거의 끼어들지 않았다. 치료자는 가정 내 평가와 방과 후 활동 관찰을 통해서 저스틴이 자신과 가족에 관한 부적절한 이야기를 아이들에게 한다는 것을 알았다(예: 그의 형이 교도소에 갔다). 더구나 친구에게 무슨 질문을 해 놓고서 대답을 듣지도 않고 갑자기 자신의 더러운 오토바이나 사촌 이야기, 다른 곳에 살았을 때 다녔던 학교에 대해 이야기하곤 했다.

일단 특정 기술에 문제가 있음이 확인되면, 치료자는 청소년에게 한 번에 하나씩 어떤 기술을 배울지 잘 설명해 주면서 그 기술이 왜 중요한지도 알려 준다. 저스틴의 경우 또래와 대화를 시작하는 것이 첫 번째 개입목표였다. 치료자는 저스틴에게 대화를 시작하는 기술을 배워야 학교 친구들과 친해질 수 있다고 설명하였다. 또한 대화를 시작하는 기술을 익히게 되면 자신의 더러운 오토바이에 어떤 친구들이 관심 있는지 알아낼 수 있고, 도서관이나 레크리에이션 센터에서 모터크로스 캠프[1]나 프로그램 정보도 알아볼 수 있다고 말했다.

제6장의 사회성 기술 훈련회기에서 보다 상세하게 설명하겠지만, 사회성 기술을 코칭할 때는 특정 기술의 언어적 · 비언어적 행동에 대해 언어적으로 가르쳐 주어야 한다(예: 눈맞춤을 한다, 다른 사람을 불편하게 하지 않지만 잘 들릴 수 있을 만큼 가까이 선다). 칭찬하기와 같은 단순한 기술은 상대적으로 많은 행동을 포함하고 있지 않다. 그러나 대화를 시작하거나 데이트 요청을 하는 등 보다 복잡한 기술을 가르칠 때는 그 기술에 포함된 행동을 설명하고 시범을 보여야 한다. 즉, 이러한 행동을 '눈을 맞춘다, 이름을 부르며 인사한다, 개방형으로 질문한다, 상대방의 대답을 잘 듣고 답한다, 또 다른 질문을 한다' 등으로 나누어 설명한다.

(2) 모델링

모델링은 청소년이 다른 사람들의 사회적 행동을 관찰할 때 일어난다. 청소년이 보기에 모델의 나이, 성, 인종이 자신과 비슷하다고 느낄 때 보다 강력한 효과를 볼 수 있다. 이러한 모델은 TV 프로그램이나 영화에서도 찾아볼 수 있다. 치료자와 청소년이 긍정적이고 현실적이며 비폭력적으로 사회적 교류를 하는 아이들의 영상을 함께 시청할 수 있다. 이러한 장면을 보고 토론하는 것은 두 가지 목적에서 중요하다. 첫째, 이런 장면은 바람직한 행동이 무엇인지 분명하게 이해하도록 돕는다. 둘째, 이런 장면은 다른 사람과 긍정적으로 상호작용하는 좋은 방식이 많다는 것을 알려준다.

또한 긍정적 또래 상호작용이 일어날 수 있는 장소나 활동에 청소년을 배치하여 실제 친사회적 모델에 노출시키는 것도 좋은 방법이다. 관찰학습의 효과를 극대화

---

1) 역자 주: 일종의 오토바이 경기

하기 위해 치료자는 어떤 것이 바람직하고 상호적인 사회적 교류인지, 구체적인 상호작용 장면과 기술을 짚어 주어야 한다. 단순히 "아이들이 얼마나 잘 지내는지 지켜보자."와 같은 언급은 잘 지내게 하는 것이 무엇인지 이해하는 데 도움이 되지 않는다. 그보다 "저 아이는 다른 아이에게 재킷이 잘 어울린다고 말했구나. 재킷을 입은 소년은 '고마워'라고 답하고 상대방에게 다시 뭔가를 물어보고 있어."와 같이 관찰한 바에 대한 구체적으로 언급함으로써 청소년에게 배워야 할 기술을 알려 주도록 한다.

(3) 리허설과 연습

사회성 기술 훈련의 세 번째 교수 전략은 행동적인 리허설과 연습이다. 행동적인 리허설은 청소년이 표적행동을 적절한 상황에서 수행할 수 있도록 돕는다. 기술을 적용할 상황을 머리로 상상할 수 있는 인지적 능력을 가진 청소년에게 다음과 같은 리허설 단계를 밟아 간다.

- 특정한 상황과 그 상황에 대한 상대방의 반응을 시각화하면서 시작한다.
- 치료자는 청소년으로 하여금 그 장면을 설명하게 한다. 자신이 어떻게 행동할지, 어떤 결과가 일어날 것 같은지 상황에 대해서 말해 본다.
- 다음으로 치료자, 청소년, 양육자는 그 상황을 역할 연기한다.
- 치료자와 양육자는 역할극 상황에서 청소년을 관찰하면서 그 수행에 대해 피드백을 주어 필요한 교정이 이루어지도록 돕는다.
- 다음으로 청소년이 역할극에서 자신의 수행을 스스로 평가해 보도록 한다. 이때 자신의 수행을 정확하게 평가할 수 있도록 한다. 지나치게 엄격한 평가(예: "완전히 망쳤네."), 또는 지나치게 긍정적인 평가(치료자와 양육자의 교정이 필요한 상황인데도 청소년 스스로 "나 진짜 잘했어."라고 만족함)를 하지 않도록 한다.

사회성 기술 학습에서 리허설과 연습의 중요성을 보여 주는 예가 제6장의 문제해결 회기에서 자세히 제시된다.

(4) 새로운 기술에 대한 생태적 지원

효과적인 사회성 기술 훈련의 마지막 요소는 실제 상황에서 새로 배운 기술을 수행해 보도록 하는 것이다. 새로이 습득한 기술에 대한 생태적 지원(ecological support)은 매우 중요한 것이다. 개인은 강화를 받지 않으면 새로운 기술을 좀처럼 수행하지 않기 때문이다. 예를 들어, 청소년이 형제자매에게 어떤 칭찬을 했는데(바람직한 상호작용의 첫 단계) 이를 조롱으로 받아치거나, 또는 청소년이 무엇을 같이 나누어 쓰자고 제안했는데(보다 발달된 기술) 이를 거절당한다면, 청소년은 더 이상 그 기술을 쓰고 싶지 않을 것이다. 이 경우, 치료자는 양육자와 함께 형제간에 보다 지지적인 상호작용을 하도록 작업을 해야 한다. 만일 대부분의 반 친구가 청소년을 무시하고 놀리며 적극적으로 거부하여 실제 적용이 어렵다면, 치료자와 가족은 역할극으로 미리 연습한 기술을 다른 상황에서(예: 이웃, 교회 청소년집단, 레크리에이션 센터) 적용할 수 있는지 알아봐야 한다. 다른 상황에서 한 번 성공을 경험하고 난 이후, 치료자와 양육자, 청소년은 이번에는 반 친구들에게서 성공할 수 있도록 전략을 설계하고 시도한다.

다음 사례는 이 장에서 논의된 각각의 교수 전략이 통합된 예이다.

데릭 얼은 키가 크고 근육질 체구를 가진 16세 소년으로 학교에서 다른 아이들을 때려서 두 번 체포된 후 MST에 의뢰되었다. 데릭의 고등학교 회장에 따르면 오래전부터 데릭은 성미가 급하고 다른 친구들을 자주 팬다는 소문이 있었다고 한다. 지난 6개월간 데릭은 남자애들 세 명을 여러 차례 두들겨 팼으며, 그들 중 한 명은 안과수술이 필요할 정도로 심하게 다쳤다. 데릭이 폭력으로 수감되는 것은 시간 문제였다.

치료를 시작하고 몇 주간 데릭의 또래관계에 대한 몇 가지 사실이 분명하게 드러났다. 데릭은 농구와 육상을 뛰어나게 잘하여 모두가 인정하는 우수한 운동선수로 많은 남자아이의 부러움을 사고 있었다. 그러나 데릭은 상대적으로 지적 능력이 낮았고(언어성 지능지수 79), 말을 더듬어 언어치료를 받고 있었으며 학업성적은 바닥에 가까웠다. 데릭의 교사에 따르면 낮은 학업성적과 언어장애 때문에 남자아이들이 그를 자주 놀렸다고 한다. 이런 놀림은 데릭의 공격성을 부추겼다. 데릭의 학교 상담사는 데릭을 놀리는 아이들의 대부분이 정서 문제 및 가족 문제를 가지고 있었고 학업성적이 저조하며 운동도 잘 못하는 아이들이라고 보고하였다.

치료자는 또래 상호작용의 어떤 측면이 데릭의 공격적 행동을 불러일으키는지 알아보기 위해 데릭과 몇 가지 시나리오로 역할연기를 하였다. 데릭에게서 친구들 때문에 화가 났던 몇 가지 상황을 들은 후, 치료자는 아이들이 했던 구체적인 말을 사용하여 친구들이 놀리는 상황을 역할극으로 재현해 보자고 하였다. 치료자는 놀리는 또래의 역할을 하면서 데릭이 언제 화가 났는지 파악하기 위해 역할극을 하다가 화가 난 순간에 멈추라고 지시했다. 데릭은 처음에는 역할극이 바보 같다고 여겼다. 하지만 치료자가 또래 역할을 그럴듯하게 잘하면서 몰입하니 데릭도 어느덧 화가 났던 그 상황에 빠져들었다.

화가 나는 각각의 상황을 살펴보면서 치료자는 데릭 모자와 함께 '또래'의 말에 대한 데릭의 반응에 대해 이야기를 나누었다. 이러한 논의를 통해 데릭은 자신이 얼마나 쉽게 또래에게 휘둘리는지 알게 되었고, 또래들이 데릭의 운동능력을 질투한다는 것도 깨달았다. 그런 상황에서 데릭이 생각해 낸 대응이라곤 아이들을 혼내 주는 것 밖에 없었지만 데릭은 싸움을 별로 좋아하지 않았고, 약한 애를 괴롭힌다는 소문도 달갑지 않았다. 치료자와 얼 부인은 데릭이 또래 사이의 친근한 제스처(예: 가볍게 등을 두드리는 것, 어깨에 손을 올리는 것)를 적대적으로 해석하는 경향이 있다는 것도 알게 되었다. 그는 자신이 좋아하는 사람이든 아니든 자신을 '긁는' 것이 싫다고 말하였다.

치료자의 초기 개입은 이처럼 친구들이 데릭을 놀리는 이유를 이해할 뿐 아니라 우호적인 친구들이 친근감을 표현하는 것도 인지하도록 돕는 것이었다. 다음 개입은 데릭이 너무나 존경해 마지않는 대학 농구선수인 삼촌(얼 부인의 남동생)의 도움을 받았다. 치료자와 데릭, 삼촌은 여러 차례 만나 함께 머리를 맞대고 친구들의 부정적이거나 긍정적인 행동에 대처하는 비공격적인 전략을 구상하였다. 예를 들면, 친구들이 데릭의 성적과 말하기를 놀릴 때, 그들에게 농구와 육상을 가르쳐 줄까라고 친절하게 물어보는 것이다. 이것은 운동에 약한 아이들을 효과적으로 누를 수 있는 전략이다. 또한 삼촌은 친구들이 호감을 신체적으로 표현할 때 데릭이 존경하는 선수들처럼 주먹을 가볍게 맞대 보라고(first bump) 데릭에게 가르쳤다. 데릭은 이러한 진략을 연습했고, 2개월 동안 점차 세련되게 구사하더니 나중에는 친구를 괴롭힌다는 소문이 점차 사라지게 되었다.

3) 장애물과 극복 전략

다음으로 성공적인 또래 개입을 저해하는 일반적인 장애물을 설명하고, 이를 극복하기 위한 다양한 전략을 논의하고자 한다.

(1) 폭력조직

청소년이 폭력조직(gangs)에 가담한 경우, 여기서 빠져나오는 것은 매우 어렵다. 청소년 폭력조직에 대한 다음의 연구결과를 MST와 관련지어 생각해 볼 수 있다 (Howell, 2003 참조).

- 청소년들은 여럿이 어울려 함께 범죄를 저지르지만 그렇다고 이들이 모두 조직폭력배는 아니다.
- 폭력조직에 대한 가담은 오래 지속되지 않는다. 청소년을 포함한 조직폭력배의 2/3 정도는 1년 이상 조직에 머물지 않는다.
- 이전에 조직폭력배였던 청소년도 조직에서 이탈한 후 친사회적인 또래관계를 맺을 수 있다.

이 결과는 청소년이 폭력조직에 들어가겠다고 하거나, 혹은 실제로 가담하고 있다 해도 이를 또래 개입에 있어 난공불락의 장애로 여길 필요는 없다는 것을 보여준다. 단, 청소년을 폭력조직에서 빼내려고 할 때 청소년과 그 가족에게 상당한 위협이 따른다면, 치료자와 가족, 사법체계는 이러한 위협을 심각하게 받아들이고 안전계획(제2장 참조)을 수립해야 한다.

(2) 청소년을 집합시키는 소년사법, 약물중독 개입, 집단치료

전통적인 소년사법 및 약물중독 프로그램은 다양한 이유 때문에(예: 접근성, 낮은 비용, 편의성) 집단치료나 특수반과 같은 형식으로 반사회적 청소년을 집합시켜 프로그램을 운영한다. 하지만 일탈청소년은 상호 간에 강화효과를 갖기 때문에 학교, 소년사법, 지역사회 등에서 이들을 한 데 모아 개입하면 문제행동이 개선되기는커녕 더욱 악화된다(Dodge et al., 2006). 실제로 행동 문제를 가진 청소년이 서로 어울리면서 스스로 친사회적 가치를 찾아내고 올바른 규칙을 받아들일 것이라고 기대하는 것은 무리가 있다. 더구나 다른 일탈청소년과 집단 프로그램에서 어울리다 보면 그만큼 친사회적 친구들과 학업적 · 사회적 역량을 쌓기 위한 바람직한 시간을 보내기 어렵다. 따라서 MST는 대상 청소년이 일탈청소년으로 이루어진 집단치료에 참여하는 것을 엄격히 금지하며, 적응을 잘하는 친사회적인 친구들이 모이는 교육

적·직업적 환경에 청소년을 참여시키기 위해 상당한 노력을 기울인다. 이러한 원칙을 고수하기 어려운 MST 프로그램이 있다면 MST 컨설턴트가 도움을 제공한다.

(3) 부모의 참여 부족

양육자 중에는 긍정적 발달에 대해 갖는 또래관계의 중요성이나 친구를 잘 사귈 수 있도록 가족의 역할이 상당히 필요하다는 것을 잘 모르는 사람이 있다. 치료자는 의뢰된 문제에 대한 또래 문제의 강한 영향력을 양육자가 인식할 수 있도록 돕는다. 만약 양육자가 이러한 관련성을 잘 이해하지 못하고 있다면 그 영향 관계를 입증할 수 있는 증거를 수집하도록 한다(예: 청소년이 물건을 훔치거나 마약을 하는 경우 항상 친한 친구들과 함께한다). 어떤 양육자들은 또래관계의 중요성을 잘 이해하지만 청소년이 어떤 또래를 만날지 양육자가 관여할 수 없다고 여긴다. 이런 경우 치료자는 다음 사항을 분명히 한다. 첫째, 청소년은 친사회적 친구 중에서만이 같이 놀 친구를 선택할 수 있다. 둘째, 청소년이 일탈된 아이를 친구로 선택한다면 양육자는 반듯한 친구를 새로 찾도록 도와야 한다.

(4) 충분하지 않은 실행

충분하지 않은 실행은 주로 양육자가 일탈된 또래집단과 청소년을 분리하려고 할 때 문제가 되곤 한다. 이는 양육자가 소위 청소년과의 전투를 맞이하여 단단히 준비하지 않았기 때문에 발생하는 것이다. 가령 청소년이 가출을 감행하거나 폭력으로 위협하면서 부모의 감독에 불응할 때 부모가 약속했던 실행을 포기하는 경우, 치료자와 양육자는 계획을 잘 검토하여 어떤 측면이 제대로 작동하지 않아 양육자가 포기를 했는지 알아보고 향후 이런 일이 다시 일어나지 않도록 전략을 설계해야 한다. 나아가 계획에 포함되어 있지 않았다고 해도 청소년에 대한 중요한 사항(예: 아이가 오늘 무서운 아이와 학교를 탈출함)을 알려 줄 수 있고 도움을 줄 수 있는 사람(예: 교사, 레크리에이션 센터 감독)이 있는지 알아본다. 또한 치료자와 양육자는 다음과 같은 실행의 중요한 부분을 점검한다. 나쁜 친구와 만나지 않고 친사회적 친구와 만나면 좋은 보상이 제공되며, 이를 어겼을 때 강력한 처벌이 뒤따를 것이다. 아울러 가족 문제(부부갈등, 양육자의 비일관성, 양육자가 가진 물질남용 또는 우울)나 다른 장애물로 인해 보상과 결과의 적용에 문제가 발생해서는 안 된다.

(5) 구체적이고 현실적인 장애물

금전적 문제로 양육자의 중재가 난관에 부딪힌다면 치료자와 양육자는 같이 이 문제를 해결한다. 가령 청소년 활동의 등록비 할인이나 면제를 요청하기, 가능한 장학금이나 재정 지원을 신청하기, 사적인 서비스 교환(예: 양육자는 운전봉사를 하는 대신, 청소년을 위한 유니폼을 얻는다.) 등을 생각해 볼 수 있다. 의복이나 장비를 중고로 마련하는 것도 괜찮다. 지역 육상클럽이나 농구리그에 참여하기 위해 반드시 신제품 운동화가 필요하지 않다. 만일 청소년이 그런 것을 요구할 때 양육자는 신중할 필요가 있다. 특히 외진 시골이나 도시의 빈곤지역에는 잘 짜여진 청소년 활동이 별로 없고, 대부분 주말이나 방과 후에 제공되는 교회나 동네 프로그램, 비공식적 네트워크 프로그램 정도 외에 찾을 수 없는 경우도 있다. 그렇다 해도 그러한 환경에서 청소년이 반사회적 활동에 가담하지 않도록 치료자와 양육자는 부지런히 건전한 청소년 활동을 알아봐야 한다.

7 결론

일탈또래와의 어울림은 청소년의 반사회적 문제행동을 강력하게 예측한다. MST는 나쁜 친구로부터 분리시키는 문제를 매우 비중 있게 다루며, 친사회적 친구와의 어울림을 적극 장려한다. 실제로 또래관계 변화는 MST 변화이론의 핵심이다. 반사회적 문제행동에 관한 증거기반치료 기제를 분석한 여러 연구에서, 청소년과 일탈또래 사이의 접촉을 제한하는 것의 중요성은 강력하게 지지되고 있다(제2장). 이 장은 일탈또래를 분리시키는 방법과 함께 친사회적 친구와 어울릴 수 있도록 하기 위한 사회성 기술 증진법을 소개하였고 이 과정에서 발생하는 장애물을 극복하는 방법도 제시하였다.

제5장

교육적 · 직업적 성공

신디 M. 셰퍼[1] 공저

---

1) 신디 M. 셰퍼(Cindy M. Schaeffer) 박사는 사우스캐롤라이나 의과대학의 정신의학 및 행동과학과 부교수이며
   가족연구센터 교수이다. 박사는 미주리주 콜럼비아 대학에서 아동임상심리학으로 박사학위를 취득하였고, 존
   스 홉킨스 블룸버그 공공의료대학 예방의학 분야에서 박사후 과정을 이수하였다. 셰퍼 박사의 연구 분야로는
   아동기에서 청소년기에 걸친 반사회적 행동의 발달, 반사회적인 청소년과 가족을 위한 새로운 생태적 개입 등
   이 있다.

심각한 반사회적 문제행동으로 MST에 의뢰된 청소년은 대부분 무단결석, 정학, 강제전학, 학업적 실패 등의 문제를 안고 있다. 이런 일을 반복해서 겪다보면 학부모와 교사는 흔히 혼란감과 분노를 느끼며 청소년의 학업적·행동적 문제에 절망감을 보인다. 학부모는 보통 청소년의 학업 문제 및 교실 내 행동 문제가 학교 탓이라고 생각한다. 학부모들은 교사와 교장이 아이의 문제를 그 부모에게 제대로 알리지 않았고, 대화를 할 때도 아이에 대해서 나쁘게만 이야기했다고 말한다. 반면, 교사들은 가족이 청소년을 제대로 돌보지 않았으며 학교 일에도 거의 관여하지 않았다고 비난한다. 이렇게 양자 간에 적대적인 상호작용이 반복되면서 교사와 학부모 사이의 유대감은 산산조각난다. 이런 상황에서 MST 치료자는 청소년의 학업적·행동적 문제를 개선하기 위해서 교사, 교직원, 학부모를 치료과정에 참여시켜야 한다.

　MST에서 치료자와 학부모, 교직원은 일반적으로 다음과 같은 목표를 성취하고자 한다.

- 학업의 지속
- 성적 향상
- 무단결석 방지
- 정학, 강제전학 등 학교 징계의 감면

　이러한 목표를 성취하는 데 실패하게 되면 청소년은 학업을 중단할 가능성이 높고, 결국 장기적으로는 경제적(저임금, 취업기회 감소), 사회적(주거여건 악화, 자녀교육기회 제한)으로 도태될 가능성이 매우 높다(Bridgeland, Diulio, & Morrison, 2006; U. S. Department of Education, 1998).

　MST 치료자는 무단결석, 정학, 강제전학으로 이어지는 학교 문제를 우선적으로 다룬다. 제4장의 에릭 그레이엄과 제6장의 팀 클레이튼의 사례는 사회적 및 생태적 요인(일탈또래 어울림, 부모감독 부족, 비효과적인 양육, 청소년의 부족한 문제해결기술)이 범죄행동뿐만 아니라 학교 문제도 일으킬 수 있다는 것을 보여 준다. 에릭과 팀의 사례처럼 체계가 개선되면 학교 문제도 눈에 띄게 개선된다. 또 어떤 경우에는 청소년 개인의 인지 및 학업 문제와 가족 및 또래요인이 맞물려 교실 내 행동 문제가 발생하기도 한다. 이 경우에는 학교 문제를 개선하기 위해 교실, 가정, 그리고 그 접점에 대한 개입이 필요하다. 이를 위해 이 장에서는 다음과 같은 전략과 지침을 제시하고자 한다.

- 학교 개입의 평가, 계획, 실행의 과정에 교사, 교직원, 학부모를 참여시킨다.
- 학교 개입과 연관된 가정 개입에 학부모를 참여시킨다.
- 교사와 학부모 간 효과적인 협력관계를 구축한다.

다음으로 교실 내 문제에 대한 핏요인 평가 및 개입 전략을 설명한다. 아울러 학업중단 예방 및 학업중단 위기학생의 교육적 · 직업적 역량 증진 방안을 논한다.

1 교사 및 교직원 참여

교사와 치료자가 협력을 도모하는 가장 중요한 질문은 이것이다. "무엇을 하면 청소년의 학업 및 행동 문제 해결을 위한 관계자(교장, 코치, 특수교육 코디네이터)의 참여를 끌어낼 수 있을까?" 치료자는 그 해답을 찾기 위해 다음의 지침을 숙지하도록 한다.

1. 교사를 참여시킨다

교사의 참여를 위한 첫 단계는 청소년 문제의 원인과 특징에 대한 교사 나름의 관점을 이해하는 것이다. 교사의 참여를 이끌어 내기 주안점(제2장 참조)은 다음과 같다.

- 교사의 언어를 이해하고 사용한다.
- 문제해결 동기를 높이기 위해 교사가 설정한 목표를 파악한다.
- 효과적인 변화를 가능케 하는 교사와 치료자의 능력을 드러낸다.
- 효과적인 협력을 방해하는 행동을 변화시킨다.

교사와 구두 및 서면으로 소통할 때 상대를 비난하지 않고, 그동안 교사가 기울여 온 노력이 별다른 효과가 없었을지라도 이를 충분히 인정하는 것이 교사의 참여를 촉진하는 데 있어 매우 중요하다.

2. 교직원을 참여시킨다

학교기반 개입을 위해서 행정가, 학교 상담자, 수석교사의 협조가 매우 중요하다. 치료자는 다음 지침을 따른다.

1) 확립된 절차 준수
치료자는 교직원과 통화하거나 대면할 때, 혹은 학부모, 교직원이 다 같이 참여하는 회의를 주선할 때 학교의 절차와 정책을 따라야 한다. 따라서 치료자는 학교 체계, 규칙, 절차를 포함한 공식적인 학교의 운영구조를 숙지해야 한다. 예를 들어, 어떤 학교에서는 항상 행정실을 거쳐야 학교 직원들과 연락을 할 수 있지만, 어떤 학교에서는 교사가 직접 전화나 메일로 연락하는 방식을 선호한다.

2) 학교 생태학 이해
치료자는 '어떤 교사가 의견을 주도하는지, 어떤 교사들이 서로 친한지 또는 누가 교장과 잘 지내는지, 어떻게 그들이 학교와 학교 밖(치료자와 같은) 사람들을 바라보는지' 등의 학교 생태학을 파악해야 한다. 대도시에서 MST가 시행되는 경우 청소년들이 각기 다른 여러 학교를 다니고 있기 때문에 각 학교의 생태학을 이해하는 데 상당한 시간이 소요될 수 있다. 따라서 MST 팀마다 각 학교의 공식적·비공식적 정책과 관행에 대한 정보를 모아서 학교별로 파일을 만들어 두면 매우 유용하다.

3) 학교의 노력 강화

교직원의 참여를 독려하기 위해 치료자는 주요 교직원(교장, 교사, 학부모 위원회, 코치, 행정직원)이 치료과정에서 얼마나 중요한지, 또 얼마나 큰 기여를 하고 있는지 드러내려고 노력한다. 만일 학부모가 학교 개입을 잘 인지하고 참여하는 중이라면 학부모로 하여금 교사에게 감사를 표현하도록 한다. 예를 들어, 치료자와 학부모는 특정한 교사의 도움을 강조한 감사 편지를 교장에게 보내고 그 사본을 교사에게 보여 줄 수 있다. 이런 전략은 청소년과 가족에게 실제적인 도움이 될 뿐 아니라, 향후 교직원들이 MST를 환영할 가능성을 높인다.

3. 반드시 같이 개입을 설계하고 실행하도록 한다.

MST 치료자가 부모와 함께 핏요인을 확인하고 개입을 실행했던 것처럼 치료자는 학교 문제의 핏요인을 파악하고 적절한 개입을 선택하고 실행하는 과정을 반드시 교사와 함께 수행한다. 교사에게 편리한 소통의 시간과 방법을 배려하여, 특정 개입의 결과 피드백을 매일 혹은 적어도 주 1회 받도록 한다(원칙 7). 소통방법으로 간단한 대면회의, 전화, 이메일, 가정과 학교 간에 알림장 역할을 하는 일일학교생활기록부 등이 있다([그림 5-1]).

학생 이름: _____   부모 이름: _____

날   짜: _____   전화 번호: _____

교시	교과	교사	항목	아니요=0 네=1	총점 (0~3)	교사 서명
1			a. 정각에 왔는가? b. 바르게 행동했는가? c. 숙제를 정확하게 받아 적었는가? (다음 표를 보시오.)	0 1 0 1 0 1		
2			a. 정각에 왔는가? b. 바르게 행동했는가? c. 숙제를 정확하게 받아 적었는가? (다음 표를 보시오.)	0 1 0 1 0 1		

〈계속〉

교시	교과	교사	항목	아니요=0 네=1	총점 (0~3)	교사 서명
3			a. 정각에 왔는가? b. 바르게 행동했는가? c. 숙제를 정확하게 받아 적었는가? (다음 표를 보시오.)	0 1 0 1 0 1		
4			a. 정각에 왔는가? b. 바르게 행동했는가? c. 숙제를 정확하게 받아 적었는가? (다음 표를 보시오.)	0 1 0 1 0 1		
5			a. 정각에 왔는가? b. 바르게 행동했는가? c. 숙제를 정확하게 받아 적었는가? (다음 표를 보시오.)	0 1 0 1 0 1		
6			a. 정각에 왔는가? b. 바르게 행동했는가? c. 숙제를 정확하게 받아 적었는가? (다음 표를 보시오.)	0 1 0 1 0 1		
7			a. 정각에 왔는가? b. 바르게 행동했는가? c. 숙제를 정확하게 받아 적었는가? (다음 표를 보시오.)	0 1 0 1 0 1		
8			a. 정각에 왔는가? b. 바르게 행동했는가? c. 숙제를 정확하게 받아 적었는가? (다음 표를 보시오.)	0 1 0 1 0 1		
				총점		

과목	숙제	마감일

그림 5-1 일일학교생활기록부

4. 학교기반 개입이 잘 실행되도록 돕는다

MST 치료자는 다른 자원이 개발되거나 개입의 필요성이 사라질 때까지 학교기반 개입을 지속한다. 개입과정에서 교사가 직접 새로운 기술, 가령 문제행동 무시하기 혹은 바른 행동 보상하기 등을 적용해야 할 때가 있다. 이 경우 치료자는 제6장에 제시된 절차에 따라 교사에게 상기 기술을 교수한다(예: 모델링, 피드백, 강화).

5. 소통과 협력을 위해 가정과 학교를 준비시킨다

교사와 학부모는 청소년의 출석과 행동을 기록한 일일학교생활기록부를 서로 주고받으며 학교기반 개입을 공동으로 실행한다. 이 과정에서 치료자는 교직원과 학부모가 개입에 대해 효과적으로 소통한다는 증거가 확인될 때까지 양측이 참여하는 전체회의를 개최한다. 또한 치료자는 전화나 대면회의 전에 양측을 준비시켜야 한다. 즉, 회의에서 무엇을 말할지, 상대에게 어떻게 말할지 등을 역할극을 통해 미리 연습시킨다.

② 학교 문제의 핏평가

청소년 문제에 개입하기 위한 첫 단계는 바로 핏평가이다. 학교 문제에서 자주 확인되는 핏요인을 [그림 5-2]에 제시하였다. 여기에는 청소년(인지적 능력, 학업능력과 기술, 신체 및 정신건강 문제), 가정(학습을 촉진하는 가정환경, 학업적 · 사회적 수행에 대한 감독과 보상), 학교(구조, 자원, 리더십, 분위기), 학급(학급 형태, 학급 관리, 교수 효율성), 가정-학교 연계(연락의 빈도와 특성, 관계성 정도), 또래집단(학습부진을 보이는 친구, 마약중독 친구), 이웃(잦은 이동, 높은 범죄율) 등이 있다.

치료자는 면담과 직접관찰을 통해 학교 문제에 기여하는 핏요인을 찾는다. 치료자가 면담해야 할 대상으로는 청소년, 가족과 상호작용하는 교사 및 교직원이 있다. 청소년의 경우 수업시간이나 쉬는 시간에 이들의 생활을 직접 관찰하도록 한다. 아울러 학교 문제에 기여하는 인지적 및 학업적 강점과 약점을 정확하게 파악하기 위

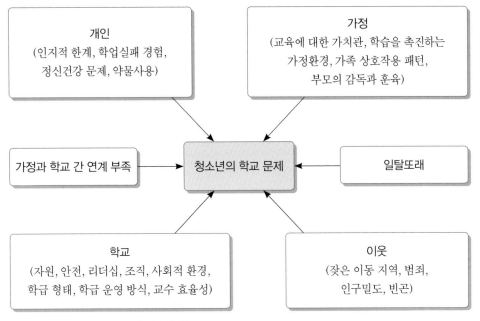

그림 5-2 학교 문제에 기여하는 일반적 요인

해 학부모와 학교의 허가를 얻어 표준화된 지능검사 및 성취검사 학업 성적을 확인하도록 한다.

1. 교실 내 문제행동 평가

치료자는 교직원 및 청소년을 면담하거나 직접 관찰한 자료에 기반하여 학교 내 행동 문제의 핏요인을 파악한다. 이때 제8장의 약물남용 개입에서 소개하는 기능적 평가가 핏요인을 찾는 데 유용하다. 기능적 평가는 행동 문제를 보이는 아이들을 대상으로 학교기반 개입을 설계할 때 기본 과정으로 권장되고 있다(미국 장애인 등에 대한 특수교육법, 1997; Wilcox, Turnbull, & Turnbull, 1999, 2000). MST 원칙과 일치되게(원칙 1), 기능적 평가에서는 그 행동이 발생하는 충분히 이유가 있다고 가정한다. 다시 말해서 행동 뒤에 따라오는 긍정적 혹은 부정적 결과 때문에 행동이 발생한다는 것이다. 따라서 기능적 평가를 수행할 때, ABC[행동(B)를 이끌어 내는 선행사건(A)과 행동의 미래 발생 가능성에 영향을 미치는 결과(C)를 기술]를 이해해야 한다. MST는 근접 맥락(즉, A와 C)에서 보인 청소년의 행동(B)의 이유를 찾는 범위를 기능적 평가

보다 확대한다. 첫째, 여러 청소년 생태계에서 청소년의 행동이 다른 사람에게 미치는 긍정적 · 부정적 결과, 둘째, 여러 청소년 생태계에서 청소년의 행동의 발생에 기여하는 다양한 상호작용 유형이 그것이다.

1) 선행사건과 배경사건 정의

선행사건이란 문제행동의 근접 예측변수이다. 선행사건은 행동 바로 전에 발생하고, 행동을 '촉발'시킨다. 선행사건이란 특정한 시간, 장소, 사람, 행동, 감정, 상황 또는 이 모든 것의 조합이다. 예를 들어, 수업시간 중 감정폭발이라는 문제행동은 바로 그 직전에 당사자가 수학문제 푸는 방법을 몰랐거나, 선생님의 요청과 요구, 혹은 친구의 비난과 같은 요인이 선행했을 수 있다. 배경사건은 문제행동이 발생하는 '배경무대'가 된다. 예를 들어, 사전에 약물(각성제) 복용을 빼먹은 ADHD 아동에게 과제를 내주면 아동은 수업시간 중 행동화할 수 있다. 다른 예로 수면부족은 청소년의 반항을 증가시킨다.

2) 행동 정의

행동의 속성(예: 욕하기, 책 던지기), 시간대(예: 늦은 오후), 빈도를 기술한다.

3) 행동의 결과

치료자는 문제행동이 청소년 자신과 타인에게 어떤 영향을 미쳤는지 그 결과를 파악한다. 교사, 청소년, 학부모가 행동에 뒤따르는 결과를 파악하기 어려워한다면 치료자는 다음 사항을 확인한다.

- 행동이 발생한 직후 주로 어떤 일이 발생하는가?
- 교사 및 학부모는 청소년에게 어떻게 반응했는가?
- 그 행동에 대해 다른 학생은 어떻게 반응했는가? (예: 웃음, 환호)
- 문제행동으로 인해 학생이 어떤 일로부터 벗어날 수 있었는가? (예: 수업과제, 숙제)

문제행동에 의해 얻는 이득을 파악하면 교사와 학부모는 청소년의 바람직한 행동을 강화하기 위한 힌트를 얻을 수 있다.

4) 행동변화를 위해 과거에 했던 시도를 파악

핏요인을 이해하기 위해, 과거 학교에서 청소년의 문제행동을 감소시키고자 어떤 노력을 해 왔는지 살펴본다. 청소년이 문제행동을 하면 일반적으로 학교는 특권박탈, 학교 상담사나 교감에게 보내기, 가정 통신문 발송, 질책, 방과 후 남기, 정학, 부모 면담 등의 조치를 취한다. 이렇게 과거의 시도를 살펴보면서 그간의 노력(예: 정학, 교장실로 보내기)이 오히려 문제행동을 악화시켰음을 알고 교사들이 놀라는 경우가 많다. MST 치료자는 학부모와 상담할 때 핏서클을 사용하여 부모가 기존에 했던 노력의 효과성을 평가하였다. 마찬가지로 교사도 과거 시도의 효과성을 평가할 수 있도록 치료자가 도와줄 필요가 있다.

2. 표준화 검사

학습장애, 지능, 기타 인지적 문제는 학교기록에서 확인할 수 있다. 지능검사나 성취도검사 결과 역시 개별화교육계획(Individualized Educational Program: IEP)에 기재되어 있다. 그런데 이러한 평가가 이루어졌는지 치료자가 알기 어려운 경우도 있다. 청소년의 문제가 인지적 한계와 관련된 것 같은데 관련 평가기록이 부재할 때, 치료자는 학부모, 교사와 함께 의논하여 평가를 수행할 수 있는 학교 심리학자나 자격을 갖춘 전문가를 찾도록 한다. 대부분의 미국 학교는 평가를 필수로 실시해야 하며, 평가 전문가를 고용하도록 되어 있다. 전문적 자문을 필요로 하거나 정신과 의사와 협력해야 할 때(제6장 참조), MST 치료자는 사전에 양육자가 다음 사항을 판단할 수 있도록 돕는다.

- 어떤 평가를 실시할 것인가?
- 평가로부터 얻을 수 있는 정보는 무엇인가?
- 누가 평가를 실시할 것인가?
- 누가 학부모와 교사에게 평가 결과를 해석해 줄 것인가?
- 결과를 어떻게 활용할 것인가?

• 평가결과를 반영한 개입계획을 학부모 및 청소년과 함께 개발하고 그 실행을 지속적으로 감독할 수 있는 사람은 누구인가?

첫 번째 질문과 관련하여 치료자는 사전에 청소년에게 적합한 평가도구를 미리 찾아본 후 양육자와 의논하는 것이 좋다.

1) 지능 평가

일반적으로 청소년의 인지적 강점과 약점을 평가하기 위해 웩슬러 아동용 지능검사 4판(WISC-IV: Wechsler, 2003), 우드콕-존슨 인지능력검사 3판(WJTCA-III: Woodcock, McGrew & Mather, 2001a), 스탠퍼드-비네 검사 5판(Stanford-Binet Intelligence Scales-Fifth Edition: Roid, 2003)과 같이 타당도가 입증된 지능검사를 반드시 포함시킨다. 만약 지적 장애가 의심된다면 바인랜드 적응행동척도 2판(Vineland Adaptive Behavior Scales-Second Edition: Sparrow, Cicchetti, & Balla, 2005)을 반드시 평가 배터리에 포함한다.

2) 성취도 평가

타당도가 입증된 성취도 평가는 웩슬러 성취도검사 2판(the Wechsler Individual Achievement Test-II: WIAT-II: Wechsler, 2001), 광역성취도검사 4판(WRAT4: Wilkison & Robertson, 2006), 우드콕-존슨 성취검사 3판(WJTA-III: Woodcock, McGrew, & Mather, 2001b)이다.

3) 정신건강 평가

주의력결핍 과잉행동장애(ADHD), 우울, 분노가 청소년의 문제에 영향을 미친다고 의심된다면, 제6장에서 기술한 평가를 참조한다. 여기에는 소아 정신과 의사에게 자문을 요청하는 내용도 포함되어 있다.

③ 예시: 자비에 디아즈

이 사례는 문제행동의 원인을 찾기 어렵거나 혹은 인지 및 학습장애를 보이는 청소년에 대한 MST를 잘 보여 준다. 도심의 한 중학교에서 7학년을 유급 중인 15세의 자비에 디아즈는 공공기물파손죄로 두 번째로 체포되었다 풀려난 후 MST에 의뢰되었다. 자비에의 학업 문제와 교실 내 행동 문제는 2학년 때부터 분명하게 드러났다. 3학년 때 자비에는 ADHD를 진단받고 약물치료를 시작했다. 그가 중학교에 입학할 무렵(6학년)에는 2년 유급, 무단결석과 잦은 싸움의 문제를 보였다. 무단결석과 잦은 싸움은 정학과 강제전학으로 이어졌고 자비에는 또래친구들보다 학업적으로 훨씬 뒤처지게 되었다. 이후 자비에는 대부분의 시간을 정서행동장애 학생을 위한 교실에서 따로 수업을 받았다.

MST 치료자 글로리아는 자비에의 담임과 첫 만남을 갖기 전, 먼저 자비에의 개별화교육계획과 평가결과를 검토했다. 평가결과를 검토하기 위해 자비에의 엄마와 교장, 교육 코디네이터에게 사전 허락을 구했다. 학교기록부를 보니 ADHD 진단이 기재되어 있었으며, 개별화교육계획은 이에 준해서 작성된 것이었다. 최근 실시한 표준화 검사에서 자비에(15세)의 읽기는 8학년, 수학은 3학년 수준으로 나타났다. 기록을 검토하면서 글로리아는 자비에의 ADHD와 수학 성취도가 행동 및 학업 문제에 미치는 영향을 가족과 교사가 간과하고 있다고 가정하였다. 그녀는 면담과 관찰을 통해 자비에가 보이는 수업방해 행동에 대한 핏요인을 먼저 찾기로 하였고 추가적인 평가는 그 뒤로 미루었다.

초기에 학교 생태학에 대한 평가를 실시할 때, 글로리아는 자비에의 개별학급 교사 두 명과 만났다. 그들은 자비에가 성격이 급하고 주의력이 부족하며 교사들에게 무례하다고 말했다. 수학교사인 스미스 선생님은 자비에가 욕을 자주 하고 책을 던지며 고함을 질러 수업 방해가 극심하다고 말했다. 영어교사인 존스 선생님은 오후 영어시간에 자비에가 자주 잔다고 말했다. 첫 방문에서 글로리아는 체육교사와 기술교사는 만나지 못했다.

글로리아는 교실행동 관찰양식(〈표 5-1〉)을 사용하여 자비에의 문제행동에 대한 기능적 평가를 실시했다. 스미스 선생님은 자비에가 고함을 지르고 일주일에 최

표 5-1 교실행동 관찰양식의 예

시간	행동	환경	과제	결과	가능한 기능
오전 9:00	욕설 책 던지기 고함지르기	수학 개별학급 모두 남학생 여자교사	스미스 선생님이 큰 소리로 자비에에게 수학문제 풀기를 시켰다.	스미스 선생님은 두 번 더 말했고, 목소리를 더 높였다. 선생님은 자비에를 교장실로 보냈다.	자비에는 잘 못하는 과제를 피할 수 있었다. 문제를 못 푸는 모습을 모두가 지켜보는 창피한 상황을 모면했다. 친구와 선생님의 관심을 얻었다.
오후 1:00	책상에 엎드리기	영어 개별학급 모두 남학생 남자교사	존스 선생님이 작문 과제를 내주었다.	존스 선생님은 자비에의 어깨를 쳐서 자리에 똑바로 앉혔다.	선생님의 관심을 받았다.

소 3, 4번은 외설적인 말을 한다고 말했다. 아무 데서나 5~10초 정도 고함을 질렀고, 그 소리는 옆 반까지 들릴 정도로 컸다. 글로리아가 관찰하는 2시간 동안, 자비에는 책상 위로 과제를 2번 내던지고, 책을 펴고 과제를 하라는 지시를 따르지 않았다. 이 모든 행동에 따른 결과는 유사했다. 문제행동을 보인 후 자비에는 혼이 나고 교장실로 보내졌다. 글로리아는 이를 보고 문제행동이 자비에가 해야 할 일을 회피하도록 해 준다는 가설을 세웠다. 수학을 어려워하는 자비에에게 문제행동 뒤에 교장실로 보내지는 것은 일종의 보상이 된다. 게다가 자비에는 수업 방해행동으로 반 친구들과 선생님의 관심도 받을 수 있었다.

글로리아는 학급운영과 조직이 문제행동에 영향을 미치는지 살펴보았다. 스미스 선생님은 학생들이 떠들거나 수업을 방해하면 그 행동이 과해질 때까지 못 본 척하거나 같은 지시를 여러 번 반복하였다. 관찰을 통해서 글로리아는 스미스 선생님이 교실운영기술이 부족하거나 설사 기술을 잘 알고 있더라도 일관되게 적용하지 못한다는 가설을 세웠다. 일반적으로 학급운영기술을 가르치는 것은 MST 치료 범위를 벗어난다. 하지만 필요하다면 교사가 학급운영기술을 잘 사용할 수 있도록 치료자가 도울 수 있다.

평가의 마지막 단계로서 글로리아는 배경사건(원거리 요인)이 교실 문제행동에 영향을 미치는지 평가했다. 치료자는 자비에와 가족들의 하루 일정에 대한 기초선 자료를 수집했다. 글로리아는 종이에 자비에의 기상시간인 오전 7시부터 잠이 드는 시각인 자정까지 매 시간을 적고, 그 옆에 공란을 만들었다. 그녀는 이 종이를 디아즈 부인(자비에의 어머니)에게 주어 자비에가 일어나서 등교하러 나갈 때까지, 그리고 하교 후부터 잠들 때까지 집에서 무엇을 하는지 적어 달라고 요청하였다. 글로리아는 학교에 가서 동일한 양식의 다른 종이에 수업 시간표와 쉬는 시간을 기록하고 교실과 운동장에서 자비에의 모습을 관찰했다. 3일 후 글로리아는 디아즈 부인이 수집한 정보와 학교에서 관찰한 결과를 통합하여, 자비에가 스미스 선생님의 오전 수학수업과 존스 선생님의 오후 영어수업에서 문제행동을 더 많이 보인다는 것을 알게 되었다. 자비에가 전날 밤 충분한 수면을 취하지 못하면, 아침에 엄마가 깨울 때 실랑이를 벌이고, 약을 먹지 못한 채 서둘러 학교로 간다. 그런 날은 가끔 버스에서 친구와 싸우기도 했다. 자비에가 수학을 잘하지 못하는 것도 문제행동의 기여요인으로 작용했다. 수면부족과 함께 점심을 거르는 일도 존스 선생님의 수업시간에 졸고 책상에 엎드리게 만드는 기여요인이 되었다.

　요약하자면, 치료자는 다양한 방법(면담, 관찰, 평가결과)을 사용하여 자비에의 학교 문제의 핏요인을 파악하였다([그림 5-3]). 이후 논의된 바와 같이 이 핏요인은 자

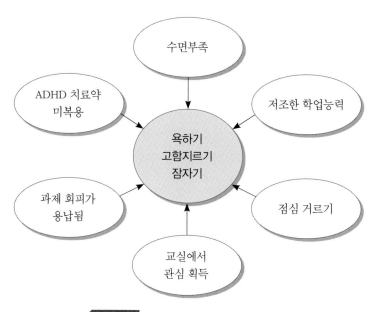

그림 5-3 자비에의 학교 행동 문제 핏서클

비에를 위한 개입을 계획할 때 핵심적인 역할을 했다.

4 학교 문제 개입

개입을 할 때 무단결석과 함께 정학, 강제전학으로 이어지는 반사회적 행동에 대해서도 개입할 필요가 있다. 이 책의 여러 사례에서 이러한 반사회적인 행동(싸움, 수업 빠지기, 교사 위협하기, 학교 기물 파손)을 서술하였다. 특히 이 장에서는 이 중에서도 인지 및 학습 문제와 관련된 교실 내 문제행동에 초점을 맞추었다.

1. 교실 내 문제행동을 효과적으로 관리하고 제거하기

핏분석 결과, 청소년의 교실 내 문제행동의 원인이 특정 과제의 어려움과 함께 학생과 교사의 상호작용 패턴에 있다면, 학업과제에 대한 학생과 교사의 접근방식을 바꾸어 보도록 한다.

1) 즉각적인 선행사건 개입

즉각적인 선행사건에 개입함으로써 수업 중 문제행동을 줄일 수 있다. 수학시간에 자비에가 소리치는 것은 세 가지 상황(질문에 크게 답하도록 시킬 때, 칠판에 문제를 풀도록 시킬 때, 답이 틀려 스미스 교사가 바로잡아 줄 때)에서 발생한다. 글로리아와 스미스 교사는 이러한 상황의 발생을 막기 위해 먼저 자비에에게 쉬운 문제(자비에가 틀림없이 풀 수 있는 문제)를 풀도록 시켜보았다. 다음으로 자비에에게 칠판 대신 책상에서 풀 수 있도록 선택권을 주었다. 또한 공개적인 창피를 당하지 않도록 자비에가 교사에게 구두로 도움을 요청하라고 하였다.

글로리아는 스미스 교사를 통해서 자비에가 수업시간 동안 주어지는 작은 보상과 격려받기, 재미있는 것을 좋아한다는 것을 알게 되었다. 따라서 자비에가 수업시간에 최선을 다한다는 증거가 있을 때마다 언어적 격려와 보상을 늘이기로 계획했다. 만약 자비에가 문제를 풀려고 하지 않거나 도와달라는 요청도 하지 않는다면, 스미스 선생님이 교실 앞에서 자비에를 호명하는 대신 그의 책상에 다가가서 상황을 파악하기로 했다.

2) 문제행동과 이를 유지시키는 결과 대체

만일 문제행동이 아닌 대체행동으로 동일한 목표를 성취할 수 있다면 문제행동이 소거될 가능성이 높다. 치료자는 문제행동으로부터 얻었던 긍정적 결과(예: 교사의 관심을 받는 것, 친구들 앞에서 놀림 안 받기)를 사회적으로 올바른 방법(예: 도움 구하기)을 통해 얻을 수 있도록 개입을 설계해야 한다. 이때 청소년, 교사, 다른 직원들, 양육자가 가진 강점을 활용한다. 치료자는 청소년이 대체행동을 할 수 있는 지식과 기술이 있는지 먼저 확인한다. 친구들 앞에서 공개적으로 수학문제를 풀어야만 하는 상황에서 벗어나기 위해서 자비에가 "선생님, 저는 이 문제를 잘 풀지 못하겠어요. 근데 친구가 먼저 푸는 것을 보면 할 수 있을 것 같아요."라고 말하는 것은 대체행동으로 바람직하다. 글로리아는 다른 상황에서 자비에가 적절한 도움을 요청하는 능력을 가지고 있다는 것을 확인하고 스미스 선생님과 함께 자비에의 기술을 강화하기 위한 개입을 고안했다. 스미스 선생님은 글로리아와 논의한 대로 자비에가 사회적으로 올바르게 요청을 하거나 조용히 책을 읽을 때 칭찬해 주고, 그가 책을 쾅 덮거나 욕설을 내뱉으면 무시하였다. 자비에가 수업시간 중 내뱉는 욕설이 수학문제 풀이로부터 벗어나도록 하는 기능을 가지고 있었기 때문에 글로리아, 어머니, 스미스 선생님은 만약 자비에가 이렇듯 수업을 방해하면 오히려 더 많은 과제를 하도록 전략을 세웠다.

치료자가 적절한 대체행동을 찾았고 청소년이 그것을 실행할 수 있는 능력이 있다는 것을 확인했다면, 이것을 강화하는 것은 매우 중요하다. 교사는 청소년이 적절한 대체행동을 할 때마다 자유시간, 게임시간과 같은 교실 내에서 가능한 활동, 간식, 음료, 혹은 교사가 발행하여 학교 상점에서 사용 가능한 토큰 등의 물품을 주거나 관심과 칭찬처럼 바람직한 사회적 상호작용을 보상으로 제공할 수 있다. 글로리아는 스미스 선생님의 강점, 즉 교사 전문성과 자비에를 지도해 온 경험으로부터 도움을 받아 자비에에게 있어서 어떤 것이 강화물인지 확인했다. 그리고 디아즈 부인과 논의하여 자비에가 학교에서 보인 대체행동에 대해 집에서 어떤 보상과 결과를 제공할지 탐색하였다. 스미스 교사와 여타 교사, 디아즈 부인은 일일학교생활기록부를 사용하여 자비에의 행동에 관해 의사소통하기로 했다.

3) 배경사건 개입

어떤 배경사건은 배경사건마다 각기 다른 개입이 필요하기도 하지만 또 어떤 경우에는 하나의 개입으로 여러 배경사건이 해결되기도 한다. 자비에가 잠을 잘 자지 못하면 아침에 여러 가지 문제가 생긴다. 아침에 디아즈 부인이 자비에를 막 깨우다가 모자간에 싸움이 나기도 하고 또 급하게 자비에에게 자극제를 복용시켜야 한다. 따라서 자비에가 충분한 수면을 취하도록 하는 개입(예: 자정 전에 자고, 저녁에 비디오게임 끄기)은 평화로운 아침을 맞도록 도울 수 있다. 반대로 통학 버스에서 친구와 싸우는 것은 문제에 선행하는 요인을 이해하고 해결해야 하는 문제이다. 단지 아침에 느끼는 피로감 외에 다른 요인이 영향을 미친다고 가정한다면 다른 좌석에 앉기나 사회적 문제해결기술(제6장) 향상과 같은 개입이 필요하다.

학업실패의 배경사건을 해결하기 위해 글로리아와 디아즈 부인은 특수교육 코디네이터, 교사와 만나 자비에에게 수학 튜터링을 해 줄 수 있는 친구나 어른을 찾아보았다. 자비에는 학교에서는 창피하다는 이유로 또래 튜터링을 거부했다. 글로리아는 디아즈 부인이 출석하는 교회에서 은퇴한 교사를 찾았다. 은퇴교사는 최소한의 비용만 받고 주 2회 자비에를 가르치기로 하였다(어려움을 해결하기 위해 사회적 지원을 얻는 전략에 대해서는 제7장을 참조). 이를 통해 자비에의 수학실력이 향상되어 수학 때문에 생기는 좌절감이 감소할 것으로 기대했다.

2. 가정과 학교 간 효과적인 협력과 소통

다중체계치료를 시작할 때 청소년의 학교생활에 대해 어떻게, 언제, 얼마나 자주 의사소통을 할 것인지 가정과 학교 간에 미리 계획을 합의해 두는 경우는 거의 찾아보기 어렵다. 학교와 가정 간에 소통방법을 찾고 이를 실행하는 과정에는 많은 장애물이 있다. 예를 들면, 교사는 빽빽한 일정과 많은 학생을 돌보아야 하는 책무로 인해 시간을 내기 쉽지 않다. 반대로 교사가 연락 가능한 시간에는 부모가 바쁜 업무로 소통이 어려울 수 있다. 의사소통이 어려우면 각자 상대방이 별로 노력하지 않는다고 오해하기 쉽다. 부부치료(제3장)나 성인과 청소년을 위한 개별화된 문제해결기술 훈련(제6장)에서 그러했듯이 MST 치료자는 모든 사람이 서로의 입장을 잘 수용할 수 있도록 도와야 한다. 이를 위해 치료자는 부모와 교사가 서로에게 부탁하는

방법이라든지 계획이 틀어졌을 때 발생하는 분노를 다스리는 방법을 지도하도록
한다. 이는 부모와 학교 사이에 효과적이고 지속 가능한 협력을 도모하는 데 그 목
표가 있다. 다음은 이를 위해 MST 치료자가 해야 할 일이다.

- 양육자로 하여금 학교의 강점과 애로사항, 교사의 긍정적인 동기를 이해하도
  록 도와 양육자가 교사를 파트너로 여길 수 있도록 한다.
- 치료자는 교사와 교직원들이 자녀의 학교 적응을 향한 양육자의 강점과 헌신
  을 잘 인식하도록 돕는다. 이 과정에서 양육자의 강점에 초점을 두고 이를 강
  조하면서 청소년의 행동 또한 새로운 시각으로 볼 수 있도록 돕는다.
- 협력과 학교 적응에 방해가 되는 장애물(예: 적대적인 상호작용의 역사, 기술결핍,
  불안과 두려움)을 규명하고 극복하도록 한다.

1) 가정과 학교 간 소통계획 개발

가족과 학교의 협력적 의사소통의 주요 초점은 행동관리에 있다. 치료자는 다음
세 가지를 유념한다. 첫째, 청소년의 학교 적응을 위해 학교와 가정에서 이루어지는
모든 개입을 관계자 모두가 분명히 인지하도록 한다. 둘째, 청소년의 행동을 추적하
기 위해 모니터링 체계를 만든다(예: 일일학교생활기록부, [그림 5-1]). 셋째, 개입과정
의 장애물을 신속히 규명하고 해결한다. 만약 청소년이 위급한 행동 문제(예: 신체적
학교폭력)를 일으킬 것처럼 보일 때 참조할 안전계획을 수립한다. 이 안전계획에는
위기상황에서 누가 청소년을 교실 밖으로 내보내고, 문제의 확산을 막을지 등 구체
적인 내용이 포함되어야 한다(제2장 참조). 이러한 계획은 문제가 청소년의 정학 혹
은 강제전학 같은 중징계로 이어지는 것을 막을 수 있다.

좋은 소통계획은 누가, 누구에게, 어떻게, 어떤 상황에서 연락할지 그 내용이 구
체적이어야 한다. 의사소통 계획을 세울 때 교사가 선호하는 연락방식(노트, 전화,
이메일)과 소유하고 있는 연락도구(전화나 PC가 없을 수도 있고 업무 중 전화 사용이 문
제될 수도 있음)를 고려한다. 교사와 양육자가 모두 개입에 참여할 경우 치료자는 둘
중 누가 개입과정을 모니터링하고 어떤 방식(예: 교사는 일일학교생활기록부 작성, 양
육자는 목요일 종례 직후 전화)으로 할지 결정하도록 돕는다. 많은 사람이 참여(예: 여
러 교사, 교감)하는 경우 치료자는 문의나 문제가 발생하거나 혹은 개입계획에 수정

이 필요할 때 누가 연락책을 맡을지 합의하도록 한다. 치료 중에는 치료자가 이 역할을 맡을 수 있으나, 치료가 끝난 후에는 개입을 유지하기 위해 연락책을 빨리 선정하는 것이 중요하다.

일일학교생활기록부를 활용할 때는 치료자, 교사, 양육자가 모두 청소년이 맡은 바를 다하는지 살필 수 있도록 한다. 청소년은 교사가 기록부를 작성하면, 그것을 집에 가져갔다가 다시 학교로 가져와야 한다. 청소년이 책임감 있게 이 과정을 이행하도록 하기 위해서 교사와 양육자는 합당한 보상과 결과를 제공하도록 한다.

3. 학업수행 향상과 문제행동 개선을 위한 가정 내 지원

학업수행 향상 및 문제행동 개선을 위해 양육자는 세 가지 방식으로 도울 수 있다.

- 양육자는 청소년의 노력을 칭찬하거나, 졸업 후에 따르는 좋은 결과를 같이 예상해 보거나, 청소년의 능력에 잘 맞는 과목이나 활동을 탐색하고 의논할 수 있다. 이는 모두 청소년에게 교육의 중요성을 알려 준다.
- 숙제를 잘 수행할 수 있는 환경을 조성한다. 조용한 공간(텔레비전 끄기, 공부할 때 다른 아이의 출입 제한), 학습에 적절한 조건과 비품(적절한 밝기의 조명, 정리정돈된 책상, 종이와 펜)을 갖춘다.
- 학업수행 향상 및 문제행동 개선에 대해 가정에서 보상을 제공한다. 바람직한 학교생활을 위해서 교사와 함께 만들었던 개입에 기초하여 청소년이 학교에서 잘한 것에 대해서 가정에서 보상을 제공한다.

교실을 포함하여 학교의 여러 장면에서 이루어지는 개입이 많고 복잡하다면 청소년과 교사, 양육자가 행동계약서를 작성하는 것이 유용하다. 계약서에는 구체적 개입의 준수에 대해서 학교와 가정에서 어떤 보상과 결과가 제공되는지 명시되어야 한다. 모든 참가자가 함께 계약서를 작성하는데, 행동의 발생과 비발생을 누구나 알 수 있도록 쉽게 작성되어야 하며, 작성한 계약서의 사본을 양육자와 교사 모두 소지한다. 앞서 설명했듯이 계약 사항의 이행을 감독할 사람과 계약의 진행, 장애, 완수에 대한 소통을 이끌 사람을 사전에 분명히 결정하도록 한다.

5 청소년이 학업을 중단할 상황이거나 이미 중단한 경우

MST에 처음 의뢰된 청소년의 평균 연령은 만 15세이다. 그런데 이들 중에는 상당히 나이를 먹었음에도 이미 수차례 유급되어 고등학교 졸업까지 몇 년을 더 다녀야 하는 경우가 많다. 따라서 치료자, 양육자, 교사는 졸업까지 청소년의 출석률과 학업 수행을 도표화하여 관리하는 것이 필요하다. 14~15세를 포함한 나이 많은 청소년, 학교에서 안 좋은 경험을 한 학생, 학업 실패를 수차례 경험한 학생, 대안 학교로 강제 배치된 학생은 어떻게 해서든 학교를 떠나려고 애를 쓰는 경향이 있다. 미국 대부분의 주에서 만 16세 이후는 의무교육이 아니기 때문에 나이 많은 학생을 졸업까지 붙들어 두기란 매우 어렵다.

1. 학업중단 예방

무단결석이나 교실 내 문제행동을 개선하고, 정학이나 강제전학과 같은 징계를 면하기 위해 잘 계획하고 실행된 개입이 모두 수포로 돌아가는 경우도 간혹 있다. 치료자가 개입실패의 핏요인을 찾아보면, 청소년과 양육자, 교사가 졸업 외에 다른 대안을 고려하고 있는 것을 발견하기도 한다. 현실적으로 고등학교 자퇴가 더 바람직한 청소년(예: 가족이 계속 이동하는 무역업에 종사하여 이동이 불가피한 17세의 9학년 학생)도 있다. 하지만 MST를 받는 대다수 청소년은 고등학교를 졸업하고 취업하는 선택이 장기적인 안목에서 훨씬 가치 있다. 그러므로 양육자와 청소년이 학업중단을 고려할 때 치료자는 먼저 다음 두 가지 작업을 가족과 명확히 할 필요가 있다.

1) 졸업의 중요성과 학업중단의 문제점에 대해 대화하기

앞에서 언급했듯이 학업중단은 청소년의 경제적 · 사회적 안녕에 지대한 영향을 미치는 일생일대의 결정이다. 대부분의 청소년과 양육자는 미래에 대한 나름의 소중한 목표를 가지고 있다. 그런데 학업중단은 많은 경우 이 목표를 훼손시킬 수 있다. 치료자는 양육자와 함께 목표를 찾아보고, 학업중단이 이러한 목표에 부합하는지 평가하도록 한다. 치료자는 졸업의 장단점 목록을 만들어 보도록 제안한다. 졸업과 학업중단이 미래에 어떤 차이를 만들어 내는지 다양한 정보를 제공할 수도 있다. 학업중단은 구직 기회 제한, 저조한 급여, 조기임신이나 한부모가 될 가능성, 심지어 구속 가능성마저 증가시킨다. 치료자는 미국교육부(1998)에서 출간한 자료를 참조할 수 있다.

또한 치료자는 부모가 예전에는 미처 고려하지 못했던 학업중단의 단기적 문제점도 알려 줄 수 있다.

- 학업중단 이후 청소년의 자유시간이 많아짐에 따라 성인의 감독도 증가해야 한다.
- 청소년이 많은 시간을 지루해 하고, 안절부절못하고, 짜증을 낼 것이다. 뭔가 생산적인 일은 하지 않고 시간을 죽이는 청소년의 모습 때문에 양육자는 화가 날 것이다. 이런 과정은 양육자와 청소년 간의 갈등을 악화시킨다.
- 어린 동생들이 자신도 학교에 갈 필요가 없다고 여기게 되면 보호자가 감당해야 할 상황이 더욱 늘어날 것이다.
- 판사나 보호관찰관은 학업중단을 좋게 보지 않을 것이다. 이로 인해 또 다른 문제가 생길 수 있다(예: 또 다른 법적 처분을 부가적으로 내릴 수 있다).

치료자는 청소년과 양육자에게 학업중단의 부정적인 영향을 철저히 이해시켜야 한다.

2) 학업중단을 야기하는 핏요인을 평가하고 개입하기

고등학교를 그만두려는 청소년은 학교가 지루하고, 공부는 너무 어려우며, 이것도 저것도 너무 싫다고 말한다(예: 교사가 나쁘고 자신을 괴롭힌다, 다른 애들은 다 나쁘고 잘난 척한다, 친구가 없다). 여러 번 유급된 청소년은 이미 학교를 졸업하기에 너무 늦었다며 학교를 3년 더 다니느니 GED를 치는 것이 더 현실적이라고 주장한다. 치료자는 예전에 양육자가 자녀에게 희망이 없다며 좌절할 때 치료자가 이에 공감적으로 반응했듯이, 청소년이 졸업에 대해 이런 절망적인 생각을 말할 때 이 역시 공감해 주는 것이 필요하다.

치료자는 졸업에 대한 청소년의 생각에 영향을 주는 모든 사회생태학적 요인을 규명하고 다루어야 한다. 학교에서 행동관찰이나 면담을 시행하면 예전에 학교 문제를 평가했을 때는 드러나지 않았던 핏요인이 나타날 수도 있다. 예를 들면, 좋아하는 교사가 전근을 갔거나, 학교를 그만두고 돈을 벌어 차를 사겠다는 친구의 말을 듣고 갑자기 학교를 그만두겠다고 말했을 수 있다. 어떤 경우에는 부모가 고등학교는 졸업했으면 하고 바라면서도 이를 겉으로 잘 표현하지 않는 경우도 있다. 또 바람을 명확하게 표현했다 해도 졸업을 할 수 있도록 돕지 않는 경우도 있다(예: 등교와 숙제하기를 격려하기 위한 보상을 제공하지 않음).

청소년과 양육자가 학업중단에 대해 양가감정이 있을 수 있음을 감안하면서 치료자는 MST 설계와 실행(제2장과 실행고리)을 위해 핵심적인 핏요인을 다루기 위해 노력한다.

- 명확한 목표 설정하기
- 목표에 주요 관계자 참여시키기
- 목표를 성취하기 위한 구체적인 개입 전략 세우기
- 결과물을 모니터하기
- 성공을 방해하는 장애물을 평가하기
- 개입을 다시 설계하고 실행하기
- 목표가 성취될 때까지 반복하기

청소년이 학교를 계속 다닐 수 있도록 구체적인 학교기반 개입을 계획한다. 치료자는 양육자, 청소년, 교직원과 함께 청소년을 졸업시키기 위한 종합계획을 세운다. 이 계획은 청소년의 졸업을 위해 어떤 노력이 필요한지 모두가 합의한 바를 담고 있다. 여기에는 학업중단을 자극하는 학교와 또래요인(예: 학교가 문제아를 꺼려함, 학교에 친구 없음)을 해결하는 방법, 졸업학점을 취득하기 위한 구체적인 노력, 청소년에게 졸업에 대한 희망을 부여하는 일이 포함된다. 치료자와 양육자는 청소년이 잘할 때 받을 수 있는 학교 내 보상(예: 일하러 갈 경우 조퇴 허용, 동아리나 스포츠 활동에 대한 규제 완화)을 교사에게 요청한다. 가정에서도 청소년이 학교에서 적응하려 노력하는 것에 대한 보상을 제공할 수 있다.

2. 고등학교 졸업의 대안

주변 사람들이 최선을 다했음에도 청소년이 퇴학을 당하거나 재입학에 실패하는 경우가 있다. 이런 경우 치료자, 양육자, 청소년은 다른 교육 및 직업활동을 찾아봐야 한다. 먼저 치료자는 청소년이 생산적인 활동을 하도록 격려하고 요구하는 역할을 양육자가 할 수 있도록 돕는다. 생산적인 활동이란 청소년의 자립기술을 계발할 수 있는 활동을 말한다. 예를 들어, 청소년이 양육자의 근무시간에 동생을 돌보는 일은 얼핏 생산적으로 보이지만 교육(예: 종합학습능력시험) 및 취업 지원과 같이 청소년의 자립과 관련된 것은 아니다. 생산적인 활동은 청소년의 흥미, 기술, 장기 목표를 고려한 교육, 훈련, 취업과 관련된 것을 말한다.

1) 계획 개발

중퇴 예정인 청소년의 교육과 취업준비를 장려하기 위해 치료자는 다음과 같은 도움을 제공할 수 있다.

- 청소년의 흥미, 기술, 목표를 탐색하기
- 지역사회에서 청소년이 실제로 할 수 있는 활동 찾기
- 청소년의 흥미, 기술, 목표에 따라 각 활동의 장단점을 평가하기
- 여러 활동 중 청소년에게 가치 있어 보이는 활동에 대해 조언하기
- 계획의 성취 여부를 양육자가 감독하고 지원할 방법 찾기(예: 보상과 결과 제공, 조언, 필요 시 문제해결을 도움)

양육자는 누구보다도 자녀의 강점계발의 적임자이다. 치료자는 양육자가 이를 잘 인지하도록 격려한다. 청소년이 직업적 흥미나 목표를 잘 모른다면 양육자는 지역사회에서 제공되는 다양한 활동을 담은 '활동메뉴'를 보여 주고 어느 활동이 좋겠는지 청소년과 이야기를 나눈다. 다음은 지나(17세)의 활동메뉴이다.

- GED 수업을 수강하고 주당 20시간 일하기
- GED 수업을 수강하고 지역사회 대학에서 강의를 수강하기

• GED 수업을 수강하고 미용학교 다니기

활동메뉴를 개발할 때는 세 가지 원칙을 염두에 둔다.

• 각 메뉴에는 반드시 해야 하는 활동(앞의 경우, GED 수업)이 있어야 한다.
• 청소년이 선택하면 양육자는 이를 도와줄 준비가 되어 있어야 한다.
• 청소년이 조정을 원하면 양육자는 어느 정도 타협할 수 있어야 한다.

지나는 활동메뉴 중 첫 번째와 세 번째를 선택하였다. 지나는 GED 프로그램, 미용학교, 일을 모두 병행할 수 있다고 생각하였다. 지나의 할머니는 지나의 선택대로 "한번 해 보자."라고 이해심 있게 받아들였다. 단, 일정기간 동안 종합학습능력시험을 제대로 준비하지 않거나 통과하지 못한다면 일을 그만두기로 하였다.

2) 생산적인 활동 찾기

여러 지역사회 기관(예: 대학, 직업상담센터)이나 기업에서 제공하는 공식적인 교육 또는 직업훈련을 받는 것은 생산적 활동이다. 하지만 때때로 비공식적이지만 창의적인 방법이 더 성공할 때가 있다. 예를 들어, 청소년이 어린이집에서 일하고 싶지만 나이가 어려 아직 고용이 불가능하다면, 일단 '일을 배우기 위해' 가정형 보육시설에서 시간제로 일해 본다. 보육교사의 관리감독하에 일을 배우며 나중에는 보육교사의 추천서를 받을 수 있다. 다음에 설명하겠지만 이러한 활동은 위험성이 적고 능률은 높아야 한다.

3) 일탈 청소년을 주의하기

양육자는 청소년 범죄자나 약물사용자와 같은 고위험 집단을 대상으로 한 프로그램보다 일반 청소년을 대상으로 하는 프로그램을 찾도록 노력한다. 제4장에서 설명한 바와 같이 반사회적 청소년들은 모여 있으면 일탈행동을 더 많이 하는 경향이 있다(또래전염). 그러므로 같은 GED 준비반이라 하더라도 보호관찰소에서 개설한 반보다 지역대학에서 개설한 반을 다녀야 한다. 또한, 프로그램의 참가연령이 청소년보다 더 높은 경우 이들이 친사회적인 성향(예: 최근에 대학을 졸업한 학생이 조교를 맡고 있는 직업훈련)을 가지고 있는지 반드시 확인하도록 한다.

4) 스케줄이 치밀하고 내용이 알찬 프로그램 찾기

집단 프로그램에서 청소년들이 하릴없이 느슨한 시간을 다른 아이들과 함께 보낼 때 또래전염의 위험성이 가장 높다(Dishion, Dodge, & Lansford, 2006). 안타깝게도 여러 청소년 프로그램에는 부정적인 또래연합이 형성될 수 있는 '한가한 시간'이 상당히 많다. 따라서 치료자와 양육자는 프로그램 스케줄에 대해서 잘 알고 있어야 한다. 장시간 프로그램은 알차게 보이지만 느슨한 시간이 매우 많다. 양육자가 자녀를 장시간 프로그램에 보내고 싶어 하는 경우(하루 중 많은 시간을 프로그램에 참여함) 치료자는 양육자와 잘 논의하여 장시간 프로그램의 장단점을 충분히 고려할 수 있도록 돕는다. 치료자와 양육자는 실제로 프로그램이 어떻게 돌아가는지 몇 시간 정도 직접 관찰해 보아야 하고, 프로그램의 형식과 강도를 평가하기 위해 직원과 참가자에게 전형적인 일상이 어떠한지 물어봐야 한다.

3. GED 준비반

GED 시험은 고등학교 졸업장을 대신해 고등학교 수준의 학업기술을 취득했다는 것을 입증하기 위한 수단이다. 응시 조건은 만 16세 이상(많은 주에서는 17세), 학교에 다니지 않는 사람이다. 어떤 주에서는 거주지 검증 또는 예비시험 통과와 같이 응시 조건을 까다롭게 내걸기도 한다. 시험은 각 주 전역에서 치러지는데, 주로 대학과 평생교육센터에서 실시한다. GED 시험 장소는 www.acenetedu/resources/GED/center_locator.cfm에서 확인할 수 있다. GED 시험 준비과정은 보통 대학과 시험 주관센터뿐 아니라 사설단체, 영리단체, 지역사회, 온라인 과정으로 다양하게 개설되어 있다.

GED 준비과정은 완전한 자기주도 인터넷기반 프로그램부터 집중 소그룹 교수까지 형식과 강도가 다양하다. 보통 학교에서 적응이 어려웠던 청소년일수록 높은 수준의 개인교습이 필요하다(또한 양육자의 지지와 감독도 필요하다). 보통 대학의 소그룹 과정은 2주에 1번, 3시간씩 12~15주 과정으로 운영되며 수업 외 시간에는 참가자가 스스로 공부해야 한다. 수업비는 교재 포함 약 70~100불 정도이다.

4. 직업교육훈련

청년고용연합(NYEC)은 유망하고 효과적인 실무 네트워크(Promising and Effective Practices Network) 계획을 통해 효과적인 청소년 직업훈련의 특징을 다음과 같이 기술했다(National Youth Employment Coalition, 2005). 이러한 특징은 MST의 개념적 · 임상적 초점과 일치한다(예: 목표지향적이고, 생태학적으로 가치 있으며, 포괄적이고, 강점에 초점을 맞추며, 실용적이고, 주요 관계자가 참여할 수 있는). MST 치료자는 여기서 제시된 특징을 근거로 양육자와 청소년이 도움이 되는 직업 프로그램을 잘 선택하도록 지도한다.

- 직업적 흥미를 찾고, 다양한 직업을 탐색하고, 직업적 목표를 설정하고, 목표를 성취할 수 있는 실제적인 계획을 수립한다.
- 직업체험, 현장실습과 같은 직무중심학습을 한다.
- 일정량의 학업을 이수하면서 학업과 직무를 연결시킨다(예: 의료전문인 훈련과정 중에 현장 글쓰기 과정을 이수함).
- 리더십 기술을 학습하고 이를 프로그램과 지역사회에 적용해 본다.
- 현지 노동 시장이나 해당 산업 표준에서 요하는 기술을 개발한다.
- 보고서 작성, 직업 탐색, 면접기술, 상사와의 대화(어느 직무에서도 사용되는 기술)와 같은 '기본' 직업기술도 계발한다.
- 경제관리와 함께 자립을 위한 생활관리기술을 익힌다(예: 의료 서비스 이용이나 운전면허 취득).
- 고용주가 실제로 요구하는 자격증, 가령 자동차 정비사나 미용사 자격증 등을 취득한다.
- 실제 직무종사자들과의 네트워킹을 통해 현실적인 고용(프로그램을 통해 제공하는 것뿐만 아니라) 기회를 제공한다.
- 고용유지를 위해 직원이 지속적으로 지원을 제공한다.

효과적인 직업교육훈련은 청소년에게 긍정적인 기대를 품고, 설사 목표에 좀 미달한다 해도 처벌하기보다는 진전에 대한 인센티브를 제공한다. 이 또한 MST와 유사하다. 치료자와 양육자는 직업교육훈련을 살필 때, 청소년을 잘 보살피고 청소년과 좋은 관계를 맺으며 가족과 자주 의사소통하고, 협력을 중시하며 올바른 또래환경을 조성하기 위해 노력하는지 확인한다. 사실 많은 직업교육훈련이 특정한 산업 유형이나 직무(예: 제조, 자동차 정비)에 맞춰져 있다. 하지만 훈련하는 동안에도 지속적으로 청소년 고유의 직업적 흥미를 파악하기 위해 노력하는 것은 매우 중요하다. 만약 청소년이 생각했던 만큼 직업이나 직무에 흥미를 느끼지 못한다면 또 다른 직업훈련 기회가 제공되어야 한다. 일반적으로 양질의 직업교육훈련은 기본 직무능력과 생활관리기술 훈련이 포함되기 때문에 청소년의 관심사가 바뀌더라도 여전히 도움이 된다.

5. 청소년 고용

청소년이 중퇴 혹은 영구 제적되었을 때 취업은 MST의 핵심목표가 될 것이다. 취업은 여러 가지 이득(예: 출근과 시간 지키기와 같은 기본 직업기술을 배움)이 있기는 하나 적어도 다음과 같은 두 가지 면에서 실제적인 문제도 있다.

- 직업훈련을 이수하지 않은 학업중퇴 청소년은 전망이 없는 저임금의 단순 노무직에서 일할 가능성이 높다. 청소년은 점차 이런 일이 재미도 없고 별로라고 생각하면서 다른 방식의 삶(예: 임신, 마약판매)의 유혹을 받을 수 있다.
- 직업을 가진 양육자는 청소년을 제대로 감독하고 지도하기 힘들다. 매일 근무해야 하는 상황에서 청소년이 귀가시간을 어겼다고 외출금지를 감행하기란 쉽지 않다.

퇴직금이나 건강보험혜택을 누릴 수 있는 좋은 직장에 입사하려면 그에 상응하는 상당한 비용(필요한 교육을 이수하고, 시장성이 높으며 이윤을 창출할 수 있는 직무능력을 배움)을 치러야 한다(Larson & Verma, 1999). MST 치료자는 양육자에게 이러한 노력이 필요함을 이해시키고 당장 일하는 것도 중요하지만 GED 합격과 직업훈련과 같은 생산적인 활동도 병행해야 함을 인지하도록 돕는다.

6. 학교 밖 청소년을 위한 가정과 생태적 지원

학교 밖 청소년의 성공적 적응을 위해서 많은 지지가 필요하다. 어떤 단일 프로그램도 청소년의 모든 필요를 충족시킬 수 없고, 하루 종일 생산적인 활동만 하도록 청소년을 잡아 두지 못한다. 대부분의 교육 및 직업훈련을 청소년이 이수하려면 사실 보통 학생보다 훨씬 더 많은 자기통제를 해야만 한다. 따라서 양육자는 자녀의 성공을 위해 상당히 높은 수준의 구조, 감독, 자원, 보상을 제공해야 한다.

1) 구조와 감독

양육자는 보통 청소년이 교육 및 직업훈련을 스스로 선택할 수 있는 동기와 능력을 갖추고 있을 것이라고 생각한다. 일과 훈련을 병행하는 스케줄도 혼자서 충분히 구성할 수 있을 것이라 기대한다. 혹시라도 양육자가 이런 기대를 하고 있다면 치료자는 양육자가 이를 빨리 내려놓을 수 있도록 도와야 한다. 실제로 학교 밖으로 나오면 학교 안에 있을 때보다 양육자와 주변 생태계 어른들의 지지가 더 많이 필요하다(어떤 경우에는 훨씬 더 많이 필요하다). 만일 청소년이 학교에 다니는 동안 양육자가 학교생활에 별로 관여하지 않았다면 청소년이 학교 밖으로 나온 상황에도 양육자가 적응을 돕는 기술을 잘 모를 가능성이 높다. 이때야말로 치료자에게서 구체적인 도움을 구해야 할 때이다. 다행히 GED 준비반과 직업훈련의 경우 청소년의 성공을 가로막는 장벽이 학교에 다닐 때보다 적다. 새로 만난 사람들은 청소년에 대하여 별 선입견을 가지고 있지 않을 것이다. 또한 양육자가 과거에 학교와 겪었던 갈등도 현재는 없다. 그러므로 MST 치료자는 양육자와 청소년에게 이제 '새 출발'을 하는 것이고, 지금이야말로 성공을 위해 최선의 노력을 다하자고 설득할 수 있다.

양육자는 예전에 학교 적응을 위해 노력했던 방식과 마찬가지로 청소년을 감독해야 한다.

- 프로그램 리더 및 교사와 정기적인 접촉을 유지한다.
- 프로그램 목표를 분명히 인지한다.
- 정기적인 출석과 진전을 체크한다.
- 집에서 학습 및 훈련 시간을 정하고 청소년의 수행을 강화한다.

- 프로그램에서 보이는 행동 문제를 고칠 수 있도록 개입한다.
- 프로그램 이수를 위해 필요한 준비물을 준비해 준다.

청소년이 잘 근무할 수 있도록 고용주나 다른 주변 성인에게 어떤 도움을 받을 수 있을지 양육자는 그 리스트를 작성해 본다. 예를 들어, 양육자는 고용주에게서 근무 스케줄을 받거나, 청소년이 함부로 인출할 수 없는 은행계좌로 급여를 지급해 달라고 요청할 수 있다. 가끔 양육자(혹은 주변 어른들)가 불시에 청소년의 출퇴근길에 차를 태워 주면서 청소년의 출근과 근무를 감독할 수 있다.

2) 자원

훈련과 교육에는 많은 비용과 고가의 장비가 필요하다(예: 건설직무를 위한 공구상자, GED 교재). 이런 비용은 청소년이 훈련을 성공적으로 이수하기 위해 필수적이다. 양육자는 이러한 비용을 비디오게임과 같은 특권이 아닌, 의식주와 같은 권리로 바라볼 필요가 있다. 만일 청소년이 교육장소나 직장까지 갈 교통수단이 마땅치 않다면 양육자는 교통수단을 마련해 주어야 한다(예: 버스표).

또한 양육자는 자신의 직업 생활과 삶의 경험을 활용하여 자녀가 새로운 길을 잘 갈 수 있도록 도울 수 있다. 많은 양육자는 직업을 얻고 이를 유지하는 것이 어떤 것인지, 동료나 불공정한 상사와 필연적으로 겪게 되는 갈등이 무엇인지 잘 알고 있다. 양육자는 이러한 문제가 닥치면 어떻게 할지 자녀에게 물어보고, 이를 헤쳐 나갈 방법을 조언해 줄 수 있다. 어떤 청소년은 제6장에서 기술된 사회성 기술 훈련이 필요하다. 이 경우 양육자는 치료자의 훈련과정을 도와 청소년이 사회성 기술을 사용하도록 장려하고 강화할 수 있다. 아울러 양육자와 생태계 내의 다른 주변 어른(예: 이웃, 동료, 교회 어른)들은 청소년이 관심을 가진 직업에 실제로 종사하는 사람을 소개해 줌으로써 멘토링을 받게 하거나 직접 취업할 수 있도록 돕는다.

3) 보상과 정서적 지지

치료자는 고등학교 졸업을 위해 그랬던 것처럼 프로그램에 청소년이 잘 참여하도록 하기 위해 양육자가 보상을 제공하도록 해야 한다. 보상은 프로그램 이수나 직업적 성취와 관련된 구체적이고 규칙적인 행동(예: 출근, 가정 내 학습)에 주어진다.

또한 주 단위로 자주 보상을 받을 수 있도록 한다. 상당한 성취(예: 자격증 취득이나 승진) 역시 제대로 축하해 주어야 한다.

나이가 많은 청소년에게 보상할 때 초기 성인의 발달적 필요를 반영해야 한다(원칙 6). 단계적으로 청소년에게 자율성을 부여하면 청소년은 어른에게 믿음직한 성인이라 인정받았다고 느끼고 더욱 의욕을 보일 수 있다. 예를 들면, 청소년이 한 달간 매일 직업훈련장에 성실하게 버스통학을 했다면 가끔은 가족차를 사용할 특권을 줄 수 있다. 비슷하게 직장 내 규율을 잘 지킨 청소년에게 자신이 번 돈을 조금 더 사용할 수 있도록 허용할 수 있다. 이와 같이 눈에 보이는 보상에 더하여 양육자와 주변 어른들이 청소년의 노력을 칭찬하고 그들의 성취를 인정하는 모습 또한 보여 주도록 한다(예: 수료식에 가족참석).

6 결론

교육적인 혹은 직업적인 성공을 맛보는 일은 심각한 반사회적 청소년의 바람직한 미래를 예측하는 매우 값진 경험이다. 따라서 MST 치료자는 청소년에게서 교육적·직업적 열망을 촉진시키기 위해 많은 관심과 노력을 기울여야 한다. 이를 위해 치료자는 문제해결을 위한 목표수립, 관계자의 참여, 적절한 개입의 계획과 실행, 성공을 방해하는 장애물 극복과 같은 MST의 구조 및 과정을 충실하게 따르도록 한다. 물론 학업적 성공이 재범을 막는 일만큼 급박하지는 않다. 그러나 이것이 한 명의 청소년이 바람직한 시민으로 거듭나는 과정의 주춧돌이 된다는 점은 거듭 강조될 필요가 있다.

개인치료를 적용하는 시기와 방법

이 장에서는 MST 치료자가 양육자 및 청소년에게 개인치료를 도입하는 시기와 방법을 소개한다. 청소년이 살고 있는 환경의 가장 1차적인 개입 주체는 바로 양육자이기 때문에 이 장에서는 먼저 양육자에 대한 개인치료를 다루었다. MST에서 양육자는 치료자를 도와 청소년 문제에 대한 효과적인 전략을 고안하고, 문제를 악화시키는 가족, 학교, 또래 상호작용을 변화시키며, 미래의 문제까지 관리해야 할 치료의 최전선에 있는 집행자이다. 따라서 양육자의 참여를 방해하는 장애물이 있다면 치료 성공을 위해서 반드시 해결되어야 한다.

이 장에서는 양육자의 치료참여를 방해하는 장애물인 우울과 불안을 다룬다. 성인기 우울의 전형적인 증상은 수면 문제(과수면, 과소수면), 초조감, 짜증, 느린 반응, 종일토록 저조한 기분, 무가치감, 피로감, 거의 매일같이 힘이 없음, 의사결정의 어려움, 집중의 어려움, 좋아하는 활동에 대한 흥미 상실, 식욕 저하 등이 있다. 성인기 불안의 전형적인 반응은 공포, 일상에 대한 과도한 걱정, 집중의 어려움, 잘 잠들지 못하거나 수면을 유지하기 어려움, 짜증, 쉽게 놀람, 근긴장이나 두통과 같은 신체적 증상이 있다(American Psychiatric Association, 2000).

청소년의 개인치료 초점은 청소년이 또래, 학교, 지역사회와 효과적으로 상호작용할 수 있도록 관련 능력을 향상시키는 데 있다. 청소년의 경우 문제해결기술능력이나 사회성 기술 훈련에 주안점을 둔다. 만일 청소년이 ADHD 진단을 받았다면 치료자는 무엇보다 양육자가 의사와 잘 협력하도록 도우면서 약물치료를 현명하게 수용할 수 있도록 하는 데 주력한다. 끝으로, MST에 참여하는 청소년 중 일부는 외상후 스트레스 장애(PTSD) 증상을 가지고 있다. 이러한 증상에 대한 효과적인 전략을 말미에 간단하게 다루었다. 이 모든 치료에 대한 더 자세한 사항을 알고자 한다면 이 장의 끝에 제시한 자료목록을 활용하기 바란다.

1 성공을 위한 초석: 언제, 어떤 방식으로 개인치료를 제안할 것인가

1. 언제

양육자의 우울을 경감시키기 위한 개인치료의 필요성은 실행고리의 다음 두 지점에서 발생한다. 첫째, 양육자의 우울이 MST의 초기 실행부터 치명적인 장애물로 작용할 경우이다. 둘째, MST가 실행은 되고 있으나 중간목표의 미달성 혹은 부분달성이 반복되고, 그 원인이 양육자의 개인적 문제에 있다는 증거가 분명할 때이다.

양육자의 정신건강 문제에 대한 개인치료를 결정하기에 앞서 치료자는 다음의 질문에 그렇다고 답을 할 수 있는지, 연관된 증거가 분명한지 체크해 본다.

- 문제(우울, 불안, 약물중독)가 실재한다는 증거가 있는가?
- 치료참여 및 진전을 방해하는 생태학적(환경) 변인을 해결하기 위한 체계적인 개입을 먼저 시도해 보았는가?
- 양육자의 변화에 대한 의향 및 능력의 부재가 자기보고척도나 행동관찰을 통해 확인되었는가? 양육자가 행동변화를 위한 방법을 잘 알고 있고, 기술도 가지고 있으며, 주변에서 변화하도록 도와주었는데도 변화가 없는 것인가?
- 양육자의 행동변화 실패가 청소년의 문제를 유지 혹은 악화시키고 있다는 증거가 있는가?
- 우울, 불안, 약물중독이 다른 문제(예: 부부 문제, 생활고, 기술 및 지식 부족, 교직원과의 적대적 관계)를 압도하는 강력한 핏요인이라는 증거가 있는가?

2. 어떻게

MST를 찾은 가족은 자녀의 심각한 문제 때문에 치료에 참여한 것이다. 자신의 문제 때문에 치료를 받는 것이 아니기 때문에 MST를 받는 양육자는 자신의 우울증, 불안, 약물중독에 초점을 맞추려 하지 않는다. 따라서 양육자에 대한 개인치료를 시도하기에 앞서 MST 치료자는 양육자가 정말로 자신의 문제와 관련된 도움을 바라는지 확인할 필요가 있다. 확인은 다양한 방식으로 이루어질 수 있다. 치료자가 양육자에게 개인치료를 처음 제안하는 대화의 분량은 경우에 따라 10분이 될 수도 있고 1시간 혹은 그 이상이 될 수도 있다. 여러 변수가 양육자의 결심에 영향을 미칠 수 있다. 자신의 문제를 인식하고 있는지, 자신의 문제로 스트레스를 받고 있는지(어떤 양육자는 약물중독으로 전혀 스트레스를 받지 않을 수도 있다), 치료자를 진솔한 사람으로 보는지, 치료자가 도울 능력이 있다고 보는지 등의 관점이 그것이다. 개인치료에 대한 첫 대화를 잘 풀어 나가기 위해서 치료자는 다음과 같은 제안을 고려해야 한다. 그러나 모든 경우에 이러한 제안이 필요한 것은 아니다.

- 양육자와 둘만 있을 수 있는 시간을 잡는다.
- 이 시간의 목적이 현재 진행 중인 치료가 아닌 양육자의 안녕에 대한 것임을 밝힌다.
- 문제를 설명한다(예: 우울, 불안, 약물중독).
  - 문제가 있다는 것을 보여 주는 근거를 제시한다.
  - 이러한 문제가 어떻게 양육자, 청소년, 가족에 영향을 미치고 있는지 설명한다.
- 이런 문제가 양육자가 생각하기에도 문제인 것 같은지 묻는다. 그렇다고 한다면 문제라는 것을 어떻게 알게 되었는지 묻는다.
- 치료자가 줄 수 있는 도움에 대해서 설명한다.
- 만일 양육자가 도움받기를 동의한다면, 양육자의 우울과 불안의 현재 수준을 평가한다. 그리고 이러한 문제에 대한 핏요인을 의논한다.
- 다음 개인상담 시간을 약속한다. 24~48시간 내에 약속을 잡는다.

치료자의 마음에 개인상담을 제안하는 대화가 부담스럽게 느껴진다면, 이러한 치료자의 걱정에 대해 핏서클을 그려 본다. 다른 치료자와 슈퍼바이저로부터 도움을 받아 이상 핏요인에 대한 해결책을 찾아본다. 이때 가장 어렵게 느껴지는 부분을 슈퍼바이저와 역할극으로 연습해 본다.

2 참여를 위한 문제해결

양육자와 만난 자리에서 치료자가 그들의 정신건강 문제를 꺼내면 어떤 양육자는 위로를 받고 치료자의 도움을 기꺼이 수용한다. 그런데 또 어떤 양육자는 이런 종류의 대화를 싫어한다. 이때 치료자는 양육자가 보이는 불편감의 원인을 파악해야 한다. 양육자가 우울 혹은 불안 문제를 가졌는데도 개인치료를 꺼린다면 그 원인은 대체로 치료의 대상은 자녀이지 자신이 아니라는 생각에 있다. 어떤 부모는 다른 일에 압도되어 자신의 문제를 치료받을 시간이 없다고 말한다. 또 어떤 경우에는 자신이 남에게 미친 사람, 유약한 사람 혹은 자격 미달 양육자로 비춰질까 걱정하기도 한다. 이러한 장애물을 극복하기 위한 해결책을 지금부터 살펴볼 것이다.

1. 치료는 자녀가 받는 것이라는 양육자

양육자가 치료는 아이를 위한 것이라며 개인치료를 꺼릴 때 치료자가 취해야 할 첫 단계는 부모의 걱정을 인정해 주는 일이다. 사실 MST에 의뢰된 내담자는 집을 떠나 보호감호시설로 가야 할 정도로 심각한 문제를 일으킨 청소년이다. 치료자는 먼저 양육자의 염려와 노력을 칭찬하여야 한다("아이작 때문에 너무나 힘들고 낙담하셨을 텐데 그동안 아이작의 문제를 해결하려는 부모님의 노력에 감동받았습니다."). 그리고 심각한 문제를 보이는 아이에게 느끼는 치료자의 염려도 되풀이하여 강조한다("저도 정말 아이작이 걱정됩니다. 저는 빠른 시일 내에 아이작이 문제에서 벗어나 잘 생활할 수 있도록 최선의 노력을 다할 것입니다."). 그리고 나서 치료자는 양육자가 아이의 삶에서 얼마나 중요한 사람인지, 아이의 문제를 해결하는 데 있어 얼마나 큰 도움이 되는지 강조한다("제가 보니 최근에 부모님은 아이작 때문에 필사적인 노력을 하고 계시더군요. 부모님이 아이작에게 모든 면에서 얼마나 중요한 분인지 한번 생각해 봅시다. 지난 4주간 아이작를 위해 얼마나 많은 노력을 해 오셨는지도요."). 문제를 해결하는 과정에 우울이 방해가 된다는 구체적인 예를 제시할 수 있다면 도움이 된다("이 모든 노력에도 불구하고 매일같이 아이작을 통제하는 일이 힘에 부치신 것 같아 정말 걱정입니다. 어떻게 하면 부모님의 에너지를 끌어올릴 수 있을지 알아볼 필요가 있겠어요. 그리고 부모님이 조금 더 편안하게 지낼 수 있을지도요."). 이 장에서 지금부터 '엘리와 짜증 6점(우울평정치)'이라는 사례를 소개할 것이다. 치료자인 타냐는 엄마인 엘리와 함께 핏서클을 사용하여 엄마가 왜 아들을 감독하고 규칙을 강제하는 것이 그토록 힘든지 살펴보았다. 타냐는 엘리가 아들이나 친정어머니와 말다툼을 하고 나면 너무나 절망스러워서 상대방을 다시 보고 싶어하지 않는다는 점을 언급했다. 타냐는 이 절망감을 바꾸기 위해서 엘리와 개인치료를 시도했다.

2. 압도감을 경험하는 양육자

다시금 강조하지만 치료자의 첫 반응은 양육자의 압도된 감정에 공감하는 것이다. 다음으로 치료자는 이러한 감정의 원인을 알기 위해 핏서클을 그려 보자고 제안한다. 가령 여러 아이를 양육하면서 겨우 먹고 사는 한부모가 눈만 뜨면 사고를 치는 자녀 한 명을 위해 그 아이의 가정, 학교, 사회 체계 모두에 개입할 시간을 내기란 여간 어려운 일이 아니다. 이런 경우 핏서클을 그려 보는 것이 도움이 된다. 이를 통해 치료자나 주변인들이 가족이 처한 어려움을 도울 수 있는 방법을 찾을 수 있다. 이후 언급될 '짜증 6점'의 예에서 치료자는 퇴거를 당할 위기의 양육자로 하여금 집주인에게 편지를 쓰도록 하고 만날 약속을 잡도록 도왔다. 상담이 끝난 후에 치료자가 어린 동생을 30분 정도 봐주면서 그 시간 동안 엄마가 밀린 청구서를 처리할 수 있도록 하였다. 그러나 치료자가 이런 도움을 주더라도 사례에 따라서 양육자가 여전히 기저의 우울증 때문에 압도되는 감정에서 벗어나기 어려운 경우가 있다. 아울러 이를 뒷받침하는 증거까지 확인되었다면, 치료자는 먼저 엄마에게 스트레스에 짓눌린 느낌이 어떻게 삶을 파괴하고 있는지 구체적인 예를 들어 설명하도록 한다("어머니가 루비의 준비물도 사야하고, 밀린 청구서를 지불하기 위해서 전기회사에도 얼른 가야 하시는데, 학교에서 아이작에 대한 전화를 받으시면 그냥 힘이 다 빠져서 아무 일도 하실 수 없는 것이 아닌가 싶어요."). 이후에 압도되는 감정을 다루기 위한 개인치료를 시행한다면 양육자의 기분이 호전되면서 중요한 일을 잘 처리할 수 있을 것이다.

3. 우울 및 불안치료를 받는 사람은 미쳤거나 약한 사람이라고 생각하는 양육자

치료자가 우울이나 불안에 대한 개인치료를 권하면 어떤 양육자는 "저는 미치지 않았는데요."라고 저항감을 드러낸다. 지금까지 정신건강 문제의 낙인을 지우기 위한 공공 캠페인이 수도 없이 시행되었음에도 불구하고, 여전히 많은 사람이 정신건강 문제를 보통 사람들과 거리가 먼 이야기라 여기며, 이런 문제를 보이는 사람을 나약하다 생각한다.

가령 큰 보험회사의 재무이사가 우울증을 앓으면서도 업무를 잘 수행하였다는 미담은 정신건강 분야에 종사하는 사람들만 알고 끝나는 것 같다. 대중은 언론에서 자극적으로 다루어진 극히 일부 정신과 환자 이야기를 듣고 이런 사람들이 미쳤고 위험하다고 생각한다. 자신을 미쳤거나 위험한 사람으로 느끼고 싶은 사람은 아무도 없을 것이다. 따라서 정신건강 문제로 치료를 받아 보라는 권유는 정신 나간 소리로 들릴 수 있다.

이와 같은 상황에서 치료자는 일단 양육자의 걱정을 인정하면서 시작한다("물론입니다. 어머니가 미치셨다니, 당치 않습니다. 그렇다면 어떻게 이 가족을 다 돌보며 직장일까지 하신단 말입니까."). 그 다음 전략은 문제를 정상화시키고 문제의 크기를 축소하는 것이다(양육자가 문제에 대한 경멸의 정서를 덜 느끼면서 문제를 구체적이고 협소한 것으로 볼 수 있도록 돕는다). 가령 치료자가 우울이라는 용어의 사용을 자제하면서, 어떤 경우에 양육자의 불쾌한 생각과 감정이 자녀의 치료를 저해하는지 특정한 상황을 중심으로 이야기할 수 있다. 또 치료자는 양육자에게 우울감을 촉발시키는 상황에 대해서도 이야기할 수도 있다. 예를 들어, 치료자는 다음과 같이 관찰한 바를 이야기한다. "이모님이 당신에게 소리를 지르면, 기분이 완전히 다운되어 밤새 방에서 나오지 않으시고, 그 결과 집안일은 하나도 못하시는 것 같아요. 지난달만 해도 이런 일이 3~4번 일어났어요. 이 일이 부인을 점점 더 힘들게 만들고 있어요. 희망이 없는 것처럼 느껴지죠. 이러한 상황이 부인을 정말 우울하게 만든다면 우리 함께 이 상황을 어떻게 바꿀지 노력해 봐요." 어떤 사람들은 낙인이 붙지 않은 명명을 선호한다. 예를 들어, 치료자가 우울증을 '울적한 기분'이나 '심리적 감기'라고 바꾸어 부른다면 내담자가 문제를 좀 다르게 보면서 변화의 물꼬가 트일 수 있다. 또 어떤 사람들은 문제를 병으로 볼 때 오히려 쉽게 치료를 받아들인다. 왜냐하면 병이라는 것은 치료할 수 있다는 의미를 내포하고 있기 때문이다. 이 경우에는 개인치료는 병을 치료하는 방법인 셈이다. 그리고 이런 경우 대안적 치료방법으로 약물치료를 자연스럽게 소개할 수도 있다. 핵심은 모두 양육자가 쉽게 받아들일 수 있는 언어로 문제를 기술하는 데 있다. 이를 통해서 왜 우울과 불안이 문제가 되는지(예: 양육자가 원했던 MST 목표나 구직과 같은 중요한 목표의 수행을 방해하거나 또는 고통스럽게 만듦) 양육자와 치료자 간의 공유된 그림을 그릴 수 있다. 이 과정에서 양육자는 문제가 해결될 수 있다는 희망을 느낄 수 있어야 한다.

③ 청소년 치료를 저해하는 양육자의 우울과 불안을 치료하기

미국을 포함한 전 세계에서 MST를 적용해 온 치료자들의 경험에 따르면, 치료의 진전을 방해하는 양육자 요인 중 가장 흔한 것은 (특히 여성의 경우) 우울, 불안, 약물중독이다. 약물중독에 대한 개입은 제8장에서 다루며, 이 장에서는 우선적으로 우울증을 다루고 다음으로 불안장애를 살펴보고자 한다. 정신증이 아닌 정신건강 문제의 경우 행동적 개입이 약물치료만큼 효과적이며 치료효과 또한 오랫동안 지속된다. 성인의 우울증 치료에 대한 개관연구(Hollon et al., 2005)에서, 인지행동치료(CBT)는 다른 치료에 비해 효과적이며, 환자의 60%가량을 도울 수 있다고 결론 내렸다. 만일 CBT와 정확한 약물치료가 병행된다면 환자들은 더 빨리 호전되며 더 오랫동안 치료효과가 유지될 수 있다.

1. 양육자의 우울

MST와 CBT가 여러 가지 면에서 유사하기 때문에(예: 행동지향적이고, 현재중심적이며, 구체적이고 분명한 문제를 다룸), 양육자와 청소년을 위한 MST에서는 개인치료 방법으로 CBT를 채택하고 있다. 또한 이 책에서는 CBT와 함께 우울과 불안을 감소시키기 위한 다른 방법으로 사회적 지지에 대해서 소개하고 있다(제7장 참조).

1) 인지행동치료

CBT는 잘못된 사고방식이 우울, 불안, 분노통제의 어려움, 충동적 행동 문제에 기여하는 핵심 요인이라고 전제한다. 다음의 예는 CBT에 특히 잘 맞는 사고, 가정, 행동을 보여 준다.

> 스미스 부인은 아들 때문에 MST를 받게 된 우울한 어머니이다. 부인은 자신이 절대로 취업 면접을 통과할 수 없다고 생각하기 때문에 구직활동을 회피하고 있었다. 부인은 또한 아들에 대한 나쁜 소식을 들을까 무서워서 발신자 표시에 학교번호가 뜨면 전화를 받지 않았다. 그녀는 자신이 인생에서 실패했다고 생각하는데, 그 증거로 자신의 무직 상태를 들었다. 또한 학교에서 전화가 걸려 오는 것은 매우 큰 사건이 발생했다는 것을 의미한다고 여기고 있었다. 이러한 생각과 그에 수반되는 감정에 대한 반응으로 부인은 구직활동을 하지 않았고 교사와의 접촉도 피했다. 그런데 이러한 행동은 아들을 도우려는 교사의 노력을 허사로 만들고, 그녀 자신의 취업 가능성도 없애고 있었다. CBT에서 치료자는 코치와 같은 역할을 하면서 내담자의 부정적 감정(우울, 불안, 분노)에 연결된 사고와 행동을 찾고 변화시킬 수 있도록 돕는다. 이를 위해서 치료자는 MST 분석과정에 잘 어울리는 CBT 분석과정에 내담자를 참여시킨다.

CBT에서는 우울하고 불안한 상태에 연결된 생각과 감정의 뿌리(예: "모든 사람은 나를 좋아해야 한다.")를 내담자가 확인하도록 돕는다. 가정, 신념, 사고가 확인되면 이를 지지 혹은 반증하는 증거를 검토하면서 그 타당성을 점검한다. 한편, CBT는 내담자가 확신보다는 가능성의 측면에서 사고하도록 돕는다. 세상에 확실하게 예측할 수 있는 타인의 행동이나 사건은 없기 때문이다. 예를 들어, 치료자는 스미스 부인이 구직활동을 시작했다고 해서 꼭 취업이 보장되는 것은 아니나, 만일 구직활동을 한다면 안 하는 것보다 직업을 가질 가능성이 훨씬 커진다고 말할 수 있다.

마지막으로, CBT의 행동적 기법은 부정적 생각에 맞서 도전하는 것을 말한다. 부정적인 생각이 맞는지 틀린지 실제로 검증해 봄으로써 정말 무슨 일이 일어나는지 알아 보는 것이다. 예를 들어, 스미스 부인은 학교에서 걸려 온 전화를 받아 통화해 봄으로써 자신의 생각처럼 학교에서 정말로 큰일이 나서 전화한 것인지 확인해 볼 수 있다. 단, 치료자는 통화에 앞서 부정적인 자동적 생각을 바꾸는 방법을 스미스 부인에게 연습시켜야 한다. 학교에서 엄청나게 큰일로 전화했다는 자동적 생각을,

썩 좋은 일까지는 아니어도 그저 그런 일로 전화했을 것이라는 현실적인 생각으로 바꾸는 연습을 반복한다. 또한 치료자는 학교로부터 비난이나 책망을 덜 받았다고 느낄 수 있도록 상대방에게 응대하는 방법을 부인에게 미리 연습시킨다.

(1) 인지왜곡과 인지결손

대부분의 인지행동적 개입의 핵심 개념은 두 가지를 들 수 있다. 바로 인지왜곡과 인지결손이 그것이다. 이것은 각각 정보처리과정에서의 각기 다른 문제를 반영하는데, 연구에 의하면 이 둘은 성인 및 청소년의 우울과 불안, 공격적 행동의 기능상 어려움과 관련된다.

인지왜곡의 단서는 "출근했을 때 직장상사가 말을 걸지 않는 것을 보니 나를 싫어하는 것이 틀림없어요."와 같은 말이나, 직장동료나 친척의 비난에 대해 "나는 실패자에요."라고 말하는 데서 나타난다. 일상적으로 흔히 있을 수 있는 부정적 사건에 대해 이와 같이 말함으로써 기저의 잘못된 생각을 드러내며 우울한 성인들에게 자주 발견된다. 인지왜곡은 성인 및 청소년이 분노하거나 타인을 공격하는 과정에서 문제를 일으킨다. 예를 들어, 15세 소년 지미는 식당에서 식사를 하기 위해 줄을 서고 있었다. 그때 우연히 다른 소년과 부딪쳤는데, 이를 두고 지미는 그 아이가 '시비를 걸려고 일부러 그랬다'고 생각했다. 이러한 생각이 바로 '적대적 귀인 편향'이라고 불리는 잘못된 생각이다.

인지결손은 행동하기에 앞서 생각을 해야 하는 상황에서 충분히 생각하지 못하는 것을 일컫는다. 식당 줄에서 다른 소년이 도발했다고 지각했을 때, 지미가 가진 대처 레퍼토리가 빈약하다면 지미는 부적응적인 반응 외에는 할 수 없을 것이다. 실제로 지미는 이 문제상황을 해결하기 위해서 자신이 잘 알고 있을 뿐만 아니라, 여러 번 행동으로 옮겨 보았던 단 하나의 방법을 사용했다. 바로 상대방을 공격하는 것이다. CBT 전략은 먼저 지미의 왜곡된 사고를 수정한다. 밀친 것이 고의적이었다는 지미의 판단을 지지하거나 반증하는 증거를 검토한다. 그런 다음, 보다 그럴듯한 사고("그건 의도치 않은 사고였어.")를 제시하고 이 대안적 생각을 지지하거나 반증하는 증거를 찾아본다. 아울러 지미가 이러한 상황에 대해 어떻게 대처해야 할지 잘 모른다는 증거가 분명할 때, CBT 치료자는 지미에게 다양한 문제해결기술을 가르치고 연습시킬 수 있다. MST 치료자는 지미가 살고 있는 자연스러운 생태계에 개입하기 때문에, 필요한 정보가 있다면 가정, 학교, 또래관계에서 지미를 직접 관찰하고, 지미의 어머니, 교사, 이웃과 이야기를 나눈다. MST 치료자는 가정, 학교, 또래와의 상호작용에 직접 개입할 수 있다는 점에서 단순히 CBT만을 사용하는 치료자보다 유리하다고 할 수 있다.

(2) 가장 많이 사용되는 CBT 기법

우울과 불안을 가진 성인에게 다음과 같은 CBT 기법이 효과적이다(예: Leahy, 2003). MST에서 양육자에게 가장 많이 적용되는 기법을 〈표 6-1〉에 제시하였다. 표에는 각 기법과 기법의 목적, 도구의 예가 나와 있다. 다른 MST 기법과 마찬가지로 CBT 기법도 각 개인의 강점과 양육자 및 가족, 사회적 지지체계의 필요에 맞추어져야 한다. 이 기법들을 어떻게 사용할지는 이 장의 후반부에서 사례를 통해서 제시하였다.

표 6-1 MST 양육자에게 적용할 수 있는 CBT 기법

기법	기법의 목적	도구 예시
일지 적기	생각은 기분과 연결되어 있다는 것을 보여 주고, 생각을 바꾸면 기분과 행동도 바뀐다는 것을 보여 줌	일일점검표(〈표 6-4〉 참고)
증거 검토	지지증거와 반대증거를 통해서 생각을 평가하는 방법을 배움	증거검토표(〈표 6-3〉)
문제해결기술 훈련	대인관계기술과 같은 문제해결기술을 배움	문제해결단계표(이 장의 문제해결 기술 훈련과 관련된 부분을 참고)
활동계획	신체적·사회적 활동 증가, 부정적 생각 검증(예: "나는 아무것도 할 수 없어.")	활동계획

2) 사회적 지지 전략

때로 사회적 소외가 우울에 악영향을 미친다. 이때 소외를 감소시키기 위해 사회적 지지를 증가시키는 방법이 유용하다. 제7장에서는 사회적 지지의 여러 유형과 함께, 가정, 또래, 학교, 지역사회 개입을 유지하기 위한 지지 전략에 어떤 것이 있는지 소개하였다. 양육자의 우울을 감소시키기 위해 MST 치료자는 도구적·사회

적 지지(예: 엄마가 기분 좋은 활동에 참여하도록 아이 돌봄 서비스나 차량 지원 연결)를
연계하도록 한다. 지지적 평가(appraisal support)도 유용하다. 지지적 평가는 부모에
게 인정과 피드백을 제공하는 것이다. 예를 들어, "매번 아이가 부인에게 폭언을 퍼
붓는 데도 아침마다 학교에 가라고 깨우시네요. 부인은 정말로 해야 할 일을 잘하고
계신 겁니다." "친정어머니에게 술에 취한 상태로 애들에게 가까이 가지 말라고 말
씀드릴 때 얼마나 마음이 힘드셨겠어요. 하지만 아이들을 위해서 최선의 선택을 하
신 겁니다." 등을 들 수 있다.

특히 우울감을 계속 촉발시키는 친척이나 가족에게 양육자가 처음으로 자기주장
을 하려 할 때 치료자가 제공하는 지지적 평가는 큰 역할을 담당한다. 먼저 양육자
가 처음 시도해 보기로 한 행동을 치료자와의 역할극을 통해 연습한다. 다음으로 그
행동을 시도할 때 상대방이 어떻게 반응할지 양육자에게 예측해 보도록 한다. 상대
방이 부정적으로 반응할지라도 양육자가 새로운 행동을 포기하지 않고 계속 시도
할 수 있도록 치료자는 지지적 평가와 정서적 지지를 많이 제공해야 한다. 또한 치
료자는 양육자가 살고 있는 환경 내에서도 이러한 지지를 해 줄 수 있는 사람을 찾
도록 한다. 활동 계획하기(양육자의 사회적 · 신체적 활동을 외현적으로 증가시켜 우울
을 감소시키는 전략)에서도 양육자는 이웃과 산책하기, 직장동료와 커피 한 잔 하기,
직업훈련학교에 등록하기와 같이 새롭게 시도해야 할 일이 많다. 이 과정에서 치료
자가 코칭을 통해서 지지적인 이웃과 어떻게 대화할지, 정말 필요한 지지를 앞으로
도 계속 받기 위해서 이웃에게 어떻게 '보답할지' 등을 가르쳐야 한다(제7장 참조).
이후 제시되는 사례는 우울증을 가진 양육자를 치료하기 위해서 이러한 전략이 어
떻게 적용되는지 잘 보여 준다.

어떤 양육자는 친척, 친구, 이웃, 직장 동료에게 사회적 지지를 부탁하는 것을 꺼
린다. 이미 그들과 오랜 세월 동안 갈등과 회피로 얼룩진 상호작용을 해 왔기 때문
에 새삼스럽게 도움을 요청하기 싫은 것이다. 양육자는 이러한 과정에서 이미 분노
와 실망감을 많이 경험했기 때문에 치료자가 도움을 구할 방안을 구체적으로 의논
하려 하면 꺼리는 모습을 보인다. 어떤 양육자는 과거에 이미 그들에게 요청해 보았
지만 상대방이 짜증을 내고 곤란해했다고 말한다. 또 어떤 양육자는 다른 사람들이
자신을 비난하거나 나쁘게 생각할 것이라고 여긴다. 그런데 사실 이러한 양육자의
반응은 늘 문제 앞에서 어쩌지 못했던 자신에게 실망한 데다가 또 실제로 행동을 하

려 해도 어떻게 해야 할지 잘 모르기 때문에 나타나는 것이다. 만일 제7장에서 다룬 것처럼 특정한 치료목표를 위한 사회적 지지의 종류와 방법을 찾은 후에도 양육자가 어떤 노력을 거부한다면, 치료자는 언제나 그렇듯 거부의 원인이 되는 핏요인과 함께 이를 뒷받침하는 증거를 찾아보아야 한다. 만일 핏요인이 이처럼 곤혹스러움, 분노, 혹은 다른 부정적 감정이라면 치료자는 이 장의 인지행동기법을 통해 사회적 지지의 장애물을 해결하도록 한다.

3) 양육자의 우울 치료 사례: 엘리와 짜증 6점(우울 평정치)

샌더스 가족은 아이작이 주말 새벽 2시에 다른 두 형과 함께 도난 차량에서 체포되면서 MST 프로그램에 의뢰되었다. 15세의 소년인 아이작은 전에도 2번 체포된 적이 있었고, 무단결석, 정학, 이웃과의 몸싸움 등의 이력을 가지고 있다. 아이작은 이혼한 어머니 엘리, 여동생 루비(11세), 남동생 로비(8세)와 함께 허름한 동네의 공공 임대 아파트에 살고 있었다. MST가 시작되었을 때 아이작과 엘리는 거의 매일같이 싸웠다. 아이작은 가끔씩 언쟁하다가 엄마를 때리겠다고 위협하기도 했다. 타냐는 이 사례에 배정된 치료자이다. 치료 4주차 즈음에 타냐는 엘리가 입주 관리인에게 사정을 잘 말하여 퇴거를 면하도록 도왔다. 타냐의 도움으로 엘리는 아이작에게 외출제한을 시작했고, 지난 14일 중 10일 동안 아이작이 아침에 일어나 제때 등교하도록 하는 데 성공했다. 그런데 그 과정에서 중요한 사실이 하나 드러났다. 알콜의존 상태인 엘리의 친정어머니가 불시에 원치 않는 방문을 할 때가 있는데, 이 일이 엘리가 아들의 외출을 제한하고 소재를 파악하며 모자간에 언쟁을 자제하는 것을 방해하는 핏요인으로 작용했던 것이다. 2주 연속 〈표 6-2〉와 같이 중간목표 수행이 지지부진했다. 타냐와 엘리는 머리를 맞대고 목표 성취를 방해하는 장애물을 찾기 위해서 핏서클을 그려 보았다. 엘리는 여러 장애물 중에서 상황이 바뀔 리 없다는 '무망감'과 '피로감'을 찾아내었다([그림 6-1]). 엘리는 MST를 하기 전에도 이런 기분을 느꼈다고 한다. 엘리는 도움을 받아 보아도 기분이 조금 나아지는 정도 이상의 무엇이 없었고, 지금은 모든 것이 다 원래대로 돌아간 것 같다고 말했다. 이러한 말이야말로 엘리의 우울을 잘 반영하는 것이었다.

표 6-2	치료 6주차 샌더스 가족 중간목표			
중간목표		달성	부분달성	미달성
친정 어머니의 저녁 방문 제한하기				×
아이작을 제시간에 등교시키기			×	
외출금지하기로 한 주말 야간에 아이작이 집에 있게 하기			×	
아이작을 감독할 성인 찾기				×

　타냐는 엘리에게 그녀의 기분을 1점에서 10점 척도로 평정하도록 했다. 엘리는 5점이라고 했다. 타냐에게 엘리에게 우울증의 두 가지 생리적 증상(불면증과 체중 감소)을 물어보았을 때 엘리는 자신이 잠을 잘 자지 못하는 것 같다고 말했다. 다음날 가족 회기를 끝낸 후 타냐는 엘리에게 기분을 평가하도록 하자 짜증이 6점이라고 답했다. 타냐는 엘리에게 우울증과 관련하여 도움을 받아 본 적이 있는지 물었다. 엘리는 그런 적 없다고 하면서 다른 사람에게 미친 사람으로 보이고 싶지 않다고 했다. 타냐는 엘리에게 다음날 애들이 학교에 간 후 엘리의 '짜증 6점'을 어떻게 도와줄지 만나서 이야기해 보자고 제안했다. 엘리는 별로 도움을 바라지는 않았지만 다음 날 만나는 것은 허락했다.

　다음 날, 타냐는 무망감과 피로감에 대한 핏서클을 같이 그려 보자고 말했다. 핏서클을 그려보니 엘리의 친정어머니 방문이 이 감정을 계속해서 야기하는 것으로 나타났다. 엘리의 피로감은 낮 동안 어머니와 싸울 때 어머니가 했던 말을 밤새 반추하느라고 잠을 자지 못했기 때문이었다. 엘리는 늘 어머니가 취해 있으니 싸워 봐야 소용없다고 혼자서 다짐하지만, 어머니와 대화를 시작하면 뭔가 변명을 하게 되고 결국 싸움으로 끝나고 만다고 말했다. 이러한 상호작용이 엘리에게 아이작 문제를 포함해서 어떤 것도 나아지지 않을 것이라는 무망감을 불러일으켰다. 엘리와 타냐는 할머니의 방문이 엘리의 우울감을 불러일으키는 강력한 근접요인임을 알았다. 그때 엘리가 타냐에게 이 문제에 대해 그만 이야기하고 학교와 보호관찰관이 지적한 아들 문제나 해결해 달라고 말했다. 하지만 타냐는 엘리에게 30분만 우울감에 대해서 더 이야기해 보자고 했다. 다음의 짧은 대화는 생각이 기분과 어떻게 연결되는지 보여 준다. 또한 불쾌한 기분을 야기하는 신념이나 생각에 대한 찬반증거를 검토하는 것도 같이 제시하였다.

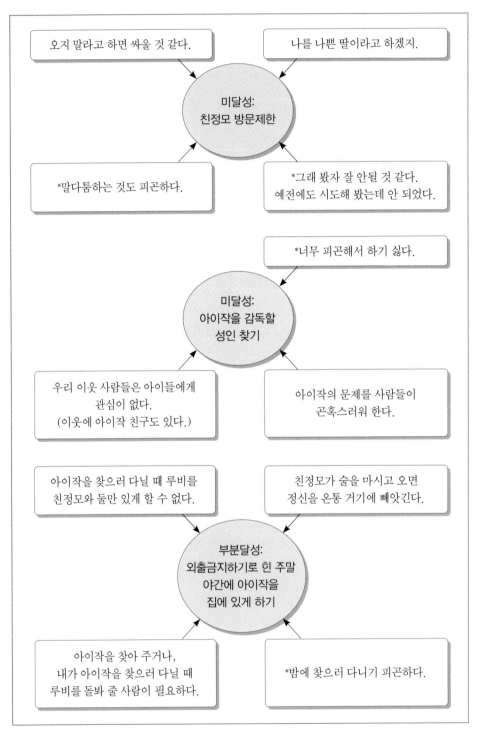

오지 말라고 하면 싸울 것 같다.

나를 나쁜 딸이라고 하겠지.

미달성:
친정모 방문제한

*말다툼하는 것도 피곤하다.

*그래 봤자 잘 안될 것 같다.
예전에도 시도해 봤는데 안 되었다.

*너무 피곤해서 하기 싫다.

미달성:
아이작을 감독할
성인 찾기

우리 이웃 사람들은 아이들에게
관심이 없다.
(이웃에 아이작 친구도 있다.)

아이작의 문제를 사람들이
곤혹스러워 한다.

아이작을 찾으러 다닐 때 루비를
친정모와 둘만 있게 할 수 없다.

친정모가 술을 마시고 오면
정신을 온통 거기에 빼앗긴다.

부분달성:
외출금지하기로 한 주말
야간에 아이작을
집에 있게 하기

아이작을 찾아 주거나,
내가 아이작을 찾으러 다닐 때
루비를 돌봐 줄 사람이 필요하다.

*밤에 찾으러 다니기 피곤하다.

그림 6-1 엘리의 우울증 단서를 보여 주는 미달성 및 부분달성 분석 핏서클

*별표는 모든 핏서클에서 반복해서 등장하며 이는 엘리의 우울을 시사한다.

(1) 생각을 기분과 행동에 관련짓기: 증거 검토

타냐: 어떤 사건이 불쾌한 기분을 불러일으키는 것 같나요?

엘리: 엄마가 오셔서 내가 엄마에게 하나도 도움이 안 된다고 말할 때요.

타냐: 그 일이 어떤 생각을 하게 만드나요?

엘리: 정말 끔찍해요.

타냐: 끔찍하다는 것은 밑바닥의 어떤 생각에 의해서 올라오는 기분이에요. 자, 다음의 문장을 완성해 보세요. "나는 ……라고 생각했기 때문에 끔찍한 기분을 느꼈다."

엘리: 엄마가 나를 나쁜 딸이라고 여긴다는 생각…….

타냐: 그런 말씀을 실제로 하셨어요?

엘리: 그렇지는 않아요.

타냐: 그렇다면 독심술을 하고 계신 거네요. 그러니까 엄마가 그런 말을 하지 않았지만 엄마의 생각을 아는 거네요.

엘리: 네.

타냐: 잠깐만, 어머니가 실제로 무슨 말씀을 하셨는지, 어머니가 하신 말씀에 대해서 무슨 생각과 기분이 부인에게 들었는지 좀 살펴보죠. 어제 부인을 기분 나쁘게 한 어머니의 말이 뭐였어요?

엘리: 엄마가 올 때마다 제가 이야기할 시간이 없어 보인다고 하셨어요.

타냐: 엄마의 말씀이 사실이면, 그것은 무엇을 의미하나요?

엘리: 제가 나쁜 딸이라는 거죠.

타냐: 자, 그럼 당신이 나쁜 딸이라는 생각의 증거를 찾아봅시다. 이 종이에 그 생각을 적습니다. 그리고 종이 가운데 선을 긋고, 왼쪽에는 당신이 나쁜 딸이라는 증거를 다 적어 봅시다. 오른쪽에는 그렇지 않다는 것을 보여 주는 증거를 다 적어 볼께요.

(타냐와 엘리는 〈표 6-3〉의 증거검토표를 완성한다.)

타냐: 자, 당신의 생각에 대한 각각의 찬반증거가 얼마나 많은지 찾아봐요. 어느 쪽 증거가 더 많은지 보죠. 그 생각을 반대하는 증거가 지지하는 증거보다 많은 것 같은데요?

엘리: 네, 그렇게 큰 차이는 아니지만.

타냐: 좋아요. 이런 증거를 놓고 볼 때, 누군가 물었어요. "당신은 어떤 딸입니까?" 그럼 뭐라고 하시겠어요?

엘리: 그럼 저는 괜찮은 딸 같다고 이야기할 거예요. 가끔은 상당히 좋은 딸이고요.

타냐: 이 표와 일치되는 이야기를 정확하게 하셨어요. 우리는 앞으로도 부인의 기분을 슬프거나 아무런 희망이 없다고 느끼게 만드는 생각에 대해서 마찬가지의 방식으로 살펴볼 거예요. 보셔서 아시겠지만 어떤 생각이든 찬반증거가 다 있어요. 만일 지지하는 증거가 없으면 기분이 나쁠 리도 없죠. 우리는 앞으로 각 생각의 양쪽 증거를 찾아보고, 그 증거들을 비교하면서 생각 바꾸기를 연습할 거예요. 연습하는 것을 제가 도와드릴게요. 먼저, 지금 하나만 더 해 봐요. 방금처럼 "나는 괜찮은 딸이다. 가끔씩은 상당히 좋은 딸이다."라고 말하니 기분이 어떻던가요?

엘리: 네. 뭐 끔찍하지는 않네요.

타냐: 좋습니다. 이것이 시작입니다. 자, 다시 한번 그 말을 반복해 보고 그 말과 함께 드는 기분을 말씀해 보세요.

타냐: 음……, (그 말을 한 번 더 한다.) 기분이 편안해지는 것 같아요.

타냐: 편안해진다. 좋아요. 자, 제가 종이 한 장을 더 가져와서 앞으로 우리가 생각과 기분의 연결을 어떻게 추적해 나갈지 보여 드릴게요. 여기에 한 칸을 더 추가하면 느낌이 행동과 관련된다는 것도 볼 수 있어요. 이런 표는 부인의 느낌과 행동이 생각을 바꿈으로써 변화할 수 있다는 것을 보여 줍니다.

표 6-3 "나는 나쁜 딸이다."라는 신념에 대한 검증

지지증거	반대증거
어머니가 말을 많이 할 때 방을 나가버림	어머니가 매일같이 찾아옴
어머니가 술에 취했을 때는 집에 오시라고 하기 싫음	어머니의 장을 내가 봐 드림
	어머니의 집 청소를 도와줌

증거 계산: 3/5 반대(60%), 2/5 지지(40%)

다음으로 타냐는 일일점검표(〈표 6-4〉 참조)를 소개하였는데, 이를 통해 두 개의 다른 사건과 그에 수반되는 생각과 느낌을 확인할 수 있었다. 일일점검표에 드러난 사건을 같이 검토하면서 엘리는 타냐의 도움으로 부정적 생각이 자동적으로 머릿속에 찾아온다는 것을 알았다. 또한 이런 자동적 생각, 감정, 행동이 서로 연결되어서 자신과 가족에게 여러 문제를 야기한다는 것을 발견했다. 그런데 여기까지 한 타냐는 그 뒤로 엘리에게 증거검토나 일일점검표 과제를 전혀 내주지 않았다. 시간이 얼마 지난 후에 이번에는 엘리 쪽에서 먼저 타냐에게 요청을 하였다. 엘리는 마음속에 한쪽 증거만 자꾸 생각나서 기분이 안 좋아진다며 양쪽 증거를 검토하는 코칭을 다시 해 보자고 말했다. 그제야 비로소 타냐는 엘리에게 과제를 부여하기 시작했다.

표 6-4　엘리 샌더스를 위한 기본 일일점검표

사건	생각	기분	행동	결과
1. 엄마가 와서 내가 전화를 잘 안받는다고 말하셨다.	또 시작이다. 나는 정말 몹쓸 딸이다. 더 이상은 못 참겠다.	가라앉음 피로감 절망감	방을 나갔다. 엄마에게 벗어나려고 루비를 채근했다.	엄마는 계속 뭐라고 하면서 따라왔다. 루비는 자신을 방해한다며 불만스러워했다.
2. 아이작이 지난 밤에 오지 않았다.	재난이다. 다시 감옥행이다.	분노 슬픔	보호관찰관의 전화를 일부러 안 받았다. 밤새 걱정으로 뒤척였다.	보호관찰관이 직접 찾아왔다. 아침에 너무 피곤했다.

2일 후 타냐는 엘리에게 자동적 사고를 수정하는 방법을 알려 주었다. 이후 수정한 새로운 생각에 어떤 감정과 행동이 수반되는지 같이 살펴보았다. 다음으로 타냐는 엘리에게 새로운 일일점검표를 주었다. 이 표는 부정적인 생각, 감정, 행동을 바꿀 때 어떻게 되는지 보여 준다. 〈표 6-5〉는 타냐와 엘리가 같이 작성해 본 일일점검표의 시작부분이다.

표 6-5	엘리 샌더스를 위한 개입 일일점검표

사건	생각	기분	행동	결과
1. 엄마가 와서 내가 전화를 잘 안 받는다고 말하셨다.	그랬는지 잘 모르겠다. 이게 문제인지도 모르겠다.	좌절감 혼란감	언제 전화했는지, 나에게 왜 전화했는지 물어보았다.	엄마는 자신이 언제 전화했는지, 무엇이 필요해서 전화했는지 기억하지 못했다.
2. 아이작이 지난 밤에 오지 않았다.	심각한 문제이다.	걱정 분노	타냐에게 도와달라고 연락했다. 이웃들에게 도와달라고 연락했다.	내가 밤 10시 이전에 타냐에게 전화하면 타냐가 와서 아이들을 봐주기로 했다. 친척은 아이작을 발견하면 전화해 주겠다고 했다.

(2) 문제해결기술 향상

양육자가 계속해서 여러 문제상황에서 자동적 생각을 건강한 생각으로 대체할 수 있게 되면 이제 치료자는 양육자의 문제해결능력을 증진시킨다. 다음에서는 짜증 6점 사례를 통해 문제해결기술의 각 단계를 설명하였다.

- 문제를 정의하기: 문제, 원하는 결과, 그 결과를 얻기 위한 전략을 찾는다. 짜증 6점 사례에서 엘리는 한 가지 문제를 찾았다. 그 문제는 바로 친정어머니가 술을 마신 채로 예고 없이 찾아온다는 것이다. 엘리가 원하는 결과는 어머니가 방문 전에 미리 양해를 구하는 것과 어머니가 술을 마시지 않는 것이다. 다음은 필요한 전략을 브레인스토밍하면서 엘리가 생각해 낸 방법이다. '어머니가 오면 문을 열어 주지 않기' '택시에서 어머니가 내릴 때 얼른 아이들과 집을 나가기' '전화해서 오지 말라고 하기' 타냐가 여기에 다른 것을 추가해도 되겠냐고 묻자 엘리는 좋다고 했다. 타냐는 '어머니가 방문하는 날을 정하기'를 덧붙였다.
- 각 전략의 단점과 장점을 평가하기: 다음으로 저녁에 오지 말라고 전화하는 전략의 단점과 장점을 평가해 보았다. 엘리는 전화를 하면 어머니와 싸울 수도 있다는 점이 '단점'이라고 했다. 장점은 전화하면 어머니가 실제로 그날 저녁에 오지 않는다는 것이다. 타냐와 엘리는 일종의 금전출납부를 만들어 보았다. 가

장 왼쪽에 모든 해결책(예: 집 나가기, 전화, 방문일정 미리 결정)을, 가운데 열에는
장점을, 그리고 오른쪽 열에는 단점을 적었다.

• 전략을 선택하기: 타냐는 가장 좋은 전략을 선택하기 위해 예전에 증거의 개수를
비교했듯이 장점과 단점의 개수를 각각 비교해 보자고 제안했다. 살펴보니 방
문일정을 미리 결정하는 전략이 전화걸기 전략보다 단점의 수가 많았다. 방문
일정을 결정하자고 말했을 때 어머니가 화를 내면 엘리는 너무 난감할 것이며,
또 어머니에게 그런 요청을 하는 자신을 정말로 나쁜 딸이라고 여길 것 같았
다. 그래서 타냐는 장점과 단점의 수를 비교하는 대신 살짝 우회하여, 그런 요
청을 하는 엘리 자신이 '나쁜 딸'이라는 생각에 대한 증거를 검토하였다.

• 선택한 전략을 치료자와 함께 연습하고 실제 상황에서 적용하기: 먼저 연습의 각 단
계를 엘리에게 알려 주었다. 치료자는 엘리에게 새로운 행동을 모델링해 보여
주었다. 다음으로 엘리가 그 행동을 연습하는 모습에 대해 피드백을 제공하는
데, 처음에는 역할극 상황에서 피드백을 제공하고 그 뒤에 실제 상황에서 피
드백을 제공했다. 피드백은 긍정적이면서 동시에 교정적인 형태로 주어질 것
이라고 엘리에게 말해 준다. 먼저 긍정적이라는 것은 다음과 같은 것을 의미
한다. "엘리 부인, 당신의 요청은 매우 심플하고 명료했어요. 친정어머니가 당
신의 요청을 잘 받아들일 것 같아요." 교정적이라는 것은 다음과 같은 것이다.
"엘리 부인, 당신은 요청을 할 때 저를 보지 않는군요. 그래서 당신이 정말 진
심으로 요청하는 것인지 분명치 않았어요. 그래서 이 부분을 조금 노력해 보면
좋겠어요. 당신이 하는 것처럼 심플하고 명료하게 요청하되, 이번에는 이야기
할 때 저를 보는 겁니다."

새로운 전략을 반드시 써 봐야 한다는 점을 내담자에게 강조한다. 처음에는 역할
극에서 사용하고 다음에는 실제 상황에서 사용해야 한다. 실제 상황에서 새 전략을
적용할 때 치료자가 내담자 옆에서 지켜보거나, 필요하면 즉각 피드백이나 지원을
해 줄 수 있으면 가장 좋다. 만일 시도한 전략이 잘 되지 않으면 다른 방법으로 반복
해서 역할극을 연습한다.

(3) 정서조절: 분노

대인관계 문제를 겪는 사람 중에서, 특히 자신의 감정을 조절하는 데 어려움을 겪는 사람이 있다. 앞선 예에서 엘리는 어머니와 말다툼하는 대신 건강한 자기주장, 혹은 요청을 시도하였는데, 정서조절곤란을 겪는 사람은 이러한 시도가 좀 어렵다. 엘리에게는 특별히 분노조절 문제가 없었기 때문에 반복적인 연습과 피드백, 그리고 의기소침해질 때마다 생각과 기분, 행동의 연관성을 점검해 보는 것만으로 자기주장을 충분히 해낼 수 있었다. 그러나 어떤 양육자는 감정을 조절하는 데 어려움이 있으며, 작은 무시에도 벌컥 화를 내거나 소리를 지르고 불안해한다. 만일 우울이나 불안 문제에 감정조절 문제가 동반된다면 인지행동치료와 약물치료를 병행할 것을 권장한다.

정신과적 진단을 받지 않은 보통 사람들도 치료과정을 저해하는 정서조절 문제를 보일 수 있다. 감정조절 문제는 여러 가지 상황에서 문제가 된다. 가령 부모자녀 관계 개선을 시도할 때, 부부간 갈등을 해결하려 할 때, 혹은 정학처분을 받은 후 교사를 만날 때 이것이 문제가 될 수 있다. 만약 감정조절이 장애로 작용하고 있다면, 치료자는 문제를 식별하고 해결하기 위한 방법으로 치료자와 양육자의 상호작용을 활용할 수 있다. 치료 회기 내에서 치료자가 양육자의 부정적 감정을 인지할 때마다 양육자에게 자신의 어떤 행동이 양육자를 화나게 하고 상처를 주었는지 물어본 후 답변을 경청하며 이를 인정해(validate) 주도록 한다. 아울러 감정이 더 커지기 전에 양육자가 자신의 감정을 적절히 표현하는 전략을 함께 만들어 보자고 요청한다. 앞서 치료자는 이 장에서 언급할 특정한 상황과 상호작용에 대한 정서반응을 조절하는 '노출기반치료'의 이완, 호흡, 체계적 둔감화를 사용할 수 있다.

(4) 활동계획

활동 계획하기를 통해 특정한 활동을 할 수 있는 날짜와 시간을 파악한다. 우울이나 불안을 가진 개인을 치료할 때, 다음과 같은 특징을 가진 활동이 치료에 유용하다.

- 문제를 해결하는 활동: 엘리의 우울증 원인을 해결하기 위한 방편으로, 친정어머니와 만나 어머니의 방문 일정을 정한다.

- **즐거운 활동**: 루비의 학교 근처에 있는 공원(거주지보다 안전함)을 산책하는 것은 엘리에게 즐거운 일이다.
- **좋아하는 사람과 함께 하는 활동**: 한 블록 떨어진 곳에 아이들을 같은 학교에 보내면서 종종 마주치는 이웃이 있다. 엘리는 그 이웃과 커피를 마시는 것이 즐거울 것이라고 생각했다.
- **사람을 분주하게 만드는 활동**: 앞에서 언급한 즐거운 활동, 좋아하는 사람과 함께 하는 활동, 문제를 해결할 수 있는 활동도 좋지만, 여기에 분주한 활동을 더하면 우울하거나 불안한 생각에 빠질 틈이 없어서 좋다.
- **다른 사람을 돕는 활동**: 다른 사람을 돕는 것은 기분 좋은 일이다. 그러나 남을 돕는 일이라 해도 계속 돕기만 하는 것은 엘리 모녀의 경우처럼 끝이 좋지 않을 수 있다. 누군가를 돕는 활동을 치료계획에 포함시키고자 한다면 치료자는 이러한 활동을 내담자가 긍정적으로 느끼는지 확인해야 한다. 엘리는 도움을 주는 활동을 그다지 내켜 하지 않아 한참이 지난 후에야 이러한 활동을 시작할 수 있었다. 엘리는 이웃에게 도움을 받기 위해서는 상응하는 보답을 해야 한다는 것을 이해하고 나서야 이를 시작했다.

2. 양육자의 불안

우울증에 대한 CBT는 불안을 치료하는 데도 효과적이다(Leahy, 2003). 여기서는 다음의 사항을 다시 점검하고자 한다.

- 생각, 불안(감정), 행동 사이의 연관성을 파악한다.
- 불안을 유발하는 생각에 대한 증거를 평가한다.
- 대안적 사고를 떠올려 보고 이에 뒤따르는 감정의 변화를 확인하고 새로운 생각과 감정에 연관된 대안적 행동을 찾아본다.
- 불안을 유발하는 상황에 적용할 수 있는 문제해결기술의 범위를 확장한다.

또한, 노출기반치료법과 긴장완화기법 역시 PTSD 같은 불안장애가 있는 사람에게 증상을 일으키는 사람, 장소, 상황에 대해 다르게 생각하고 반응하도록 돕는

CBT 전략이다.

1) 노출기반치료

노출치료에서 치료자는 내담자에게 불안을 유발하는 특정한 상황을 자세하게 상상하고 불안이 가라앉을 때까지 이를 견디도록 한다. 체계적 둔감화에서는 이 과정에 심부근육이완법을 병행한다. 불안유발상황을 상상하면서 이완을 시도하는 이유는, 연구를 통해 이완과 공포가 양립할 수 없다는 점, 그래서 이완상황이 만들어지면 공포가 사라진다는 점이 밝혀졌기 때문이다(Meichenbaum & Lazarus, 1966). 두려움과 스트레스로 활성화된 뇌는 근육의 긴장, 심박 수 증가, 호흡 곤란, 땀, 어지러움과 같이 불안장애에 흔히 동반되는 신체적 경험을 자극한다. 이완은 이러한 신체반응을 완화시킬 수 있다(Cohen, Mannarino & Deblinger, 2006). 체계적 둔감화는 안전한 훈련환경에서 특정한 사람, 장소, 상황과 연관된 두려움이나 불안을 견디고, 이러한 감정이 관리될 수 있는 수준으로 내려가는 경험을 하는 것이다.

(1) 불편감 수준에 따른 위계 정하기

치료자는 내담자와 함께 불안상황 위계를 작성하는데, 이 위계는 불안도가 가장 낮은 상황에서 시작하여 불안도가 점점 높아지게끔 불안상황을 배열한 것이다. 내담자에게 각 상황에 대해 불편감의 정도를 0점에서 100점(10점 단위)으로 매기도록 한다. 이 등급은 '불편감의 주관적 단위(Subjective Unit of Distress)' 또는 'SUD'라고 부른다(Gambrill, 1977; Wolpe & Lazarus, 1966). 다음으로 심부근육이완법을 가르친다. 내담자에게 먼저 SUD가 가장 낮은 상황(10점)을 생각해 보라고 한다. 내담자는 다시 경험된 불안이 사라질 때까지 근육이완을 반복한나. 이깃은 불편감을 불러일으켰던 생각이 더 이상 불안을 일으키지 않을 때까지 반복되어야 한다. 낮은 위계의 불안이 감소되면 위계상 그 다음 불안상황으로 이동한다. 위계의 가장 상위단계(예: SUD가 90이나 100인 장면)의 목표는 불안을 견딜 만한 수준(10~30점 정도)으로 낮추는 것이다.

(2) 호흡법과 점진적 근육이완

호흡법과 점진적 근육이완은 불안을 줄이기 위한 전략으로 체계적 둔감화에 포함되어 있다. 이것은 불안뿐만 아니라 양육자가 다른 사람과 싸우다가 극심한 분노를 느낄 때, 다른 사람에게 도움을 요청하면서 수치심이나 죄책감을 느낄 때, 여타 괴로운 감정들을 관리할 때도 사용될 수 있다. 여기서 호흡법이란 복식호흡을 말한다. 화가 느껴지거나(또는 불안하거나 슬픈) 스트레스가 많은 상황에서 천천히 숫자를 세면서 호흡을 한다. 가급적 조용하고 분리된 곳에서 하면 좋다. 날숨 때 속으로 숫자를 세면서 "이완"이라고 말한다("1이완, 2이완, 3이완……"). 들숨 때는 배를 밀어 내도록 한다. 이렇게 하면 횡경막이 팽창된다. 처음 내담자가 괴로운 감정(불안, 분노, 슬픔, 죄책감, 수치심)을 느끼면서 호흡할 때 치료자가 함께 해야 한다. 마치고 치료자는 내담자에게 호흡할 때 얼마나 집중이 되었는지, 호흡이 순조롭게 이루어졌는지, 감정의 강도가 어떠했는지 물어본다. 호흡과정을 평가할 때 사용할 수 있는 양식은 톰킨스(Tompkins, 2004)의 책에 나와 있고, 이 장의 '치료자를 위한 자료목록'에도 제시하였다. 여러 차례 연습을 하면서 양육자가 능숙해지면, 치료자와 양육자는 얼마나 자주(최소한 하루에 한 번 권장), 어디서 혼자 연습할지 정한다. 혼자서 할 때는 평가양식을 사용하도록 한다. 작성한 평가양식을 상담할 때 가져와 같이 검토하고 혹시 실천을 방해하는 장애물이 있었는지 살펴본다.

점진적 근육이완은 호흡법과 유사하지만 이완할 근육을 조금씩 바꾸어 가면서 이완하는 데 초점이 있다. 다음의 샘플 스크립트는 스미스(Smith, 1990, p. 123)의 점진적 근육이완법을 가져온 것이다.

"오른손으로 주먹을 꽉 쥐세요. 꽉 긴장하세요.
긴장감을 느껴 보세요. 긴장을 푸세요.
긴장이 그저 흘러가도록 하세요.
편안한 느낌을 갖도록 하세요."

이전의 호흡법과 유사하게, 치료자와 내담자는 각 근육을 10초 동안 긴장시키고 10초 동안 편안히 푼다. 근육이완 연습을 할 수 있는 특정한 시간과 조용한 장소를 정하도록 한다. 긴장 완화를 위해 어떤 순서로(예: 팔, 손, 손가락 등) 근육을 이완할지, 사용할 스크립트나 말(예: 마음을 가라앉히세요, 평화를 느껴 보세요), 이미지를 맥케이, 데이비스와 파닝(McKay, Davis, & Fanning, 2007)의 제6장에서 찾을 수 있다.

다음 사례는 훈련의 기본 단계를 간략하게 보여 준다.

2) 사례: 최악을 막는 방법, 불안치료

크리스탈 스미스는 MST 치료자 앤지에게 "그래야 한다는 건 알지만, 도저히 못하겠어요. 최악으로 끝날 것 같아요."라고 말했다. 앤지는 이 가족과 3주전에 처음 만났다. 크리스탈은 16세 아들 샘, 14세 아들 맥스를 자녀로 두고 있으며, 지금의 남편인 잭과는 결혼 4년차를 맞고 있다. 잭은 건설 현장에서 일하고 있고 크리스탈은 직업이 없다. 가족 중 MST 대상자는 샘이다. 앤지와 크리스탈은 샘을 직업훈련기관에 등록시키고 시간제 일을 시작하기 위한 중간목표의 진행상황과 장애물을 검토하고 있었다. 샘의 가족과 보호관찰관, 판사는 이 목표가 샘에게 무엇보다 중요한 일이라는 데 동의했다. 치료의 첫 번째 장애물은 가족 간에 갈등이 높다는 점이었다. 앤지의 도움을 받아 크리스탈이 샘의 귀가시간을 정하고 감독할 계획을 세우자, 샘이 24시간 동안 가출해 버렸다. 또 다른 장애물은 잭의 근무 시간이었다. 그는 자신의 일이 바빠서 샘이 일자리를 찾고 직업훈련을 등록하는 데 전혀 도움을 주지 못했다. 크리스탈이 '최악'이라고 말하는 보호관찰관을 방문하는 날은 불과 일주일밖에 남지 않았다. 잭은 참석하지 않을 것 같았고 크리스탈은 그녀의 말에 따르면, 차 사고라도 낼 것 같이 불안했다. 앤지는 크리스탈이 학교에 가서 아들의 선생님을 만나거나, 직장을 구하러 가거나, 이전 직장을 그만두거나, 짤린 이유에 대해 이야기할 때마다 매우 초조해 하는 것에 주목했다. 크리스탈은 "저는 가기 전에 두 번이나 모임을 취소했어요." 또는 "구직 면담 바로 직전에 전화를 걸어서 못하겠다고, 다른 일이 생겼다고 했어요."라고 했다. 샘의 치료에 진전이 없고 보호관찰관과의 만남이 다가오면서 크리스탈은 보호관찰관과 이전에 약속한 일을 하나도 이행하지 못했다며 상당한 스트레스를 받고 있었다. 앤지는 크리스탈이 사회적 불안이나 일반화된 불안 또는 두 가지를 모두 경험하고 있다고 가정했다. 앤지는 크리스탈에게 샘을 직업훈련기관 면접에 데려가는 일이나 보호관찰관과의 만남이 왜 그렇게 힘든지 몇 분 정도만 같이 알아보자고 제안했다. 크리스탈은 동의했다. 다음은 이들의 대화 첫 부분을 발췌한 것이다.

앤지: 샘을 직업학교로 데려가면 어떻게 될 것 같으세요?

크리스탈: 그 사람들이 제게 아이가 퇴학당한 이유를 계속 물어볼텐데 저는 뭐라
　　　　　고 말해야 할지 모르겠어요. 선생님께 좀 멍청하게 들리겠지만, 샘이 '교묘
　　　　　하게' 말하면, 그 사람들은 우리를 나쁜 가족이라고 생각하고, 샘을 받아 주
　　　　　지 않을 거예요.

앤지: 아이고, 정말 걱정이 많이 되시네요. 잠시 후에 이 주제는 다시 이야기하도
　　　록 하죠. 우선 이렇게 걱정하는 것이 부인에게 좀 새로운 일인지, 아니면 살
　　　면서 이런 식으로 걱정을 자주 하시는지 알고 싶습니다. 이 점에 대해 우리
　　　가 직업학교 등록 이야기를 하기 전에 몇 분만 이야기를 해도 괜찮을까요?

크리스탈: 네.

앤지: 일주일 전에 부인은 생계를 위해 직업을 구해야 한다고 말씀하셨어요. 그런
　　　데 면접 없이 지원서만으로 취업할 수 있으면 정말 좋겠다고 하셨지요. 취
　　　업 면접을 생각하면 어떤 생각이나 느낌이 드나요?

크리스탈: 저는 면접은 생각하는 것도 싫어요. 너무 긴장해서 아무 생각도 안 나요.

앤지: 지금 초조해 보이시네요. 발을 계속 떨면서 방을 여기저기 둘러보고 있어요.
　　　부인에게 불안감을 유발하는 사람, 장소, 상황에 대해 좀 더 알고 싶습니다.
　　　우리 둘이 같이 생각할 수 있도록 제가 좀 적어 보겠습니다. 몇 가지 예를 살
　　　펴보면서 부인이 각 상황에서 어떻게 생각하고 느끼고 행동하는지 알아보
　　　겠습니다. 우리는 또한 부인이 그렇게 불안을 느끼지 않는 상황, 심지어 편
　　　안함을 느끼는 상황도 이야기해 봐요. 그럼 부인이 샘을 직업학교에 데리고
　　　가는 것이나 보호관찰관과의 만남, 혹은 직업을 구하는 것을 왜 그렇게 어
　　　려워하시는지 이해할 수 있을 겁니다.

　　30분도 지나지 않아 앤지는 크리스탈에게 사회불안이 있다는 증거를 찾아냈다.
아마도 일반화된 불안도 있는 것 같았다. 크리스탈은 보호관찰관과의 만남 전에 '마
음을 가다듬기' 위한 약간의 개인 회기를 갖는데 동의했다. 앤지는 크리스탈과 함께
기본 일일점검표(〈표 6-4〉참조)를 시작으로 불안한 생각을 새로운 생각으로 대체
하는 방법을 소개하고, 연습하며, 불안한 생각의 증거를 평가하는 계획을 세웠다.
그런데 보호관찰관과의 만남까지는 일주일밖에 남지 않아서 크리스탈과 연습할 시
간이 별로 없었다. 게다가 앤지는 크리스탈이 스트레스 상황에서 어떤 문제해결기

술을 사용하는지 아직 평가하고 다루지 못했다. 크리스탈이 대부분 곤란한 상황을 회피한다는 증거도 약간 있었다. 앤지는 이 상황에 대해 MST 슈퍼바이저와 의논했다. 논의를 통해 만일 앤지와 크리스탈이 다음 주에 몇 번이라도 개인 회기를 할 수 있다면 보호관찰관과의 만남에 초점을 둔 체계적 둔감화를 시도해 보자고 결정하였다.

앤지는 크리스탈과 함께 보호관찰관과의 만남에 대한 SUD 위계를 작성하였다.

SUD	상황
10	샘에게 갈 시간이라고 말한다.
20	코트를 입는다.
30	차 키를 가지고 차로 간다.
40	차에 탄다.
50	운전한다.
60	보호관찰소 근처의 주유소를 본다.
70	보호관찰소 건물 주차장에 차를 주차한다.
80	접수대에서 접수를 한다.
90	보호관찰관의 사무실로 들어가 앉는다.
100	보호관찰관이 직업학교와 구직에 대해서 묻는다.

그 다음 앤지는 20분간 근육이완법을 사용하여 크리스탈이 신체를 이완할 수 있도록 도왔다. 크리스탈에게 눈을 감고, 깊게 숨을 쉬면서 몇 분 동안 걱정스런 생각을 흘려보내도록 하였다. 그러자 크리스탈은 자신의 손과 팔의 움직임을 알아차리기 시작했다. 앤지는 첫 번째 이완훈련에서 SUD 기초선을 20정도까지 낮추기를 바랐다. 거기서부터 차근차근 각 단계에 이완을 양립시킬 것이다. 이는 불편감 수준이 높은 상황으로 가기 전에 불편감이 낮거나 거의 없는 상태로 크리스탈이 이완될 수 있다는 것을 앤지와 크리스탈 모두 확인하는 것이 중요하기 때문이다. 두 사람은 크리스탈이 필요한 경우 바로 이완할 수 있도록 계속해서 노력했다. 보호관찰관 방문 전 일주일 동안, 앤지와 크리스탈은 네 번의 개인 회기를 가졌다. 개인 회기가 끝날 때쯤 앤지는 매일 부정적 생각을 추적하고 증거를 평가하는 CBT 전략을 도입하

였다(〈표 6-3〉 〈표 6-4〉 참조). 이러한 개인 회기는 가족 간 갈등을 줄이고, 샘의 가출 후에 그를 감독할 계획을 새로 조정하는 가족 회기 외의 시간에 이루어졌다. 주말 즈음에 가서 SUD 50점짜리 상황, 즉 운전하기에 대한 SUD가 20점대로 떨어졌다. 그것은 그 지난주까지 걱정하며 많은 상황을 회피해 온 사람에게는 상당한 진전이었다. 그러나 예정된 만남 전에 각 단계를 모두 섭렵할 시간이 부족했다. 크리스탈은 샘과 무사히 보호관찰소까지 갈 수 있을지 불안해했고, 그냥 만남을 취소하고 싶다는 유혹을 받았다. 만남이 임박했고 MST의 핵심목표는 재구속과 가정 외 시설 수용을 막는 것이기 때문에 앤지는 일단 보호관찰소에 크리스탈과 샘을 차로 태워다 주고, 나중에 크리스탈을 따로 만나 불안 문제를 해결하고 샘을 효과적으로 양육할 수 있도록 돕는 것이 낫겠다고 결심했다.

3. 성인 약물치료

어떤 양육자는 우울증이나 불안장애에 대해 우선적으로 약물치료를 받고 싶어 한다. 또 어떤 이들은 약물치료보다 차라리 MST 치료자가 제안한 행동적 전략이 낫겠다고 생각한다. 또 다른 사람들은 CBT로 증상의 호전을 보지 못했음에도 약물치료를 꺼린다. CBT를 시행했음에도 우울이나 불안 증상이 지속되는 경우 MST 치료자는 양육자에게 약물치료에 대해 교육하고 정신건강의학과 의사를 찾아가 보도록 제안한다.

몇몇 인터넷 사이트는 우울증과 불안장애에 관한 증거기반 약물치료에 대해 유용한 정보를 제공하고 있다. 새로운 연구결과가 발표됨에 따라 이러한 정보가 주기적으로 업데이트된다. 특히 텍사스 약물치료 알고리즘(Texas Implemantation Medication Algorithms: TIMA), 국립정신장애협회(National Alliance Mental Illness: NAMI), 국립정신건강원(National Institute of Mental Health: NIMH)은 우울 및 불안증상, 효과적인 치료제, 복용량, 호전되는 데 소요시간, 효과가 없을 경우의 대안, 치료 부작용을 알기 쉽게 소개하고 있다. 이러한 웹사이트의 정보는 이 장 끝의 자료목록에 제시하였다. 의료 서비스를 제공하는 의료인과 효과적으로 협력할 수 있도록 양육자를 돕는 방법은 이 장의 후반부에 기술하였다.

4 청소년 개인상담

반사회적 행동에 대한 또래, 가족, 학교, 이웃의 위험요소 외에도, 여러 인지과정이 청소년의 공격성 문제에 기여한다(McMahon & Forehand, 2003). 공격적인 청소년은 다음과 같은 특성을 갖는다.

- 주변 환경의 공격적인 단서에 주의를 둔다.
- 중립적인 타인의 행동을 적대적인 것으로 귀인한다(인지왜곡).
- 사회적 문제상황에 대한 대처방식으로, 언어적 표현방식보다 신체적인 공격방식을 주로 생각해 낸다(인지결손).
- 자신의 각성상태를 두려움이나 슬픔보다 분노라고 명명한다.

1970년대 후반 스피박과 동료들(Spivack, Platt, & Shure, 1976)이 주창한 대인관계 문제해결 접근(Interpersonal problem-solving approach)의 영향으로 공격적인 청소년에 대한 치료가 개발되었다. 앞서 언급한 공격적인 청소년이 보이는 인지왜곡 및 문제상황에서 보이는 빈약한 대처행동 레퍼토리, 즉 인지결손을 수정할 수 있는 방법으로서 인지행동치료와 사회적 문제해결기술 훈련이 등장한 것이다. 이 중 가장 유망한 접근은 두 가지이다. 하나는 로크먼과 동료들(Lochman, Nelson, & Sims, 1981)이 개발한 9～12세 아동용 '분노대처 프로그램'(Anger Coping Program)이고, 다른 하나는 파인들러와 동료들(Feindler, Marriott, & Iwata, 1984; Feindler & Guttman, 1994)이 개발한 12～18세 청소년용 '스트레스 예방과 분노조절훈련'(Anger Control Training with Stress Inoculation program)이다. 이들은 모두 소그룹 형식으로 운영되는 프로그램이다. 카즈딘과 동료들은 양육관리와 사회기술 훈련을 결합한 프로그램을 개발하였는데, 이 또한 효과적인 프로그램이다(Kazdin, Siegel, & Bass, 1992). 이 프로그램의 자세한 내용, 적용사례, 효과연구의 결과 등은 와이즈(Wiesz, 2004)가 쓴 『아동 · 청소년 심리치료(Psychotherapy for Children and Adolescents: Evidence-Based Treatments and Case Examples)』(오경자 외 공역)'에 소개되어 있다.

이러한 프로그램은 MST의 가족, 또래, 학교 개입에 잘 통합되어 사용할 수 있다는 특징을 가지고 있다. 이 프로그램과 MST는 공통적으로 청소년의 분노와 공격성을 유발하는 상호작용 순서를 이해해야 문제를 해결할 수 있다고 제안한다. MST를 실시하다 보면 부모자녀 간, 부부간, 가족 간 반복되는 상호작용이 공격적인 행동을 유지시킨다는 증거를 빈번하게 목격한다(원칙 5). 따라서 청소년의 폭발적인 분노와 공격적인 행동을 감소시키기 위해 MST에서는 일반적으로 가족 개입과 행동주의적 양육 개입이 사용된다. 가족 상호작용에 초점을 맞춘 개입은 청소년과 가족이 공격적인 행동이 발생한 다음에 문제를 다루는 방식뿐 아니라, 폭발적인 공격 행동을 예방하는 방법도 제공한다. 그런데 공격적인 행동은 가정 개입, 학교 및 또래와 관련 전략을 다양하게 적용했음에도 사그러들지 않을 때가 있다. 환경적 개입에도 불구하고 이와 같이 공격적인 행동이 지속될 때, MST치료자는 문제를 지속시키는 청소년의 잘못된 사고방식(왜곡)과 부족한 문제해결능력을 확인하고 변화시키기 위해 CBT 전략을 사용할 수 있다.

다음의 개입방법은 공격성 감소를 위한 CBT 전략과 관련된다.

• 가령 반 친구를 밀어 버리고 싶은 상황에서 새로운 대처방식, 즉 멈추고 생각하는 방법을 모델링한다.
• 문제상황을 재현하는 역할극을 통해 새로운 행동을 연습한다.
• MST에서 일반적으로 양육자와 협력하여 행동적인 수반성 계획을 개발하고 양육자가 이를 시행한다.
• 어떤 상황이 발생했을 때 내면의 생각과 말을 인식하고, 비공격적으로 자기표현을 하여 상황을 해결할 수 있는 자기모니터링과 자기지시를 청소년에게 가르친다.
• 앞서 성인상담에서 적용된 문제해결기술 훈련은 청소년에게도 적용될 수 있다. 이 훈련을 통해서 청소년은 사회적 상호작용에서 발생한 문제를 해결하는 순서와 세부 과정을 배울 수 있다.

1. 성인의 도움

청소년에게 CBT 중심 개인치료를 한다 해도 좋은 결과를 얻기 위해서는 양육자와 교사의 참여가 필요하다(행동 수반성과 언어적 칭찬 활용). 적어도 다음과 같은 다섯 가지 방법으로 치료자는 양육자의 참여를 도울 수 있다.

- 문제행동에 대한 대안 행동과 목표를 구체적으로 정의한다. 예를 들어, 짐은 동생과 다툴 때 폭력을 휘두르지 않고 자기 방으로 들어간다.
- 청소년이 노력하는 모습을 양육자가 인식하고 칭찬하도록 돕는다. 예를 들어, 부모는 짐이 동생을 때리지 않고 자기 방에 들어간 것을 보고 너무 기뻤다고 말한다.
- 양육자는 청소년의 문제행동에 대한 규칙을 정하고, 결과 및 보상체계를 적용한다. 만약 짐이 싸우는 중에 동생을 때렸을 때 발생할 결과가 무엇인지, 동생을 때리지 않으면 어떤 보상을 받을 수 있는지, 폭력을 몇 번 참아야 보상을 받을 수 있을지를 결정한다.
- 양육자가 대인관계에서 부딪친 어려움을 효과적으로 해결하는 모습을 청소년에게 모델링해 보여 줌으로써 청소년이 이러한 문제해결 전략을 배울 수 있도록 한다. 짐의 부모는 누가 체육관에서 짐을 데려 오고, 누가 시내 너머로 아르바이트에 동생을 늦지 않게 데려다 줄지 정하는 문제로 의견이 나뉘었지만, 이를 잘 논의하여 해결하는 모습을 보여 주었다.
- 학교에서 문제행동이 발생하면 양육자 및 교직원(교사, 교감)과 함께 문제행동을 파악하고, 향후 재발했을 때의 조치에 대하여 개방적으로 의사소통할 수 있는 방식을 수립한다(제5장 참조).

이를 위해 치료자는 청소년의 목표행동(예: 구체적으로 문제를 기술한다, 사건과 관련된 생각과 감정을 살펴본다, 문제를 해결하기 위한 모든 전략을 찾아본다.)과 청소년이 시도한 행동을 기록하도록 양식을 만들어 사용할 수 있다.

2. 문제해결 및 사회성 기술 훈련: 팀 클레이튼의 사례

공격적이고 충동적 행동의 원인이 행동하기에 앞서 생각을 하지 않는 것과 관련될 수 있다. 이 경우 문제해결훈련을 통해 행동하기 전에 먼저 생각하고 그 생각에 따라 충동을 자제하여 행동하는 법을 배울 수 있다. 오랫동안 비행또래와 어울리면서 친사회적인 또래와 어울리기 위한 사회성 기술을 잘 모르는 청소년에게 MST 치료자는 문제해결기술 훈련을 적용한다. 예를 들어, 말다툼이나 주먹다짐하지 않고 함께 어울려 농구하는 방법, 뭘 하며 놀지 의견을 조율하는 방법(예: "영화 보러 갈까 아니면 쇼핑몰에 갈까?"), 상대의 행동이 의미하는 바를 해석하는 방법(예: "나는 너를 바보라고 말한 것뿐인데, 넌 날 때린 이유가 뭐야?") 등이 그에 해당한다.

　문제해결기술 훈련단계는 앞서 설명한 성인을 위한 훈련단계와 거의 동일하다. 그런데 청소년은 문제상황을 세부적으로 재연하거나 문제에 대한 구체적인 해결책을 찾는 능력이 떨어진다. 청소년에게 어떻게 문제해결기술 훈련을 적용할지 팀 클레이튼의 예를 통해 설명하고자 한다.

　팀은 같은 반 친구를 괴롭혔으며, 이를 만류하는 교사에게 신체적 위해를 가하겠다고 위협하여 퇴학을 당하고 MST에 의뢰되었다. 학교는 팀을 고소했고 곧 팀은 체포되었다. 팀과 형 코리는 아버지와 함께 살고 있었다. 팀의 아버지가 공장에서 교대 근무를 하느라고 바빴기 때문에 팀의 할머니가 실질적으로 형제의 주양육자 역할을 하고 있었다. 팀의 할머니에 따르면 팀은 초등학교 때부터 '분노 문제'가 있었으며, 대안학교였던 중학교에서 더 공격적으로 바뀌었다고 했다. 할머니는 팀이 집에서는 '착한 아이'라고 했지만 할머니가 '단호하게 행동할 경우' 그녀는 팀이 자신을 해칠 수도 있다고 생각했다. 할머니는 팀이 '아버지에게 쓸모없는 아이가 될까 봐' '나쁜 사람들과 어울릴까 봐' 걱정이 많았다. 고혈압과 2형 당뇨병을 앓는 할머니는 "애가 계속 말썽을 부리면 전 심장마비에 걸릴 거예요."라고 말하면서, 팀의 행동이 나아지지 않으면 더는 방과 후에 애들을 봐주지 않을 것이라고 했다.

　팀의 사례를 맡은 MST 치료자 트레버는 먼저 할머니를 대상으로 상담을 시작하였다. 트레버는 집과 학교에서 팀의 공격성을 줄이기 위해 할머니가 치료에 꼭 참여하셔야 한다며 할머니에게 치료와 관련된 약속을 하자고 제안했다. 할머니가 치료 참여를 포함한 몇 가지 약속을 지켜 준다면 트레버는 할머니가 약을 타는 병원까지 태워다 드리기로 하였다(안 태워다 주면 할머니는 버스를 타야 했다). 다음으로 팀의 문제에 대한 기여요인을 파악했는데, 그것은 일관성 없는 양육방식(아버지는 권위주의적인 유형, 할머니는 허용적 유형)과 감독의 부재(아버지는 주로 직장에 있었고, 할머니는 저녁 8시 30분이면 거의 잠자리에 들었다.)로 나타났다. 그래서 트레버는 먼저 두 양육자가 실행할 수 있는 규칙을 만들고, 이에 따른 보상과 결과 체계를 수립하였다. 그러나 할머니는 팀에게 맞을까 봐 무서워서 이를 실행하지 않으려 했다. 할머니는 팀이 매일 아침 '엄청 화가 나서' 등교하며, '걸핏하면 화를 낸다'고 보고했다. 할머니에 따르면, 코리(팀의 형)도 학교에서 "누구든 나를 건드리면 팀이 손봐 줘요."라고 자주 자랑한다고 했다.

팀의 양육자들은 양육방식을 바꾸고 행동수정 계획을 세우는 것까지는 동의했다. 하지만 할머니는 다칠까 봐 무서워했고, 아버지는 집에 거의 없다는 것이 장애물이었다. 동시에 팀이 학교에서 언쟁과 주먹다짐을 하는 횟수가 점점 많아지고 있었다. 트레버는 가정 회기 및 학교 회기 외에 팀과 개별적으로 만나 분노조절 문제를 작업해 보겠다고 제안했고 할머니와 아버지는 이를 동의했다. 양육자들과 만난 다음날, 트레버는 팀에게 학교에서 무엇이 가장 거슬리는지 알아보기 위해 둘이서 만나자고 했다. 팀이 TV의 법의학 수사 프로그램을 좋아했기 때문에 트레버는 이 상담은 TV에서 보던 것과 같은 일종의 수사라고 말했다.

1) 청소년에게 문제해결기술을 소개하기

잠시 잡담을 나눈 뒤, 트레버는 다음과 같이 입을 열었다. "팀, 학교에서 네가 다른 사람을 위협하고 때리게끔 만드는 일을 해결하기 위해 너와 작업하고 싶구나. 그런 일이 일어날 때마다 아버지, 할머니, 선생님은 네가 다른 사람이나 자신을 해치고, 결국 감옥에 갈까 봐 걱정을 많이 하신단다. 할머니는 네가 너무 자주 화를 낸다고 생각하시고, 또 네가 할머니를 다치게 할까 봐 걱정하셔."

> 팀: 하지만 난 절대 그런 짓은 안 해요.
>
> 트레버: 그렇다면 정말 다행이구나. 하지만 요즘 할머니, 거기다가 아빠까지 걱정하고 있는 너의 행동방식에 뭔가가 있기는 있는 것 같다. 일단 할머니에 대한 주제는 잠시 접어 두고, 학교 문제에 집중하자.
>
> 팀: 학교는 정말 형편없는 곳이고, 거기 사람들은 모두 실패자예요. 선생들은 자기가 군인이라고 생각해요. 젠장, 교장의 별명은 '병장'이라니까요!
>
> 트레버: 학교에서 화난 일이 많았구나. 학교 이야기만 해도 화가 나는구나.
>
> 팀: 맞아요.

트레버: 자, 나에게 생각이 있는데, 우리가 일단 학교에서 자꾸 발생하는 문제를 해결하면 네가 학교생활을 더 잘할 수 있지 않을까 싶다. 문제를 해결하고 학교생활을 더 잘할 수 있는 방법이 몇 가지 있어. 그런데 이 방법으로 성공하려면 우리가 여러 번 만나서 연습을 해야 해. 어때? 지금 당장 시작해 볼까?

팀: 그러죠 뭐.

트레버: 가장 첫 단계는 문제가 무엇인지 파악하는 거야. 어제 네가 누구라도 네 심기를 건드리기만 하면 언제든 상대할 준비가 되어 있다고 말했지? 지난 1~2주 사이에 누가 진짜로 네 심기를 건드려서 싸웠던 일이 있었다면 그것을 이야기해 다오.

- 실제 문제상황에 대해 세부적으로 파악하고 문제를 정의하기: 이 단계의 목적은 제5장에서 기술한 ABC에 입각해서 문제를 기술하는 것이다. 즉, 문제상황 이전에 발생한 선행사건(Antecedents), 문제상황에서의 구체적인 행동(Behaviors of concern), 문제상황 이후 즉각적 혹은 장기적으로 발생한 결과(Consequences)이다. 치료자는 청소년이 문제상황의 시간적 흐름에 수반되는 생각, 감정, 행동 간의 상호관계를 파악하도록 돕는다. 그 과정에서 청소년은 문제상황에 대한 자신의 영향력을 자각할 수 있다.

  첫째, 먼저 트레버는 상황에 누가 관련되었는지 물었다. 팀은 막연하게 이야기하기 시작했다.

  팀: 힘 좀 쓰는 애들이 내 얼굴을 때리려고 했어요.

  트레버: 몇 명이었니?

  팀: 보통 네 명 무리 중 세 명이 그래요. 지난주에는 네 명이 같이 그랬어요.

  트레버: 그 아이들은 어떤 애들이야?

  팀: 지미는 조폭이 되고 싶어 하는 애에요. 보는 지미만 졸졸 따라다녀요. 그리고 다른 두 애들은 잘 몰라요.

  둘째, 다음으로 그 상황이 어디서 발생했는지 묻는다.

  팀: 대부분 학교에서죠.

  트레버: 학교 안 어디지?

팀: 대체로 운동장이요.

트레버: 너는 언제 운동장에 가니?

팀: 아침 종이 울리기 전, 점심 먹고 난 다음, 그리고 학교 끝날 때요.

셋째, 이제 무슨 일이 일어났는지 이야기를 나눈다. 누가 뭐라고 말하고, 어떻게 행동하면서 문제가 시작되었나? 팀은 그냥 "우리는 그냥 싸웠는데요."라고 말했지만 이는 너무 모호한 이야기다. 트레버는 처음에 누가 뭐라고 말하고 어떤 행동을 했으며, 그 다음에는 누가 무엇을 말하고 행동을 했는지 순차적으로 말하도록 했다.

팀: 처음은 잘 기억나지 않아요. 그런데 지미가 점심을 먹고 나서 식당 밖에서 내 친구 레지의 여자친구에 대해서 진짜 큰 소리로 욕을 하는 거예요.

트레버: 중요한 내용을 기억하고 있구나. 그 다음에는 무슨 일이 일어났니?

트레버는 상황에 대한 구체적인 탐색을 하고 이에 대한 팀의 생각과 기분에 대해서도 물었다. "지미가 레지의 여자친구에 대해서 큰 소리로 나쁜 말을 떠들 때 너는 어떤 생각이 들었니?"라고 묻자 "'절대 못 참아.'라고 생각했죠."라고 팀이 답했다. 트레버는 그 순간 팀이 어떤 기분을 느꼈는지 물었다. "정말 열 받았죠." 팀이 답했다. "그래서 무엇을 했니?" 팀은 "싸울 준비를 했죠."라고 소리쳤다. "싸울 준비를 한다면 그 모습은 어떤 것이고 느낌은 어떤 거야?" 트레버가 물었다. 트레버는 이 상황에 대한 다른 세부사항을 파악한 후, 다른 문제상황에 대해서도 들었다. 팀은 이 문제를 다음과 같이 정의했다. "힘센 애들 상대하기"

- **문제상황에 대한 목표 설정하기**: 다음으로 상담자는 문제상황에서 청소년이 달성해야 할 목표를 설정하도록 돕는다. 목표달성 기준은 자기주장적이어야 하고 (예: 공격적인 방식이나 수동적인 방식 대신 자신의 감정이나 의견을 표현하기), 어떤 행동을 증가시키는 것과 감소시키는 것을 모두 포함해야 한다. 팀과 합의한 목표는 학교에서 좀 더 긍정적인 친구와 접촉을 늘리고(그런 친구들은 수업 전과 점심시간 후 운동장보다는 체육관에 있다), 힘센 애들과 말싸움, 몸싸움을 줄이는 것이었다.
- **해결방안 만들기**: 트레버는 다음으로 팀에게 '브레인스토밍'을 소개했다. 브레인

스토밍의 목표는 유용성과 상관없이 효과적일 것 같은 해결방안과 결과가 나쁠 것 같은 해결방안을 많이 찾는 것이다. 브레인스토밍 기준은 다음과 같다.

– 목록을 다 만들 때까지 어떤 아이디어도 평가하지 않는다.

– 목록에는 현실적 방안, 비현실적 방안, 재미있는 방안이 모두 포함되어야 한다.

– 공격적인 방안, 자기주장적인 방안, 수동적인 방안도 찾는다.

치료자는 청소년과 이 과정을 재미있고 즐겁게 하는 것이 좋다. 청소년은 사회생활을 잘하는 다른 사람들에게 해결방안을 물어볼 수도 있다.

팀은 다음과 같은 해결방안을 찾아냈다. 그것은 '학교 그만두기' '지미와 친구들이 수강하는 수업 빠지기' '지미와 친구들을 상대로 같이 싸워 줄 친구 구하기'였다. 트레버가 다른 해결방안을 더 생각해 보자고 촉구하자 팀은 말했다. '지미 또는 그 친구들이 가까이 오려고 할 때 멀리 떨어져 걷기' '운동장 대신 체육관으로 가기' '병장(교장)에게 지미의 잘못을 이르기'를 추가하였다.

- 해결방안 평가하기: 치료자와 청소년은 각 방안이 자신과 주변 사람에게 즉각적으로, 또 장기적으로 어떤 결과를 낳을지 의논한다. 각 방안의 결과를 평가해 본 후, 청소년과 치료자는 각각의 해결방안을 비교하였다. 이때 트레버는 양육자의 개인 회기에서 사용한 것과 유사한 양식을 사용하였다. 그 양식에는 왼쪽에 해결방안을, 가운데 열에 '장점(편익)', 오른쪽 열에 '단점(비용)'을 적도록 칸이 나뉘어 있다. 팀의 수업결석 방안의 단점(학업지체, 보호관찰 위반), 지미와 싸우는 방안의 단점(퇴학, 보호관찰 위반)은 장점(수업에 빠지고 재밌게 놀 수 있음, 지미와 그의 친구에게 한 방 먹이는 것이 기분 좋음)보다 훨씬 컸다. 체육관에 가는 것은 장점과 단점이 비슷했다. 체육관에 가는 방안의 장점은 '농구가 좋다' '재미있다' '싸움을 피할 수 있다' 등이 있지만, 그로 인한 단점은 '나약해 보인다' '친구를 새로 사귀어야 한다' '다들 나를 나쁜 놈이라고 생각해서 착한 애들이 놀아 줄 것 같지 않다' 등이 있었다. 교장 선생님에게 이르는 건도 어려워 보였다. 왜냐하면 학교에서 팀은 지미만큼이나 골칫거리기 때문에 교장 선생님이 팀의 편을 들어 줄 리 만무했다. 팀과 트레버는 새로운 방안을 생각해 냈다. '교장이 나서서 휴전을 시키는 것이다.' 이 방안의 장점(싸움 종결)과 단점(교장에게

혼날 것임, 교장이 도움을 요청한 나를 비웃을 것임, 내가 도움을 요청한 것을 누구라
도 알면 나를 바보 취급할 것임)을 평가했다.

- **최종 방안을 선택, 연습하기**: 이 단계에서 치료자는 청소년과 함께 각 방안의 장
점과 단점을 검토한 후 실제로 실행계획을 세운다. 이때 긍정적인 방안은 빠짐
없이 잘 살펴보도록 한다. 긍정적인 방안은 하나만 채택할 수 있고, 여러 방안
을 조합해서 시도해 볼 수도 있다. 계획은 구체적이고 행동적인 용어로 기술한
다(예: 누가, 무엇을, 언제, 어디서 하는지). 방안의 내용 중에 청소년이 누군가와
대화해야 한다면 그 대화의 목표를 먼저 확인해야 한다(예: "만일 네가 지미와 휴
전시켜 달라고 교장을 찾아간다면 어떻게 말하고 싶니?"). 이때 대본을 만들어 연습
하는 것이 도움이 된다. 대본이 필요 없는 경우라도 치료자는 실행에 앞서 청
소년의 말과 행동을 칭찬하거나 교정적 피드백을 제공하는 역할극을 충분히
반복하도록 한다.

　　팀과 트레버는 과거에 교장 선생님이 학생 문제에 매우 엄격하게 굴었던 것
을 생각해 내었다. 그렇다면 휴전중재요청이 성공할 가능성은 낮다고 판단되
었다. 게다가 이 일로 팀이 다른 학생들 사이에서 조롱거리가 될 수도 있다. 그
래서 팀과 트레버는 '체육관에 가기' 방안을 시도해 보기로 했다. 이 방안에는
몇 가지 세부 단계가 포함된다. 친구 레지와 함께 학교 운동장에는 가지 않기,
대신 레지에게 체육관으로 오라고 말하기, 지미와 친구들이 팀이 가려는 곳을
알고 놀리더라도 대응하지 않고 체육관으로 가기, 체육관 입구에서 접수하기,
체육관 남자애 중 운동을 꽤 하는 애들에게 자기 소개하기, 그리고 좋아하지만
잘하지는 못하는 농구하기가 그것이다. 트레버와 팀은 각 단계를 역할극으로
연습했다. 먼저, 예를 들어 레지에게 체육관에 간다고 하면 레지가 뭐라고 할
지("미쳤어? 우린 거기에 어울리지 않아!"), 팀이 체육관에 들어섰을 때(주위를 둘
러본다면), 거기 있는 애들이 어떻게 하고 있을지 등에 대해 자세히 논의했다.
그리고 팀과 가족들, 교장선생님에게 양해를 구하고 트레버는 운동장, 체육관,
쉬는 시간에 학생들을 관찰하기 위해 직접 학교에 갔다. 이와 같은 직접 평가
를 실시하면 효과적인 해결방안이 생성될 확률이 높아진다.

- **계획을 실행하고 평가하며 필요하면 재설계하기**: 이 마지막 단계에서 치료자는 청
소년이 계획을 잘 실행할 수 있도록 도움을 제공하며 실행의 세부사항을 논의

한다. 어떤 경우, 치료자가 실행을 같이해 줄 수도 있지만, 장기적으로 볼 때 청소년은 혼자 할 수 있는 기술을 익혀야 한다(원칙 9). 두 사람은 트레버가 나설 경우 다른 학생들과 교직원이 부정적으로 반응할 것이라 예측하였다. 그래서 실제로는 트레버가 동행하지 않는 것으로 합의했다. 그러나 한편 트레버 생각에, 만일 첫 번째 시도가 잘못되면 팀이 그 이후 오후 내내 수업을 빼먹거나 운동장으로 돌아가 버릴 것 같았고 그러다 방과 후에 문제가 생길 수도 있겠다 싶었다. 트레버는 팀과 함께 아버지, 할머니에게 '체육관 가기' 계획을 알려 드림으로서 이들이 팀의 방안을 격려할 수 있도록 하였다. 처음 체육관에 가기로 한 날에 팀에게 응원을 해 달라고 했다. 마지막으로 트레버는 팀이 체육관 가기를 처음 시도한 날에는 방과 후에 바로 팀을 학교로 데리러 가서 집까지 데려다 주기로 했다.

계획이 혹시 실패하면 치료자는 청소년이 계획을 돌아보고 재설계하도록 한다. 그렇게 하려면 청소년이 자신의 수행을 객관적으로 평가할 수 있어야 한다. 이 과정을 촉진하기 위해 치료자는 포괄적이고 왜곡되게 말하는 것보다(예: "완전히 망쳤어요.") 구체적이고 객관적인 자기관찰(예: "농구에 참여하기 전에 진짜 괜찮을지 체크하는 것을 잊었네요.")을 말할 수 있도록 격려하고 모델링한다. 계획이 성공하면 치료자는 청소년에게 성공의 이유가 무엇인지 설명하도록 시키고, 청소년이 잘해서 좋은 결과가 나타났다는 점을(내적 귀인을 하도록) 강조한다(예: "농구가 한판 끝나가는 것 같아서 다음 판에 같이해도 될지 묻는 것이 좋겠구나, 그렇게 생각했죠."와 같은 언급에 주목한다).

2) 사회성 기술훈련

팀의 해결 방안 중 하나는 체육관에서 낯선 또래와 긍정적으로 어울리는 것이었다. 이는 MST에서 비행또래와의 접촉을 줄이고 긍정적인 또래와의 접촉을 늘리기 위한 가족 개입에서 사용되는 전략이기도 하다. 비행또래와 어울렸던 청소년은 친사회적인 또래에게 수용될 수 있도록 이들과 잘 지낼 수 있는 사회성 기술을 익혀야 할 수 있다. 일부 청소년은 교실이나 교회에서 혹은 이성에게 잘 보이기 위해서 이미 이러한 기술을 사용하기도 한다. 예를 들어, 팀의 할머니가 팀을 '착한 아이'라고 부르는 어떤 행동들이 있는데, 이러한 행동에는 팀이 식사할 때에 바르게 식사하는 것, 전화 받는 모습이나 집에 온 손님을 대응할 때나 패스트푸드 식당 등 공공장소에서 보이는 '예의바른' 모습 등이 있다. 게다가 팀은 7, 8학년까지 대부분의 반 친구들과 잘 지냈고, 중학교 때까지는 점심시간에도 잘 어울렸다고 했다. 이를 종합하면 팀은 또래 수준에 걸맞은 긍정적인 사회성 기술을 가지고 있었다. 따라서 상담 과제는 이러한 기술을 보다 광범위한 상황으로 일반화하는 것에 초점을 맞추었다.

비행또래관계를 축소하고 긍정또래관계를 증진시키는 개입이 청소년의 사회적 기술 부족으로 실패했다는 증거가 있다면, 사회적 기술 향상을 도모하는 개인상담을 시작한다(제4장 참조). 여기에는 다음과 같은 기술이 포함된다.

- 한 명 혹은 그룹과 처음 접촉을 시작하기
- 번갈아 놀이에 초대하기(Reciprocating invitations)
- 다른 사람이 나와 하고 싶은 것이 다를 때 의견을 조율하기

의견 조율하기는 앞에서 소개한 문제해결기술로 이해할 수 있다. 비행또래에게 익숙한 청소년에게 긍정적인 친구와 어울리는 기술을 가르칠 때 특별한 주의가 필요하다.

새로운 사회적 접촉을 할 때 눈을 마주치고, 자기 이름을 말하며, 다른 사람 이름을 묻고, 너무 사적인 질문은 삼가면서 관심을 표현하는 기술이 필요하다. 팀은 이런 기술을 잘 사용하고 있었다. 트레버를 처음 만났을 때나 형의 친구들을 처음 만났을 때 팀이 그렇게 할 수 있다는 것을 분명히 알 수 있었다. 팀에게 부족한 것은 친구가 아닌 그룹에 처음 들어가는 기술이었다. 그룹에 쉽게 끼어 들어가는 기술은 다음과 같다.

- **그룹 지켜보기**: 청소년은 또래들이 무엇을 하며 노는지(예: 농구, 스케이트보드, 서로의 아이팟으로 노래 듣기, 이야기 나누기), 어떻게 하고 노는지(예: 대화가 빠르거나 시끄러운가? 모두가 동시에 이야기하는가? 어떤 사람이 이야기를 많이 하나? 노래를 듣고 싶으면 아이팟을 빌려 달라고 요청하는가 아니면 그냥 가지고 가는가?)를 충분히 알기 위해 서로 상호작용하는 것을 지켜봐야 한다. 팀이 체육관에 가서 보니 네 개의 농구 골대가 있었다. 두 개의 골대에서 아이들이 3대3 농구를 하

는 것 같았지만 사실 아이들은 공을 서로 자기에게 달라고 하고 있었다. 세 번째 골대에서는 '호스(horse)'라는 게임에서 하는 것처럼 특정 위치에서 서로가 슛을 쏘는 도전을 하는 것처럼 보였다. 애들은 농구에 대한 이야기보다 가벼운 잡담을 나누며 농구를 하고 있었다. 마지막 골대에서 아이들이 무엇을 하는지 분명하지 않지만, 농구는 아닌 것 같았다. 팀은 3대3 경기를 지켜보기로 결정했다.

- 활동이나 대화를 나누고 있는 그룹에 들어가기 위해서 '무엇'을, '어떻게' 하는지 모방하지 말고 적당히 호응(mirror)하기: 여기서 팀은 예전 비행또래와 놀았던 방식이 친사회적 친구와 어울릴 때는 잘 맞지 않는다는 것을 깨달았다. 팀은 농구를 잘하는 것은 아니었지만, 친구들과 공을 가지고 '어슬렁거리고 노는 것'을 좋아했다. 경기를 자주 하지는 않았지만 한번 하면 아주 거친 길거리 농구를 했고, 규칙도 제멋대로 만들었다. 그리고 팀은 친구 아닌 '그냥 아는 애들'과 서로 놀리고 욕하고 그랬는데 어떤 경우에는 처음부터 서로 소리를 지르며 시작했다. 심지어 길거리나 복도에서 고함을 질러 인사를 하는 것도 자주 있는 일이었다. 팀과 친구들은 경기에 참여하고 싶을 때는 말 대신 공을 낚아채는 것으로 농구 경기에 끼고 싶다는 신호를 보내곤 했다. 그래서 트레버와 팀은 3대3 경기를 하는 아이들, 잘 모르는 시합을 하는 그룹, 마지막 농구 골대에서 경기보다는 대화를 하는 것 같은 아이들에게 각각 다른 접근 방법으로 역할 연습을 했다.

- 자기 소개하기: 소개하기는 간단하게 자기 이름을 말하는 것이다. 자신이 어떻게 거기에 오게 되었는지 말하는 것도 중요하다. 이전에 팀은 점심시간에 체육관에서 논 적이 없었다. 그래서 트레버는 팀이 아이들에게 자기를 소개할 때 농구를 하고 싶어서 왔노라고 말해 보면 좋겠다고 제안했다.

- 참여를 요청하기: 보기에는 간단해 보이지만 낯선 사람들과 말을 트는 일이나 뭘 함께하고 싶다는 뜻을 적절하게 말이나 행동으로 표현하는 것은 매우 어려운 일이다. 트레버는 애들에게 처음에 어떻게 말을 걸지 브레인스토밍해 보자고 말했다. 이 역시 이왕 하는 것이니, 재미있고 즐겁게 해 보자고 했다. 트레버와 팀은 아이들에게 접근하는 방법을 여러 가지 모색하고, 그중에서 어른이 말하는 것처럼 들리지 않으면서 팀이 해도 자연스럽게 들리는 말을 몇 가지 골라 보았다. 여기에 빈정거리거나 상대를 모욕하는 말은 포함시키지 않았다. 예를 들

어, "경기가 이미 시작된 것 같은데, 내가 들어가도 될까?" 또는 "내가 다음 라운드에 참여할 수 있을까?" 등이 그것이다.

이전에 설명했던 문제해결기술 훈련과 마찬가지로 치료자는 실제 상황 같은 역할극을 통해 청소년에게 기법을 연습시키고 구체적인 칭찬과 교정 피드백을 제공해야 한다. 여기서 치료자와 청소년은 실전에 누군가 동행할지(치료자, 또래, 나이 많은 형제자매) 결정한다. 또한 치료자 외에도 일이 어떻게 되었는지 이야기해 줄 사람이 있는지 체크한다. 앞서 언급했듯이 치료자와 청소년은 현재 사용하고 있는 치료적 기법뿐만 아니라 그 기법을 시도하는 상황과 일정을 양육자에게 알리도록 한다. 양육자의 격려와 지원은 청소년의 배움의 과정을 촉진하는 데 매우 중요하다.

5 MST 대상 청소년에게 흔한 장애의 치료

MST를 받는 청소년이 공통적으로 보이는 두 가지 문제에 대한 증거기반치료를 소개한다. 그것은 ADHD와 외상 관련 문제이다. 이 두 가지 문제는 생물학적 기반과 심리적 기반을 모두 가지고 있다.

1. 주의력결핍 과잉행동장애

ADHD는 미국 취학 연령 아동의 3~5%에서 나타나며(American Psychiatric Association, 2000; Barkley, 2006), 여아에 비해 남아에게 3배 정도 많이 발생한다. 과잉활동과 충동성은 약 3~4세 전후에 출현하고, 주의력 문제는 초등학교 초기에 두드러지게 나타난다. 주의력 문제는 청소년기까지 계속되지만, 과잉행동과 충동성은 청소년기가 되면 대체로 사라진다. ADHD 진단 청소년의 25~50%는 후기 청소년기 또는 초기 성인기 즈음 진단명을 벗게 되고 이 문제에 잘 대처하는 법을 배우게 된다(Weisz, 2004). 이러한 발달적 변화에 근거하여 ADHD에 대한 대부분의 심리사회적 치료 및 약물치료는 약 12세까지 실시된다. 다음에서 확인할 수 있는 바와 같이 ADHD 증상을 감소시키는 데는 행동주의적 개입과 정신 자극제가 효과적이다.

1) 행동주의적 개입

청소년에 대한 증거기반 심리사회적 치료에 대한 개관연구(Daly, Xanthopoulos, Stephan, Cooper, & Brown, 2007; Weisz, 2004)에 따르면 행동주의적 부모훈련은 양육기술, 가정에서의 아동행동, ADHD 증상을 개선시키는 데 효과적이다. 또한 교실에서의 행동주의적 개입(예: 증상과 기능 문제에 초점을 맞춘 일일보고카드, 즉 수반성 관리)은 청소년이 교사의 요구 및 교실 규칙을 준수할 수 있도록 돕고, 급우와 사회적 상호작용을 잘할 수 있도록 한다. MST 치료자는 가정과 학교 모두와 소통할 수 있기 때문에, ADHD에 대한 가정과 학교기반의 개입을 효과적으로 수행할 수 있는 위치에 있다.

행동주의적 부모훈련은 파괴적인 행동 문제와 ADHD 진단을 받은 취학연령 청소년을 위해 개발되었다.

- 부모훈련과 가족관리(Parent training and family management: Patterson, 1976)
- 불순응 아동을 위한 지원(Help for noncompliant child: McMahon & Forehand, 2003)
- 말 안 듣는 아이(Defiant children program: Barkley, 2006, 김동일 외 공역)

이 치료는 제3장의 가족 개입에서 소개한 행동주의적 양육과 함께 사용할 수 있는 것으로 ADHD를 보이지 않는 청소년에게도 적용할 수 있다.

그러나 행동주의적 부모관리는 처음에 시행할 때에 비해 시간이 지남에 따라 그 효과가 감소하는 경향이 있다. 그리고 중요한 것은 ADHD 청소년에 대한 행동주의적 부모훈련의 효과가 아동만큼 효과적이지 않다는 것이다(Weisz, 2004). 따라서 많은 ADHD 전문가는 ADHD는 당뇨병 등의 만성질환처럼 장기적인 치료과정이 필요하다는 점을 부모와 청소년에게 이해시키는 것이 중요하다고 말한다. 부모관리 전략이 청소년 행동에 제한적인 효과만을 보이는 이유는 아동기에 비해 부모보다 또래의 영향이 증가하며(Weisz, 2004), 청소년의 인지능력이 향상되기 때문이다. MST는 이와 같은 청소년기 특성에 보다 잘 부합한다. MST는 청소년의 성장에 맞게 양육자가 관리 전략을 조정할 수 있도록 자원과 지원을 제공한다(원칙 6과 9).

2) 약물치료

ADHD 청소년에게는 보통 중추 신경계 자극제가 처방된다(Daly et al., 2007). 일반적으로 많이 사용되는 약물은 메틸페니데이트계(상품명은 리탈린, 콘설타, 메타데이트, 포칼린), 암페타민의 혼합염계(상품명은 아데랄, 아데랄 XR)과 덱스트로암페타민계(상품명은 덱스트린, 덱스트로스테트)이다. 약물치료 효과와 부작용에 대한 연구 결과는 다음과 같다.

- 약물치료는 부주의, 충동성, 가정·교실·사회에서의 과잉행동 등 ADHD 관련 핵심 인지 및 행동 증상을 관리하는 데 있어 안전하고 효과적인 방법이다.
- 일반적인 부작용으로는 식욕 감소, 두통, 복통, 메스꺼움, 수면장애, 피로감, 과민성, 운동성 틱, 사회적 철수 및 성장 저하 등이 있다.
- 약물치료가 학업 성취도와 사회적 관계와 같은 기능 문제를 개선한다는 증거는 분명하지 않다.
- 약물치료의 장기적인 효과는 거의 알려진 것이 없다.

행동주의적 접근과 약물치료가 모두 효과적이라고 할 때, 두 가지 치료를 서로 비교하면 어떤 것이 나으며, 함께 시행할 때 그 결과는 어떠할까? 이에 대한 답변은 대규모의 환자군에 대해 시행된 MTA 연구에서 주어졌다(MTA Cooperative Group, 1999). MTA 연구에서 ADHD 핵심증상에 대한 약물치료의 단독시행과 행동치료의 단독시행 효과는 유사한 것으로 나타났다. 아울러 두 가지 치료를 병행할 때 ADHD에 수반된 파괴적인 행동 문제에 더 강력한 효과를 거두는 것으로 나타났다. 학부모와 교사는 행동주의적 접근과 약물치료의 병행을 더 선호하였다.

3) MST 시사점: 양육자와 의사의 효과적인 협력을 돕기

MST에 의뢰된 청소년 중에는 초등학교 때 ADHD로 진단되어 자극제를 처방받은 아이들이 있다. 어떤 양육자는 예전에 교사, 의사, 상담자로부터 자녀가 ADHD인 것 같다는 말을 들었지만 정식 진단을 받은 적이 없고, 약물치료를 했는지도 잘 기억이 나지 않는다고 말한다. ADHD 증상이 청소년의 문제에 악영향을 미치고 치료의 진전을 가로막는다고 판단되는 상황에서, 이전에 진단 및 약물치료를 받은 적이 없다면 MST 치료자는 일반적으로 가족 개입, 행동주의적 개입 및 학교 개입을 시작한다. 이 개입이 몇 주에 걸쳐 가정과 학교에서 잘 적용되었음에도 ADHD 핵심 증상에 거의 변화가 없다면, 치료자는 증상이 ADHD 진단을 충족하는지, 만일 그렇다면 약물치료를 받아야 할지 알아보기 위해서 소아정신과 및 소아과 의사를 만나 볼 것을 제안한다.

대상 가족이 첫 진료를 잘 받을 수 있도록 하고, 이후에도 의사와의 지속적인 협력을 할 수 있도록 MST 치료자는 일반적으로 다음과 같은 5단계를 수행한다.

- **가까운 소아정신과 및 소아과 알아보기:** 청소년을 치료하는 소아정신과 및 소아과 의사를 알고 있는가? 어디에 있는가? 그들에 대해서 다른 정신건강 전문가들은 뭐라고 평가하는가? 가족들이 알고 있는 정보는 무엇인가? 가족들은 서비스에 만족하고 있는가? 그 의사들은 다른 정신건강 전문가와 협업할 준비가 되어 있는가? 구체적으로 의사 자신은 약물치료만을 제공하고, 심리치료는 MST 치료자에게 맡길 수 있는가? 의뢰과정은 어떻게 진행되는가? 비용은 어떤 방식으로 지불되는가? 대부분의 지역에는 소아정신과 의사가 많지 않기 때문에 소아과 및 가정의학과에서 ADHD 약물치료를 담당하는 경우가 많다. 많은 MST 프로그램은 정신과 및 기타 정신건강 관련정보를 담은 지역사회 정보(건강, 교육, 레크리에이션 등)를 수집하여 파일로 만들어 관리한다.
- **양육자와 청소년 교육하기:** 의사와 효과적으로 협력해야 한다면 관련지식이 큰 도움을 줄 수 있다. NAMI, ADHD를 가진 아동 · 성인 협회(Child & Adults with Attention Deficit/Hyperactivity Disorder: CHADD)와 같은 정신건강 소비자단체, NIMH와 같은 연구지원기관의 팜플렛과 웹사이트에서 ADHD와 그 약물치료 정보를 쉽게 찾아볼 수 있다. 치료자는 양육자와 청소년이 첫 진료를 잘 준비할 수 있도록, 이 장 끝에 제시한 관련자료의 웹사이트에서 정보를 다운로드하여 제공할 수 있다. 만약 가족이 컴퓨터를 사용할 줄 안다면 치료자와 가족이 함께 웹사이트를 찾아본다.
- **진료 일정 잡기:** 양육자가 예약을 꺼리는 경우, 치료자가 집에 방문했을 때 양육자가 예약전화를 하도록 옆에서 도움을 준다.
- **진료 준비하기:** 치료자는 양육자와 청소년으로 하여금 첫 진료와 관련된 문제를

미리 생각해 보도록 돕는다. 치료자는 가족에게 첫 진료가 어떻게 진행될 것 같은지 물어보고, 양육자와 청소년이 병원으로 가는 방법도 생각해 보도록 한다. 또 어떤 진단을 받을지, 어떤 치료를 받을 것 같은지 생각해 보도록 한다. 사람 중에서는 의사에게 모르는 것을 물어보고, 그래도 잘 모르겠으면 다시 물어보기를 어려워하지 않는 사람이 있는가 하면 그렇지 않은 사람도 있다. 양육자가 무슨 말을 할지 잘 모른다면 치료자는 진료상황을 역할극으로 연습시켜 본다.

- 양육자가 요청할 때 진료 동행하기: 어떤 양육자는 MST 치료자가 첫 진료에 동행해 주기를 원한다. 혹은 이전 진료가 원활하지 않았다며 다음 진료에 같이 가 달라고 할 때도 있다. 양육자, 청소년(청소년이 참석하는 경우), 의사가 동의하면 MST 치료자는 동행할 수 있다. 이때 치료자와 양육자는 면담에서 치료자의 역할을 미리 명확히 결정한다. 치료자는 주로 관찰만 하고 양육자가 원할 때만 말할 것인가? 양육자는 의사, 양육자, MST 치료자가 동등하게 참여하여 문제가 무엇이며, 그간 MST에서 무엇을 해 왔는지, 약물치료가 MST의 방향과 일치하는지 등 중요한 주제에 대해서 논의하기를 원하는가? 첫 진료전 이상에 대해서 치료자와 양육자가 함께 논의해 보고, 진료를 다녀온 후 또 재검토한다.

마지막으로, 어떤 지역에는 NAMI 및 CHADD의 지회가 설치되어 있다. 양육자는 그와 같은 모임에 출석하여 ADHD를 가진 자녀의 부모, 약물치료 중인 사람과 그렇지 않은 사람을 두루 만나고 이야기를 나누어 볼 수 있다. 이러한 단체의 홈페이지에 가면 양육자가 원하는 지역 지회를 찾아볼 수 있다.

2. 청소년의 외상 관련 증상

MST 대상 아동, 청소년은 성장과정에서 부모의 이혼, 가족의 죽음, 이웃의 폭력 목격, 빈곤과 관련된 박탈 등 스트레스가 높은 사건을 많이 경험한다. 이러한 경험은 매우 고통스럽고 무서우며 혼란스러운 것이다. 그렇다고 이런 경험을 한 아이들이 모두 외상을 입는 것은 아니다. 외상사건은 예상할 수 없이 갑작스럽게 일어나고 충격적이며 죽음과 같은 생명이나 신체적인 위협을 받으면서 강력한 두려움과 공포, 무력감을 불러일으키는 등의 뚜렷한 특징을 가지고 있다(American Psychiatric Association, 2000, p. 463). 아동이 겪는 외상의 예로는 신체적·성적 학대, 가정폭력의 목격 또는 경험, 끔찍한 교통사고, 생명을 위협하는 질병, 자연 및 인공 재해, 전쟁, 테러 및 난민(망명) 상황 등이 있다(Cohen et al., 2006).

1) 외상후 스트레스 장애(PTSD) 진단

청소년이 PTSD 진단을 받으려면, 아래의 세 군집에서 일정한 개수 이상의 증상이 보고되어야 한다(Cohen et al., 2006).

- 증상의 재경험(예: 사건을 상기시키면 침투적 또는 혼란된 사고, 신체적 또는 심리적 고통)
- 회피 증상(예: 외상사건을 연상시키는 사람, 장소, 상황의 회피, 정서적 분리 또는 단조로움)
- 극도의 흥분과 기분 증상(예: 깜짝 놀라는 반응, 과민한 각성상태, 수면장애, 성마름, 분노폭발 등의 증가)

2) 외상의 영향

아동에게 미치는 외상사건의 영향은 다음과 같이 매우 다양하다(Cohen et al. 2006; Weisz, 2004).

- 실질적인 영향이 없음
- 우울
- 불안
- 분노와 공격성
- 특정 상황의 회피

아동에게 미치는 외상은 다음 요인의 영향을 받는다.

- 외상사건의 특성과 빈도

- 아동의 나이와 발달 상태
- 신체적 또는 성적 학대, 방임이 외상의 원인인 경우 아동과 가해자와의 관계
- 외상에 대한 주변 어른들의 반응
- 가족과 기타 지원체계
- 기타 위험요인과 회복 탄력성 요인

외상을 경험한 아동 중 일부는 급성 외상 증상을 보이나, 그렇지 않은 아이들도 많다. 마찬가지로 급성 증상이 오래 지속되면서 만성적인 정신건강장애로 이어지기도 하지만 그렇지 않은 경우도 있다.

3) 주로 핏요인이 되는 외상은 무엇인가?

MST를 받는 청소년이 외상 증상을 보이고, 이것이 의뢰 문제를 유지시키거나 치료 진행을 방해하는 경우 대부분 그 외상이 신체적·성적 학대인 경우가 많다. 반면, MST를 받는 청소년 중에 테러, 학교 총격 사건, 자연재해와 같은 상황으로 인해 정신적 외상을 겪는 경우는 드물다. 따라서 여기서는 심각한 반사회적 청소년과 주로 관련된 학대 관련 증상을 다루는 데 초점을 맞추고자 한다.

학대는 아동이 보이는 특정행동의 유무로 입증될 수 없기 때문에 학대 증상을 평가하고 치료하는 것은 쉬운 일이 아니다. 외상 증상에 초점을 맞춘 치료와 달리 MST의 경우 일반적으로 다양하고 심각한 반사회적 문제행동의 치료가 최우선이다. 그러므로 치료를 방해하는 증상이 학대와 관련되어 보인다면 다음과 같은 점을 유의한다.

- 치료자는 학대피해자라면 당연히 정신과 치료를 받아야 한다고 간주하지 않도록 한다.
- 학대피해자가 정신건강 문제를 보일 때, 이는 학대의 결과일 수도 있지만 아닐 수도 있다(예: 그 문제가 학대 이전의 문제에 기인하거나 학대와 무관할 수 있다).
- 피해자에 대한 학대의 영향을 평가할 때, 학대 사건의 맥락과 특성을 고려해야 한다.

(1) MST 증거 수집하기

MST 치료 중 외상 증상 때문에 난관에 부딪쳤다면 MST 치료자는 표준 MST 증거 수집 절차를 밟으며 외상이 핏요인인지 여부를 가설검증한다. 예를 들어, 성마름과 분노폭발은 PTSD의 세 가지 진단준거 중 한 가지에 속하지만(극도의 흥분과 기분 증상) 외상을 경험한 적 없는 소년범죄자에게도 흔히 나타난다. 반면 외상사건을 상기할 때 나타나는 침투적이고 혼란스러운 사고와 신체적 · 심리적 고통은 소년범죄자에게 잘 나타나지 않는다. 따라서 MST 치료자가 청소년의 성마름이나 분노폭발을 만나면 외상초점 치료 전략을 치료에 바로 포함시키기 전에 이것이 외상에 의한 것인지, 아니면 다른 핏요인(예: 아이가 분노폭발하면 양육자는 지시를 철회함, 양육자의 분노폭발을 모델링함, 청소년의 대인관계 문제해결기술의 부족) 때문인지 잘 감별해야 한다.

(2) 외상사건 이해하기

청소년의 증상에서 외상의 역할을 평가하기 위해 치료자는 외상사건이 발생했다는 증거를 확인해야 한다. MST는 일반적으로 광범위하고 체계적인 맥락에서 문제의 핏요인을 평가하지만, 학대(또는 다른 외상)와 관련해서는 외상이 언제, 얼마나 자주 발생했는지, 어떤 종류의 외상인지를 알아보고 아울러 청소년이 그 사건을 외상으로 경험했다는 증거가 있는지 확인해야 한다. 치료자가 청소년과 양육자를 면담하고, 기타 중요한 정보(예: 아동보호전문기관 보고서)를 검토한 후에도 학대나 다른 외상사건의 종류와 영향을 확신하기 어렵다면 임상적 타당성이 확인된 PTSD 자기보고검사를 실시한다. 검사는 이 장의 참고자료에 나와 있는 국립아동외상스트레스네트워크(National Child Traumatic Stress Network) 홈페이지에서 다운로드하여 사용할 수 있다.

4) 개입

청소년 외상에 대한 치료법으로 왜곡된 사고 수정, 단계적 노출을 포함한 행동적 기법, 사회성 기술 훈련, 약물치료 등이 있다(March, 2002). 1990년대 초에는 코헨(Cohen)과 마나리노(Mannarino), 데블링거(Deblinger)와 동료들이 성적학대를 입은 아동을 대상으로 한 인지행동치료의 효과를 경험적으로 검증하였다. 이들의 작업은 현재 외상중심 인지행동치료(Trauma Focused-Cognitive Behavioral Therapy: TF-CBT: Cohen et al., 2006)로 통합되었다. TF-CBT는 여러 가지 학대와 함께 여러 종류의 외상에도 적용될 수 있다. TF-CBT는 다음의 약어 'PRACTICE'로 표현된 8개의 치료전략으로 구성되어 있다. 청소년의 외상 증상을 치료하기 위해 MST에서 자주 사용되는 전략에는 별표를 표시하였다.

Psychoeducation and parenting skills(심리교육과 양육기술)*

Relaxation(이완법)*

Affective modulation(정서조절)*

Cognitive coping and processing(인지대처와 인지처리)*

Trauma narrative(외상 내러티브)

Invivo mastery of trauma reminders(외상 기억에 대한 실제노출)

Conjoint child-parent sessions(아동부모 공동 회기)*

Enhancing future safety and development(안전과 발달 촉진)*

MST는 의뢰된 문제를 유지시키는 가족, 또래, 학교, 개인요인에 대한 다양한 개입을 실시한다. 그중 일부는 PRACITICE 구성요소와 유사하다. 아동의 분노와 공격성에 대처하기 위한 TF-CBT의 양육기술 훈련에는 제3장에서 소개한 MST의 행동관리전략(예: 표적행동 칭찬, 수반성 적용)이 포함되어 있다. 아동을 대상으로 한 TF-CBT의 이완법은 이 장의 전반부에서 소개한 성인용 이완법과 동일한 이론 및 연구에 토대한 것이며, 다만 아동의 발달 수준에 맞게 변형된 것이다. 아울러 TF-CBT 정서조절 전략은 이 장의 성인과 청소년의 문제해결기술 훈련사례에서 소개한 실제노출 전략을 포함하고 있다. 반면, TF-CBT의 외상 내러티브 전략은 MST에서 거의 사용되지 않는다. 이는 MST에 이 전략과 관련된 교육경험과 전문성을 갖춘 치료자가 별로 없기 때문이다. 또 외상 내러티브 전략 외의 다른 전략만으로도 청소년의 외상 증상이 경감되는 경우가 많다.

5) 제니 심스의 사례

외상 증상이 의뢰 문제에 영향을 미치고 치료진행을 방해할 때, MST가 이 문제를 어떻게 해결하는지 제니 심스의 사례를 통해 살펴보자. MST에 의뢰된 반사회적 여자 청소년들이 대부분 그러하듯이, 제니 역시 성적 방종의 문제가 있었다. 제니는 이웃 술집에서 성인 남성과 충동적인 성관계를 빈번하게 맺었다. 반면 자기 또래의 친구나 남자친구는 거의 없었다. 이러한 성적 방종으로 제니와 부모 사이의 갈등의 골은 깊어져 갔고, 제니는 여러 차례 보호관찰을 위반하였다.

제니의 성적 방종과 다른 건강을 해치는 문제행동 이면의 핏요인은 어린 시절 당했던 성적 학대였다. 또 다른 핏요인으로 빈약한 부모감독, 부모와의 잦은 갈등, 또래관계 부재 그리고 비슷한 성적 방종을 보이는 여자 선배와의 친분 등이 있었다. 이에 MST 치료자인 앤은 제니의 어머니와 함께 핏요인을 개선하기 위해 치료계획을 수립했다. 여기에는 부모의 감독을 증가시키고, 부모자녀 간 갈등을 감소시키며, 행동관리 계획을 수립하는 것과 함께, 안전계획 수립 및 감독이 주요 내용으로 포함되었다.

앤은 제니를 만나 과거 성적 학대와 관련된 인지적 왜곡이 현재의 성적 행동에 미치는 역할을 평가하였다. 앤이 제니에게 '성관계'를 갖기 전 어떤 생각과 감정이 드는지 물었을 때 제니는 다음의 세 가지 생각을 말했다. '어쨌든 나는 버린 몸이야.' '내 또래 남자애들이 나 같은 것을 만나 줄 리 없다.' '그래도 이 남자는 조(성적 학대 행위자인 계부)보다는 잘해 주잖아.' 앤은 사고, 감정, 행동을 연결 짓는 CBT 전략에 따라, 제니가 느낀 각각의 생각에 어떤 감정이 연결되어 있는지 찾아보도록 했다. 제니는 자신이 버린 몸이라는 생각과 관련해서 수치심을, 나머지 두 가지 생각과 관련해서는 분노와 슬픔을 느낀다고 말했다.

다음으로 앤과 제니는 생각과 느낌에 연관된 행동도 찾아보았다. 제니가 스스로를 또래관계에서 소외시키는 행동은 세 가지 생각 모두와 관련된 행동이었다. 비슷한 또래의 남자는 자신에게 관심이 없을 것이라는 생각과 그에 수반된 슬픔과 분노는 나이 많은 남자를 유혹하는 행동으로 이어졌다.

한편, 제니에게 학대를 상기시키는 사람, 장소, 사건에 대해 묻자 제니는 "진짜로 그 일이 별로 생각나지 않아요. 계부가 집을 나간 후에 우리는 이사를 했어요. 예전 아파트 근처에 갈 필요가 없어서 지금은 괜찮아요."라고 말했다. 앤은 혹시라도 학대의 기억을 떠올리거나 예전에 살았던 아파트와 같은 건물을 보았을 때 제니가 신체 반응을 경험한다면 이를 다루려고 하였다. 물론 이사한 이후 거의 가 본 적이 없는 아파트 건물과 계부의 사진을 제니가 보았을 때, 불편감을 경험했지만 불안이나 두려움은 느끼지는 않았다. 앤이 실행한 생태적 평가에서도 제니가 학교, 동네, 집, 지역사회의 어떤 장소를 회피한다는 증거는 없었다.

따라서 앤은 개인 회기에 제니의 성적 방종의 핏요인인, 학대 관련 인지, 감정, 행동에 초점을 맞추기로 하였다. 앤은 제니에게 사전에 양해를 구한 후 제니 어머니인 심스 부인을 만났다. 그 자리에서 앤은 심스 부인에게 제니의 성적 방종에 영향을 미치는 학대경험을 다루기 위해 제니와 개인 회기를 가질 필요가 있다고 설명했다. 앤은 심스 부인에게 청소년이 성적 학대를 받았을 때 보이는 사고, 감정, 행동에 대해 설명한 후 제니가 학대를 새롭게 이해할 수 있도록 돕는 것이 필요하다고 말했다. 지금처럼 자신을 비하하면서 임신, HIV, 성병, 기타 신체적, 정서적 문제의 위험성을 높이는 제니의 현재 행동은 바뀌어야 했다. 앤은 심스 부인, 제니와 함께 진행할 공동 회기도 소개하였다. 공동 회기에서 학대가 제니의 잘못이 아니며, 학대 때문에 '버린 몸'이 되는 것도 아니라는 점을 제니가 이해할 수 있도록 도울 것이라고 설명했다.

그렇지만 심스 부인은 학대의 속성을 제대로 잘 이해하지 못했고, 학대 관련 주제가 나왔을 때 제니에게 어떻게 행동해야 할지 몰랐다. 특히 야간시간 제니의 소재를 따지며 제니와 격렬하게 대립할 때면 제니에게 대응하는 것을 힘들어했다. 제니와 심스 부인은 3년 전 학대가 처음 밝혀졌을 때 둘 다 상담을 받았지만 별 도움은 받지 못했다. 두 사람 모두 2회기만에 상담을 종결했다. 이전 상담경험을 탐색하는 과정에서 앤은 당시 제니 모녀와 주요 관계자가 학대의 영향을 제대로 이해하지 못했다는 가설을 세웠다. TF-CBT에는 양육자가 학대과정에서 자녀가 경험한 혼란스럽고 상충되는 감정을 조절할 수 있도록 돕는 과정이 있다. 또한 양육자가 아동의 안전이 손상된 데에 대한 인식과 책임을 인정하도록 하는 공동회기도 포함되어 있다. MST에는 공식해명 회기(formal clarification session: Kolko & Swenson, 2002)라는 이름의 유사한 개입이 있다.

6) 외상 관련 불안이 기능발휘를 저해하는 경우

제니와 달리 어떤 청소년들은 생리적 각성과 불편감이 느껴질까 봐 학대나 외상 사건에 관련된 사람이나 장소를 회피하는 경우가 있다. 회피행동이 가정, 학교, 지역사회에서 청소년의 기능을 방해하거나 치료목표의 달성을 저해할 때 치료자는 다음과 같은 단계를 밟는다. 첫째, 치료자는 가족들이 적절한 안전계획을 세우도록 돕는다. 청소년이 사람, 장소, 상황 등의 자극에 대한 침투적 사고나 기억으로 인해 과도한 정서적 반응과 불안을 경험할 때 이를 조절할 수 있도록 이 장의 문제해결기술 훈련과정에서 등장한 CBT기법을 사용할 수 있다. 아울러 불안을 조절하는 데 도움이 되는 또 다른 방법으로 심호흡과 근육이완기술(Deblinger & Heflin, 1996)도 좋은 방법이다. 분명하게 청소년에게 더 이상 외상사건의 발생이 일어나지 않고, 양육자 역시 청소년의 피학대 사실을 인정하고 청소년을 지지한다고 판단되면, 치료자는 점진적 노출을 시작한다. 점진적 노출은 불안 수준이 낮은 상황부터 시작하여, 조금씩 불안도가 높아지는 상황으로 재현된 학대 사건을 체험하는 것이다. 예를 들어, 케니라는 아이의 아버지가 술을 마신 후 어머니를 신체적으로 학대하는 사례를 생각해 보자. 여기서 노출은 아파트 계단에서 아버지의 비틀거리는 발소리를 케니가 듣는 것에서 시작하여 조금씩 불안을 더 자극하는 장면을 접하도록 하는 방식으로 진행된다.

아버지가 아파트 문을 연다.
아버지가 맥주를 달라고 소리 지른다.
케니가 맥주를 가져온다.
아버지가 케니의 어머니가 어디 있는지 묻는다.
케니가 대답한다. "내가 어떻게 알아요?"
아버지가 테이블을 세게 내리치며 의자를 밀쳐 버렸다.
케니가 소리친다. "좀 앉아 있으라구요!"
아버지가 케니를 한 대 휘갈긴다.
아버지는 케니의 어머니를 찾으러 침실로 간다.
케니는 두 사람의 말다툼을 듣는다.
케니는 어머니의 몸이 벽에 부딪치는 소리를 듣는다.

이 과정에서 치료자, 양육자, 청소년은 다음의 사항을 같이 살펴보아야 한다. 노출과정을 양육자가 함께 하는 것을 청소년이 지지적으로 경험할지, 반대로 침입적으로 경험하지는 않을지 확인한다. 또한 양육자가 효과적으로 참여할 수 있는지 여부도 살핀다. 예를 들어, 케니 사례에서는 케니뿐만 아니라 어머니도 학대 피해자이기 때문에, 어머니 자신의 두려움과 불안이 유발될까 봐 어머니는 노출에 참여할 수 없었다.

만일 청소년이 표준 MST에 잘 참여하고 있다면 대부분 외상 증상의 치료를 위해 다른 개인상담, 외래치료, 외상중심상담이 필요하지는 않다. 그런데 만일 이 장에서 제시한 전략이 잘 적용되었음에도 청소년의 외상 증상에 호전이 없다면 치료자는 다음과 같은 몇 가지 조치를 취할 수 있다. 첫째, 정신건강의학과를 방문하여 PTSD의 공포와 불안 증상을 경감시킬 수 있는 약물치료를 받는다(March, 2002). 또한 주변 지역에서 TF-CBT 훈련과 TF-CBT 자문(슈퍼비전)을 이수한 치료자가 있는지 알아보도록 한다. TF-CBT는 훈련과 자문이 모두 중요하다(North et al., 2008). TF-CBT가 보급되기 시작한 것은 그리 오래된 일이 아니므로 이 훈련을 받은 전문가를 찾는 것이 쉽지 않을 수도 있다. 마지막 대안은 외상 증상을 보이는 청소년을 치료한 경험이 있는 CBT 치료자와 협력하는 것이다.

6 결론

MST에서 치료자는 생태계 내 양육자, 청소년, 주변 사람들의 강점을 지렛대로 삼아 치료적 변화를 도모한다. 양육자 및 청소년의 우울, 불안, 분노, ADHD, 외상증상과 같은 지속적인 문제는 초기 참여부터 상담의 진전까지 모든 과정을 방해할 수 있다. 이 장에서는 이와 같은 문제를 해결하기 위한 MST의 전략을 기술하였다.

※ 치료자를 위한 자료목록

◆ 양육자 개입

Leahy, R. L. (2003). *Cognitive therapy techniques*. New York: Guilford Press.

National Institute of Mental Health. (NIMH). *Website: www.nimh.nih.gov*.

Tompkins, M. A. (2004). *Using homework in psychotherapy: Strategies, guidelines, and forms*. New York: Guilford Press.

◆ 청소년 개입

Barkley, R. A. (2006). *Attention Deficit Hyperactivity Disorder: A handbook for diagnosis and treatment* (3rd ed.). New York: Guilford Press. The ADHD Report, ADHD fact sheets, and other Russell Barkley products are available at his Website: *www.russellbarkley.org*.

Children and Adults with Attention Deficit/Hyperactivity Disorder. (CHADD). Website: *www.chadd.org*.

Children's Medication Algorithm Project. (CMAP). Texas Department of State Health Services. *Website: www.dshs.state.tx.us/mhprograms/CMAP.shtm*.

Cohen, J. A., Mannarino, A. P., & Deblinger, E. (2006). *Treating trauma and traumatic grief in children and adolescents*. New York: Guilford Press.

National Child Traumatic Stress Network. Substance Abuse and Mental Health Services Administration. Website: *www.nctsnet.org*.

제7장

가족을 위한 사회적 지원 구축하기

주요내용

- 사회적 지원을 탐색할 때 양육자 참여시키기
- 사회적 지원 요구 평가
- 사회적 지지 자원 파악
- 필요한 기술과 역량 배양
- 사회적 지원 유지

그동안의 연구결과를 살펴보면 사람이 살아가면서 어려움에 부딪혔을 때 사회자본(사회적 네트워킹에 따라 개인이 이용할 수 있는 도움자원)이 매우 중요한 보호 역할을 한다는 것을 알 수 있다(Putnam, 2000). 예를 들면, 지역사회 주민이 서로를 신뢰하고, 각종 정책에 활발하게 참여하며, 사회봉사활동 및 투표참여율이 높고, 사회화된(사회자본이 많은) 지역에 거주하는 청소년은 학교 중도 탈락, 원치 않는 임신, 폭력 관련 범죄, 자살 및 살인에 따른 조기사망 가능성이 낮다는 것이다. 이처럼 사회자본의 증가는 아동과 가족에게 즉각적이고도 장기적인 혜택이 될 수 있기에, 이 장에서는 MST에 참여하는 청소년과 가족에 대한 사회자본의 증가를 위해 치료자가 사용하는 전략들을 설명하는 데 그 목적을 두고자 한다.

자녀가 심각한 비행 문제를 가졌을 때 부모들은 매일 일어나는 일상의 문제(또래 어울림 및 자녀행동 모니터링, 행동의 한계 설정 및 통제, 학교 갈등 문제 협상 등)를 해결할 수 있는 실질적이며 정서적인 지원을 필요로 한다. 그러나 이들을 지원할 자원(사회적 지지, 금전, 시간: Marcenko & Meyers, 1991; Oswald & Singh, 1996)이 부족한 현실을 생각해 보면, 가족체계적인 문제(부부갈등, 가족전환), 현실적인 어려움(생계비, 교통수단) 및 개인적 문제(우울, 불안, 약물중독)를 함께 겪는 비행청소년의 부모들이 좌절하고, 절망하며, 낙인감과 소외감을 느끼는 것은 결코 놀랄 일이 아니다. 비행청소년을 부모의 힘만으로 제자리로 돌아오게 하는 것은 매우 어려운 일이지만, 다행히도 사회적 연대는 자녀의 비행으로 인해 지친 부모에게 힘이 되어 주고 효과적으로 대처하도록 필요한 도구와 자원을 제공해 줄 수 있다.

이 장에서는 먼저 MST에 참가하는 가족의 사회적 지지를 감소시키는 일반적인 요소를 간략하게 살펴보고, 다음으로 가족이 필요로 하는 사회적 지원의 유형과 이용 가능한 사회적 자원을 평가하는 전략 및 도구를 설명한다. 특히 주위 사람들에게 도움을 요청하는 것을 망설이는 양육자의 상황을 염두에 두고서, 치료자가 어떻

게 양육자를 사회적 지지 구축과정에 참여시키는지를 설명한다. 일단 부모들이 사
회적 지지 구축과정에 참여하면 치료자는 부모들이 이웃에게서 성공적으로 지원을
끌어낼 수 있도록 대인관계기술을 연마하는 것을 돕는다. 또한 시간이 흘러도 필요
한 지원이 지속될 수 있도록 양육자 스스로 필요한 지원을 발견하고 사람들과 서로
만족스런 관계를 잘 발전시킬 수 있도록 지원한다.

1 사회적 지원을 제한하는 요인

자녀를 양육하는 데 있어서 모든 부모는 주위의 도움이 필요하다. 그러나 불행하
게도 많은 MST 참여 부모는 충분한 지원을 받지 못하고 있다. 심각한 비행 문제를
가진 청소년의 대부분은 온종일 또는 문제발생 소지가 있는 위험시간대에 부모의
감독이 필요하다. 부모가 모두 있는 가정의 경우 부모 모두가 참여해야 한다. 하지
만 이런 가정조차도 이용 가능한 자원이 부족한 경우가 많으며, 한부모 가정의 경우
에는 자녀에 대한 돌봄과 감독이 얼마나 어려울지는 말할 필요조차 없다. 더욱이 한

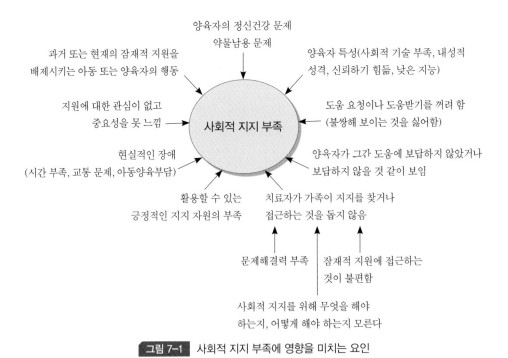

그림 7-1 사회적 지지 부족에 영향을 미치는 요인

부모들은 사회여건상 임금 수준이 낮고 노동시간이 긴 직업에 종사하는 관계로 사회적 고립 가능성이 높은 동시에 주변에서 지지를 받을 수 있는 사람들과 사귈 기회는 매우 부족하다.

MST의 다른 문제들처럼 개입을 위한 첫 번째 단계는 양육자들이 사회적 지지를 받지 못하는 이유에 대한 핏분석이다. [그림 7-1]은 MST 참여 양육자에게서 일반적으로 관찰되는 개인적·맥락적인 사회적 지지 제한요인이다. 사회적 지지에 영향을 주는 개인적 요소는 다음과 같다.

- 성격적 특성(예: 안정된 정서, 친화력, 기질, 신념, 제한적 또는 비효율적인 대인관계 기술)
- 인지기술(예: 성공과 실패의 원인을 왜곡된 데서 찾는 귀인편향)
- 자원(예: 시간, 에너지)
- 정신건강 문제 또는 약물남용

양육자의 공식적·비공식적인 지지에 영향을 주는 맥락적 요인은 다음과 같다.

- 사회적 접촉 및 상호작용에 관한 사회적 또는 문화적 관습(예: 마약 상습자인 이웃과 눈을 마주치지 않도록 머리를 아래로 숙이고 걷기)
- 이웃의 안정성(예: 유동인구가 많은 지역에 거주하는 것)
- 열악한 교통수단과 육아시설

사회적 지지의 부족을 일으키는 이러한 요인에는 각각 구체적인 개입이 필요하다.

우리의 경험에 비추어 보면 사회적으로 별반 지지를 받지 못하는 양육자는 다양한 대인관계 상황에 효율적으로 대처하는 것을 어려워하는 경우가 많았다. 치료자들은 종종 앞서 열거한 개인적 요소 중 양육자의 제한적 또는 비효율적인 대인관계기술이 지지적인 사회관계를 개발하고자 할 때 문제점으로 작용하는 것을 확인한다. 양육자가 사회적 지지를 제공하는 사람과 사귀기 위해서는 적절한 사회성 기술과 대인관계능력을 갖출 필요가 있다. 일단 사회적 지지가 확립되면, 상호주의(물질적·정서적 자원을 서로 주고받아야 한다.)와 공정성(명시적·암묵적으로 공평하게 교환이 이루어져야 한다.)을 통해 관계를 유지하는 것이 또한 필요하다. 결과적으로 가족에게 필요한 사회적 지지 유형과 가능한 자원(제8장에서 설명)을 파악한 후, 치료자가 사회적 지원을 증가시키기 위해 해야 할 첫 단계는 양육자가 상호 간에 주고받는 것이 이루어지는 대인관계를 발전하고 유지시키도록 지원함으로써, 관계된 모든 사람이 만족감을 느끼도록 하는 것이다. 양육자의 제한적·비효과적 대인관계기술이 사회적 지원 개발의 걸림돌이 될 경우에는 제6장 및 제8장의 문제해결기술, 불안, 우울 감소를 위한 개입, 약물사용에 대한 개입, 정서조절의 향상과 관련된 부분을 참조하기 바란다.

② 사회적 지원을 구축하는 절차

스트레스가 많은 가정의 경우 치료기간 동안 바람직한 변화를 만들어 내고, 치료 후에도 이를 잘 유지하려면 다양한 사회적 지지가 필요하다. 지속 가능한 사회적 지원을 개발하는 것은 몇 주가 걸릴 수도 있기에 치료자는 치료 시작과 동시에 지원이 필요한지, 이용 가능한 자원이 있는지 판단하기 위해 가족에 대한 사회생태학적 평가를 해야 할 필요가 있다. 다음으로 양육자의 참여를 이끌어 내고, 모든 잠재적 사회자원을 평가하며, 양육자의 요구에 맞는 구체적인 지원을 매칭하고, 잠재적인 사회적 지원을 끌어들이기 위한 구체적인 계획을 수립하며, 확인된 지원의 활용에 필요한 기술과 역량을 양육자에게 가르치고, 계획의 실행을 모니터링하고 조정하는 과정이 뒤따른다. 이러한 활동 중 어떤 것은 먼저 실행해야 한다. 예를 들면, 사회적 지지 강화를 위해서 양육자의 참여의사를 이끌어 내는 것은 지원을 세공힐 수 있는 사람을 양육자에게 판별하도록 하는 것보다 먼저 이루어져야 한다. 그 외의 단계나 전략은 동시에 이루어질 수 있다.

1. 사회적 지원을 위한 양육자의 참여의사

모든 MST 개입이 그렇듯이 성공을 위한 첫 단추는 개입의 특정 영역(예: 학교, 가정, 또래관계)에 양육자를 참여시키는 것이다. 대개 양육자는 자신의 개인적인 문제로 도움을 요청하거나 타인이 자신의 문제에 관여하는 것을 상당히 꺼리거나 우려한다. 따라서 양육자가 사회적 지지를 얻는 과정에 대해 어떤 우려를 보인다면 치료자는 이를 반드시 다루어야 한다. 먼저 양육자의 참여를 이끌어 내기 위해서 사회적 지원이 필요한 근거를 제시한다. 제2장에서 설명한 바와 같은 참여를 독려하는 기법을 사용하면서 양육자가 우려하는 것을 예측하고 이를 다루어 준다.

1) 사회적 지지가 필요한 이유

양육자가 공감할 수 있도록 문제를 설명하는 것(예: 핏서클을 사용)은 양육자의 행동을 이끌어 내는 데 있어 필수적이다. 많은 양육자가 아들과 딸을 위해서 무언가 해야 한다면 앞으로 나서지만, 양육자 스스로에게 변화가 필요하다고 할 때는 참여를 망설인다. 따라서 치료자는 양육자의 우울이나 불안을 다루기 위해 개인치료를 설득할 때와 마찬가지로(제6장 참조) 양육자가 무능감이나 비난을 느끼지 않도록 사회적 지원을 얻기 위해 노력해야 하는 이유를 설명해야 한다. 그런데 치료자가 보기에 양육자가 특별히 경계심이 많고 주저하며 상처를 잘 받는 유형이어서 어떤 난관이 예상된다면, 회기 시작 전에 설득력 있는 대본을 만들어 두는 것이 도움이 될 수 있다. 대본을 사용하든 사용하지 않든 치료자는 사회적 지원을 추구할 필요가 있는 양육자에게 접근할 때 다음과 같은 점을 염두에 두어야 한다.

- 비판단적이고 비경멸적인 언어(예: 강점 강조)를 사용한다: 예를 들어, 다음과 같이 가능한 한 부모가 아닌 자녀의 행동에 초점을 맞추는 것도 좋다. "아마도 부모님을 가장 힘들게 만드는 것은 아드님 때문에 부모님의 인생이 허비된다는 사실일 겁니다. 학교선생님은 아드님의 수업 태도가 불량하다고 전화하고, 보호관찰관은 계속 만나자고 하고, 아드님의 행동 때문에 친구와 이웃은 계속 항의하고 불평하니 말입니다. 뿐만 아니라 밤이고 낮이고 아드님이 집에 오지 않을 때 아드님이 무슨 일을 벌이고 있지는 않은지, 무사한지를 걱정해야 합니다. 지금 무엇보다 중요한 것은 아드님이 옳은 길을 걷도록 지켜 줄 군대입니다. 저는 아드님을 지켜 줄 군대를 어떻게 모을지 부모님과 이야기하고 싶습니다."
- 치료자가 말할 때 회기 중에 양육자가 사용한 단어, 문구, 자주 언급한 주제 중 치료자와 관점이 일치하는 것을 사용하도록 한다: 예를 들어, 회기 중에 힘과 독립성을 유

독 강조하는 양육자에게는 사회적 지원의 필요성을 힘과 독립성과 관련지어 다음과 같이 설명할 수 있다.

"승리하는 장군이라면 중요한 작전을 잘 감당할 수 있는 유능한 군인이 필요합니다. 당신은 당신 가정의 장군으로서 아들을 구해 낼 좋은 계획이 있지만 그것을 수행할 좋은 군인은 충분하지 않은 것 같습니다. 당신이 항상 모든 장소, 모든 시간에 아들을 지키고 있을 수는 없습니다. 그래서 우리는 유능한 군인을 더 많이 모으는 방안에 대해 생각해 보고자 합니다."

• 사회적 지지는 양육자가 바라는 결과 및 치료목표를 달성하는 데 도움이 되어야 한다: 가령 양육자의 주요 목표가 자녀의 학교 성공이라면, 사회적 지원은 학교에서의 성공을 직접적으로 도울 수 있어야 한다.
• 사회적 지원의 필요성은 문제행동의 핏평가에 기반하거나, 양육자도 중요하게 보는 중간목표의 달성을 방해하는 요인과 관련되어야 한다: 마약사용 중인 15세의 스티브

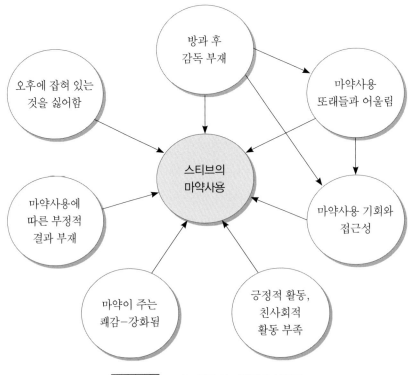

그림 7-2 스티브 잭슨의 마약사용 핏써클

잭슨의 핏평가가 [그림 7-2]에 제시되어 있다.

　사회적 지원을 확대하면 스티브의 마약사용에 직간접적인 영향을 미치는 핵심 요인 중 하나인, 방과 후 성인의 감독 부재(마약에 접근할 수 있는 기회를 허용함)를 해결하는 데 큰 도움이 된다. 이 경우 치료자는 스티브의 어머니인 잭슨 부인에게 다음과 같이 회기의 아젠다를 설정할 수 있다.

"우리는 지난 번 회의에서 스티브가 마약을 사용하는 중요한 이유가 마약하는 아이들과 어울리는 것, 마약사용이 주는 쾌감, 마약사용을 해도 아무런 나쁜 결과를 경험하지 않는 것, 마약을 하지 않는 아이들과의 친사회적인 활동을 할 기회가 거의 없는 것 때문이라는 데 의견을 같이 했습니다. 스티브는 어머니가 일하는 때를 이용해 아이들과 어울리는 것 같아요. 어머니가 직장에서 스티브가 집에 잘 있는지 전화로 확인을 한다 하더라도 스티브는 지금 같은 상황에서 얼마든지 어머니의 눈을 피해 갈 수 있습니다. 어머니도 그렇게 생각하시는 거죠? 네, 좋습니다. 그럼 이제 아드님에게 어떻게 도움을 줄 수 있을지 함께 고민해 보죠. 전에도 말했듯이 어머님은 스티브를 위해 주위의 도움 없이 혼자서 고군분투해 왔습니다. 어머님은 가족이 당신보다는 더 나은 삶을 살 수 있기를 바라며 오랜 시간 힘들게 일합니다만, 불행하게도 더 많은 시간을 힘써 일할수록 스티브가 문제를 일으킬 기회를 더 많이 가집니다. 어떤 부모라도 혼자서 이 모든 문제를 해결할 수는 없습니다. 스티브가 마약을 사용하지 않도록 감독하기 위해서는 더 많은 사람이 필요합니다. 우리는 마을 사람을 결집시켜야 합니다. 저에게 마을 사람을 결집시킬 아이디어가 있어 어머님 의견을 듣고 싶은데, 관심이 있으신가요?"

- 새로운 치료방향에 대해 양육자의 질문이나 우려점을 이끌어 낸다: 만약 제시한 근거에 대해 양육자가 명확하다고 느끼지 않는다면(예: 위의 예에서 "어떤 마을 사람이요?"라고 물으면) 치료자는 반드시 다음 단계로 나가기 전 이를 분명히 한다. 만약 양육자가 우려한다면("제가 직장에서 일하는 형편을 볼 때 어떻게 시간을 내어서 그 사람들하고 이야기할 수 있을까요?") 치료자는 이러한 우려도 다루도록 한다("함께 그 방법에 대해 차근차근 알아봅시다.").
- 사회적 지원을 확인하고 구축한 후에 따라오는 일련의 과정에 대해 개괄적으로 설명한다: 예를 들면, 이 계획에는 사회적 지원 부족에 대한 핏평가, 핏요인을 해결하는 계획 수립, 계획의 실행 등이 포함된다.

끝으로, 치료자가 사회적 지원을 추구해야 하는 이유를 설명할 때 양육자에게 낙관적이거나 긍정적인 기대감을 심어 줄 수 있어야 한다. 예를 들면, 치료자가 말을 할 때 목소리와 몸짓에서 기대감이 느껴져야 한다. "현재 상황을 바꿀 수 있는 좋은 생각이 저에게 있습니다. 만약 사회적 지원을 얻는다면 아들에게 자신의 행동을 책임지게 하고, 행동에 대한 결과를 부여하며, 친사회적인 활동에 참여시키려는 우리의 계획이 성공할 것입니다. 결국 아들은 마약사용을 중단할 것입니다." 회기가 끝날 때 즈음에는 사회적 지원이 정말로 변화를 만들어 낼 수 있겠다는 자신감을 양육자들이 얻을 수 있도록 치료자는 노력해야 한다.

2) 양육자의 참여를 얻지 못한 경우

때때로 양육자들은 사회적 지원을 받는 것을 강하게 거부한다. 이런 경우, 다른 여타 개입과 마찬가지로 양육자가 원치 않는 전략은 강요하지 않는다. 왜냐하면 이것이 치료의 다른 부분까지 거부하도록 만들 수 있기 때문이다. 사실 치료자는 양육자의 의구심에 맞서 언제나 지속적으로 치료 전략을 옹호해야 하지만, 때론 뒤로 물러서서 자신의 선택을 한번 살펴볼 줄도 알아야 한다. 예를 들면, 치료자는 양육자의 '아니요'를 받아들이고, 향후에 그 문제를 다시 논의할 여지를 남겨 두는 것이다. "그렇게 결정하셨다니 잘 알았습니다. 일단 이 문제에 대한 결정을 뒤로 미루고 다음번에 만날 때까지 생각해 보면 어떨까요?" 또는 "당신이 그렇게 결정했다니 그것을 존중하겠습니다. 다른 사람의 도움 없이 어떻게 되는지 일단 보도록 하죠, 하지만 일하고 있을 때 아드님이 방과 후에 나쁜 아이들과 또 어울린다면 그때 다시 이야기하도록 하죠."

2. 자원에 대한 수요 파악

양육자의 참여가 확보되면 어떤 지원이 필요한지 그 종류를 파악하도록 한다. 사회적 지원은 다차원적 구조로서 다음과 같은 네 가지의 주요 유형을 포함한다(Quick, Nelson, Matuszek, Whittington, & Quick, 1996; Unger & Wandersman, 1985).

- **도구적 지원**(예: 금전적 지원, 집안일과 양육 돕기, 이웃에게 차 빌리기)

- **정서적 지원**(예: 공감, 염려, 사랑, 신뢰, 배려에 대한 표현)
- **평가적 지원**(예: 인정해 주기, 피드백)
- **정보적 지원**(예: 부모 역할에 대한 조언과 지역 자원에 대한 제안)

부모는 이 중 하나, 또는 모든 도움이 다 필요할 수 있다. 마찬가지로 필요한 도움은 한 사람이 제공할 수도 있지만 다수의 사람이 제공해야 할 때도 있다. 그러나 MST 치료계획 내에서 치료자가 채우고자 노력해야 하는 요구가 정확히 무엇인지 결정하는 것부터 시작해야 한다.

1) 치료 중 필요한 사회적 지원

[그림 7-2]로 돌아가 보면, 스티브의 마약사용의 주된 요인은 방과 후 감독 부족이었다. 비록 핏서클의 다른 요인들은 치료과정에서 해결할 수 있지만 방과 후 감독 부족만은 분명 다른 사람의 도움을 받을 필요가 있다. 따라서 잭슨 가족의 경우 다음과 같이 지원과 관련된 질문을 던질 수 있다. "하교 후부터 어머니 퇴근 전까지 누가 스티브의 감독을 도와줄 수 있을까?" "감독을 맡은 사람이 해야 할 일이 정확하게, 그리고 구체적으로 무엇인가?" "스티브의 가족은 도움을 주는 사람에게 어떻게 감사를 표시할 것인가?" 스티브 가족의 경우는 주로 도구적 도움이 필요했다. 그러나 다른 가족의 경우에는 감정적 · 평가적 도움이 필요할 수도 있다. 예를 들어, 자녀의 반항이 감당하기 쉽지 않지만 치료자와 정한 규칙을 변함없이 고수하려는 양육자에게 필요한 것은 매일 저녁 전화를 해서 "아들과 어떻게 지내고 있는지 궁금해서 전화했어." "네 아들은 무엇보다 자신이 한 일에 대해 책임을 지는 것이 필요하지. 너는 강인해서 이 일을 충분히 잘 감당할 수 있을 거라고 생각해."와 같은 말로 격려해 주는 친구 또는 이웃일 것이다.

2) 치료종결 후에도 좋은 결과를 유지하기 위한 사회적 지원

청소년에게 일어난 긍정적인 결과를 유지하기 위한 방법으로(원칙 9) 양육자와 함께 무엇이 성공적인 결과를 낳았는지 핏서클을 그려 보는 것이 좋다. 좋은 결과를 이끌었던 사회적 자원을 파악하여 이를 지속적으로 유지시키는 것은 치료의 종결과 예후에 있어 매우 중요하다. 예를 들어, 어떤 어머니가 어려운 순간마다 치료자의 격려와 도움 덕에 필요한 과제를 완수하고 지침을 따를 수 있었다고 가정해 보자. 그런데 이 어머니는 훈계할 때마다 소리를 지르며 욕을 하는 딸을 무서워하고 있어 치료가 끝난 후에는 딸에 대한 훈계를 그만둘 가능성이 있다. 이것이 염려된다면 어머니가 힘들어도 훈육을 지속할 수 있도록 어머니를 정서적으로 지지하고 문제해결을 도와줄 수 있는 자원을 종결 전에 확보해야 한다. 나중에 언급되겠지만 도움을 준 사람한테는 반드시 긍정적인 보상(예: 감사, 식사, 정원 작업)을 함으로써 도움이 오래 지속될 수 있도록 하는 것이 매우 중요하다.

양육자가 사회적 지원을 위한 노력에 동의하였고 양육자의 필요가 정확히 파악되었다면, 치료의 다음 초점은 양육자의 생태학적 환경 내에서 도움을 제공할 수 있는 사람이 누구인지 밝혀내는 것이다.

3. 사회적 지원 평가

제2장에서 설명한 바와 같이, 청소년과 가족의 사회생태학에 대한 초기평가 및 지속적인 재평가는 문제의 핏요인을 이해하는 데 있어 필수 불가결하다. 생태학상 파악된 여러 강점은 문제를 해결하고 치료와 관련된 장벽을 예측하는 데 사용할 수 있다. 잠재적인 사회적 자원의 파악은 치료의 시작과 진행의 한 부분으로서, 치료자가 가족을 만나는 순간부터 누가 사회적 지원을 제공할 수 있을지 찾아야 한다. 특히 가계도를 구성하고 강점 및 요구 평가가 완료되면서 이러한 결정은 이루어진다. MST 원칙 9(유지관리와 일반화)에 따라 사회적 지원에 대한 평가는 비공식적(친구, 이웃, 확대가족) 자원부터 시작하여 공식적인 자원(사회봉사기관)에 대한 순서로 이루어진다.

1) 가계도, 유용한 출발점

제2장에서 제시한 바와 같이 가계도는 가족이 누구인지, 어떻게 구성되었는지, 가족 간의 관계는 어떠한지 이해하기 위해 사용하는 도구이다. 치료자는 처음 가족과 만나 가계도를 완성하고, 치료하면서 필요에 따라 이를 업데이트한다. 따라서 가계도는 양육자와 가족이 이용할 수 있는 잠재적 지원을 알려 주는 풍부한 정보원이 될 수 있다.

표 7-1 MST 사회적 지원 평가양식(MASS)

지원 유형	양육자에게 질문	확인된 사람
도구	1. 교통편이 필요하다면 누구에게 부탁하겠는가?	
	2. 돈이 필요하면 누구에게 부탁하겠는가?	
	3. 아이를 돌봐 줄 사람이 필요하다면 누구에게 부탁하겠는가?	이웃인 존슨 여사
	4. 음식이나 옷이 필요하다면 누구에게 전화하겠는가?	
정서	1. 이야기를 들어줄 사람이 필요하다면 누구에게 요청하겠는가?	사촌인 샤론
	2. 자녀가 응급상황이 발생하면 누구에게 전화하겠는가?	사촌인 샤론
	3. 누구에게 기대어 울 수 있겠는가?	
	4. 기쁜 소식을 누구와 나누겠는가?	
평가	1. 양육에 대한 조언이 필요하면 누구에게 물어보겠는가?	사촌인 샤론
	2. 누구의 의견이 당신에게 중요한가?	
	3. 좋은 충고를 주었던 사람은 누구였는가?	목사님
정보	1. 학교나 이웃에 대한 정보가 필요하면 누구에게 물어보겠는가?	
	2. 자녀를 위한 청소년 활동은 어디에서 알아볼 수 있는가?	
	3. 재정적 도움을 줄 수 있는 곳은 누가 알려 줄 수 있는가?	

후원자	역량	제한점
존슨 여사	하루 종일 집에 있음(장애인)	이동이 불편함. 화를 잘 냄
샤론	좋은 부모임. 대학생 자녀가 두 명 있으며 아이들과 큰 문제가 없음. 내가 화날 때 잘 들어줌	매우 바쁨
목사	매우 지지적이면서 친절함	매우 바쁨. 내 문제를 다른 사람에게 말할까 두려움

　　가계도를 만들 때 개인이 제공하는(또는 하지 않는) 지원 유형을 특정하기 위해서 MST의 MST 사회적 지원 평가양식(MST Assessment of Social Support Form: MASS)을 이용할 수 있다(〈표 7-1〉 참조). 이 양식에는 어떤 종류의 사회적 지원(도구, 정서, 평가, 정보)이 이용 가능한지, 누가 그것을 제공할지, 양육자와 잠재적 후원자와의 관계는 어떠한지 등을 묻는 질문으로 이루어져 있다. 예를 들면, 양육자가 가계도를

그리면서 확대가족의 이름을 말하면, 치료자는 그 사람이 어디에 사는지(거주지에 따라 재정적 자원이나 양육자의 접근을 권유할 수 있음), 치료에 유용한 능력이나 자원이 있는지 물어볼 수 있다. 잭슨 부인의 이웃인 존슨 여사는 장애로 인해(〈표 7-1〉 참조) 하루 종일 집에 있으며, 외로움을 많이 타고 사회적 교류를 간절히 원하기 때문에 도구적 지원에 참여시키면 도움이 될 것 같았다. 한편으로 존슨 여사는 다소 심술궂어서 잭슨 부인은 도움을 요청하기 꺼려졌다.

만약 양육자와 다른 가족 구성원이 가계도 완성하는 것을 어려워하면 가족과 함께 일하는 다른 전문직 종사자(사회복지사나 보호관찰관)를 통해 필요한 정보를 얻을 필요가 있다. 이 경우 가족의 승낙이 필요하며 모든 개인정보는 철저히 보호되어야 한다. 또한 통상적으로 양육자의 승낙하에 인접한 곳에 거주하는 확대가족을 만나서 그들에 대해 알아보고, 그들이 가족과 청소년에 대해 어떻게 생각하는지, 가족을 도울 방법이 있는지 파악한다. 치료자는 이러한 다양한 관점에서 얻은 정보를 가족의 강점과 욕구 평가 및 MASS에 추가한다. 치료 중에도 가족에 도움이 될 다른 확대가족이 있는지, 그들의 장점과 한계가 무엇인지 파악하여 가계도와 MASS를 정기적으로 업데이트한다.

2) 가계도 문제

양육자가 '나는 가족이 없다' 또는 '기댈 수 있는 가족이 없다'고 말했지만, 나중에 가까운 친척이 있는 것을 알게 되는 경우도 있다. 이는 가족과 친척이 여러 가지 이유로 서로 거리를 두는 경우로서 의뢰된 청소년의 문제행동이나 양육자의 행동(우울증 또는 약물사용) 또는 친척의 문제(예: 출옥)나 과거의 개인 간 갈등과 관련이 있다. 가계도를 작성할 때, 양육자가 어떤 가족에 대해서 이야기하며 화를 내거나, 상처받았다고 말하고, 부정적인 감정을 드러내는 경우가 있다. 때론 양육자가 몇 년 전 겪은 실제의, 혹은 지각된 모욕감 때문에 직계 가족을 제외한 나머지 친척을 완전히 배제하기도 한다. 치료자는 이런 부정적인 감정에 대해 공감과 반영적 경청(예: 아이다 숙모가 예전에 당신을 어떻게 학대하고 비판했는지를 생각하면 숙모가 당신에게 도움이 될 거라고 상상하기는 어렵겠네요.")을 통해 반응해야 하나, 친척이 있고 그들이 어디에 살고 있는지에 대한 탐색은 지속적으로 이루어져야 한다. MST에 참여하는 가족은 가족을 포함하여 많은 관계에서 실패를 경험(사회적 지원에 대한 개입이 필요한 하나의 이유)해 왔다. 사회적 지원을 확대하는 개입은 이러한 관계를 개선하기 위한 문제해결과정을 포함하고 있다. 치료자는 모든 가능한 지지 자원을 알아내기 위한 노력을 헛되게 할 수 있는 양육자의 부정적인 태도를 허락해서는 안 된다. 평가과정 중 바로 이 시점에 '잠재적 지원처'에 대한 종합적인 목록을 작성하는 것이 매우 중요하며, 누가 지원을 제공할 것인가에 대한 결정은 그 다음의 일이다.

3) 브레인스토밍을 이용해 가족 외 사회적 지지 자원 확인

브레인스토밍은 양육자가 사회적 관계 안에서 지지 자원을 알아내는 유용한 방법이다. 사회적 네트워크는 친구, 직장 동료, 이웃 그리고 교구주민과 같은 사람의 집합이다. 특정한 임상 문제에 대한 구체적 필요 사항을 확인한 후에 양육자의 사회적 네트워크에서 누가 잠재적으로 도움을 줄 수 있을지 브레인스토밍을 할 수 있다(예: 양육자가 일하는 동안 방과 후의 시간 동안 청소년을 모니터링하거나 감독하는 것). 제6장에서 논의했듯이 브레인스토밍은 사회문제해결(Nezu, Nezu, & D'Zurilla, 2007 참조)의 구성요소로서 몇 가지 단계가 있으며, 사용 전에 브레인스토밍의 특성을 파악하고 양육자에게 브레인스토밍 기법에 대해 설명해야 한다. 사회적 지원 영역에 브레인스토밍을 적용함에 있어 치료자가 유의해야 할 것은 다음과 같다.

- 확인된 각 요구사항에 누가 도움이 될 수 있는지 가능한 한 많은 아이디어를 모은다.
- 종이에 식별된 각 개인의 이름을 기록한다.
- 어느 누구라도 미리 배제하지 않도록 한다.
- 최대한 다양한 사람을 잠재적 자원으로 고려한다(예: 친구, 이웃, 동료, 교구민).

치료자는 다음과 같이 브레인스토밍 과정을 소개할 수 있다.

"우리는 당신 가족 중에서 당신이 직장에 있는 동안 아드님을 모니터하고 감독하는 것을 도울 사람을 찾으려고 했으나, 불행하게도 찾지 못했습니다. 그래서 가족 밖으로 범위를 넓혀 찾아볼 필요가 있다고 생각되어 가능한 한 많은 사람의 명단을 작성할 수 있는 브레인스토밍이라는 기법을 사용하고 싶습니다. 이 목록을 작성할 때 그 사람이 실제로 도와줄지 않을지에 대해

서는 걱정하지 않으셔도 됩니다. 그 문제는 나중에 정리할 겁니다. 또한 우리의 아이디어에 대

한 판단도 뒤로 미루어 두시기 바랍니다. 왜냐하면 나중에 목록에 있는 각 사람에 대해 평가할

것이기 때문입니다. 문제해결을 위해 브레인스토밍 기법을 사용할 때는 더 많은 사람을 명단에

추가할수록 더 나은 선택을 할 수 있는 가능성이 높아진다는 점을 염두해 두어야 합니다. 그러

므로 가능한 한 편안한 상태에서 마음껏 생각하기를 바랍니다. 그리하여 누군가가 마음에 떠오

르면 그 사람의 이름을 적어 주셨으면 합니다."

문제해결기술의 일반화와 유지관리를 촉진하기 위해 치료자는 양육자가 그 과정
을 실행하도록 지지해야 한다. 예를 들어, 양육자가 다양한 옵션을 언급할 때, 치료
자는 "당신은 창조적인 일을 정말 잘하고 있습니다." 혹은 "당신이 판단을 보류하는
것이 정말 마음에 듭니다."라고 말할 수 있다. 잠재적 지원 목록이 만들어진 후에 치
료자는 양육자와 같이 다양한 종류의 선택된 옵션(예: 친구, 이웃, 동료, 교구인)을 확
인하기 위해 명단을 검토해야 한다.

4) 사회적 지원을 제공할 사람이 없는 경우

때로는 치료자, 양육자, 청소년의 가족이 다 함께 찾아보았는데도 도움을 제공할
수 있는 자원을 찾지 못할 수도 있다. 예를 들어, 근처에 살고 있는 확대가족이 없거
나, 이웃들이 법을 위반하고(예를 들어, 어떤 부모는 금방 구입한 닭고기를 이웃이 들고
거실창문으로 몰래 빠져 나가는 현장을 잡은 적이 있었음) 양육자에게 친구나 동료가 한
사람도 없는 경우이다. 이런 경우, 치료목표를 달성하기 위해서는 사회적 지원을 개
발해야 한다. 유용한 방법은 아래와 같다.

(1) 성공을 위한 설계

첫 번째 방법은 양육자들이 다른 사람, 특히 친사회적인 성인을 만날 수 있는 가
능성을 높이는 전략을 설계하는 것이다. 이 방법은 제6장에서 설명한 양육자의 우
울증과 불안감 해소를 위해 사용되는 전략의 하나인 활동계획 개입과 유사하다. 치
료자는 양육자가 지역주민과 사귈 기회를 발굴한다. 이런 기회가 많아지면 양육자
가 도움을 받을 수 있는 누군가를 사귈 수 있을 것이다. 여기서 중요한 질문은 양육
자가 그런 성인을 어디서 만날 것인가하는 문제이다. 대공황시대 유명한 은행 강도

인 윌리 서튼(Willie Sutton)은 왜 은행을 터느냐는 질문에 "은행에 돈이 있기 때문이죠."라고 대답했다고 한다. 그렇다면 양육자는 어디서 친사회적이고 지지적인 사람들을 만날 수 있을까? 그곳은 바로 자원봉사자들이 많이 있는 곳이다. 봉사단체, 정치단체, 지역서비스기관, 종교단체에서 양육자는 사회적 도움을 제공하는 친사회적 성인과 함께 어울릴 기회를 얻을 수 있다. 이 전략을 성공시키기 위해 MST 치료자는 지역사회 내 봉사단체 현황을 파악하고 정기적으로 정보를 업데이트한다. 처음에는 양육자의 강점이 부각될 수 있는 활동을 하는 자원봉사단체를 선택하는 것이 좋다. 예를 들어, 양육자가 요리하는 것을 좋아하면 지역 노숙자 보호소에서 봉사활동을 할 수 있다. 만약 노래를 부르는 것을 좋아한다면 지역 교회 합창단에 가입하는 것도 좋다. 마찬가지로 양육자의 자녀가 운동을 아주 좋아한다면 양육자는 '팀 서포터즈'로 자녀가 속한 팀에서 자원봉사를 할 수 있다. 이를 통해 양육자를 위한 지지 네트워크를 구축하고 사회적 도움을 제공해 줄 수 있는 성인을 만날 기회를 제공한다.

(2) 학부모

두 번째 방법은 제4장에서 설명하였듯이 자녀의 친구 부모 중 좋은 사람을 찾아보는 것이다. 자녀를 염려하는 부모가 힘을 합쳐 만들어 내는 상호 간의 지지와 감독의 힘은 가장 반사회적인 청소년도 감당할 수 있을 정도로 강력하다. 실제로 MST 치료자는 부모들이 자녀의 문제에 서로 공감대를 형성하고 다른 양육자와 함께 기꺼이 협력하는 것을 많이 목격하고 있다.

(3) 치료자 지지

세 번째 방법은 가족이 다른 도움 자원을 찾거나 또는 더 이상 치료목표가 불필요해질 때까지(예를 들어, 양육자가 성공적으로 문제해결과 양육을 하는 상황) 치료자와 MST 팀이 필요한 지지를 제공하는 것이다.

MST의 좌우명처럼 치료자는 가족이 처한 문제를 해결하기 위해 '치료에 필요한 것은 뭐든지 할 정도로' 책임을 진다. 치료 초기에 다른 도움의 원천이 발굴되기 전에는 치료자 자신이 가장 중요한 사회적 지지원이 되기도 한다. MST 개입의 초점이 치료결과의 일반화와 지속 가능성(원칙 9)임을 볼 때, 치료자는 양육자와 가족이 주변에서 도움 자원을 찾도록 '치료에 필요한 것은 뭐든지' 도와야 한다.

(4) 재발견

네 번째 방법은 재발견이다. 이것은 필요하다면 생태계 내에서 상당한 문제가 있는 사람이거나 양육자와 과거에 부정적인 관계였던 사람 누구에게라도 도움을 얻을 수 있다는 것을 의미한다. 아주 많은 범죄 이력을 가진 사람이라도 친사회적인 행동을 할 수 있다. 더군다나 아이들을 위해서라면 이들도 선한 일을 한다. 과거 한 사례에서 한 집단의 매춘부들이 가출한 딸의 소재를 찾아 알려 주는 자원이 된 적이 있었다. 이들은 홍등가 주변의 마약장소인 공원에서 문제의 딸이 돌아다니는 걸 보고는 딸을 붙잡아 두고 그 어머니에게 연락을 하였다. 딸이 가출했을 때 그 어머니와 치료자는 공원 및 주변 지역에 딸을 보면 알려 달라는 포스터를 붙이고 다녔다. 어머니는 매춘부들에게 "저는 딸이 저보다 나은 삶을 살 수 있도록 열심히 살고 있습니다. 그러나 노력을 하면 할수록 아이가 더 집 밖을 배회하는 것 같습니다. 제가 무엇을 얼마나 더 해야 할지 모르겠지만 딸을 제대로 살도록 하기 위해 앞으로도 포기하지 않을 겁니다. 만약 제 딸을 보신다면 제발 저에게 알려 주시면 정말 감사하겠습니다."라고 말했다. 치료자의 지도하에 어머니는 이 지역을 걸을 때마다 반드시 이 여성들과 친근하게 대화를 나누곤 하였다. 이 경우는 상대가 사회적으로 좋게 받아들여지지 않는 대상이라도 치료자와 어머니에게 필요한 지지를 줄 수 있다는 점을 잘 보여 주는 사례이다.

(5) 따라다니기

도저히 도움을 제공할 자원을 찾을 수 없을 때, 치료자가 사용할 수 있는 마지막 방법은 양육자의 일상생활을 그림자처럼 따라다니는 것이다. 이렇게 함으로써 치료자는 양육자가 간과했던 잠재적 자원을 알아볼 수 있다. 예를 들면, 동네를 걸어 다닐 때 양육자에게 이야기를 거는 사람이 있는지, 현관 계단에 앉아 거리를 살피거나 창문으로 내다보고 있는 이웃이 있는지 확인한다. 자율방범대나 지역활동을 알려 주는 안내게시판의 내용도 눈여겨 살피도록 한다. 이웃들이 대문 앞에 나와서 거리를 살피거나 자율방범대를 결성하고 지역활동을 계획한다면 이것은 그들이 사회적 관심을 가지고 있다는 신호이며, 이를 잘 개발하면 가족에게 사회적 지원을 제공해 주는 사회자본이 된다.

5) 공식적 지원

사회적 지원은 비공식적인 친척, 친구, 이웃, 직장동료 관계로부터 좀 더 공식적인 YMCA, 밀스 온 힐스(Meals on Wheels), 마이 시스터 플레이스(My Sister's Place)와 같은 지역사회단체, 그리고 소년법원 또는 아동복지부가 MST 대상 가족에게 배정한 보호관찰관이나 사회복지사와 같이 법적으로 지명된 사람들까지 다양하게 있을 수 있다. 지금까지 우리는 비공식적인 영역에서 잠재적인 사회적 지원을 찾는 것에 중점을 두고 논의했다. 이는 MST 원칙 9에 맞추어 치료가 끝난 뒤에도 지속 가능성이 높은 자원을 먼저 활용하는 것이 필요하기 때문이다.

그러나 심각한 문제를 가진 청소년 및 가족이 필요한 지원은 비공식적인 자원이 제공할 수 있는 한계를 넘어서기도 한다. 예를 들어, 뇌졸중으로 활동기능이 저하되어 운전이 불가능한 할머니라면 병원진료를 위해 재활센터차량이 필요하다. 또한 정신건강 문제가 있고 신체적 폭력을 휘두르는 의붓아버지가 청소년과 그 어머니의 안전에 심각한 위험을 가할 수도 있는 상황에서, 근처에 도와줄 확대가족이 없고 청소년이 학교에 계속 다녀야 하는 경우라면 공식적인 임시위탁이 반드시 마련되어야 한다. 지난 10년간 미국에서는 지역사회기반 정신건강서비스가 심각한 정서장애를 가진 청소년의 요구에 맞추어 다양한 수준으로 확대되어 왔다(Stroul & Friedman, 1994). 그러나 여러 연구결과에서 서비스 접근성이 증가하고 만족도가 높아졌다고 해서 서비스 효과성도 높아지는 것이 아니라는 점이 밝혀졌다(Bickman, Summerfelt, & Noser, 1997; Bickman, Warren, Andrade, & Penaloza, 2000). 그래서 만약 공식적인 자원만이 청소년과 가족의 필요를 충족시킬 수 있는 상황이라면, 의사에게 진료를 받기 전 현명한 환자가 되기 위해서 여러 가지 전략을 살펴보았던 제6장의 내용을 상기할 필요가 있다. 치료자는 청소년과 가족이 공식적인 서비스를 현명하게 이용할 수 있도록 도와야 한다. 치료자는 지역사회의 이용 가능한 모든 공식적인 자원에 대한 정보를 잘 알고 있어야 한다. 제6장에서 MST 프로그램은 가족에게 효과적인 서비스를 제공할 수 있는 전문가 리스트를 구축해야 한다고 말하였다. 마찬가지로 치료자와 양육자가 비공식적 지원을 찾을 수 없을 때 치료자가 구축한 공식적인 사회적 지원 리스트가 큰 도움이 될 것이다.

4. 자원별 장단점 평가

도움이 필요한 사항과 가능한 사회적 자원이 확인된 후, 치료자는 가장 도움이 되는 사람을 양육자가 선택할 수 있도록 돕는다. 가장 도움이 되는 사람을 선택하기 위해서 반드시 비용편익분석을 하도록 한다. 도움을 요청할 때 치러야 할 비용(단점)으로는 양육자의 시간과 노력뿐 아니라, 때로는 심리적 압박(예: 창피함, 나약함, 가난하거나 나쁜 부모로 비추어지는 것)도 감수해야 할 수 있다. 치료자는 비용을 평가하기 위해 각 자원의 난이도를 1(쉬운)부터 10(매우 어려움)까지 척도를 활용하여 평가하도록 할 수 있다. 비용편익분석표(〈표 7-2〉)를 활용하여 필요 사항(첫째 열)에 따라 가능한 자원을 적고, 각 자원별로 수반되는 장벽과 해결책을 고려한다.

표 7-2   필요 사항에 대한 비용편익분석표

필요 사항	매칭 가능자	장점	단점	도움에 대한 보답	난이도
방과 후 스티브 감독하기	존슨 여사	길 건너에 살며 하루 종일 집에 있음	잘 움직이지 못하며, 신경질적임	사회적 관계를 좋아하며 외로워함 저녁을 대접하며 함께 식사할 수 있음	5
	사촌인 샤론	매우 좋은 부모이며, 대학생 자녀가 있음	매우 바쁘며, 5마일 떨어져 있음	무엇으로 보답할 수 있을지 모르겠음	8

5. 모든 조각을 함께 모으기

양육자와 치료자는 가정 적합한 사회적 지지 자원을 선택하고 그 사람을 끌어들일 수 있는 전략을 개발해야 한다.

1) 최적격의 사람 선택하기

이전에 언급된 가족가계도와 MASS는 현재 누가 다양한 종류의 사회적 지지를 제공하고 있는지 또는 누가 잠재적 지원처인지 판별하는 도구이다. 비용편익분석표는 필요한 사항에 도움을 줄 수 있는 후보자를 평가하는 데 사용된다. 〈표 7-1〉을 통해 상대적으로 치러야 할 비용이 적은 사람을 선택할 수 있다. 난이도 척도에서 접근이 쉬운(4점 이하) 사람이 누구인지 살펴본다. 최선의 선택은 단점(시간, 에너지)이 적고 장점(성공)은 많은 쪽을 선택하는 것이다. 안 좋은 선택은 비용(시간, 노력, 자존심 감소)이 많고 장점(필요한 것을 제공할 가능성이 낮음)은 적은 쪽이다. 양육자가 선택할 수 있는 자원이 별로 없다면 가능한 후보 중 최선의 선택을 해야 한다.

　잭슨 가족의 경우에는 도구적 지지를 제공할 수 있는 후보 중 이웃에 있는 존슨 여사가 가장 현실적 선택이라는 것이 분명했다. 중요한 것은 잭슨 가족 또한 존슨 여사에게 귀중한 자원이 될 수 있다는 점이다. 이러한 관계는 시간이 지나면서 관계가 더욱 좋아질 수 있다. 비록 사촌 샤론이 정서적 및 평가적 지원을 해 줄 수 있는 강점을 상당히 지니고 있을지라도, 잭슨 가족에게 필요한 도구적 요구에는 적합하지 않았다.

2) 선택한 사람에게 다가가기 위한 타이밍

　다음은 선택한 사람에게 다가갈 최적의 시간을 선택하는 것이다. 최적의 시간을 결정할 때는 "그 사람이 내 이야기에 귀 기울이고 마음 써 줄 수 있는 기분 상태인가?"를 반드시 확인해야 한다. 그 사람이 분노하고 있거나 슬퍼 보인다면 도움을 요청할 때가 아니다. 마찬가지로 긴 일과가 끝난 뒤에 저녁 준비로 바쁜 시간이나 출근준비를 해야 하는 이른 아침 역시 좋은 시간은 아니다. 반대로 사람들이 편안할 때(주말) 그리고 기분이 좋을 때(예배를 마친 후)는 긍정적인 반응을 얻을 확률이 높다.

3) 대본 만들기

　양육자가 사회적 지지를 받아 본 적이 별로 없고 사회적 지지를 요청하는 연습도 해 본 적이 없다면 치료자는 양육자와 함께 쉬운 언어로 대본을 만들어 보도록 한다. 예를 들어, 존슨 여사에게 사용할 대본은 다음과 같이 만들 수 있다.

> "존슨 여사. 여사께서 제 아들이 방과 후에 무엇을 하는지 감독하는 일을 좀 도와주신다면 정말 고맙겠습니다. 특히 아이가 학교에서 집으로 돌아온 뒤인 3시부터 제가 집에 오는 6시까지, 혹시 아이가 나쁜 친구들과 어울려 돌아다니는 것은 아닌지 정말 걱정이 됩니다. 여사께서 이 일을 함께해 주실 수 있을까요?"

또한 실제로 발생할 수 있는 문제에 대하여 양육자가 어떻게 응답할지에 대해서도 미리 대본을 만들도록 한다. 잭슨 부인은 도구적 지지를 위해 존슨 여사를 선택하기는 하였으나, 도움을 요청할 때 혹시라도 존슨 여사에게 혼이 나지 않을까 걱정하고 있다. 만약 존슨 여사가 혼을 내면 잭슨 부인은 어떻게 응답해야 할까? 여기서 치료자는 양육자와 함께 어떻게 응답할지 브레인스토밍을 해야 한다. 다음과 같이 대본을 만들고 역할극을 한다(치료자가 양육자의 역할을 하고, 잭슨 부인이 이웃인 존슨 여사의 역할을 한다).

이웃: 내 도움까지 필요하신 걸 보니, 당신은 정말 형편없는 부모군요?

어머니: 제가 형편없는 부모라고 생각하시는군요. 어떤 점에서 제가 그런 부모인가요?

이웃: 내가 무슨 말을 하는 건지 잘 알면서 그래요.

어머니: 아들을 키우면서 제가 실수는 좀 했지만, 그래도 아들을 더 잘 키우기 위해 애쓰고 있어요. 이런 도움을 요청하는 것도 그 때문이죠. 하느님은 제 마음을 알고 계실 겁니다. 만약 제가 어떤 면에서 형편없는 부모인지 자세히 말씀해 주시면 더 잘하도록 노력할게요.

이웃: 글쎄, 한 가지만 말하자면 당신은 아들을 잘못 사랑한다는 거야. 아들이 남의 물건을 훔쳐도 내버려 뒀잖아.

어머니: 아, 그건 잘못 알고 계시는 겁니다! 제가 아들을 정말 사랑하는 건 맞지요. 하지만 아들에 대한 사랑 자체가 문제는 아닐 것 같아요. 제가 어떻게 하면 좋을까요?

양육자는 필요할 때라면 언제든지 좀 더 자신의 환경에 어울리는 방향으로 대본을 수정할 수 있어야 한다. 양육자가 단어나 구절이 마음에 안 든다고 반대할 때는 치료자는 어떻게 말하고 싶은지 양육자에게 물어보도록 한다.

4) 연습
일단 양육자와 함께 만든 대본이 완성되면 연습을 한다. 대인관계 문제해결 개입을 연습할 때와 마찬가지로(제6장 참조), 어떻게 하면 될지 보여 주기 위해 치료자가 먼저 양육자의 역할을 한다. 예상되는 상황에 대한 역할극을 구성하고, 치료자는 역할연기를 시작하면서 양육자가 전에 언급했던 부정적인 발언이나 걱정을 자연스럽게 포함시켜 말한다. 그러면서 양육자의 염려를 해결하는 방법을 함께 보여 준다. 그런 다음 역할을 전환하여 치료자가 사회적 지지를 제공할 사람의 역할을 하고 양육자는 자신의 역할을 수행한다. 다음으로 역할극에 대해 치료자는 피드백을 제공한다. 다시 연습을 재개하기 전에 치료자는 무엇이 잘됐는지 무엇이 개선될 필요가 있는지 알려 주면서, 양육자가 사용한 특정 단어와 행동에 대해서 구체적으로 피드백한다. 역할극 연습이 충분히 이루어져서 실천에 옮길 정도에 이르렀다고 판단될 때까지 치료자는 역할극의 문제점을 찾고 이를 바로잡는 지도를 반복하면서 치료자와 양육자는 실행의 시간과 날짜에 대해 합의한다. 그때까지는 양육자와 함께 정기적으로 실행과 관련되어 파생될 수 있는 여러 가지 문제를 해소하는 시간을 갖도록 한다.

5) 실행 평가

실제로 실행해 보고 난 후의 결과는 바로 그 다음 회기에서 평가되어야 한다.

- 무엇이 효과가 있었습니까?
- 무엇이 효과가 없었습니까?
- 수행하는 것이 얼마나 어려웠습니까(어려움 평가)?

치료자는 양육자의 노력을 강화하면서, 방해요소(부정적 감정, 걱정)가 무엇인지 꼭 살펴야 한다. 만약 예기치 못한 요인으로 인해 결과가 좋지 못했다면 치료자는 미리 예상하지 못한 책임을 인정하고("부인이 잘하실 수 있도록 준비했어야 했는데 제 실수입니다!"), 다음에는 이러한 요인에 대한 해결책을 마련하는 데 노력을 집중한다. 본질적으로 실행은 모든 MST 평가와 같은 방식으로 평가된다(실행고리 사용).

6) 지원 제공자를 준비시키기

어떤 경우에는 지원 제공자가 당초 계획한 대로 청소년을 잘 지원할 수 있도록 치료자나 양육자가 안내해야 한다. 그러나 여기에 많은 시간(몇 시간이 아닌 몇 분 정도

로 해야 함)이나 노력을 요구해서는 안 된다. 양육자가 지원 제공자에게 필요한 지원
에 대해서 설명할 때는 치료자가 배석하는 것이 좋다. 이를 통해 치료자는 지원 제
공자가 무엇을 해야 하는지에 대하여 정확하게 이해했는가를 관찰하고 확인할 수
있다. 또한 양육자가 간과한 질문이나 문제를 해결하고, 나중에 양육자가 어땠는지
피드백을 줄 수 있다.

7) 보답하기

사회적 지지를 확인하고 도움을 구하는 것과 그것을 유지하는 것은 별개의 일이
다. 비공식적 · 공식적 지원을 공고히 하기 위해 양육자가 사용할 수 있는 방법으로
치료자가 양육자 가족에게 사용한 참여기술(예: 강점과 공통 목표 강조)이 있다. 사회
적 지지를 유지하기 위해서 양육자는 그들이 받은 도움에 보답하는 방법을 알아야
한다.

보답은 총 2단계 과정으로서, 첫 번째 단계는 지역사회 내에 통용되는 규범과 함
께 개인이 선택할 수 있는 범위를 고려하면서 어떻게 보답할지 결정한다. 이때 치료
자는 양육자가 속한 지역사회의 유능한 사람들에게(예: 동장) 10대를 감독하는 도움
에 상응하는 보답은 어떤 것이 적절할지 물어볼 수 있다. 또는 도움에 대한 대가로
무엇을 원하는지 치료자 또는 양육자가 상대방에게 간단히 물어보는 것도 그의 선택
을 존중하는 모습이다. 예를 들면, 양육자는 이웃에게 다음과 같이 물어볼 수 있다.

> "제가 직장에 있을 때 방과 후 아들을 감독해 주신다니 정말 감사드립니다. 너무 감사해서 어
> 떤 식으로든 당신의 친절에 대해 성의를 표하고 싶습니다. 도와주신 감사의 표시로서 제가 당신
> 을 도울 수 있는 일이 있습니까?"

어떤 사람들은 이러한 제안을 거절하고 단지 도움을 주고 싶을 뿐이라고 말하기
도 한다. 설사 그렇다 해도 가족은 반드시 도움에 대해서 감사를 표현해야 하고, 또
한 반복적으로 감사를 표해야 한다. 이렇듯 보답을 실행하는 것이 두 번째 단계이
다. 감사의 편지, 집에서 구운 쿠키, 과일 바구니 보내기가 좋은 출발점이 될 수 있
다. 파이를 잘 만들던 한 어머니는 이웃 사람에게 직접 구운 파이로 감사를 표했다.
한 아버지는 딸의 학교 선생님에게 도움을 받을 때마다 어김없이 도움의 내용을 자

세히 적은 감사 편지를 교장에게 보내고, 그 교사에게도 복사본을 보냈다. 다른 양육자는 가족을 도와준 교회 신도의 이름이 담긴 편지를 교회에 보냈는데, 이후 이 편지는 교인들 앞에서 낭독되었다. 저자들이 그간 경험했던 것 중에서도 특히 좋았던 사례는 지원 제공자에게 청소년이 보답한 것을 들 수 있다(예: 세차, 잔디 깎기, 마당 청소, 심부름). 요점은 양육자가 도움에 보답할 수 있는 방법은 여러 가지가 있다는 것이며 그러한 보답은 분명 지원을 유지하는 데 도움이 된다.

③ 결론

누군가에게 사회적 지원을 확대하는 것은 매우 힘든 일이다. 특히 반사회적 청소년을 양육하면서 많은 스트레스와 요구에 시달리고 있는 가족의 경우는 더욱 그렇다. 이러한 가족을 위한 사회적 지원을 확대하기 위해서 치료자는 많은 시간과 노력을 들여야 할 수도 있다. 그러나 '함께하는 것'이야말로 우리의 건강과 복지에 필수적이다. 주위 확대가족, 친구, 이웃, 동료 등 여러 사람이 함께할 때 양육자가 행동 문제를 보이는 아이를 키우면서 받는 스트레스와 긴장을 조금이라도 덜 수 있다. 누구도 혼자서는 할 수 없다. 이 장에서는 무엇보다도 강력한 사회적 지원망을 구축하기 위해 필요한 기술과 역량을 개발하기 위한 전략을 제공하고자 노력했다.

제8장

약물남용 치료

주요내용

- 약물남용 치료의 중요성
- MST의 약물남용 치료성과
- 청소년 및 양육자의 약물남용을 치료하기 위한 MST와 수반성 관리(CM), 여타 증거기반기법의 통합
- 수반성 관리
- MST와 수반성 관리의 통합적용을 위한 훈련 및 서비스보증향상체계

심각한 행동장애를 보이는 청소년 사이에서 약물남용은 매우 흔한 공병장애이다. 테플린과 동료들(Teplin, Abram, McClelland, Dulcan, & Mericle, 2002)이 구치소에 구금된 10세에서 18세 사이 청소년 2,000여명을 대상으로 조사한 결과, 절반가량의 청소년이 지난 6개월 이내 약물남용장애의 진단기준을 충족하는 것으로 나타났다. 비행 및 약물남용 청소년을 키우는 양육자 역시 약물남용장애를 가지고 있을 가능성이 매우 높다(Fleming, Brewer, Gainey, Haggerty, & Catalano, 1997; Jen-nison & Johnson, 1998). 따라서 MST 치료자는 청소년의 약물남용을 치료할 뿐 아니라, 양육자가 약물남용 문제를 가지고 있어 효과적인 양육기술을 습득하지 못한다면 양육자의 문제도 다루어야 한다(McGue, 1999).

제1장에서 언급한 바와 같이 관련 연구들은 청소년 범죄에 기여하는 요소와 약물남용에 기여하는 요소가 상당 부분 중복된다는 것을 보여 주고 있다. 예를 들어, 또래요인과 가족요인은 청소년 약물남용과 행동장애 각각의 위험을 모두 악화 혹은 약화시킬 수 있는 요인이다. 매우 우수한 과학적 연구(National Institute on Drug Abuse, 1999)를 포함한 다수의 연구결과에서, 약물남용은 범법행위와 마찬가지로 수많은 위험요인의 상호작용에 의해 복합적이고 다중적으로 결정되는 것으로 나타났다(Dishion & Kavanagh, 2003). 과학적으로 검증된 약물남용 위험요인에 초점을 맞춘 여러 치료법은 상당히 우수한 치료성과를 보이고 있다(Waldron & Turner, 2008).

1 MST 약물남용 연구결과

MST는 다수의 약물남용 관련 연방기관(예: National Institute on Drug Abuse, 1999)

과 전문위원(예: Waldron & Turner, 2008)들에 의해 청소년 약물남용 분야의 유망하고 효과적인 치료로 확인되었다. MST 약물남용과 관련된 연구결과는 제9장에 개략적으로 설명하였으며 다른 문헌에서 더 자세한 설명을 찾아볼 수 있다(Saldana & Henggeler, 2008; Sheidow & Henggeler, 2008). 이 장에서는 MST에 참여한 청소년 범죄자 및 양육자의 약물남용에 관련된 MST 연구를 간략하게 검토한다.

1. 청소년

1) 중범죄 소년범

중범죄 소년범죄자를 대상으로 한 초기 연구에서, MST를 받은 소년범은 대조군에 비해 치료 후 약물사용 및 약물 관련 문제가 현저하게 감소한 것으로 나타났다(Henggeler et al., 1991). 셰퍼와 보딘(Schaeffer & Borduin, 2005)이 수행한 14년 추적관찰 종단연구에서 MST 조건의 중범죄 소년범은 14년 후에 약물 관련 체포율이 개인치료 조건의 소년범과 비교하여 절반도 안 되는 것으로 나타났다.

2) 약물남용 소년범

이와 같이 중범죄 소년범의 약물남용이 개선되었다는 연구결과가 발표되면서, 본격적으로 약물남용 및 의존 문제를 가진 청소년을 대상으로 연구가 시행되었다. 제일 먼저 발표된 연구에 따르면 MST를 받은 청소년들은 통상적인 지역사회기반 치료를 받은 대조군에 비해 6개월 추적관찰 시점에서 약물사용, 수감일수, 가정 외 시설수용일수가 현저하게 감소한 것으로 나타났다(Henggeler et al., 1999). 더욱이 동일한 집단을 4년 후 추적조사한 연구에서 MST 집단은 대조군에 비해 내마초 금연률 및 중범죄율이 저조한 것으로 나타났다(Henggeler, Clingempeel, Brondino, & Pickrel, 2002).

3) 소년약물법정(Juvenile Drug Court)[1]에 참여하는 약물남용 소년범

약물남용에 대한 또 다른 MST 효과연구는 소년약물법정에 참여한 소년범을 대

---

1) 역자 주: 소년약물법정은 미국 소년사법체계에서 기소된 마약류 범죄 청소년을 대상으로 시행하는 치료 프로

상으로 이루어졌다(Henggeler et al., 2006). 개입 후 결과를 비교했을 때, MST가 비교조건치료에 비해 약물사용과 자기보고 범죄율이 유의미하게 낮은 것으로 나타났다. 여기서 주목할 점은 수반성 관리(Contingency Management: CM)가 약물남용에 대한 MST의 효과를 가속화시켰다는 점이다. 청소년 약물남용 치료를 위한 수반성 관리와 MST의 통합은 네이버후드 솔루션 프로젝트(Neighborhood Solutions Project: Swenson, Henggeler, Taylor, & Addison, 2005)에서 성공적으로 시범운영되었다. 약물남용 양육자에 대한 초기연구에서도 수반성 관리와 MST의 통합이 이루어지고 있는데, 이는 다음에 자세히 제시하고 있다.

2. 약물남용 양육자 대상 수반성 관리

수반성 관리가 MST에 처음 등장한 것은 정신과적 위기(예: 자살) 청소년을 위한 응급입원의 대안으로 MST가 가능할지 효과성을 검증한 연구였다(Henggeler, Rowland et al., 1999). 이 연구는 중증 기분장애 청소년을 대상으로 하였는데 당시 참여한 MST 치료자들에게는 큰 고민이 있었다. 그것은 참여자의 약 26% 정도에서 부모가 약물남용 및 의존을 보여 가정에 그대로 거주하는 데 문제가 있었던 것이다(Rowland, Halliday-Boykins, & Demidovich, 2003). 이 문제를 해결하기 위해 연구자들은 현존하는 성인 약물남용 치료에 관한 문헌을 광범위하게 검토하였는데 마침내 지역사회강화접근법(Community Reinforcement Approach: CRA, 수반성 관리의 변형치료: Buddy & Higgins, 1998)이 유망하다는 결론을 얻었다. 무엇보다도 CRA는 MST의 개념 및 임상적 강조점과 일치하였다. 두 개입은 다음과 같은 공통점을 갖는다.

- 욕구를 파악하기 위해 변형된 기능적 행동분석(MST 핏서클)을 사용한다.
- 목표지향적이다.
- 목표를 성취하는 과정이 행동지향적이다.

그램이다. 이 프로그램에서는 판사, 변호사, 상담자 등의 전문가가 모여 마약류 범죄 청소년의 재수감을 막고 약물중독을 치료하고 있다. 1993년 플로리다주의 키웨스트에서 처음 시작된 소년약물법정은 현재 500여 곳으로 확대되어 운영되고 있다.

- 행동치료 및 인지행동치료를 사용한다.
- 내담자가 처한 보다 폭넓은 체계상의 맥락을 고려한다.
- 실증적 검증을 상당히 강조한다.

따라서 이렇게 변형된 수반성 관리, 즉 CRA가 MST에 통합되었다.

입원에 대한 대안으로서 MST의 효과성을 살펴본 연구에서 약물남용 양육자에 대한 CRA의 효과는 공식적으로 평가되지 않았다. 하지만 이 연구에 참여한 연구자와 치료자들은 CRA가 상당히 효과적이라는 것을 경험할 수 있었다. 이러한 경험에 근거해서 수반성 관리가 MST에 본격적으로 도입되었다. 수반성 관리는 양육자의 약물남용을 줄이고 양육능력을 개선시키는 MST 치료효과 연구(Henggeler, Sheidow, Cunningham, Donohue, & Ford, 2008)와 약물남용 청소년 대상 MST 효과연구(Schaeffer, Saldana, Rowland, Henggeler, & Swenson, 2008), 네이버후드 솔루션 프로젝트 연구에 포함되었다. 또한 분명한 예비조사 결과를 바탕으로 또 다른 변형된 수반성 관리인 강화기반치료(reinforcement-based therapy: Jones, Wong, Tuten, & Stitzer, 2005)가 아동학대 및 방임을 위한 MST 효과연구(Schaeffer et al., 2008)에 적용되었다.

지금까지 살펴본 바와 같이 15년간 이루어진 임상 경험, 다양한 연구결과, 그리고 여러 계층의 약물남용자에 대한 수반성 관리의 효과성을 지지하는 광범위한 문헌 등을 검토하면서 치료자들은 약물남용 치료에 있어 수반성 관리가 MST의 효과를 증진시킨다는 다음과 같은 결론에 이르렀다.

- 이 책에 소개된 표준 MST는 청소년 약물남용 치료에 매우 효과석이나.
- 수반성 관리를 MST에 통합하면 치료효과가 상승한다.

그러나 이 장의 뒷부분에서 제시하였듯이 MST에 수반성 관리를 통합한 치료(즉, MST/CM)를 운영하려면 수반성 관리에 대한 훈련 및 지속적인 서비스보증향상체계가 전제되어야 한다.

2 약물남용 치료 필요성 결정

청소년에게 개입(MST 혹은 MST/CM)을 요하는 약물남용 문제가 있는지 평가하기 위해서는 무엇보다 먼저 청소년 문제가 약물남용의 연속선상에서 어디에 위치해 있는지를 확인하는 것이 필요하다.

1. 약물남용 연속선: 조절에서 의존까지

윈터스와 동료들(Winters, Latimer, & Stinchfield, 2001)은 약물남용을 이해할 수 있는 유용한 틀을 제시하였다. 이들은 약물남용을 조절에서 의존에 이르는 연속선으로 제안하면서, 연속선상 각각의 위치마다 반드시 고려해야 하는 요소가 무엇인지 구체적인 이해를 제공하고 있다. 약물남용치료센터(Center for Substance Abuse Treatment, 1999) 보고서에 제시된 이 연속선은 5단계로 구성되어 있다.

- 조절: 약물사용 없음
- 시험적 사용: 여가 시간에만 최소한으로 사용
- 초기 남용: 분명한 사용, 사용 빈도의 증가, 한 가지 이상의 약물사용, 약물남용에 대한 부정적 결과가 출현하기 시작함
- 남용: 잦은 사용, 부정적 결과 출현
- 의존: 부정적 결과에도 불구하고 정기적 사용을 지속, 약물을 구하고 사용하는 데 상당한 노력을 기울임

지역사회기반 역학연구결과가 시사하는 바와 같이 많은 청소년이 약물을 사용해 본 경험이 있다. 그런 점에서 약물사용 그 자체가 개입의 준거가 되지 않는다. 따라서 치료는 연속선상 초기 남용, 남용, 의존 상태의 청소년을 위해 시행되어야 한다. 윈터스와 동료들은 개입 여부를 결정하기 위해 다음과 같은 몇 가지 위험요소를 추가로 고려할 것을 제안했다.

- 일부 약물(예: 헤로인)의 경우 부작용이 없어도 개입해야 한다.
- 개입할 때 반드시 연령을 고려해야 한다. 예를 들어, 12세 청소년이 대마초를 한 번 피워 보는 것은 같은 상황의 17세 청소년과는 중요성이 다르다.
- 모든 연령에서 다량의 약물을 급성 복용하는 것은 개입을 요하는 위험한 상황으로 간주된다.
- 부적절한 장소(예: 학교, 운전 중)에서의 약물사용은 개입을 요한다.

약물사용으로 인해 생활상에 부정적인 결과가 초래되거나 그 위험성이 높다고 판단될 때, 약물사용에 대해서 개입하는 것이 원칙이다. 예를 들어, 청소년의 약물사용으로 인해 체포, 집행유예, 학업성적 저하, 가족 내 어려움이 발생한다면 이는 치료되어야 한다.

2. 치료자의 과업: 청소년 약물사용 및 치료 필요성 평가

MST 치료자의 주요 임무는 다음과 같다.

- 청소년이 약물을 사용하는지 여부를 확인한다.
- 청소년의 약물사용량과 그 영향을 확인한다.
- 약물치료의 필요성을 확인한다.
- 치료과정에 양육자와 청소년을 참여시킨다.

이 장에서 치료 필요성을 결정하는 과정에 도움이 되도록 몇 가지 치료도구를 제시하였다. 이는 기존의 수반성 관리 매뉴얼에서 발췌한 것이다. 예를 들어, 수반성 관리 매뉴얼 중 하나에서(Family Services Research Center, 2008) 발췌한 치료자 체크리스트([그림 8-1] 참조)는 치료자가 치료 필요성을 결정할 수 있도록 돕는다.

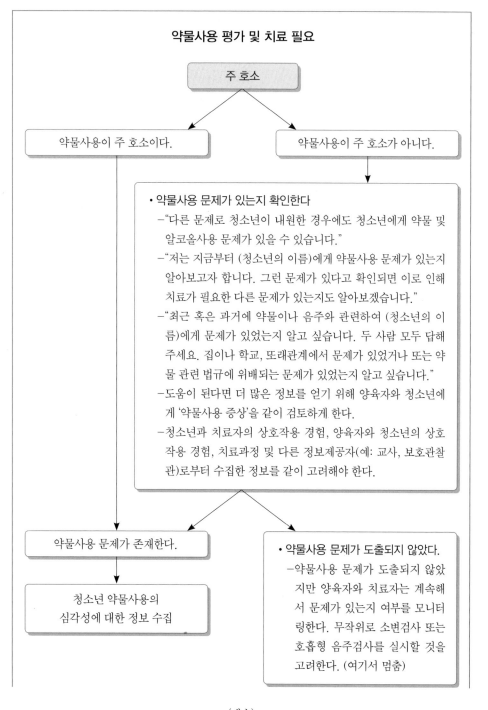

약물사용 평가 및 치료 필요

주 호소

약물사용이 주 호소이다.

약물사용이 주 호소가 아니다.

• 약물사용 문제가 있는지 확인한다
 −"다른 문제로 청소년이 내원한 경우에도 청소년에게 약물 및 알코올사용 문제가 있을 수 있습니다."
 −"저는 지금부터 (청소년의 이름)에게 약물사용 문제가 있는지 알아보고자 합니다. 그런 문제가 있다고 확인되면 이로 인해 치료가 필요한 다른 문제가 있는지도 알아보겠습니다."
 −"최근 혹은 과거에 약물이나 음주와 관련하여 (청소년의 이름)에게 문제가 있었는지 알고 싶습니다. 두 사람 모두 답해 주세요. 집이나 학교, 또래관계에서 문제가 있었거나 또는 약물 관련 법규에 위배되는 문제가 있었는지 알고 싶습니다."
 −도움이 된다면 더 많은 정보를 얻기 위해 양육자와 청소년에게 '약물사용 증상'을 같이 검토하게 한다.
 −청소년과 치료자의 상호작용 경험, 양육자와 청소년의 상호작용 경험, 치료과정 및 다른 정보제공자(예: 교사, 보호관찰관)로부터 수집한 정보를 같이 고려해야 한다.

약물사용 문제가 존재한다.

청소년 약물사용의
심각성에 대한 정보 수집

• 약물사용 문제가 도출되지 않았다.
 −약물사용 문제가 도출되지 않았지만 양육자와 치료자는 계속해서 문제가 있는지 여부를 모니터링한다. 무작위로 소변검사 또는 호흡형 음주검사를 실시할 것을 고려한다. (여기서 멈춤)

〈계속〉

```
┌─────────────────────────┐
│  약물사용 문제가 존재한다  │
└─────────────────────────┘
            ↓
```

청소년 약물사용 및 그 결과에 대한 정보 수집

- "다음 단계로 우리는 (청소년 이름)이 어떤 약물을 어떻게 사용하는지, 약물이 어떤 문제를 일으키는지 이해하도록 하겠습니다."
- "여기에 도움이 되는 유인물을 보여 드리도록 하겠습니다." '흔히 남용되는 약물목록(Commonly Abused Drugs Chart)'과 '약물남용 체크리스트(Substance Use Chart)'를 양육자와 청소년에게 제시한다.
- "자, (청소년의 이름)이 아까 말했던 내용을 여기 체크리스트에 적어 보세요. 여기 약물목록을 보시면 약물의 여러 가지 명칭과 그 악영향을 알 수 있습니다." 청소년 및 양육자가 '약물남용 체크리스트'를 완성하도록 한다.
- "이제 우리는 (청소년 이름)의 약물사용에 대해서 잘 알게 되었습니다. 잠시 화제를 바꾸어서 (청소년의 이름)의 약물사용이 자녀의 삶에 어떤 영향을 미쳤는지 이야기를 나누어 봅시다." '기능 영역(Domains of Functioning)' 설문지를 사용하여 약물사용이 청소년과 가족의 삶에 미치는 영향에 관해 조사한다.
- 청소년의 약물사용에 대해 더 많은 정보를 수집하려면 청소년에게 '내담자 약물지표-단축형(Client Substance Index-Short Form: CSI-SF)'을 실시한다.
- 청소년의 약물사용에 관한 더 많은 정보를 수집하려면 양육자에게 '수정된 CAGE 설문지(Modified CAGE Questionnaire)'를 실시한다. 이 척도는 청소년도 사용할 수 있다.
- 청소년의 연령과 약물 종류를 반드시 고려해야 한다. 다량의 약물을 급성으로 복용했던 사건이 발생했는지, 부적절한 환경(예: 학교, 운전 중)에서 약물사용을 했는지 확인한다.

약물사용으로 청소년에게 기능장애가 발생한다.

- 양육자와 청소년은 치료를 원한다.
  -'체크리스트: 수반성 관리 이해'로 이동
- 양육자와 청소년이 치료를 원하지 않는다.
  -'가족참여를 위한 팁'으로 이동

- 치료자 및 가족의 의견을 종합하면 약물사용으로 청소년에게 기능장애가 발생하지 않는다.
  -약물사용에 대한 개입은 이 시점에 시사되지 않는다. 그러나 약물의 잠재적 사용 및 기능에 미치는 영향에 대한 정보를 계속 평가·수집하도록 한다(예: 무작위 약물 검사). (여기서 멈춤)

그림 8-1 **치료자 체크리스트.** 어떤 단계에 있건 치료자는 항상 치료계획 수립 및 결정을 내리기 위해 슈퍼바이저와 상의해야 한다.

③ 약물남용 MST

앞서 설명한 바와 같이 MST는 청소년의 약물남용 감소에 효과적인 것으로 나타났다. 약물남용 또는 의존에 대해서도 다른 행동 문제와 마찬가지 방식으로 MST가 이루어진다. 즉, 치료자는 먼저 청소년의 약물사용이 당면한 문제라는 인식을 주요관계자 사이에서 확인한다. 그런 다음 치료자는 청소년과 가족이 관련된 다양한 상황에서 문제행동의 핏요인이 무엇인지 파악한다. 다음으로, MST 분석과정([그림 2-1] 참조)에 따라, 치료자는 약물사용의 우선적인 핏요인을 목표로 개입을 개발하고 실행한다. 여기서 중요한 것은 MST 치료자가 개입의 효과를 면밀히 추적해야 한다는 것이다. 그 일환으로 가족에게 약물사용을 확인하는 소변 검사의 실시방법을 교육한다.

제2장의 사례는 청소년 약물남용에 초점을 둔 MST를 보여 준다([그림 2-2] [그림 2-5] 참조). 릭이 치료에 의뢰된 이유 중 하나는 릭의 대마초 사용 때문이었기 때문에, 치료자는 사용빈도, 강도, 지속성에 관한 정보를 수집하였다([그림 2-2]). 다음으로 가족과 함께 대마초 사용을 치료되어야 할 핵심목표로 결정하였고([그림 2-4] 2번 목표), 대마초 사용에 대한 핏서클을 그렸다([그림 2-5]의 첫 번째 핏서클 참조, 시급한 핏요인은 굵은 글씨로 표시). 치료자는 약물남용과 관련하여 우선적으로 다루어져야 할 핏요인으로 대마초를 피우는 친구들, 허술한 아버지의 감독, 가족갈등을 꼽았다. 치료자가 이 같은 여러 요인을 목표로 삼아 어떻게 개입을 개발하고 실행하였는지 그 과정이 제2장에 자세하게 설명되어 있다. 특히 주목할 점은 치료자가 치료 중에 정기적으로 무작위 소변검사를 실시하였고 릭의 아버지도 이것을 하도록 하였다는 점이다.

치료종결 즈음 릭이 10주 연속 소변검사 음성반응을 보여 주면서 핵심목표 중 가장 중요한 목표 2번([그림 2-4])을 성취할 수 있었다. 릭의 아버지는 소변검사를 잘 운영하게 되었다. 아버지는 검사결과가 음성반응이면 릭에게 보상하고, 양성반응이면 적절한 처벌을 내렸다. 아버지가 약물사용관리를 유능하게 수행함에 따라 MST가 끝난 후에도 금단은 유지되었다.

4 MST 내의 수반성 관리

여기서는 가족서비스연구센터(Cunningham et al., 2004; Family Services Research Center, 2008)에서 개발된 수반성 관리 매뉴얼을 소개한다.

1. 수반성 관리란 무엇인가

수반성 관리는 다음과 같은 목적으로 설계된 심리행동적 전략이다.

• 약물을 사용하고 싶은 동기를 자극하거나 사용하도록 유도하는 사람, 장소 및 사물(감정과 생각 포함)을 확인한다.
• 약물사용보다 개인에게 더 큰 만족과 보상을 제공하는 사람, 장소 및 사물을 확인한다.
• 개인의 약물사용을 객관적이고 측정 가능한 방식으로 모니터링 한다.
• 약물의 미사용에 긍정적인 결과를, 약물사용에 부정적인 결과를 부여한다.
• 금단을 위한 효과적인 자기관리 계획 및 약물거절 기술을 개발한다.

2. 가족에게 수반성 관리 소개

치료자는 가족에게 효과적인 치료방법으로 수반성 관리를 소개하고 수반성 관리의 네 가지 구성요소를 설명한다. 또한 수반성 관리에서는 양육자, 청소년과 다른 모든 가족원이 동참해야 하며, 이에 따라 치료기간이 달라질 수 있다고 설명한다. 수반성 관리는 약물중독에 매우 효과적으로 만성화된 술과 약물(예: 대마초, 코카인, 아편, 헤로인) 중독도 치료할 수 있다. 수반성 관리 치료기간은 청소년과 그 가족의 반응과 참여에 따라 달라지기는 하나, 보통 MST 치료기간 내에 끝낼 수 있다.

3. 약물사용에 대한 ABC 평가

제5장과 제6장의 기능적 행동분석과 마찬가지의 방식으로, 치료자는 청소년과 양육자에게 약물사용에 대한 ABC 평가를 수행하도록 교육한다. 이것이 바로 수반성 관리의 첫 번째 요소이다. ABC 평가는 약물사용 전·중·후에 일어나는 환경사건을 확인하는 방법이다. ABC 평가를 수행할 때 치료자, 청소년 및 양육자는 행동의 세 가지 국면에 초점을 맞춘다.

- Antecedent, 선행사건(약물사용의 촉발요인 또는 단서)
- Behavior, 행동(약물사용으로 이어지는 행동, 약물사용 그 자체 행동)
- Consequences, 결과(강화, 처벌)

ABC 평가는 약물사용이 특정 사건, 상황 및 기분에 의해 촉발되고, 약물사용에 뒤따르는 즉각적·장기적 결과에 의해 유지된다는 근거하에 수행된다(Buddy & Higgins, 1998).

초기 평가와 이후 계속되는 평가에서 도출된 정보에 입각하여 약물사용 중단을 목표로 한 개입(예: 자기관리 계획)을 설계한다. ABC 평가의 구조와 과정이 MST의 핏서클을 개발하는 과정이나 기능과 매우 유사하기 때문에 가족들은 ABC 평가를 비교적 쉽게 이해할 수 있다.

4. 점수와 단계 제도

수반성 관리의 점수와 단계 제도란 소변검사나 호흡형 음주검사의 음성반응에 보상을, 양성반응에는 불이익을 제공하는 제도이다. 점수와 단계 제도를 사용하기 위해서 청소년, 양육자 및 치료자는 먼저 행동계약을 체결한다. 청소년이 약물을 사용하지 않았음을 보여 주는 음성결과가 확인되면 양육자는 다양한 보상이나 특권으로 교환 가능한 점수를 부여한다. 반대로 약물사용이 확인되면 점수와 특권을 박탈하여 처벌한다.

점수와 단계 제도를 적용하는 방식은 다음과 같다.

- 청소년과 양육자가 함께 점수의 획득 · 박탈 · 사용의 3단계를 적용하는 행동계약을 맺는다.
- 청소년이 약물검사에서 음성결과를 얻었을 때 획득할 수 있는 물건, 사회적 활동 또는 특권이 담긴 보상메뉴를 청소년과 양육자가 함께 만든다.
- 획득 · 사용 · 박탈 점수의 기록을 보여 주는 체크북을 만든다.
- 점수와 단계 제도라고 명명된 수반성 관리를 실행하기 시작한다.
- 치료가 종결되면 점수와 단계 제도를 유지할 수 있는 계획을 세운다.

5. 자기관리 계획과 약물거절기술 훈련

이 기술 영역은 수반성 관리에 포함된 내용으로 다음과 같은 목표를 갖는다.

- 약물사용 촉발요인 및 상황을 청소년이 관리하도록 하는 전략과 기술을 개발한다.
- 청소년의 약물사용 촉발요인 및 상황관리가 잘 이루어질 수 있도록 양육자에게 이를 강화하는 방법을 교육한다.
- 약물사용 촉발요인 및 상황을 관리하기 위해 최대한 많은 대안 전략을 창출한다.
- 약물을 피할 수 없는 상황에 대비하여 약물거절기술을 개발한다.

이 개입은 이 책의 인지행동치료, 특히 제6장과 관련된다.

1) 자기관리 계획

양육자와 청소년이 ABC 평가를 잘 수행할 수 있는 것이 확인되면 치료자는 자기관리 계획을 소개한다. 자기관리 계획은 약물사용 촉발요인 및 상황을 관리할 수 있도록 고안된 전략 및 기술 모음이다. 자기관리 계획은 치료 중 지속적으로 수정할 수 있다. 치료자는 약물사용 재발이 나타났을 때, 혹은 약물사용 혹은 비사용의 촉발요인에 특별히 주의를 기울여 매 회기 자기관리 전략을 검토하거나 수정하도록 돕는다. 버드니와 히긴스(Budney & Higgins, 1998)는 약물사용 촉발요인과 상황을 다루는 세 가지 기본 방법을 제안하였는데 이는 수반성 관리에서 사용된다.

- 촉발요인과 촉발상황을 피한다(약을 같이 했던 친구의 집을 우회하여 하교한다).
- 촉발환경을 정리한다(예: 파이프, 봉, 롤링 용지 및 담배 라이터와 같은 촉발물품을 제거한다).
- 새로운 대처계획을 세운다. 촉발요인과 촉발상황을 피할 수 없다면, 이에 대처할 기술을 개발하고 약물을 하지 않는 친구로부터 도움을 받기 위해 노력한다.

[그림 8-2]에 자기관리 계획의 예가 제시되어 있다.

이름: 조

날짜: 7/1

약물 유형: 대마초

촉발요인: 학교 복도에서 친구 마크를 만났음. 마크가 나에게 수업을 빠지고 한 대 피우러 가자고 함.

다음 양식을 사용하여 약물사용 촉발요인을 관리하는 방법을 만드시오. 이를 통해 약물사용을 줄일 수 있습니다. 촉발요인별로 하나씩 양식을 작성하시오.

계획	비용편익분석		난이도 (1~10점 척도: 10=매우 어려움)
	장점	단점	
1. 미리 마크에게 대마초를 피우면 처벌 받는 치료를 받고 있다는 것을 이야기한다. 나의 보호관찰관이 결석이나 대마초를 피운 사실을 알게 되면 큰일 난다는 것을 알린다.	마크는 더 이상 나와 대마초를 피우려고 하지 않을 것 같다. 그럼 매번 거절하려고 애쓸 필요가 없다.	마크는 나를 대마초도 못 하는 바보라고 생각할 것이다.	5
2. 보통 마크와 복도에서 마주칠 수 있는 시간을 피한다. 마크를 피하지 못하고 갑자기 마주친다면, 약물거절기술을 사용하여 대마초를 거절하고 수업시간에 출석할 수 있도록 한다.	마크와 아예 마주치지 않으면 대마초 사용 유혹도 안 받을 것이다.	어쩔 수 없이 그 길을 가게 되면 마크와 만날 수도 있다. 그럼 아마 제안을 뿌리치기 어려울지도 모른다. 이 경우 약물거절기술을 어떻게든 기억해 내야 한다.	3

그림 8-2 자기관리 계획서의 예

2) 약물거절기술 훈련

약물거절기술은 약물사용위험이 높은데 피하기 어려운 사회적 상황에서 사용하는 자기관리 전략 중 하나이다. 약물거절기술은 예기치 않은 상황에서 특히 유용하게 사용될 수 있는 기술로, 따로 다룰 수도 있지만 자기관리 계획 안에서 다룰 수도 있다. 청소년의 약물사용은 대부분 또래와 함께 있을 때 재발한다(Brown, Myers, Mott, & Vik, 1994). 나쁜 친구를 용케 피해 다닌다 해도 모든 상황을 예측하고 방지하는 것은 불가능하다. 따라서 효과적으로 약물을 거절하는 법을 배운다면 금단을 유지할 수 있을 것이다.

치료자는 다음과 같은 점을 유념하여 진행한다.

- 약물사용의 위험성이 높은 상황을 피할 수 없다면 약물거절기술을 사용하도록 한다.
- 청소년의 사회적 상황에 비추어 적절한 약물거절기술을 찾도록 한다.
- 피할 수 없는 상황에서 약물 권유를 거절하는 법을 연습하기 위해 역할극을 하도록 한다.
- 이 과정에서 청소년을 돕도록 양육자를 가르친다.

6. 약물검사

행동적 수반성 관리는 객관적 증거에 기반하여 일관되고 정확하게 시행될 때 가장 효과적이다(Budney & Higgins, 1998). 무작위 소변검사는 객관적인 증거를 확보할 수 있는 좋은 방법이다. 객관적 측정을 사용하는 데는 세 가지 중요한 이유가 있다. 첫째, 약물을 끊기 위해 최선을 다하는 청소년도 약물사용에 대해 가끔씩 거짓말을 할 수 있다. 따라서 청소년이 진실되게 말하는 것처럼 보여도 사실을 말하지 않을 수도 있다. 둘째, 수반성 관리는 금단에 대한 보상을 제공하는데, 적절한 검증도 없이 보상을 제공한다면 프로그램의 신뢰도가 훼손될 것이다. 말하자면 대충 운영되는 수반성 관리로는 약물사용이 주는 강력한 쾌감을 넘어서기 어렵다. 마지막으로 객관적인 모니터링에서 깨끗한 음성결과를 확인하면 양육자는 청소년을 믿을 수 있다. 금단에 성공한 많은 청소년은 무엇보다 부모님의 신뢰와 사랑이 약물사용

중단을 결심하게 했다고 말한다. 따라서 치료자는 무작위 소변검사 및 호흡형 음주검사를 실시하고 그 결과를 해석하는 법을 양육자에게 교육한다.

5 양육자를 위한 수반성 관리

청소년을 위한 수반성 관리 개입은 관련 교육자료나 치료기법이 잘 갖추어져 있다(Family Services Research Center, 2008). 반면 양육자에 대한 수반성 관리는 아직 충분히 완성되지 않았다. 최근 종결된 양육자 지원 CRA 프로젝트(Schaeffer et al., 2008)에서 로렌드(Rowland)는 청소년에게 부정적인 영향을 미치는 양육자의 약물남용 또는 의존에 대해 CRA(Cunningham et al., 2005)를 시행할 수 있도록 MST 치료팀을 교육했다. 이 연구에서 양육자를 위한 약물남용 치료는 대부분 청소년과 비슷했지만(예: ABC 평가, 자기관리 계획), MST 청소년 약물남용 치료와 양육자의 그것 사이에는 임상적인 차이가 있는 것으로 드러났다.

1. 참여 및 평가

치료자들에 따르면 MST를 받는 청소년의 양육자는 대마초보다 술이나 처방약(벤조디아제핀)을 자주 남용한다. 따라서 이들에게 나타날 수 있는 위험한 철수 증상을 평가하고 적절한 중독치료시설이나 의사에게 이들을 의뢰할 수 있는 새로운 임상 프로토콜이 필요했다. 양육자의 경우 자신의 약물사용 문제가 자녀의 문제와 어떻게 연결되는지 그 관계를 이해해야 하는데, 이때 동기적 면접(Miller & Rollnick, 2002) 기법이 도움이 된다. 특히 치료자는 핏서클에서 청소년 문제의 핏요인이 부모의 약물사용이라는 점을 강조함으로써 양육자의 참여를 촉진한다.

2. 사회적 지지

치료자가 청소년에 대한 수반성 관리를 실행할 때는 양육자의 도움이야말로 치료의 핵심이다. 마찬가지 원리로, 양육자가 CRA를 받는 경우 MST 치료자는 양육자

주변에 도움을 줄 수 있는 사람을 찾을 수 있도록 노력해야 한다. 보통 약물의존을 보이는 사람은 이런 문제가 없는 가족이나 친구들과 거의 단절된 상태에 있다. 그러나 치료자는 CRA에 직접 참여하려 하거나 도움을 주려는(예: ABC 평가, 자기관리 계획, 점수와 단계 제도에서 보상제공) 친구나 가족을 치료에 참여시켜야 한다. CRA를 실시할 때는 사회적 지지를 효과적으로 확보하기 위해서 양육자가 자신을 도와줄 사람을 찾아내어 참여시키는 데 성공하면 양육자에게 50점이나 50달러 상당의 바우처를 제공하였다. 요약하면, MST 팀에서 약물남용 양육자를 만났을 때 그의 문제를 치료해야 양육 효율성이 증가하고 순차적으로 청소년의 문제를 효과적으로 치료할 수 있다. 이 문제와 관련된 우리의 연구결과는 유망하다. 하지만 이러한 개입이 널리 보급되기까지 아직 해결해야 할 과제가 많이 있다.

6 MST와 수반성 관리의 통합

이 책에서 설명한 바와 같이 표준적인 MST만으로도 청소년의 약물사용을 효과적으로 줄이는 경우가 많다. MST와 MST/CM은 대부분 유사하지만, 이 두 모델 간에는 몇 가지 차이가 있다. 〈표 8-1〉에 보이듯이, 이러한 차이점은 주로 초점을 어디에, 얼마나 강하게 두느냐와 관련된다. 예를 들어, MST와 달리 MST/CM에는 다음 사항이 추가된다.

- 빈번한 무작위 약물검사
- 깨끗한 약물검사결과에 바우처를 보상으로 제공하는 물적 지원
- 모든 약물사용 촉발요인에 대한 자기관리 계획
- 점수와 단계 제도 사용

MST/CM을 실행하기 위해 수반성 관리에 대한 추가교육 및 지속적인 서비스 관리가 필요하다. 따라서 MST에 대한 서비스보증향상체계에 더해서 MST/CM은 다음 사항을 추가로 요구한다.

표 8-1 표준 MST와 MST/CM의 차이

서비스	MST/CM	표준 MST
기능적 행동 분석	약물사용에 대한 기능적 분석(ABC 평가)은 약물사용 사건별로 수행된다.	약물사용에 대한 기능적 분석은 핏서클을 보완하려는 목적으로 사용된다.
자기관리 계획	모든 약물사용 촉발요인에 대해서 자기관리 계획을 도출한다.	약물사용에 기여하는 우선적인 핏요인을 해결하기 위해 MST 개입을 도출한다.
약물거절기술	특정 구조와 형식에 따라 모든 청소년에게 약물거절기술을 교육하며, 역할극으로 철저히 교육한다.	필요하면 약물거절기술을 청소년에게 교육한다.
점수와 단계 제도(행동계약과 바우처 포함)	계획이 잘 명시된 행동계약서에 청소년과 양육자가 함께 서명한다. 이 계획에는 치료팀과 가족이 제공하는 친사회적 보상 및 금전 바우처가 포함되어 있다.	깨끗한 약물검사결과가 나오면 가족이 보상을 청소년에게 제공한다.
약물 검사	무작위 소변검사와 호흡형 음주검사를 자주 실시하여 청소년의 약물사용 여부를 확인한다.	소변검사를 실시하여 약물사용 여부를 평가하고 개입의 결과를 모니터링한다.
지원 요구	• 바우처를 지급하기 위해서 자금 지원이 필요하다(청소년당 약 100~150달러). • 소변검사 및 호흡형 음주검사가 일주일에 1~3회 청소년에게 시행된다.	• 바우처는 불필요하다. • 소변검사 및 호흡형 음주검사가 일부 청소년에게 필요하지만 모두에게 요구되는 것은 아니다.
상담 자원	수반성 관리 자문은 매주 MST 자문과 함께 이루어진다. MST 컨설턴트는 MST에 더해 수반성 관리를 실행하기 위해 추가교육 및 코칭을 받아야 한다.	규칙적인 MST 자문이 제공된다.
훈련	수반성 관리 구성요소에 대한 추가교육이 제공된다.	정규적인 MST 교육이 제공된다.
추가 품질관리 절차	• 팀은 MST 서비스보증향상체계의 일환으로 이루어지는 상담녹화파일을 매달 제출하는데, 여기에 더해 MST/CM 컨설턴트에게도 집단 슈퍼비전, 자문을 위한 개인치료 녹화파일을 제출해야 한다. • 양육자는 수반성 관리 중재충실도를 매달 제출한다.	정규 MST 녹화검토에 약물남용 개입에 대한 녹화도 포함된다.

- 치료자 및 슈퍼바이저를 위한 수반성 관리에 대한 추가교육
- 수반성 관리에 익숙하지 않은 MST 컨설턴트에 대한 추가교육
- 수반성 관리 실행이 녹화된 치료 회기, 슈퍼비전 회기 및 자문에 대한 월별 검토
- 타당화된 수반성 관리 중재충실도에 대한 월별 양육자 보고서(Chapman, Sheidow, Henggeler, Halliday-Boykins, & Cunningham, 2008)

이와 같이 수반성 관리에 대한 교육 및 서비스 관리는 수반성 관리와 MST 전문가가 제공한다.

다양한 요구사항이나 서비스 관리를 고려해 볼 때, MST/CM은 약물남용장애(예: 소년약물법정에서 의뢰된 청소년)에 대해 분명하고 명확하게 접근하는 MST에 잘 맞는다. 청소년이 여러 문제 중 약물남용 문제를 일부 가지고 있다면 표준 MST만으로 충분하다.

7 결론

표준 MST는 청소년 약물남용에 대한 효과적인 치료법이다. 또한 수반성 관리의 효과를 뒷받침하는 임상경험, 연구 및 광범위한 문헌에 기반하여 볼 때, 수반성 관리가 MST에 결합되어 사용된다면 보다 성공적인 약물남용 치료가 이루어져 MST 효과를 가속화시킬 수 있다. 청소년에 대한 수반성 관리 임상절차와 중재충실도를 높이는 MST/CM 서비스보증향상체계가 구축되어 있다. 반면에, MST를 받는 청소년 양육자를 위한 수반성 관리는 아직 좀 더 타당화되어야 한다. 임상경험에 기초해 볼 때 양육자에 대한 수반성 관리 역시 효과적이라고 보이지만, 아직 연구를 통해 충분히 그 타당성이 확인되지 않았다. 따라서 이 절차에 대한 임상지침과 프로토콜은 아직 확산단계에 있지 않다.

제9장

다중체계치료 연구

- 관련 분야의 권위자들이 말하는 MST의 우수성
- MST 임상실험 연구결과: 효과(efficacy), 적용(effectiveness), 확산(transportability) 연구결과 간 차이
- 반사회적 행동 문제 외에 다른 심각한 임상 문제에 대한 MST 적용 가능성

이 장에서는 MST 임상연구의 우수한 결과를 알기 쉽게 소개하고자 한다. 또한 다른 심각한 임상 문제를 지닌 청소년과 그 가족을 위한 MST 기본 모델의 변용을 간략히 설명하고 주요 정부기관, 소비자 그룹, 전문가들의 평가를 살펴볼 것이다.

1 독립적 평가

수많은 독립적 평가 그룹이 심각한 반사회적 문제행동에 대하여 MST가 보여 준 치료효과의 우수성을 확인했다. 이를 살펴보기에 앞서 언급해야 할 것은 MST가 이 분야의 최고 권위자들(Bronfenbrenner, Elliott, Loeber, Thornberry, Haley, Minuchin)의 연구에 기반하여 개발되었으며, 수백 명의 전문가가 MST를 발전시켜 왔고 지금도 발전시키고 있다는 점이다. 이 과정에서 성공도 물론 도움이 되었지만 실패(이 장의 후반부에서 논의) 역시 우리를 키우는 밑거름이 되었다. 저자들은 연구결과를 공식적으로 평가하는 다음과 같은 여러 단체와 권위자에게 MST의 우수성을 인정받은 것에 커다란 긍지를 느낀다.

- 미국 대통령 직속 신자유 정신건강위원회(President's New Freedom Commission on Mental Health, 2003)
- 미국 법무부 산하 소년사법과 비행예방 사무국(Office of Juvenile Justice and Delinquency Prevention, 2007)
- 약물남용방지센터(Center for Substance Abuse Prevention, 2001)
- 약물남용치료센터(Center for Substance Abuse Treatment, 1998)
- 미국 연방의무감(U.S. Surgeon General: U.S. Department of Health and Human

Services, 1990; U.S. Public Health Service, 2001)

- 미국 국립보건원(National Institutes of Health, 2006)
- 미국 국립약물남용연구소(National Institute on Drug Abuse, 1999)
- 미국 국립정신장애협회(National Alliance on Mental Illness, 2003, 2008)
- 미국 약물남용 및 정신건강서비스국 산하 국립 증거기반치료등록소(Substance Abuse and Mental Health Administration's National Registry of Evidence-Based Programs and Practices, 2007)
- 폭력 예방 청사진(Blueprints for Violence Prevention; Elliott, 1998)
- 공공정책연구소(Institute for Public Policy Research, Margo, 2008)
- 워싱턴 주립공공정책연구소(Washington State Institute for Public Policy; Aoe, Miller, & Drake, 2006)
- 미국 사법제도청(Office of Justice Programs 2005)

주요 평가자들은 다음과 같다.

- 번스, 호그우드와 므라젝(Burns, Hoagwood, & Mrazek, 1999)
- 아이버그, 넬슨과 보그스(Eyberg, Nelson, & Boggs, 2008)
- 패링턴과 웰쉬(Farrington & Welsh, 1999)
- 호지, 구에라와 복서(Hoge, Guerra, & Boxer, 2008)
- 카즈딘과 와이즈(Kazdin & Weisz, 1998)
- 스탠튼과 쉐이디시(Stanton & Shadish, 1997)
- 월드론과 터너(Waldron & Turner, 2008)
- 웨이손(Weithorn, 2005)

2 MST 임상연구 결과

1. 초기 효과연구

MST는 1970년대 후반, 멤피스 주립대학교(현 멤피스대학) 심리학과 교수인 헹겔러의 연구를 통해서 처음 개발되었다. 슬럼가 비행청소년과 그 가족을 대상으로 한 이 초기 연구결과는 그로부터 약 10년 후에 출판되었다(Henggeler et al., 1986). 바로 그 다음 해에 학대가정에 대한 MST 연구가 출판되었다(Brunk, Henggeler, & Whelan, 1987). 보딘은 멤피스 주립대학교에서 학위를 마치고 콜롬비아 미주리 대학교 심리학과에서 교수직을 맡은 이래로 중범죄 소년범들을 대상으로 MST 연구를 지속적으로 수행했다. 여기에는 중범죄 소년범을 대상으로 한 MST의 효과를 살펴본 무선집단연구(Borduin et al., 1995; Schaeffer & Borduin, 2005), 강력 성범죄 소년범에 대한 첫 번째 MST 무선집단연구가 있다(Borduin, Henggeler, Blaske, & Stein, 1990; Borduin & Schaeffer, 2001; Borduin, Schaeffer, & Heiblum, 출간 중). 이 연구들에서 MST의 우수한 효과(예: 재구속 및 수감률 감소, 가족기능 향상, 〈표 9-1〉 참고)가 확인되면서 미국 국립보건원, 여러 연방기관과 재단, 주정부 및 지방자치단체로부터 연구 지원을 받게 되었다. 지원을 받은 여러 연구결과가 축적되면서 MST는 단순한 임상심리대학원 프로그램을 넘어 그 외연을 확장하게 된다.

이러한 초기 MST에 대한 임상실험은 치료가 개발되는 과정에서 전형적으로 이루어지는 연구, 즉 치료의 효과가 어느 정도인지 확인하고 그 효과를 높이기 위한 연구가 수행되었다. 헹겔러와 보딘은 높은 동기를 가진 대학원생들을 대상으로 면밀한 임상지도와 감독을 행하면서 치료자들을 양성하였다. 초기 MST는 이렇듯 연구 중심적이며 안정된 재정기반의 대학환경에서 개발되면서 현장에서 출발한 프로그램이 흔히 겪을 수 있는 문제를 상당 부분 피할 수 있었다. 최적의 치료효과를 확인하기 위해서 엄격히 통제된 최적의 조건에서 이루어지는 임상실험을 **효과**(efficacy)연구라고 한다(Weisz, Donenberg, Han, & Weiss, 1995). 효과연구에서는 흔히 연구대상을 선정할 때 증상이 위중하지 않으면서 제한된 영역의 임상 문제만을 보이는 사람을 대상으로 한다. 하지만 지금까지 MST 연구에서는 연구대상을 이런 방식으로 제한한 적이 없다. MST는 처음부터 소년범과 그 가족이 가진 복합적이면서 상호 연관된 문제에 초점을 맞추어 왔다.

2. 적용연구

효과연구를 통해서 MST가 가족기능 향상과 반사회적 범죄행동 감소에 효과적이라는 근거가 충분히 확보되었다면, 다음 단계는 효과연구에 비해 전문감독자의 관리가 잘 이루어지지 않는 실제 임상장면에서 MST를 수행했을 때의 효과를 살펴보는 것이다. 이것을 적용(effectiveness)연구라고 하는데 두 개의 무선집단연구가 사우스캐롤라이나에서 시행되었다. 이 두 개의 연구는 석사학위 치료자들이 곧 수감될 위기에 처한 만성 폭력 소년범들을 대상으로 공공기관인 정신건강센터에서 MST를 실시하였다. 이 중 첫 번째 연구는 헹겔러가 원격으로 자문을 제공하였는데, 연구결과 장기적인 재구속 및 수감률에서 큰 감소를 보였다(Henggeler, Melton, & Sminth, 1992; Henggeler, Melton, Smith, Schoenwald, & Hanly, 1992, 〈표 9-1〉 참조). 두 번째 연구에서는 헹겔러가 자문을 하지 않았는데, 이전 연구에 비해 효과크기가 상당히 감소하였다(Henggeler et al., 1997). 그러나 두 번째 연구에서 중요한 것은 MST에 대한 치료자 충실도를 처음으로 측정하였다는 것이다. 이 연구에서 높은 치료자 충실도와 청소년의 주요 결과변인이 분명히 관련되는 것으로 나타났다. 이와 같이 충실도와 결과변인 간의 유의미한 관계가 밝혀졌는데, 이러한 관계는 근거기반치료가 지역사회로 폭넓게 이식되는 과정에 영향을 주었을 뿐만 아니라, 이후 수행되는 MST 연구의 중요 주제가 되었다.

출판된 모든 MST 임상연구(비범죄자 표본을 포함)의 주요 결과가 〈표 9-1〉에 수록되어 있다. 지금까지 이루어진 중범죄 소년범 대상 MST의 임상연구결과는 다음과 같이 요약할 수 있다.

- 장·단기(14년까지) 재범율 감소
- 가정 외 보호시설 입소율 감소
- 약물사용 감소
- 행동 문제와 정신건강 문제 감소

• 가족기능 향상
• 기존의 정신건강서비스 및 청소년 사법서비스에 비교할 때 사회적 비용 절감

3. 약물남용에 대한 효과-적용 혼합연구

  소년범들에 대한 MST의 효과를 검증한 초기 임상연구에서 MST를 받은 참가자들에게서 주요 결과 외에도 약물사용이 추가적으로 감소된 것이 발견되었다(Henggeler et al., 1991). 이 연구결과에 힘입어, 약물남용 및 의존의 진단준거를 충족하는 소년범에 대하여 두 연구가 차례로 시행되었다. 이 두 임상연구는 부분적으로는 효과연구이고(사우스캐롤라이나 의과대학의 연구준거에 따라 시행됨) 부분적으로는 적용연구(예: 현장 치료자들의 참여, 헹겔러가 임상지도를 최소한으로 하거나 전혀 하지 않음, 배제기준을 최소한으로 적용함)의 성격을 띠었다. 첫 번째 연구에서(〈표 9-1〉참조) MST의 시행 후 단기적인 약물사용이 감소했을 뿐만 아니라(Henggeler, Pickrel et al., 1999) 장기적인 약물사용도 감소한 것으로 나타났다(Henggeler, Clingempel et al., 2002). 아울러 학교 출석률이 향상되고(Brown, Henggeler, Shcoenwald, Brondino, & Pickrel, 1999) 높은 비용 효율성을 보여 주었다(Schoenwald et al., 1996). 두 번째 연구는 소년약물법정 장면에서 실행되었다(Henggeler, Halliday-Boykins et al., 2006; Rowland, Chapman, & Henggeler, 2008). 약물법정 내에 MST를 통합하여 시행한 결과, 대상 청소년의 약물사용뿐만 아니라 그들의 형제자매의 약물사용도 개선되는 결과를 낳았다. 이 외에도 셰퍼와 보딘(Schaeffer & Borduin, 2005)은 보딘과 동료들(Borduin et al., 1995)의 연구대상 청소년을 14년 후에 추적하여 약물사용 관련 체포율 역시 감소하였음을 발견했다. 티몬스 미첼, 벤더, 키쉬나와 미첼(Timmons-Mitchell, Bender, Kishna & Mitchell, 2006)은 다음에서 논의된 독립적인 확산(transportability) 연구에서 약물중독과 관련된 MST의 효과를 보여 주었다. 쉐이도우와 헹겔러(Sheidow & Henggeler, 2008)는 약물중독 관련 MST 연구결과에 대해 보다 상세한 개요를 제공하였다.

표 9-1 MST 연구결과

연구	표본	비교 처치	사후측정시기	MST의 결과
Henggler et al. (1986) N=57[α]	비행	다양한 서비스	치료 후	• 가족관계 향상 • 문제행동 감소 • 비행또래 어울림 감소
Brunk, Henggler, & Whelan(1987) N=33	학대가족	행동적 부모훈련	치료 후	• 부모자녀 관계 향상
Borduin, Henggeler, Blaske, & Stein(1990) N=16	청소년 성범죄자	개인상담	3년 후	• 성범죄 감소 • 기타범죄 감소
Henggeler et al. (1991b)	중범죄 소년범	• 개인상담 • 일반적인 지역사 회서비스	3년 후	• 술과 대마초 남용 감소 • 마약 관련 체포 감소
Henggeler, Melton, & Smith(1992) N=84	폭력, 만성 소년범	• 일반적인 지역사 회서비스 • 높은 수감률	59주 후	• 가족관계 증진 • 또래관계 증진 • 재범률 감소(43%) • 가정외 시설수용률 감소(64%)
Henggeler et al. (1993)	동일 표본		2년 4개월 후	• 재범률 감소(두배의 생존률)
Borduin et al. (1995) N=176	폭력, 만성 소년범	개인상담	4년 후	• 가족관계 향상 • 정신병리 증상 감소 • 재범률 감소(69%)
Schaeffer & Borduin (2005)	동일 표본		13년 7개월	• 재수감률 감소(54%) • 구금기간 감소(57%)
Henggeler et al. (1997) N=155	폭력, 만성 소년범	• 보호관찰서비스 • 높은 수감률	1년 /개월	• 정신과적 증상 감소 • 가정 외 시설 거주일수 감소(50%) • 재범률 감소(26%, 유의미하지 않음) • 치료충실도와 장기적 결과가 관련됨
Henggler, Rowland et al. (1999) N=116 (최종 표본=156)	정신과적 장애 급성기 청소년	정신과 입원	모집 후 4개월	• 외현화 문제 감소(CBCL) • 가족관계 향상 • 학교출석률 증가 • 높은 내담자 만족도
Schoenwald, Ward et al. (2000)	동일 표본		모집 후 4개월	• 입원일 75% 감소 • 가정 외 시설거주일 50% 감소

〈계속〉

연구	표본	비교 처치	사후측정시기	MST의 결과
Huey et al. (2004)	동일 표본	정신과 입원	모집 후 16개월	• 자살시도율 감소
Heggeler et al. (2003)	동일 표본		모집 후 16개월	• 모집 후 4개월 시점의 긍정적 결과가 사라짐
Sheidow et al. (2004)	동일 표본		모집 후 16개월	• MST는 4개월 시점의 비용대비 효과가 높으나 16개월 시점이 되면 비용대비 효과가 동일해 진다.
Henggeler, Pickrel, & Brondino N=118	약물남용 및 의존 비행청소년	일반적인 지역사회 서비스	1년	• 치료 후 약물사용 감소 • 가정 외 시설거주일 감소(50%) • 재범률 감소(26%, 유의미하지 않음) • 치료충실도와 약물사용 감소간 상관
Henggeler, Pickkrel, Brondino, & Crouch(1996)	동일 표본			• 치료완료율 98%
Schoenwald et al. (1996)	동일 표본		1년	• MST 비용은 가정 외 보호시설수용에 따른 비용을 상쇄함
Brown et al. (1999)	동일 표본		6개월	• 학교 출석률 증가
Heggeler, Clingempeel et al. (2002)	동일 표본		4년	• 폭력범죄 감소 • 대마초 금연률 증가
Borduin & Shaeffer(2001) −초기보고 N=48	청소년 성범죄자	일반적인 지역사회 서비스	9년	• 문제행동과 증상 감소 • 가족관계, 또래관계, 학업수행 증가
Borduin, Schaeffer, & Heiblum (출판 중) −완성보고	동일 표본			• 양육 스트레스 감소 • 성범죄 재범률 감소(83%) • 기타 재범률 감소(50%) • 수감일 감소(80%)
Ogden & Halliday-boykins(2004) N=100	심각한 반사회적 행동을 보이는 노르웨이 청소년	일반적인 아동복지 서비스	모집 후 6개월	• 외현화 및 내재화 증상 감소 • 가정 외 시설수용률 감소 • 사회적 유능성 증가 • 내담자 만족도 증가
Ogden & Hagen (2006a)	동일 표본		모집 후 24개월	• 외현화 및 내재화 증상 감소 • 가정 외 시설수용률 감소

〈계속〉

연구	표본	비교 처치	사후측정시기	MST의 결과
Ellis, Frey et al. (2005a) N=127	관리가 거의 안 된 1형 만성 당뇨병을 지닌 빈민가 청소년	표준 당뇨 케어	모집 후 7개월	• 혈중 포도당 수준 증가 • 입원 감소 • 대사조절 증가
Ellis, Naar-King et al.(2005)	동일 표본		모집 후 7개월	• 의료비 및 돌봄 비용 감소
Ellis, Frey et al. (2005b)	동일 표본		모집 후 7개월	• 당뇨 스트레스 감소
Ellis et al.(2007)	동일 표본		모집 후 13개월	• 입원률 감소상태는 유지됨 • 양호한 신진대사 조절 수준은 사라짐
Rowland et al. (2005) N=31	중증 기분 장애 청소년	하와이 집중 케어	모집 후 6개월	• 증상 감소 • 경범죄 감소 • 가정 외 시설거주일수 감소(68%)
Timmons-Mitcheel et al. (2006) N=93	수감 직전의 중범죄 소년범들	일반적인 지역사회 서비스	모집 후 18개월	• 청소년의 기능 향상 • 약물사용 문제 감소 • 재수감률 감소(37%)
Henggeler, Halliday-Boykins et al.(2006) N=161	약물법정에 속한 약물남용 및 의존 소년범	가정법원 일반 서비스, 약물법정 일반 서비스를 포함한 네 가지 치료 조건	모집 후 12개월	• MST 조건에서 약물사용 감소 • 약물사용 및 범죄행동에 대한 자기보고측정치에서 약물법정이 가정법원보다 더 큰 효과를 보임
Rowland et al. (2008) N=70	바로 손위, 손아래 형제자매		모집 후 18개월	• 증거기반치료가 형제자매의 약물사용을 감소시킴
Stambaugh et al. (2007)[a] N=267	가정 외 시설에 배치될 위기에 처한 중증 기분장애 청소년	랩어라운드	치료 후 18개월 후 추적 측정	• 증상 감소 • 가정 외 시설수용률 감소(54%)
Sundell et al. (2008) N=156	품행장애 진단 충족 청소년	스웨덴의 일반아동 복지 서비스	모집 후 7개월	• 어떤 치료 조건에서도 좋은 결과 부재 • 치료충실도 저조했음
Letourneau et al. (출판 중) N=127	청소년 성범죄자	일반 성범죄 전문 치료	모집 후 12개월	• 성 문제행동 감소 • 비행, 약물사용, 외현화 증상 감소 • 가정 외 시설수용률 감소

a. 준실험 설계(인구통계학적 특성에 따라 집단 간 매칭함). 그 외 모든 연구는 무선할당연구임

b. Heggeler와 동료들(1992), Borduind와 동료들(1995)의 연구 참여자에 기반함

4. 확산연구

10년 전 MST 서비스(mstservices.com)가 설립되어 MST를 지역사회로 확산 (transportability)시키기 위한 노력에 따라 지구촌 곳곳의 연구진은 자신들이 사는 지역에서도 MST가 적용 가능한지 연구하기 시작했다. MST 전문가 1세대 혹은 2세대들과 구별되는 MST 서비스는 지역사회에 MST 프로그램을 안착시키고, 치료자를 훈련시키며, MST가 잘 유지될 수 있도록 도움을 제공해 왔다.

1) 효과연구에서 적용연구까지 드러난 MST의 우수성

〈표 9-1〉에 제시된 바와 같이 독립적인 두 그룹의 연구진이 소년범들에 대한 MST의 효과를 검증하였다. 오그던과 동료들(Ogden & Hagen, 2006a; Ogden & Halliday-Boykins, 2004)은 노르웨이의 4개 지역에 대한 MST의 초기연구에서 완전히 독립적인 반복연구를 처음으로 수행하였는데, 그 결과가 상당히 우수한 것으로 나타났다. 이것은 앞서 언급한 MST 효과 및 적용연구의 결과(예: 청소년의 증상 경감, 가정 외 보호시설 거주율 감소, 높은 고객 만족도)와 같은 것이었다. 유사하게 티몬스 미첼과 동료들(2006)은 미국 내에서 독립적인 반복연구를 처음으로 수행하여 MST 실시 이후 청소년의 기능이 향상되고 재범률과 약물사용 문제가 감소되었음을 보여 주었다. 이 연구들은 MST가 다른 지역으로 확산이 가능함을 입증하였을 뿐만 아니라, 대규모로 청소년 집단의 범죄를 막고 수감률을 감소시키는 데 MST가 상당한 역할을 할 수 있다는 가능성을 분명하게 보여 주었다. 중범죄 소년범을 위한 표준 MST가 이러한 지역사회기반연구에서 좋은 결과를 얻음에 따라 그 사회의 공익에 MST가 많은 기여를 했다는 평가를 얻게 되었다.

엄격한 연구설계를 적용한 임상연구 외에 여러 독립적인 연구자가 준실험연구와 벤치마킹 연구를 진행했다. 스탐바와 동료들(Stambaugh et al., 2007)은 아동보호 정신건강서비스체계를 배경으로 준실험설계를 사용하여 MST와 랩어라운드 (wraparound)[1] 효과를 비교하였다. 연구 참가자들은 가정 외 보호시설로 수용될 위

---

1) 랩어라운드(wraparound): 심각한 정서적 문제가 있는 청소년들을 위해 미국에서 광범위하게 사용되는 가족 기반 개입으로서 가정 외 보호시설 배치를 예방하는 것이 주요 목표이다.

기에 놓인 심각한 정서 문제가 있는 청소년들이었으며 이 중 상당수는 청소년 사법 문제에도 연루되어 있었다. 18개월 후 사후측정에서 MST에 참여한 청소년의 증상이 랩어라운드의 그것보다 유의미하게 감소된 것으로 나타났다. 또한 MST는 랩어라운드에 비해 가정 외 보호시설수용도 유의미하게 적어서 그 수치가 54퍼센트에 불과했다.

벤치마킹 연구란 증거기반치료의 효과연구(임상실험)의 효과크기와 이것이 통제가 덜 이루어진 지역사회에서 실행되었을 때 효과크기를 비교하는 것을 말한다. 두 건의 MST 벤치마킹 연구가 비교적 최근에 실시되었는데, 오그던, 하겐과 앤더슨(Ogden, Hagen, & Anderson, 2007)은 2년째에 얻은 MST의 임상연구 결과들(예: 반사회적 행동 감소와 가정 외 시설 거주율 감소)이 앞서 언급한 노르웨이 임상실험의 1년째 결과와 일치하거나 이를 능가하는 것을 발견했다. 중요한 것은 이 연구가 오랫동안 의구심을 자아내었던 MST의 성숙효과(MST가 시간이 지나면서 성숙할수록 그 효과가 증가할 것이다.)를 실증적으로 입증하였다는 것이다. 유사한 방식으로 커티스와 동료들(Curtis, Ronan, Heiblum, & Crellin, 출판 중)은 뉴질랜드에서 실행된 MST의 사전 사후 차이 결과를 미국에서 이전에 실시된 임상실험결과와 비교했다. 연구결과, 뉴질랜드에서 MST의 적용은 놀라울 정도로 높은 수준의 치료완료율(98%)을 보여 주었을 뿐만 아니라 다른 치료지표에서도 비교 대상인 MST 연구에 필적할 만한 결과를 보여 주었다. 이러한 결과는 MST가 이론적인 상황뿐 아니라 현실에서도 효과적인 치료라는 점과 함께 범세계적인 치료라는 사실을 지지한다.

2) 반복검증 실패

MST의 확산 가능성을 살펴본 연구가 항상 효과적이기만 했던 것은 아니다. 학회지에 투고되어 심사를 받은 연구는 아니었지만 레스치드와 커닝햄(Leschied & Cunningham, 2002)은 MST 도입 초기에 해당하는 1990대 후반에 캐나다 온타리오주에서 다른 일반적인 치료서비스들과 MST를 비교하는 대규모 무작위 연구를 네 곳에서 실시하였다. 연구결과, 대상 가족 및 청소년에 대한 MST의 단기치료 효과는 좋았다. 반면, MST는 평균 10%정도 유죄판결의 감소율을 보였는데, 이는 기존의 출판된 MST 치료효과에 비해 상당히 낮은 수준이었다. 각 지역의 치료자들이 얼마나 MST를 충실히 실시했는지 양적·질적 자료가 많지 않아 단정적으로 얘기하기는 어렵지만, 치료충실도가 낮은 곳에서는 치료결과 역시 나쁘게 나타나는 것만은 분명했다. 이는 노르웨이의 오그던이 여러 지역을 대상으로 실시했던 연구결과에서도 확인된다. 이런 연구를 통해서 MST가 제대로 효과를 거두기 위해서 치료충실도를 높이는 것이 얼마나 중요한지 확인할 수 있다(제10장 참조).

최근에 스웨덴의 여러 지역에서 이루어진 연구(Sundell et al., 2008)에서도 MST 효과의 우수성을 낙관하기 어려운 결과를 얻었다. 이번에도 치료충실도는 전 지역에서 매우 낮은 수준을 보였다. 노르웨이에서 얻은 결과와 유사하게 치료자의 치료충실도가 높을수록 청소년의 치료결과도 좋았다. 즉, 높은 치료충실도는 낮은 재범률과 관련이 있었다. 흥미로운 점은 스웨덴 연구에서 MST 조건 청소년들의 증상은 노르웨이와 미국의 성공적인 사례만큼 호전되었다는 것이다. 다시 말하면 스웨덴 연구의 MST가 기대만큼 효과를 발휘하지 못한 것은 스웨덴의 통상적인 서비스(비교조건)가 비교적 우수했기 때문에 그것과의 차이가 두드러지지 않은 데에 그 원인이 있을지도 모른다.

끝으로, 모든 저널의 심사자가 MST의 결과를 좋게만 보지는 않았다는 점을 주목할 필요가 있다. 가령 리텔과 동료들(Littell, Popa, & Forsythe, 2005)은 MST에 대하여 이 장 도입부에서 인용한 것과는 상이한 결론을 내렸다. 그들은 메타분석을 통해서 청소년 범죄율 및 가정 외 시설수용률을 감소시키는 데 있어서 MST가 다른 서비스들보다 유의미하게 효과적인 것은 아니라고 보고했다. 하지만 이 논문은 미발표 캐나다 연구에 상당한 비중을 두고 있을 뿐만 아니라 방법론적으로도 여러 가지 문제를 갖고 있다(Henggler, Schoenwald, Borduin, & Swenson, 2006; Ogden & Hagen, 2006b). 게다가 리텔이 도출한 결론은 MST에 대한 다른 메타분석에서 반복검증되지 않았다(Aos et al., 2006; Curtis, Ronan, & Borduin, 2004).

5. MST 프로그램의 현장평가

지금까지 살펴본 연구들은 MST 효과성을 엄정하게 평가한 것이지만, 이 밖에도 여러 지역에 보급된 MST 프로그램을 중심으로 그 적용 가능성을 확인한 연구들이 있다. 이러한 연구는 MST가 비교적 널리 보급된 미국의 주를 중심으로 이루어졌다.

1) 플로리다 리디렉션 프로젝트

2004년, 플로리다 의회는 집행유예 판결로 인해 보호관찰을 받는 중에 시설에 수용되는 소년범이 날로 증가하는 것을 막기 위해서 리디렉션(Redirection) 프로그램을 적용하기로 의결하였다. MST와 기능적 가족치료를 적용한 이 프로그램을 통해서 청소년 2000명 이상의 재범률이 31%까지 감소되었고 시설수용의 감소에 따라 수백만 달러의 예산을 절감할 수 있었다(Office of Program Policy Analysis and Government Accountability, 2007).

2) 펜실베이니아 MST

펜실베이니아 주립대학 예방연구센터(Chilenski, Bumbarger, Kyler, & Greenberg, 2007)는 펜실베이니아주에서 시행된 여러 MST 프로그램의 치료성과를 평가하였다. 여기에 참여한 사람들은 400명 이상의 청소년과 가족이다. 연구결과 모든 MST 프로그램에서 청소년의 약물사용, 비행, 학업중단, 무단결석, 가출이 상당히 감소한 것으로 나타났다.

3) 코네티컷 MST

코네티컷의 서비스체계가 1999년 처음으로 MST를 도입한 이래, 현재까지 약 30개의 MST팀이 운영되고 있다. '효과적인 실행을 위한 코네티컷 센터(The Connecticut Center for Effective Practices)'는 MST 프로그램에 대한 광범위한 양적·질적 평가를 실시하였다(Franks, Schroeder, Connell, & Tebes, 2008). 이 보고서에서 "MST는 실질적으로 재범률을 감소시켰다. 이 프로그램은 코네티컷의 최고위험군 아동과 청소년이 가정과 지역사회 밖으로 밀려 나가지 않고 공생하도록 돕는다. 그리고 그 성과는 시간이 지나도 계속 유지되었다(p. 23)."라고 평하였다. 한편, 이 평가에서 MST 실시의 걸림돌을 확인할 수 있었다. 예를 들어, MST의 노동집약성은 MST를 모든 주로 빠르게 확산시키는 과정에서 가장 큰 난제였다. 또한 MST의 효율성이 과장되어 있다고 믿는 관계자도 일부 있었다.

6. MST 기본 모델의 적용

　몇몇 연구집단은 MST 모델의 기본적인 구성요소(예: 임상 문제에 대한 다중원인론, 치료원칙에 의한 개입설계, 가족기반 서비스, 강력한 서비스보증향상체계, 증거기반 개입의 통합, 양육자가 장기적인 결과를 만들어 내는 중심 역할을 함)을 심각한 반사회적 행동뿐만 아니라 임상 문제들에 대해 적용하기 시작하였다. 연구자들은 MST의 기본적인 구성요소를 그대로 둔 채 여러 가지 심각한 임상 문제를 지닌 청소년들의 필요에 맞게 이 모델을 적용하였다. 임상 문제가 무엇이냐에 따라 적용 정도는 다소 차이를 보였다. 약물남용과 성범죄의 경우에는 다소 제한적인 적용이 있었으나, 아동학대방임, 심각한 정서장애, 만성적인 건강 문제 등에는 상당한 수준의 적용이 있었다.

1) 예비연구에서 확산연구까지
MST는 모든 치료가 거치는 일반적인 발달순서를 동일하게 밟으며 적용되고 있다.

- MST의 적용 가능성과 기초적인 효과성을 탐색적으로 알아보기 위해 예비연구가 이루어진다.
- 예비연구의 결과가 괜찮다면, 엄격히 통제된 효과연구(efficacy trial)가 실시된다. 이는 비교적 통제된 개입 조건에서 기대했던 임상결과를 얻을 수 있는지를 살펴보기 위한 것이다.
- 엄격히 통제된 효과연구에서 긍정적인 결과를 얻었다면, 이번에는 엄격히 통제된 적용연구(effectiveness trial)가 이루어진다. 이 연구는 연구실 상황이 아닌 실제 지역사회 장면에서 그 적용 가능성을 확인하고 개입의 성공을 방해하는 요소들을 찾기 위한 것이다.
- 앞에서도 긍정적인 결과가 나오면, 이번에는 여러 지역사회에서 실시되는 여러 MST 프로그램의 효과를 평가한다. 그러나 이때 치료를 개발한 개발자의 세심한 감독 아래 프로그램이 실시된다. 이 과정에서 그 프로그램은 여러 현실적인 문제를 받아들여 정교하게 다듬어지는 기회를 갖는다.
- 여기까지 연구가 진행되면 그 치료는 더 널리 보급될 준비를 마치게 된다.

2) 제한적 범위의 임상적용

2008년 5월에 조사된 MST의 다양한 적용을 [그림 9-1]에 제시하였다. 이 중 몇 가지는 제한적인 범위로(확산예비연구까지) 적용되고 있지만 몇 가지는 보다 폭넓은 범위로 적용되고 있음을 주목할 필요가 있다. 두 개의 MST 효과연구(Borduin et al., 1990, 출판 중)와 한 개의 MST 적용연구(Letourneau et al., 출판 중)가 청소년 성범죄자를 대상으로 진행되었다. 청소년 성범죄자 대상 MST는 널리 확산되고 있다. 〈표 9-1〉에는 정신건강 문제 MST의 효과연구와 적용연구의 결과가 제시되어 있다(Henggeler, Rowland et al., 1999; Rowland et al., 2005; Stambaugh et al., 2007). 보다 다양한 임상

MST 적용 수준(2008)							
임상 적용	예비연구	효과연구	적용연구	확산예비연구	확산 2세대연구	확산 3세대연구	적극적인 확산연구
소년범죄 MST(MST)	■	■	■	■	■	■	■
성 문제행동 MST(MST-PSB)	■	■	■	■	■	■	
아동학대방임 MST(MST-CAN)	■	■	■	■	■	■	
수반성 관리 MST(MST-CM)	■	■	■	■	■	■	
정신건강 문제 MST(MST-Psychiatric)	■	■	■	■	■	■	
가족통합이행(MST-AT)	■	■	■	■	■		
건강관리/소아당뇨 MST(MST-HC)	■	■	■	■	■		
소년약물법정 MST(MST-JDC)	■	■	■	■	■		
에이즈 MST(MST-HIV)	■	■	■	■			
건강한 가족 세우기 MST(MST-BSF)	■	■	■				
후기 청소년 MST(MST-TAY)	■	■	■				
체계/실행 적용							
지역사회 복귀초점 훈련 (MST-CRAFT)	■	■	■				
네이버후드 솔루션 (Neighborhood solutions)	■	■					
블루스카이(BlueSky)	■	■					

그림 9-1 MST 적용 수준

* MST 인스티튜트의 출판 허가를 받음

환자에 대한 MST를 소개한 서적이 출판되었으며(Henggeler, Shoenwald et al., 2002), 나아가서 정신과 환자에 대한 MST 적용이 다른 지역사회 현장에서 검증되고 있다. 또한 청소년 약물남용(Henggeler, Halliday-Boykins et al., 2006; 〈표 9-1〉과 제8장 참고)을 대상으로 수반성 관리를 통합한 MST와 아동학대방임 MST(Swenson et al., 2005)로 MST의 확산이 진행 중이다.

3) 만성 소아과장애에 대한 적응

MST 기본 모델을 가장 널리 적용하고 있는 사람들은 웨인 주립대학의 엘리스(Ellis)와 나르 킹(Naar-King)을 비롯한 동료들이 아닌가 싶다. 그들은 의료비가 너무 비싸 큰 부담을 느끼는 청소년들의 치료를 위해 MST를 적용하고 그 결과를 평가하는 데 앞장서 왔다(MST-Health Care: MST-HC). MST는 일종의 플랫폼 치료로서 서비스 이용을 어렵게 하는 장애물을 극복하고, 복잡한 의료식 식이요법의 준수를 방해하는 문제를 해결하는 데 우수한 기능을 보였다. 한 무선할당임상연구에서 건강관리/소아당뇨 MST(MST-HC)가 만성적인 신진대사조절장애인 1형 당뇨병을 앓는 청소년들의 건강을 향상시키는지 검증한 결과, MST-HC 조건이 다른 조건에 비해 유의미한 성과를 보였다(Ellis, Frey et al., 2005a, 2005b; Ellis, Naar-King et al., 2005). 이 같은 결과에서 더 나아가 연구진은 HIV와 같이 심각한 건강 문제(Cunningham, Naar-King, Ellis, Pejuan, & Secord, 2006; Ellis, Naar-King, Cunningham, & Secord, 2006)를 갖고 있는 표본에 대해 MST를 적용한 예비연구를 성공적으로 수행하였다. 르투어노(Letourneau, 가족서비스 연구센터, 사우스캐롤라이나 의과대학)는 현재 HIV 청소년환자를 대상으로 효과/적용 혼합연구를 수행하고 있다.

4) 새로운 적용 예비연구

MST의 적용 중 예비연구 단계에 있는 것이 여럿 있다. 예를 들어, '건강한 가족 세우기(The Building Stronger Families)' 프로젝트는 아동학대방임 MST와 약물중독 성인 치료에 효과적인 강화기반치료(reinforcement-based therapy: Gruber, Chutuape, & Stitzer, 2000; Jones et al., 2005)를 통합해서 연구를 수행하였다. 이 프로젝트는 약물남용 양육자에 의한 아동학대와 가정위탁 서비스 이용의 빈도를 감소시키기 위해서 실시되었다. 이와 유사하게 블루스카이(BlueSky) 프로젝트는 뉴욕시 소년범들을 대상으로 MST, 기능적 가족치료, 다차원적 위탁돌봄치료(multidimensional treatment foster care)를 통합해서 진행함으로써 보호시설 입소를 줄이고자 했다. 워싱턴대학교의 트루핀과 동료들(Trupin, Kerns, Walker, & Lee, 출판 중)은 MST와 다른 증거기반치료들을 통합하여 정신건강 문제를 앓고 있는 수감 상태의 소년범들의 수감 생활과 퇴원 후 생활을 도왔다. 끝으로 데이비스(Davis, 메사추세츠 대학교)와 쉐이도우(Sheidow, 가족서비스 연구센터, 사우스캐롤라이나 의과대학)는 현재 정신과적 문제와 행동 문제를 보이는 후기 청소년(18~22세)을 대상으로 MST 예비연구를 진행하고 있다.

3 결론

MST가 처음 시작된 이래, 이 치료가 발전하여 타당화 · 정교화되는 과정에서 무엇보다 엄정한 과학적인 연구를 통해 MST의 탄탄한 기초를 마련해 왔다고 할 수 있다. 초기 치료 프로토콜의 개발에서부터, 효과연구, 적용연구, 확산연구를 거치면서 청소년과 그 가족들과의 작업을 촉진하는 임상적인 강조점과 구조가 무엇인지 확인되어 왔다. 나아가서 많은 창의적인 연구자가 MST의 기본 원리를 활용하여 다른 심각한 임상 문제를 지닌 청소년을 돕기 위해 MST를 발전시켜 왔으며 여러 연구를 통해 그 우수성을 확인하고 있다. 이러한 시도가 성공하든 실패하든 가장 중요한 것은, 우리가 여러 연구를 통해서 현장 속의 MST에 대해서 끊임없이 배워가고 있다는 점이다. 마지막 장에서 언급했듯이 많은 MST 연구자가 지역사회에서 MST가 최선의 효과를 발휘하는 조건을 알아내려 애쓰면서 새롭게 부상하고 있는 이 응용과학 분야의 발전에서 견인차 역할을 해 왔다는 점을 강조하고 싶다(Fixsen, Naoom, Blase, Friedman, & Wallace, 2005).

제10장

MST 서비스보증향상체계
전 세계 동일한 MST를 위한 기반

- MST 서비스보증향상체계(QA/QI 체계)
- MST 도입 지원
- 서비스보증향상체계와 치료성과 간의 관계를 뒷받침하는 연구
- 개척시대를 넘어서: 서비스보증향상체계를 확장하는 네트워크 접근

저자들은 여러분에게 다음과 같은 약속을 할 수 있다. 그것은 소년범에게 MST 를 실시한다면 그들의 위법행위와 약물남용을 줄이며, 가출을 예방하고, 가족과 또 래 그리고 학교의 기능을 개선하며, 치료비용을 경감할 수 있다는 것이다. MST 프로 그램을 채택한 미국 내 32개 주, 전 세계 9개 국가[1]의 행정가, 임상가, 가족들은 MST 의 이 굳은 약속에 주목하였다. 이제 막 MST를 시작한 치료자나, 숙련된 MST 치료 자 모두가 이 약속을 지킬 수 있는 것은 MST만의 서비스보증향상체계 덕분이다. 서 비스보증향상체계는 치료자, 슈퍼바이저, 컨설턴트, 프로그램 관리자, MST 운영기 관 등 다양한 관계자가 MST를 함께 실행하는 과정에서 일정 수준 이상의 충실한 치 료를 가능하도록 만든다. 서비스보증향상체계는 설사 서로 동떨어진 지역에서 각기 다른 치료자가 일한다 하더라도 동일한 MST를 실시할 수 있도록 구성되었다. 제9장 에서 언급한 연구 중 매우 성공적이었던 한 무선할당 연구에서 소년범과 그 가족에 게 MST를 실시하는 과정에 바로 이 전문적인 임상훈련, 슈퍼비전, 자문을 실시하였 다. 서비스보증향상체계는 이 연구에서 제공한 것을 발전시킨 것이다. 서비스보증 향상체계의 최우선 목표는 바로 청소년에 대한 치료성과를 극대화시키는 데 있다.

 [그림 10-1]은 MST 서비스보증향상체계(Quality Assurance/Quality Improvement: QA/QI 체계)를 도식화한 것이다. 핵심 요소는 다음과 같다.

- 치료자, 슈퍼바이저, 컨설턴트, 기관을 위한 매뉴얼
- 치료자와 슈퍼바이저를 위한 교육, 분기별 보수교육
- 치료자를 위한 현장 슈퍼비전
- 치료자와 슈퍼바이저를 위한 전문 자문

---

1) 역자 주: 2019년 현재 전 세계 15개국, 미국 내 34개 주에서 MST가 운영되고 있다.

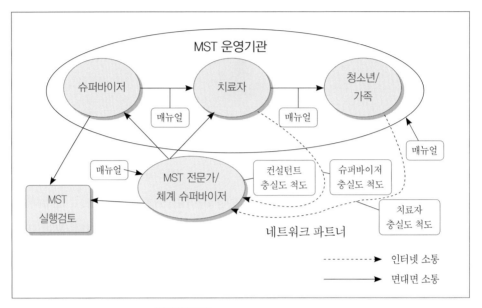

그림 10-1 MST 서비스보증향상체계

* Henggeler와 Schoenwald, Rowland, Cunningham, 2002, The Guildford Press의 허락하에 수정

- MST를 운영할 기관을 위한 MST 도입 지원
- 치료자, 슈퍼바이저, 컨설턴트를 위한 타당화된 치료충실도 척도
- MST 인스티튜트(www.mstinstitute.org)에서 제공하는 웹기반 MST 실행추적과 피드백 체계

[그림 10-1]과 같이, 이는 개별적으로 존재하는 요소가 아니라 피드백 고리로 통합되어 있다. 저자들은 서비스를 지속적으로 향상시켜야 한다는 철학을 가지고 있다. 이 철학 위에 '고객의 기대를 충족하거나 능가하는 훌륭한 서비스를 제공'(Shortell, Bennett, & Byck, 1998, p. 594)하고자 MST에 관련된 모든 사람을 서비스보증향상체계에 참여시키고 있다. 가족, 치료자, 슈퍼바이저, 전문 컨설턴트, MST 운영기관이 제공한 MST 실행 데이터와 질적 피드백은 모두 이 피드백 순환체계로 통합된다. 서비스보증향상체계는 MST 중재충실도와 치료성과를 저해하는 문제를 지속적으로 추적하며 그 문제를 임상 현장의 각 사람이 해결할 수 있도록 구성되어 있다.

치료성과를 높이기 위해서 전체 서비스보증향상체계에 걸쳐 MST 실행을 지원하거나 저해하는 요인들과 그 상호작용 패턴을 밝혀야 하는데, 이때 사용되는 것이 실행고리(제2장 참조)의 가설검증과정이다. 예를 들어, 한 MST 프로그램이 부적합한 의뢰(예: 초기에는 학대와 방임 청소년을 MST에 의뢰하는 것은 부적합했다. 하지만 지금은 이들을 위한 MST가 새로 개발되었다.)를 계속 접수한다면, 그러한 의뢰는 MST 분석과정에 문제항목으로 정의된다. 이때 부적합한 의뢰가 발생하는 원인이 무엇인지 찾는다. 때로 단일 원인이 강하게 작용하는 경우가 있다. 일부 판사가 청소년 범죄의 요건을 충족하는지 판단하지 않고 모든 청소년에게 MST를 수강하도록 명령하는 것이 그 예이다. 어떤 경우에는 기관요인과 서비스체계[2] 요인이 뒤엉켜 부적절한 의뢰 문제가 발생하기도 한다. 먼저 어떤 MST 운영기관이 소년범에게 MST를 제공하기로 법원과 계약을 맺었다. 같은 기관이 아동복지기관과 계약을 맺어 가족보존 서비스를 제공한다. 그런데 공교롭게도 이 기관에 가족보존 서비스를 받으려는 학대가족의 대기명단은 길고, MST에 대기명단이 없다면 기관에서 MST 팀에 넘쳐나는 학대 사례를 의뢰할 수 있다.

다음으로 MST 서비스보증향상체계의 핵심 요소를 차례로 서술하겠다. 더불어 MST를 대규모로 채택하고 실시하는 것을 지원하기 위한 전략을 기술하고 서비스보증향상체계에 대한 경험적 뒷받침을 제시한다.

1 MST 서비스보증향상체계 구성요소

MST 서비스보증향상체계는 훈련, 기관 지원, 실행척도와 보고라는 분명한 세 가지 구성요소를 갖추고 있다.

1. 훈련

MST 전문가들은 네 종류의 훈련을 받는다. 첫째, 5일 오리엔테이션 훈련, 둘째, 분기별 보수교육, 셋째, 슈퍼비전, 넷째, 자문이다.

---

[2] 역자 주: 서비스체계란 MST가 실시되는 서비스 장면, 즉 사회복지 서비스체계, 사법 서비스체계, 의료 서비스 체계 등을 말한다.

1) 5일 오리엔테이션 훈련

MST 치료자, 현장 슈퍼바이저, MST 운영기관에 소속된 임상의(예: 청소년이나 양육자의 정신과적 상태를 진단·치료하는 정신과의사)가 보통 오리엔테이션 훈련에 참석한다. 오리엔테이션이 시작되는 첫날 아침, MST를 처음 시작하는 MST 팀과 MST 운영기관의 경영진과 대표, 핵심적인 지역사회 관계자(예: 사례를 의뢰하거나 운영자금을 제공하는 기관의 대표, 보호관찰관, 판사)가 함께 참석하도록 한다. 이 중 일부 관련 인사는 지역사회에 MST를 도입하는 데 중추적 역할을 하였을 것이다(MST 도입과 개발은 이 장의 후반부에 논의된다).

이후의 시간은 치료자와 슈퍼바이저를 위한 시간이다. 훈련 트레이너는 전문 컨설턴트가 맡는다. 이들은 MST 팀에 지속적인 훈련과 자문을 제공하는 사람들이다. 이들은, 첫째, MST 평가와 전략의 이론적 근거를 강의하고, 둘째, 역할극을 통해 어떻게 전략을 구사하는지 관찰하고 실습할 수 있는 경험적인 훈련을 진행한다. 5일간 다루어지는 주제는 이 책의 목차와 거의 일치한다. 치료자들에게 훈련 전에 치료매뉴얼을 읽어 오게 함으로써 용어(예: 구조적·전략적 가족치료, 인지행동치료)를 설명하는 시간을 아낀다. 그만큼 치료자들은 MST 관점에서 사례를 개념화하고 역할극하는 연습을 더 많이 할 수 있다.

2) 분기별 보수교육

치료자들에게는 MST 현장경험이 필요하므로, 팀과 작업하는 전문 컨설턴트는 현장에서 분기별 1.5일 보수교육을 실시한다. 보수교육은 팀이 직면한 임상적 난제(예: 부부 개입, 양육자를 위한 우울증 치료)을 효과적으로 다루기 위한 지식과 기술을 익힐 수 있도록 설계되어 있다. 컨설턴트와 팀은 매우 어려운 사례를 녹화, 녹음한 영상을 검토하고 실연(역할극으로)하도록 한다. 이와 같은 방식으로 치료의 장애요인을 해결하고 개입 전략의 실행을 연습한다. 보수교육의 교재는 MST 컨설턴트가 접근할 수 있는 도서관에서 받을 수 있다. 각 보수교육은 팀의 강점과 필요에 맞추어져 이루어진다. 참여한 치료자들은 교육 후 평가를 실시하며, 컨설턴트는 이 평가를 바탕으로 향후 보수교육을 제고하는 데 사용한다. 교육이 끝나고 다음 보수교육까지 컨설턴트와 슈퍼바이저는 치료자가 보수교육에서 배운 기술과 전략을 실행하는지 관찰한다. 또한 컨설턴트와 슈퍼바이저는 배운 것을 실행하기 어렵게 만드는 요소(예: 보수교육이 연습기회를 충분히 제공하지 않음, 보수교육에서 배운 전략을 치료자가 제대로 실행하는지 슈퍼비전에서 확인하지 않음)을 찾아내고 다룬다.

3) 슈퍼비전

MST 슈퍼비전의 주요 목적은 치료자들이 MST 대상 청소년과 그 가족에게 효과적으로 MST를 실시하기 위해 필요한 임상적 기술(개념적 · 행동적 기술)을 배우고 사용하도록 돕는 것이다. 자세한 슈퍼바이저의 역할은 제2장에서 기술하였다. 제10장에서는 슈퍼비전의 세부사항과 슈퍼바이저 훈련에 대해 중점적으로 다룬다.

(1) 슈퍼비전 매뉴얼

MST 슈퍼비전 매뉴얼(Henggeler & Shoenwald, 1998)은 양질의 MST 슈퍼비전, 치료충실도, 치료성과를 낼 수 있도록 구조화되어 있다. 매뉴얼의 첫 번째 영역은 MST 슈퍼비전의 구조, 과정, 논리적 근거가 서술되어 있다. 슈퍼비전은 팀의 학습과 협력을 촉진하도록 소그룹 형식으로 진행된다. 치료자와 슈퍼바이저는 슈퍼비전이 효과적으로 이루어지도록 슈퍼비전의 전, 중, 후를 철저히 준비해야 한다. 마찬가지로 슈퍼비전의 길이, 빈도, 구조는 슈퍼비전을 최적화하도록 설정되어 있다. 두 번째 영역은 가족 주변체계의 핏요인을 이해하고 대상 청소년과 가족을 위한 핵심목표를 설정하는 내용으로 이루어진다. 세 번째 영역에서는 중간목표를 개발(예: 핵심목표 성취로 나아가는 중간단계 목표)하고 이를 위한 구체적인 개입을 MST 치료원칙에 따라 구성한다. 여기서 치료자가 개입을 방해하는 요소를 신중하게 파악하고 극복할 수 있도록 슈퍼바이저가 상당한 주의를 기울여야 한다. 마지막 영역은 슈퍼비전 모임의 성장과 관련된 내용이다. 구체적으로 슈퍼바이저가 치료팀의 임상적 기술의 약점을 찾아내어 교육시키는 전략을 다루고 있다. 분기별로 슈퍼바이저와 치료자는 함께 각 치료자별 역량발전 계획을 정교하게 도출한다. 이 계획은 MST의 효과적인 실행과 치료목표를 성취하기 위해 필요한 기술과 역량이 무엇인지 탐색하여 각 치료자가 가진 강점과 요구에 맞추어 작성된다. 치료자의 기술과 역량을 개발하기 위한 다양한 전략이 사용될 수 있다(예: 가족 회기의 녹음, 녹화 영상을 검토한다). 이와 함께 매뉴얼은 가족치료의 장애요인과 슈퍼비전과정의 문제점을 해결하는 영역도 포함하고 있다. 종합하면, MST 슈퍼비전은 매우 목표지향적이며, 문제해결 중심적이고, 청소년과 가족을 위한 치료성공이라는 분명한 미션을 수행하는 과정이다.

(2) 슈퍼바이저 훈련과 지원
현장 슈퍼바이저의 훈련과 지원 전략은 다음과 같다.

- 전문 컨설턴트는 오리엔테이션이 진행되기 전이나 중간에 슈퍼바이저를 위한 오리엔테이션 훈련을 제공한다.
- 전문 컨설턴트는 매주 슈퍼비전과 자문 시간에 사례요약에 기재된 슈퍼바이저 기록을 검토한다.
- 전문 컨설턴트는 매월 슈퍼비전을 녹음한 파일 중 최소 1개를 슈퍼바이저와 함께 검토한다.
- 전문 컨설턴트는 분기별로 슈퍼바이저와 함께 슈퍼바이저 자신의 역량발전 계획을 함께 세우고 검토한다.
- 전문 컨설턴트는 슈퍼바이저와 치료자가 공동 작성한 치료자용 역량발전 계획을 검토한다.
- 슈퍼바이저가 만일 팀의 치료와 성과에 영향을 줄 수 있는 슈퍼비전 관련 문제, 사례 관련 문제, 치료자 관련 문제, 기관 또는 외부 인사 문제를 컨설턴트에게 문의하면 언제라도 도움을 제공한다.

이와 함께, MST 슈퍼바이저를 위한 보수교육이 가능한데, 이는 MST 경험이 상이한 슈퍼바이저가 가질 기회나 어려움에 맞추어 진행된다. 대규모로 MST를 운영하는 기관을 위해(다수의 팀과 슈퍼바이저 근무), 컨설턴트는 그 기관에 가서 슈퍼바이저를 위한 현장 보수교육을 실시한다. 반면, 규모가 작은 기관에 속한 슈퍼바이저는 중앙에서 개최되는 보수교육에 참여한다. 이곳에는 서로 다른 곳에 적을 둔 비슷한 수준의 슈퍼바이저들이 함께 참여한다.

4) 자문
MST 전문 컨설턴트는 치료자와 슈퍼바이저에게 MST를 효과적으로 실시하는 방법을 교육하며, 치료성공을 방해하는 요인들, 즉 임상적 차원, 팀 차원, 기관 차원, 청소년 주변체계 차원의 방해요인을 파악하고 해결하는 방법을 교육한다. 일반적으로 컨설턴트는 MST의 이론적 및 경험적 기반에 대해 잘 알고 있을 뿐만 아니라 아동·청소년의 정신건강에 대한 증거기반치료에 대해 해박한 지식을 가지고 있다. 컨설턴트는 MST 프로그램에 새롭게 결합했지만 이미 정신건강 전문가인 사람들을 훈련시키는 교육자이자 코치로서의 역할을 수행해야 한다. 따라서 대부분의 대학원에서 교수들이 실시하는 임상훈련상황과 달리, MST 컨설턴트는 이미 노련한 전문가들을 대상으로 임상역량을 향상시키고 변화시켜야 하는 책무를 가지고 있다. 이러한 과정이 가능하려면 컨설턴트는 신뢰할 수 있고 가치 있는 지식과 기술, 제안을 가지고 임상팀과 충분히 협력해야 한다.

(1) 자문 매뉴얼

자문 매뉴얼(Schoenwald, 1998)은 컨설턴트가 MST에 대한 효과적인 자문을 능숙하게 제공하는 데 꼭 필요한 지식과 기술을 상세하게 담고 있다. MST 슈퍼바이저와 치료자는 매일같이 발생하는 사례의 세부적인 부분에 대해 의사결정을 해야 할 책임을 가지고 있다면, 컨설턴트는 슈퍼바이저와 치료자가 MST처럼 사고하고 개입할 수 있는 능력을 갖추도록 할 책임이 있다. 이는 기본 교육과 보수교육, 매주 전화 자문을 통해 이루어진다. 여기서 컨설턴트는 효과적인 MST 실행을 위해 치료자와 슈퍼바이저의 지식과 기술, 전략, 강점을 알아내고 이를 강화한다. 매뉴얼에는 치료, 슈퍼비전, 자문의 성공을 저해하는 요인과 함께 이를 극복하기 위한 전략이 제시되어 있다. 따라서 컨설턴트는 치료진이 가진 다양한 임상적 수준에 따라 지속적인 훈련과 지원 전략을 수립하도록 도울 책임이 있다.

(2) 절차와 자료

컨설턴트는 서너 명의 치료자와 슈퍼바이저로 구성된 한 팀별로, 주 1시간 전화로 자문을 제공한다. 자문이 이뤄지기 적어도 24시간 전까지 팀은 사례요약(제2장 참조)을 팩스나 이메일로 컨설턴트에게 보낸다. 사례요약과 전화토론에서 치료의 방해요인이 보일 때, 컨설턴트는 이를 극복할 세부 전략을 전화상으로 제안한다. 여기서 치료자와 슈퍼바이저가 이를 확실히 이해했는지, 수행할 능력이 있는지 확인하도록 한다. 방해요인이 기관, 서비스체계, 예산, 정책, 정치적 문제와 관련될 때, 컨설턴트는 문제해결을 위한 회의를 제한다. 이때 여기에 누가 참여할지(예: 슈퍼바이저, 관리자, 기관 운영진, 기관과 협약을 맺은 공공기관 공무원), 누가 회의개최를 요청할지(예: 컨설턴트, 슈퍼바이저, MST 프로그램 책임자, 기관 운영진), 어떤 형식으로 진행할지(예: 개별통화, 컨퍼런스통화, 보수교육 때 현장회의) 결정하기 위해 슈퍼바이저와 협력한다.

(3) 컨설턴트 훈련과 지원

MST를 실행하거나 슈퍼비전을 실시해 본 사람이 거의 없던 초창기 시절에는 여러 지역에 살고 있는 박사급 심리전문가들이 사우스캐롤라이나까지 와서 저자가 제공하는 훈련과 자문에 참여하였다. 오늘날 많은 MST 전문가는 유능한 MST 슈퍼바이저로서 각자 지역사회에 자리잡고 있다. 컨설턴트를 위한 초기훈련은 현장훈련 매뉴얼에 체계적으로 정리되어 왔다. 이들의 훈련완수율은, 첫째, MST 경험과 숙련도, 둘째, 다른 훈련(예: 5일 오리엔테이션 훈련, 전화 자문, 보수교육, 슈퍼바이저 훈련, QA/QI 체계 적용)의 수행기준 달성 여부, 셋째, 개인의 강점과 욕구에 따라 달라진다. 일반적으로 새로운 컨설턴트가 팀을 완전히 맡기까지 약 9개월이 걸린다. 전일제 컨설턴트는 전화 자문을 효율적으로 제공할 수 있을 뿐만 아니라, 약 10팀 정도 맡아 이들을 위한 오리엔테이션 교육 및 보수교육을 실시하기 위해 다양한 지역을 방문한다. 이 정도 규모면 30명에서 40명의 치료자를 맡는 것이고, 이 규모의 치료자가 총 360가족에서 480가족을 치료하므로 이들에 대한 컨설턴트의 영향력은 상당하다고 할 수 있다.

컨설턴트가 되어 효과적인 자문을 제공하기까지 이들에게는 지속적인 훈련과 지원, 모니터링이 제공된다. 컨설턴트가 초기훈련을 받는 사람은 MST 코치이다. 코치는 그간 여러 프로그램에 걸쳐 성공적으로 자문을 운영해 온 컨설턴트이자 코칭과정을 훈련받은 사람이다. 자문에 대한 지속적인 지원과 모니터링에는, 첫째, 코치와 매주 미팅(컨설턴트와 코치의 거주지에 따라 전화 또는 대면방식 중 결정됨), 둘째, 모든 녹음된 자문 중에서 무작위로 선별된 녹음에 대한 객관적인 검토와 피드백, 셋째, 컨설턴트 역량계발 계획 수립 및 분기별 검토, 넷째, 연간 최소 두 번 전문 컨설턴트를 위한 집단보수교육, 다섯째, 컨설턴트들이 요청한 특정 주제에 대한 개인 또는 집단 슈퍼비전이 있다.

2. MST 프로그램을 위한 기관 지원

MST 프로그램의 운영기관은 이미 지역사회에서 정신건강서비스를 수년간 제공해 온 경우가 대부분이다. 이런 기관은 아동과 성인을 위한 다양한 프로그램을 운영하고 있으며, 일부는 여러 시도나 주를 대상으로 대규모로 서비스를 제공한다. 미국 내 MST 운영기관 대부분이 사설기관이지만 공공기관(예: 소년법원, 아동복지, 정신건강)과 협약하에 활동한다. 우리는 이렇듯 매우 분주하고 다양한 성격을 가진 기관을 상대로 MST의 실행과 성과를 지원하기 위해 여러 가지 방법을 사용하고 있다. 여기에는 관리자를 위한 기관 매뉴얼, 실행 전 프로그램 개발과정, 지속적인 기관 지원이 있다. 우리가 이 방법을 서술하기 전에 먼저 강력한 기관 지원이 얼마나 중요한지 설명하도록 하겠다.

1) 강력한 기관 지원 필요성

혹자는 우리가 MST를 운영하고 있거나 운영하기 원하는 기관에 왜 그토록 지대한 관심을 갖는지 이유가 궁금할 수도 있다. 기관의 중요성은 지난 몇 십 년 동안 MST의 보급과 실행을 위해 여러 기관과 협력하는 과정에서 뼈저리게 깨달은 것이다. 여러 연구에서 입을 모아 새로운 임상기술 적용의 성패를 가르는 것은 바로 기관이라고 말한다.

예전에 한 기관에서 주 7일/24시간 치료 지원을 위해 MST 치료자와 슈퍼바이저가 아닌 그 날의 당직 치료자들이 매번 호출에 응하도록 한 적이 있었다. 결국 MST 참여 가족은 MST를 거부하고, 프로그램의 충실도는 급격히 감소했다. 서비스체계 수준에서 MST 실시에 영향을 줄 수 있는 요인으로는, 첫째, 법적 명령과 이와 관련된 정책과 규정, 둘째, 자금조달 수준과 자금조달 기제, 셋째, 누가 MST를 받고 누가 실행하며 어떻게 실행할지 결정짓는 관계자 간 협력의 효율성이 있다(Edwards, Schoenwald, Henggler, & Strother, 2001). 예를 들어, 미리 결정된 서비스의 양(회기의 수)만큼만 서비스를 제공하려는 태도는 청소년을 둘러싼 생태환경 전체의 위험요인을 해결하기 위해 양육자와 다른 모든 사람을 만나야 하는 MST의 원칙과 맞지 않다. 따라서 이와 같은 기관요인은 MST 충실도를 보장하기 위해 적극적으로 해결되어야만 한다.

수많은 산업현장에서 새로운 사업을 시작하는 개인과 기관은 매우 많지만 이들이 모두 성공하는 것은 아니다(Real & Poole, 2005). 증거기반치료든 아니든 치료기관이 새로운 치료기술을 도입하려 할 때, 각자 관심사가 다를 수 있음을 인정한다. 설사 변화에 매우 개방적이고 혁신을 갈망하는 치료기관이라 하더라도 새로운 기술을 정확하게 실시하기 위해서는 세부적인 방식과 절차가 필요하다(Klein & Knight, 2005). 실제로 청소년을 위한 증거기반 폭력예방 프로그램을 선도하는 이들은 무엇보다 문제가 되는 것이 지역사회에서 이러한 프로그램을 실행할 때 구체적인 절차에 대한 주의부족이라고 언급하였다(Dane & Schneider,1998; Fixsen et al., 2005; Mihalic, 2004). 다음에서 설명하는 기관 수준의 구조와 절차는 이런 문제점을 해결하려고 개발된 것이다.

2) 기관 매뉴얼

MST 기관 매뉴얼(Strother, Swenson, & Schoenwald, 1998)은 MST 프로그램을 구축하는 기관의 관리자에게 매우 중요한 자원이다. 매뉴얼에 구체적으로 소개된 프로그램의 실제(예: 치료기한, 주 7일/24시간 언제든 치료자 접촉 가능, 소수 사례 담당, 자문 가용성)는 MST 무선할당 실험에서 사용한 절차에 기반한 것이다. 앞서 서술한 내용에서 기관과 서비스체계 형태에 따라 변형된 모습이 등장할 수 있다는 점을 언급했다. 따라서 기관 매뉴얼은 MST 이론과 실제를 소개하면서, MST 프로그램을 관리하는 세부 영역을 구체적으로 제시한다. 그것은 서비스 관리와 평가, 자금조달, 스태프 모집과 유지, 청소년 의뢰와 중단 조건이다. MST 실시방식과 절차도 서술하고 있다. 예를 들어, 첫째, MST 팀이 '임상적 주도권을 가지는' 것을 허용할 수 있도록 다른 기관과 협의하는 방법, 둘째, MST만을 위한 긴급전화체계의 구축, 셋째, 치료자가 내담자 가족에게 원활하게 서비스(예: 가정방문, 치료적인 이유로 내담자를 위한 이동서비스, 학교방문)를 제공할 수 있도록 휴대폰, 보험, 차량 등의 실제적인 지원 등이 포함된다. 매뉴얼의 부록에는 지역사회 자문단 구성 방법, 기안서, 이력서 등의 자료가 제공되어 있다.

3) 프로그램 개발

한 기관에 MST 프로그램을 도입하는 과정, 즉 MST 개발과정이라 하면 지역사회에서 처음 MST에 관심을 보인 날부터 청소년과 그 가족을 대상으로 첫 번째 MST 회기를 시작하는 날까지를 일컫는다. 그 과정은 보통 7단계로 전개된다. 프로그램 개발과정을 완성하는 데 1년, 때로는 더 긴 시간이 걸릴 수도 있다. 7단계의 세부 활동과 필요한 자료는 MST 공식 홈페이지(www.mstservices.com)에서 얻을 수 있다.

- 초기 정보 수집: 운영자금 제공기관(예: 가정법원, 정신건강기관, 행동적 건강보호체계)이 MST를 도입하고 싶다는 의사를 MST 서비스보증향상체계 전달자, MST 본사, 네트워크 파트너(Network Partners, 이 장의 마지막에 기술)에게 전달하면서 첫 단계가 시작된다. MST를 도입하고자 하는 기관은 여러 관련 핵심질문(예: 대상집단)에 답을 하는 가운데 MST 도입을 진행할지 결정한다.
- MST 욕구 평가: MST 본사는 MST 도입을 고려하는 지역 주요 관계자들과 함께 지역의 현안에 MST가 적절한 해법일지, 실제로 MST가 지역에서 실행될 수 있을지 평가한다. 구체적으로, 첫째, MST에 대한 지역사회 욕구를 파악하고(예: 대상집단과 대상지역 확인, 의뢰할 케이스 수), 둘째, MST 운영을 지속할 수 있는 재정계획을 도출하고 예산의 적정성을 확인한다. 셋째, 관련기관(MST 운영기관, 자금제공기관)이 MST 서비스보증향상체계 프로토콜에 기반하여 충실도 높은 MST를 실시하기 위해서 최선의 노력을 기울일 수 있는지, 넷째, 핵심적인 지역사회 주요 관계자들이 헌신할 수 있는지 검토한다.

  처음 두 단계를 성공적으로 완수하면 기관과 MST 본사는 계속 진행 여부를 결정한다. 단, 여기서 진행을 결정한다고 해서 최종적인 MST 구축이 확정된 것은 아니다. 다만 관련기관에서 MST 도입을 위한 다음 단계로 넘어갔다는 것이다.
- MST 핵심 쟁점: 만약 진행을 결정했다면 자금을 준비하고 MST 실시를 계획하는 관련기관들은 중요한 프로그램 요소를 구체화한다. 12개의 쟁점(예: 참여/제외기준, 중단기준, 치료성과측정)을 논의하고 각 지역사회에 맞는 구체적인 안을 결정하여 MST 목적과 지침(MST Goals and Guidelines)이라는 문서를 작성한다.
- 현장준비회의: 재원, 절차, 운영기관이 구체화되면 이제는 제법 큰 규모의 모임

이 생긴 셈이다. 이 모임에는 자금과 기관의 일상적인 운영을 책임질 사람들뿐만 아니라, 청소년과 가족이 언제, 어떻게 MST를 받을지 결정할 수 있는 기관도 포함된다. 이들 간에 논의가 필요하다. 각 기관 실무자(예: 보호관찰관, 국선변호사, 법원 공무원)는 언제, 누가 MST를 받을지 세부절차에 대해 관리자보다 잘 알고 있다. 따라서 이들과 함께 혹시라도 수정사항이 있는지 최종실행계획을 면밀하게 검토해야 한다. 회의를 하다보면 때로 여러 기관 간에, 혹은 기관과 MST 본사 간에 서로 다른 정책이나 의견을 보일 수 있다. 이러한 차이는 커지기 전에 반드시 해결되어야 한다. 예를 들어, MST 본사나 운영기관이 미처 인지하지 못한 상황에서 보호관찰소 책임자가 모든 치료계획에 대해 보호관찰관들의 사전승인을 요구하는 경우가 있다. 이 경우 MST 본사나 운영기관 모두 치료의 비밀보장이나 치료 자체에 미칠 영향을 우려하지 않을 수 없다.

- 추수회의: MST 실시와 관련된 방식과 절차를 두고 갈등이 생길 때, 이 문제를 조정하기 위한 부가적인 대면회의, 통신회의가 진행되어야 한다.
- 직원모집과 오리엔테이션 훈련: MST 치료자와 임상 슈퍼바이저를 채용하는 것은 현장준비회의 전에 시작되어 팀이 구성될 때까지 지속되곤 한다. 이때 MST 본사가 지역의 인력과 고용시장을 고려하여 MST 임상가 모집공고, 모집, 채용에 대한 자문을 제공한다.
- 실행 지원: 마지막 단계에서는 MST를 실시하기에 앞서 서술한 5일짜리 오리엔테이션 훈련이 최종적으로 실시된다. 오리엔테이션 훈련이 종료된 그 다음 주부터 프로그램이 공식적으로 시작된 것으로 간주되며 이후 서비스보증향상체계(예: 보수교육, 현장 슈퍼비전, 전문가 자문, 치료자 충실도 척도)가 MST가 실행되는 한 지속적으로 적용된다.

4) 기관을 위한 지원의 지속

MST 운영기관을 지속적으로 지원하기 위해 몇 가지 절차가 있다.

(1) 실행 평가

6개월마다 이루어지는 평가를 통해서 MST 본사, MST 운영기관, 주요 관계자(사례의뢰 및 자금제공처)는, 첫째, 대상집단, 의뢰과정, MST 실행충실도, 치료성과와 관

련된 목표달성치, 둘째, 특정 항목(예: 부적합한 의뢰 건수, 낮은 치료자 충실도)의 성과
를 저해요인, 셋째, 6개월 후 다음 평가전까지 방해요인을 해결하기 위한 구체적인
전략을 함께 검토한다. 각각의 평가 항목은 MST 프로그램을 위한 목적과 지침 문서
의 체크리스트에 기재된 것이다.

(2) 기관 및 주요 관계자가 초래할 수 있는 방해요인

자문 영역에서 언급했듯이 특정 사례의 치료진전의 방해요인이 운영기관 또는
서비스 시스템과 관련될 때, MST 컨설턴트는 치료자 및 현장 슈퍼바이저, 그 기관
의 다른 관계자(예: 부서장, 프로그램 관리자, 기관 책임자)와 함께 이를 해결하도록 한
다. 예를 들어, 어떤 컨설턴트가 사례요약을 살펴보던 중 여러 가지 임상적 필요에
따라 방문횟수를 달리한 것이 아니라, 한 팀의 모든 치료자가 단 주 3회만 가족을 만
났다는 것을 알게 되었다. 좀 더 자세히 알아본 결과, 급여지급기관에서 치료자 보
수에 제한을 두었기 때문에 운영기관 역시 방문횟수를 그에 맞춰 제한했다는 것을
알게 된다. 이러한 방식은 MST와 맞지 않으므로, 컨설턴트는 이 문제를 해결해야
한다.

(3) 프로그램 관리자를 위한 지원

기관에서 소수의 팀만 운영한다면 운영기관과 지역사회 주요 관계자들에게 있
어서 MST 프로그램의 대표는 바로 팀의 슈퍼바이저이다. 이 경우 MST 컨설턴트
는 일차적으로 슈퍼바이저가 대표 역할을 할 수 있도록 지원한다. 그러나 MST 팀을
몇 개 이상 운영하는 기관에서는 따로 프로그램 관리자가 필요하다. 관리자는 팀이
MST를 일관성있게 실시하도록 촉진하고, 기관 내 다른 직무를 보는 사람들에게나
외부의 주요 관계자들에 대해서 MST 팀을 총괄하여 대표하고 권리를 옹호하며, 지
속적으로 변화하는 재정 상태나 정책이 청소년을 위한 이 프로그램의 지속에 미치
는 영향을 관리한다. 일반적으로 프로그램 관리자는 MST가 매일 어떻게 실행되는
지 잘 알고 있는 유능한 MST 슈퍼바이저 중에서 모집한다. MST 본사(MST Service)
는 관리자를 위한 오리엔테이션 자료와 훈련을 제공하고, 여러 기관의 관리자들이
각자가 직면한 기회와 도전에 대해 서로 배울 수 있도록 매월 자발적인 전화 회의를
주관한다.

3. 실시척도와 보고

웹기반 플랫폼인 MST 인스티튜트에서 치료자 충실도 및 슈퍼바이저 충실도, 컨설턴트 충실도, 청소년 치료성과 척도를 받아볼 수 있으며, 채점과 해석 또한 가능하다. 치료자 충실도 척도는 45개 지역 대상 MST 확산연구에서 평가되고 MST 무선할당실험연구와 지역사회기반 MST 실행연구에서 타당도를 확보하였다. 슈퍼바이저 및 컨설턴트 충실도 척도는 무선할당 실험연구에서는 사용되지 않았다(그 연구에서 임상 슈퍼바이저는 한 명이었고, 컨설턴트는 MST 개발자였다). 그러나 지역사회기반연구를 통해 두 척도의 타당도가 확보되었다.

1) 치료자 충실도 척도

26개 문항에 대한 리커트 형식의 치료자 충실도 척도(Therapist Adherence Measure: TAM: Henggeler & Borduin, 1992)는 치료자가 9개의 MST 원칙을 충실하게 지켰는지 평가하기 위해 전문가 의견일치 방식으로 개발되었다. TAM은 2개의 소년 범죄자 대상 무선할당 실험(Henggeler et al., 1997; Henggeler, Pickrel et al. 1999)에서 체포와 수감일수, 약물사용, 공격성, 기타 반사회적 행동 문제의 장기적인 감소와 가족기능의 개선을 예측하는 것으로 나타났다(Huay et al., 2000; Schoenwald, Henggeler, Brondino, & Rowland, 2000). 이 연구에서 양육자와 치료자, 청소년에 대해 자기보고척도를 실시했을 때, 양육자보고가 청소년 치료성과에 대한 가장 좋은 예측변인이었다(Schoenwald, Henggeler et al., 2000). 다양한 양육자와 치료자의 대규모 표본을 사용했던 MST 확산연구의 데이터를 활용하여 원판 TAM의 심리 측정적 속성을 연구하였다. 이때 학교와 또래, 지역사회체계의 중요 측면을 치료하였는지 여부를 측정하는 12개 문항을 추가하여 분석하였다. 최종적으로 이 중 9개 문항이 채택되어 28개 문항의 TAM-개정판(TAM-R: Henggeler, Borduin, Schoenwald, Huay, & Chapman, 2006)이 완성했다. TAM-R은 MST 모델에 대한 전반적인 충실도를 알려주는 단일 점수를 제공한다.

2) 슈퍼바이저 충실도 척도

43개 문항으로 이루어진 슈퍼바이저 충실도 척도(Supervisor Adherence Measure:

SAM: Schoenwald, Henggeler, & Edwards, 1998) 역시 전문가 의견일치 방식으로 개발되었다. MST 슈퍼바이저 매뉴얼(Henggeler & Schoenwald, 1998)의 구성에 기반하여 이론적으로 문항을 선정하였다. 치료자들은 자신의 슈퍼바이저에 대해 두 달 간격으로 SAM을 실시한다. 초기 SAM 타당도연구(Henggeler, Schoenwald, Liao, Letourneau, & Edwards, 2002)에서 SAM은 3개의 하위척도와 점수를 갖는 것으로 나타났다. 이 중 몇 개의 점수는 TAM 점수와 상관관계가 있었는데, 일부 기대하지 않는 방향의 상관관계도 있었다. MST 확산연구에서 대규모 가족, 치료자, 슈퍼바이저 표본을 대상으로 SAM의 심리 측정적 특성을 더 깊이 탐색할 수 있었다. 그 결과 SAM의 원래 문항 43개 중 37개가 최종 선택되었고, 다음의 하위요인 4개가 도출되었다(Schoenwald, Chapman, & Sheidow, 2006; Schoenwald, Sheidow, & Chapman, 출판 중).

- 슈퍼바이저는 슈퍼비전의 구조와 과정을 잘 지킨다.
- 슈퍼바이저는 아홉 가지 MST 치료원칙을 충실하게 지키도록 한다.
- 슈퍼바이저는 MST 분석과정의 사용을 촉진한다.
- 슈퍼바이저는 치료자에게 MST 실행 역량을 키우도록 촉진한다.

3) 자문충실도 척도

44개 문항으로 이루어진 자문충실도 척도(Consultant Adherence Measure: CAM: Schoenwald, 2001)는 전문가 의견일치 방식으로 개발되었다. MST 자문 매뉴얼(Schoenwald, 1998)의 구성에 기반하여 이론적으로 문항을 선정하였다. 치료자와 슈퍼바이저는 2개월 간격으로 자신들의 전문 컨설턴트에 대해 CAM을 실시한다. 2개의 연구를 통해 이 척도는 다음의 세 요인으로 구성되었다(Schoenwald, Sheidow, & Letourneau, 2004).

- 컨설턴트 역량(MST를 실행하고, 교육할 수 있는 지식과 기술)
- MST 절차(MST 평가와 개입 절차를 중시)
- 동맹(치료자들을 배려하고 지지)

4) 치료성과 척도

소년범을 위해 MST를 도입하고자 하는 지역사회가 궁극적으로 추구하는 치료목표는 무엇인가? 그것은 개인과 가족, 학교기능을 향상시키고 재범률과 가정 밖 수감률을 감소시키는 것, 마지막으로 사회적 비용의 절감이다. MST가 책임져야 할 구체적인 치료성과는 앞서 서술한 MST 목표와 지침서에 상세하게 실려 있다. 모든 치료자는 치료를 마친 후 각 성과에 대해서 본사 MST 인스티튜트 웹사이트에 보고한다.

그런데 적지 않은 기관이 치료 후 재범률 데이터를 수집하기 어려워한다. 데이터 수집을 방해하는 요인으로는 부족한 자원(예: 근무시간), 데이터 수집 절차에 대한 부정확한 이해, 치료 후 성과 수집에 대한 지역사회의 이해 부족, 마지막으로 만족할 수 있는 치료성과를 내기 위해 탄탄한 데이터를 얻고자 하는 간절한 바람과 절박감의 부족을 들 수 있다. 이 방해요인을 해결하기 위해 지금은 치료성과 데이터 수집을 위한 관리자 수당을 처음부터 책정하며 MST 본사 차원에서 서비스보증향상체계에 데이터 수집절차를 반드시 포함하도록 하고 있다. 더욱이 현장평가과정을 통해 치료대상자들이 직접 데이터를 보고하고 이를 기관에 보관하며, 기록에 대한 비밀보장 문제를 해결하고, 적절한 수집방법과 수집시기를 정하도록 하고 있다. 치료성과의 측정을 통해 MST 서비스보증향상체계가 계속해서 개선되어야 한다.

② MST 서비스보증향상체계에 대한 경험적 근거

MST의 서비스보증향상체계가 정말 효과적이라면 이를 준수한 치료는 높은 성과를 보일 것이다. 저자들은 이러한 가정을 MST 서비스보승향상체계의 구성요소와 치료성과 간의 관계를 탐구하는 연구를 통해 확인할 수 있었다.

1. 치료자 충실도, 치료성과

TAM을 설명할 때 언급하였듯이 무선할당실험연구에서 MST 치료성과는 치료자 충실도에 달려 있는 것으로 나타났다. 치료자 충실도가 높을수록 치료대상 청소년의 장기 재범률이나 가정 외 수감률이 감소하였으며, 청소년의 행동과 가족기능이

향상된 것으로 나타났다. 더욱이 MST 확산연구의 지역사회기반 MST에서도 치료자
충실도와 치료성과의 관계가 동일하게 나타났다. 구체적으로 TAM에 대한 양육자
평정은 치료 직후와 치료 1년 후 청소년의 문제행동 감소를 예측했다(Schoenwald,
Sheidow, Letourneau, & Liao, 2003; Schoenwald, Carter, Chapman, & Sheidow, 2008).
게다가 치료자 충실도와 치료성과의 관련성은 장기 재범률에서도 나타났다. 예를
들어, MST를 받았을 때 치료자 충실도가 가장 높았던 청소년은 치료자 충실도가 가
장 낮았던 청소년에 비해 치료종결 4년 후 시점에서 연간 범죄율이 47% 낮은 것으
로 나타났다(Schoenwald, Chapman, Sheidow, & Carter, 출판 중).

2. 슈퍼바이저 충실도, 치료자 충실도, 치료성과

MST 확산연구에서 SAM과 TAM의 데이터를 분석한 결과, 슈퍼바이저 충실도
는 치료자 충실도 및 치료종결 1년 후 시점의 청소년 행동 문제 감소(Schoenwald,
Chapman, Sheidow, & Carter, 출판 중), 장기 재범률 감소(Schoenwald et al., 2006)를
예측하는 것으로 나타났다. 이 연구결과는 MST 슈퍼비전 매뉴얼을 충실하게 지키
는 것이 지역사회 MST의 치료자 충실도, 청소년의 문제행동, 재범률에 직접적인 영
향을 미친다는 제언을 뒷받침하는 것이다.

3. 컨설턴트 충실도, 치료자 충실도, 치료성과

치료자 충실도 및 청소년 치료성과에 미치는 컨설턴트 충실도 효과는 치료자, 컨
설턴트, 가족을 대상으로 삼은 두 편의 연구에서 확인되었다. 이 중에서 한 연구는
MST 확산연구이다(Schoenwald et al., 2004). 두 개의 연구 표본 모두에서 CAM의 하
위척도 중 컨설턴트 역량척도와 동맹척도가 치료자 충실도를 유의미하게 예측했
다. 당연한 이야기지만 컨설턴트 역량척도는 치료자 충실도와 정적 상관을 보였다.
그러나 동맹척도 점수는 컨설턴트 역량이 저조할 때 치료자 충실도와 오히려 부적
상관을 보였다. 달리 말하면 치료자와 강한 동맹관계를 맺고 있으나 컨설턴트의 역
량이 부족한 경우, 이는 오히려 치료자 충실도를 저해한다는 것이다. 이 밖에 CAM
의 하위척도 중 MST 절차척도 점수가 높을수록 치료 후 청소년의 행동 문제가 향상

되는 것으로 나타났다. 컨설턴트 역량척도 점수가 높을수록 청소년 기능도 향상되는 것으로 나타났다. 방금 컨설턴트의 역량이 낮을 때 치료자와 좋은 동맹을 형성하는 것이 오히려 치료자 충실도를 떨어뜨린다는 언급을 하였다. 이와 같은 맥락에서 역량이 낮은 컨설턴트가 치료자와 단단한 동맹을 맺고 있는 경우, 청소년의 문제행동 역시 악화시키는 것으로 나타났다. 컨설턴트와 치료자가 서로를 지지하는 동맹을 맺는다면 치료자로 하여금 자문에 기꺼이 참여하게 할 수 있지만 정말 중요한 청소년의 치료성과를 높이기 위해서는 높은 수준의 컨설턴트 역량과 함께 MST 절차를 준수하는 노력이 보다 중요하다.

4. 치료자 및 내담자 변수, 치료자 충실도, 치료성과

학술연구용 치료와 실제로 지역사회에서 이루어지는 치료의 가장 큰 차이는 치료를 행하는 치료자라고 할 수 있다(연구에 참여하는 치료자들이 더 고도로 훈련받은 사람들임). 따라서 MST 효과를 평가하고 확산하는 연구에서 실제 치료자 충실도와 성과에 영향을 미치는 치료자 변수는 무엇보다도 중요한 관심사가 되어 왔다. 치료자 변수 중 치료자의 전문적 훈련과 경험, MST 모델에 대한 지지 여부, MST에 대한 지각된 곤란이나 보상, 과거에 사용했던 치료방식과 MST의 유사성에 대한 지각 등은 치료자 충실도와 관계가 없는 것으로 나타났다(Schoenwald et al., 2005).

그러나 치료자가 MST에서 요구되는 탄력적인 노동시간을 곤란하게 여길 때, 치료자 충실도는 감소되는 것으로 나타났다. 그래도 이 연구결과에 고무적인 면이 있다는 것을 알 수 있다. 그것은 MST 치료자가 MST 훈련, 슈퍼비전, 자문, 피드백 시스템을 준수한다면 그가 전에 상이한 이론적 배경에서 일했다 해도 이 복잡한 개인치료를 감당할 수 있다는 것이다. 하지만 MST 실시과정의 실제적인 측면은 치료자 충실도에 악영향을 미칠 수 있다. 하루 24시간, 주 7일간 가족들이 연락할 수 있도록 한 규정도 이런 예 중 하나일 것이다. 따라서 슈퍼바이저와 컨설턴트는 슈퍼비전 및 자문 시간에 치료자의 이러한 부담에 대해 같이 이야기하고 치료자의 짐을 덜어 주기 위해 노력해야 한다.

치료자와 양육자의 인구통계학적 특성, 청소년 문제의 심각성은 치료자 충실도에 영향을 미치지 않았다. 하지만 MST 치료자와 양육자 간에 인종과 성별의 유사성이 높은 경우, 양육자 충실도와 치료 후 6개월 시점에 청소년의 문제행동에서 호전을 보이는 것으로 나타났다(Halliday-Boykins, Schoenwald, & Letourneau, 2005). 그러나 양육자와 치료자 사이의 유사성은 청소년의 범죄 행동을 예측하지는 못했다(Schoenwald & Chapman, 2008a). 이와 같이 치료자와 양육자의 유사성이 치료성과에 미치는 영향은 연구결과가 상반되고 있다. 정신건강 분야에 뛰어난 자질을 갖춘 다양한 인종의 치료자가 부족하기도 하지만 인종(민족)에 기초하여 치료자와 양육자를 연결하는 것은 인종분리를 떠올릴 수 있다. 어쨌든 향후 인종과 성별을 맞추는 것이 치료에 어떤 영향을 주는지에 대하여 추가적인 연구가 필요하다.

5. 기관요인, 치료자 충실도, 치료성과

기관은 새로운 기술의 실시와 성과에 많은 영향을 미친다. 기관 내 직원의 이직률은 MST가 일정 규모가 되었을 때부터 직면해 온 문제이기도 하지만, 일반적으로 모든 정신건강 분야의 고질적 문제이기도 하다. 전국 평균보다 낮지만, MST 확산연구에서 이직률은 21%였다(Sheidow, Schoenwald, Wagner, Allred, & Burns, 2006). 여러 가지 이유 중에서 낮은 임금과 정서적 소진을 야기하는 기관 환경이 이직의 예측요인으로 나타났다. 이직은 치료 후 1년 시점의 낮은 수준의 청소년의 행동향상을, 치료 후 2년 4개월 시점의 높은 수준의 범죄율을 예측한다는 점에서 매우 중요한 문제이다(Schoenwald & Chapman, 2008b). MST의 청소년 치료성과에 이직률이 어떤 기제로 영향을 주는지 아직 알려진 바 없지만, 저자들은 이 주제를 앞으로 살펴볼 계획이다. 효과적인 MST를 전달하기 위해서 갖은 노력을 다 하며 불규칙한 작업스케줄을 견디는 치료자와 컨설턴트에게 배후에서 예산을 대는 서비스체계와 MST 운영기관은 충분한 임금을 지급하기 위해 노력해야 한다. 연구결과는 이것의 중요성을 잘 보여 주고 있다. MST 운영기관과 전문 컨설턴트는 작업환경에서 치료자들의 정서적 소진의 출현을 잘 감독하고 그러한 어려움을 지속시키는 요인을 해결해야 한다.

한편, MST 확산연구에서 운영기관의 어떤 핵심적인 측면(예: 분위기, 구조)이 치료자 충실도와 치료성과를 저해하는 것으로 나타났다(Schoenwald et al., 2003; Schoenwald, Carter et al., 2008; Schoenwald, Chapman et al., 출판 중). 이 밖에도 기관의 또 다른 측면(예: 조직문화, 리더십, 자원, 변화준비도)도 MST와 다른 증거기반치료의 실시와 치료성과에 영향을 주었다. 현재 이 문제는 연구 중에 있다(예: Glisson et al., 2008; Henggeler et al., 2007; Henggeler, Chapman et al., 2008; Palinkas et al., 2008 참조). 저자들은 MST에 대한 강도 높은 서비스보증향상체계를 포괄적이면서도 초점적으로 적용하도록 함으로써 MST의 효과를 방해하는 기관 차원의 장애물을 극복해 왔다. 어쨌든 여기에서 제시한 여러 연구는 그 정도의 차이는 있지만 한결같이 MST 서비스보증향상체계의 가치와 유용성에 대해 강력하고 일관된 증거를 제공하고 있다.

③ 네트워크 파트너: 서비스보증향상체계와 함께 성장하기

　　현재 MST 본사와 15개 네트워크 파트너(그중 4개는 국외 소재)는 서비스보증향상체계를 통해 매년 9개국 32개 주에서 약 17,300명의 청소년을 관리한다. 2008년 말에는 여기에 2개 국가가 추가될 전망이다. 네트워크 파트너는 2000년 무렵 MST 운영기관과 자금제공기관의 여러 가지 요구를 수용하기 위해 처음으로 구축되었다. 어떤 지역에 MST가 도입되면 시간이 지나면서 해당 지역의 서비스체계에서 MST 본사에 더 많은 MST를 실시할 수는 없는지 요청하는 경우가 많았다. 이들은 MST 치료자와 컨설턴트를 훈련할 수 있는 자체 역량을 갖추고자 했다. 자신의 지역사회 다른 곳에도 MST 프로그램을 확대하고 싶은 열망이 있는 것이다. 국가 수준에서 MST를 지원하는 경우에도 마찬가지로 정부는 여러 행정단위별로 MST를 확장·보급하고 싶어했다. 이렇듯 MST 확대에 대한 요구가 증가하면서 MST 프로그램의 개발과 실시에 높은 성과를 보였던 기관과 지역에 MST 네트워크 파트너가 설립되었다. 네트워크 파트너는 앞서 기술한 MST의 보급과 실행의 전 과정을 지휘할 수 있는 역량을 지니고 있다. 여기에는 실시 전 현장평가부터 치료진의 훈련과 지속적인 자문까지를 모두 포함한다. 현재 저자들은 지역적인 전문성을 기반으로 MST를 확산하는 전략이 얼마나 효과적인지 검증하는 연구를 서두르고 있다.

　　동시에 MST 치료자, 운영기관, 국가기관, 자금제공기관 등이 전문지식을 신장할 기회를 얻을 수 있도록 MST 본사와 네트워크 파트너는 분기별 전화회의, 연간회의,

토론과 피드백을 위한 웹기반 포털 사이트를 개설하였다. 이 국제적인 MST 치료 공동체를 통해 각자의 지역사회와 서비스체계에서 MST 실시와 지속을 어렵게 한 문제를 처리한 전략을 서로 공유한다. 이러한 정보는 축적되어 지금도 계속 발전하고 있는 자료와 프로세스를 보완하는 데 사용되어 지역특성에 맞는 전문성으로 이어지고 있다. 네트워크 파트너는 또한 MST의 효과성 검증으로부터 확산을 실험하는 순환 고리의 각 단계를 연구할 수 있도록 돕는 중요한 역할을 한다(예: Schoenwald & Hoagwood, 2001 참조). 네트워크 파트너를 통해 국제적인 MST 무선할당 효과연구가 진행될 수 있었다. 여기에는 성범죄, 마약사범, 신체적 학대 피해 청소년과 같은 표본에 대한 MST의 적용연구가 있다(제9장 참조). 그리고 여타 증거기반치료의 모델 개발자와 서비스제공자에게 배운 내용을 논의하는 장이 되기도 한다. 이러한 논의를 통해 증거기반치료를 광역대로 확산·실행하고 그 효과성을 검증하는 연구가 이어지고 있다.

4 결론

여러 가지 증거기반치료를 비행청소년과 그 가족이 가진 강점과 욕구에 잘 맞추어, 그것도 충실도를 훼손하지 않고 실시하는 일은 설사 노련한 전문가에게도 벅찬 과업이 아닐 수 없다. 이 장에서 서술한 MST 서비스보증향상체계는 이 벅찬 과업을 치료자들이 잘 감당할 수 있도록 지원하고자 설계된 것이다. 이 체계는 지역사회가 MST 프로그램을 도입하고 효과적으로 운영해 갈 수 있도록 돕는다. 또한 치료자에게 전문적인 훈련과 지속적인 임상 지원을 하고, 실제 치료과정에 대한 질적·양적 피드백을 제공한다. MST 서비스보증향상체계는 지역사회와 전 세계 파트너와 협력하면서 얻은 배움과 연구에 기초하여 지금도 끊임없이 진화하고 있다.

🌱 참고문헌 🌱

Alexander, J. F., & Parsons, B. V. (1982). *Functional family therapy: Principles and procedures.* Carmel, CA: Brooks & Cole.

American Psychiatric Association. (2000). *Diagnostic and statistical manual of mental disorders* (4th ed., text rev.). Washington, DC: Author.

Aos, S., Miller, M., & Drake, E. (2006). *Evidence-based public policy options to reduce future prison construction, criminal justice costs, and crime rates.* Olympia: Washington State Institute for Public Policy.

Barkley, R. A. (2006). *Attention deficit hyperactivity disorder: A handbook for diagnosis and treatment* (3rd ed.). New York: Guilford Press.

Baumrind, D. (1989). Rearing competent children. In W. Damon (Ed.), *Child development today and tomorrow* (pp. 349-378). San Francisco: Jossey-Bass.

Baumrind, D. (1991). The influence of parenting style on adolescent competence and substance use. Special issue: The work of John P. Hill: I. Theoretical, instructional, and policy contributions. *Journal of Early Adolescence, 11,* 56-95.

Baumrind, D. (2005). Patterns of parental authority and adolescent autonomy. In J. Smetana (Ed.), *New directions for child development: Changes in parental authority during adolescence* (pp. 61-69). San Francisco: Jossey-Bass.

Becker, B. E., & Luthar, S. S. (2002). Social-emotional factors affecting achievement outcomes among disadvantaged students: Closing the achievement gap. *Educational Psychologist, 37,* 197-214.

Berndt, T. J. (2002). Friendship quality and social development. *Current Directions in Psychological Science, 11,* 7-10.

Bickman, L., Summerfelt, W. T., & Noser, K. (1997). Comparative outcomes of emotionally disturbed children and adolescents in a system of services and usual care. *Psychiatric Services, 48,* 1543-1548.

Bickman, L., Warren L. E., Andrade, A. R., & Penaloza, R. V. (2000). The Fort Bragg continuum of care for children and adolescents: Mental health outcomes over 5 years. *Journal of Consulting and Clinical Psychology, 68*, 710-716.

Biglan, A., Brennan, P. A., Foster, S. L., & Holder, H. D. (2004). *Helping adolescents at risk: Prevention of multiple problem behaviors*. New York: Guilford Press.

Borduin, C. M., Henggeler, S. W., Blaske, D. M., & Stein, R. (1990). Multisystemic treatment of adolescent sexual offenders. *International Journal of Offender Therapy and Comparative Criminology, 35*, 105-114.

Borduin, C. M., Mann, B. J., Cone, L. T., Henggeler, S. W., Fucci, B. R., Blaske, D. M., et al. (1995). Multisystemic treatment of serious juvenile offenders: Longterm prevention of criminality and violence. *Journal of Consulting and Clinical Psychology, 63*, 569-578.

Borduin, C. M., & Schaeffer, C. M. (2001). Multisystemic treatment of juvenile sexual offenders: A progress report. *Journal of Psychology and Human Sexuality, 13*, 25-42.

Borduin, C. M., Schaeffer, C. M., & Heiblum, N. (in press). A randomized clinical trial of multisystemic therapy with juvenile sexual offenders: Effects on youth social ecology and criminal activity. *Journal of Consulting and Clinical Psychology*.

Bornstein, M. H. (Ed.). (2002). *Handbook of parenting: Social conditions and applied parenting* (Vol. 4, 2nd ed.). Mahwah, NJ: Erlbaum.

Bridgeland, J. M., Diulio, J. J., & Morison, K. B. (2006). The silent epidemic: Perspectives of high school dropouts. A report by Civic Enterprises and Peter D. Hart Research Associates for the Bill and Melinda Gates Foundation. Available at *www.gatesfoundation.org/UnitedStates/Education/TransformingHighSchools/RelatedInfo/SilentEpidemic.htm*.

Bronfenbrenner, U. (1979). *The ecology of human devclopment: Experiments by design and nature*. Cambridge, MA: Harvard University Press.

Brown, S. A., Myers, M. G., Mott, M. A., & Vik, P. W. (1994). Correlates of success following treatment for adolescent substance abuse. *Applied and Preventive Psychology, 3*, 61-73.

Brown, T. L., Henggeler, S. W., Schoenwald, S. K., Brondino, M. J., & Pickrel, S. G. (1999). Multisystemic treatment of substance abusing and dependent juvenile delinquents: Effects on school attendance at posttreatment and 6-month follow-up. *Children's Services: Social Policy, Research, and Practice, 2*, 81-93.

Brunk, M., Henggeler, S. W., & Whelan, J. P. (1987). A comparison of multisystemic therapy and parent training in the brief treatment of child abuse and neglect. *Journal of Consulting and Clinical Psychology, 55,* 311-318.

Budney, A. J., & Higgins, S. T. (1998). *A community reinforcement plus vouchers approach: Treating cocaine addiction* (NIH Publication No. 98-4309). Rockville, MD: U.S. Department of Health and Human Services, National Institutes of Health, National Institute on Drug Abuse.

Bukowski, W. M., Newcomb, A. F., & Hartup, W. W. (1996). *The company they keep: Friendship in childhood and adolescence.* New York: Cambridge University Press.

Burns, B. J., Hoagwood, K., & Mrazek, P. J. (1999). Effective treatment for mental disorders in children and adolescents. *Clinical Child and Family Psychology Review, 2,* 199-254.

Center for Substance Abuse Prevention. (2001). *Strengthening America's families: Model family programs for substance abuse and delinquency prevention.* Salt Lake City, UT: Department of Health Promotion and Education, University of Utah.

Center for Substance Abuse Treatment, Denver Juvenile Justice Integrated Treatment Network. (1998). *Strategies for integrating substance abuse treatment and the juvenile justice system: A practice guide.* Denver: Denver Juvenile Justice Integrated Treatment Network.

Center for Substance Abuse Treatment. (1999). *Treatment of substance use disorders among adolescents* (Treatment Improvement Protocol [TIP] Series 3) (K. C. Winters, Ed.). Rockville, MD: Author.

Chamberlain, P. (2003). *Treating chronic juvenile offenders: Advances made through the Oregon Multidimensional Treatment Foster Care model.* Washington, DC: American Psychological Association.

Chapman, J. E., Sheidow, A. J., Henggeler, S. W., Halliday-Boykins, C., & Cunningham, P. B. (2008). Developing a measure of therapist adherence to contingency management: An application of the Many-Facet Rasch Model. *Journal of Child and Adolescent Substance Abuse, 17,* 47-68.

Chilenski, S. M., Bumbarger, B. K., Kyler, S., & Greenberg, M. T. (2007). *Reducing youth violence and delinquency in Pennsylvania: PCCD's research-based programs initative.* Prevention Research Center for the Promotion of Human Development, Pennsylvania State University.

Cohen, J. A., Mannarino, A. P., & Deblinger, E. (2006). *Treating trauma and traumatic grief in children and adolescents*. New York: Guilford Press.

Cummings, E. M., Davies, P. T., & Campbell, S. B. (2000). *Developmental psychopathology and family process: Theory, research, and clinical practice*. New York: Guilford Press.

Cunningham, P. B., Naar-King, S., Ellis, D. A., Pejuan, S., & Secord, E. (2006). Achieving adherence to antiretroviral medications for pediatric HIV disease using an empirically supported treatment: A case report. *Journal of Developmental and Behavioral Pediatrics, 27*, 44-50.

Cunningham, P. B., Rowland, M. D., Swenson, C. C., Henggeler, S. W., Schoenwald, S. K., Randall, J., et al. (2005). *Community reinforcement approach to support caregivers*. Charleston: Family Services Research Center, Department of Psychiatry and Behavioral Sciences, Medical University of South Carolina.

Cunningham, P. B., Schoenwald, S. K., Rowland, M. D., Swenson, C. C., Henggeler, S. W., Randall, J., et al. (2004). *Implementing contingency management for adolescent substance abuse in outpatient settings*. Charleston: Family Services Research Center, Department of Psychiatry and Behavioral Sciences, Medical University of South Carolina.

Curtis, N. M., Ronan, K. R., & Borduin, C. M. (2004). Multisystemic treatment: A meta-analysis of outcome studies. *Journal of Family Psychology, 18*, 411-419.

Curtis, N. M., Ronan, K. R., Heiblum, N., & Crellin, K. (in press). Dissemination and effectiveness of multisystemic treatment in New Zealand: A benchmarking study. *Journal of Family Psychology*.

Daly, B. P., Xanthopoulos, M. S., Stephan, S. H., Cooper, C. J., & Brown, R. T. (2007). Evidence-based interventions for childhood disorders: Summary of the report of the APA Working Group on Psychotropic Medications for Children and Adolescents. *Emotional and Behavioral Disorders in Youth, 7*, 31-32, 48-55.

Dane, A. V., & Schneider, B. H. (1998). Program integrity in primary and early secondary prevention: Are implementation effects out of control? *Clinical Psychology Review, 18*, 23-45.

Deblinger, E., & Heflin, A. H. (1996). *Treating sexually abused children and their nonoffending parents: A cognitive behavioral approach*. Thousand Oaks, CA: Sage.

Dishion, T. J., Dodge, K. A., & Lansford, J. E. (2006). Findings and recommendations: A blueprint to minimize deviant peer influences in youth interventions and programs. In K. A. Dodge, T. J. Dishion, & J. E. Lansford (Eds.), *Deviant peer influences in programs for* youth: Problems and solutions (pp. 366-394). New York: Guilford Press.

Dishion, T. J., & Kavanagh, K. (2003). Intervening in adolescent problem behavior: A family-centered approach. New York: Guilford Press.

Dodge, K. A., Dishion, T. J., & Lansford, J. E. (Eds.). (2006). Deviant peer influences in programs for youth. New York: Guilford Press.

Eddy, J. M., & Chamberlain, P. (2000). Family management and deviant peer association as mediators of the impact of treatment condition on youth antisocial behavior. Journal of Consulting and Clinical Psychology, 68, 857-863.

Edwards, D. L., Schoenwald, S. K., Henggeler, S. W., & Strother, K. B. (2001). A multi-level perspective on the implementation of Multisystemic Therapy (MST): Attempting dissemination with fidelity. In G. A. Bernfeld, D. P. Farrington, & A. W. Leschied (Eds.), Offender rehabilitation in practice: Implementing and evaluating effective programs (pp. 97-120). London: Wiley.

Elliott, D. S. (1994a). Serious violent offenders: Onset, developmental course, and termination. The American Society of Criminology 1993 presidential address. Criminology, 32, 1-21.

Elliott, D. S. (1994b). Youth violence: An overview. Boulder, CO: University of Colorado, Center for the Study and Prevention of Violence, Institute of Behavioral Science.

Elliott, D. S. (1998). Blueprints for violence prevention (Series Ed.). University of Colorado, Center for the Study and Prevention of Violence. Boulder, CO: Blueprints Publications.

Ellis, D. A., Frey, M. A., Naar-King, S., Templin, T., Cunningham, P. B., & Cakan, N. (2005a). Use of multisystemic therapy to improve regimen adherence among adolescents with type 1 diabetes in chronic poor metabolic control: A randomized controlled trial. Diabetes Care, 28, 1604-1610.

Ellis, D. A., Frey, M. A., Naar-King, S., Templin, T., Cunningham, P. B., & Cakan, N. (2005b). The effects of multisystemic therapy on diabetes stress in adolescents with chronically poorly controlled type 1 diabetes: Findings from a randomized controlled trial. Pediatrics, 116, e826-e832.

Ellis, D. A., Naar-King, S., Cunningham, P. B., & Secord, E. (2006). Use of multisystemic therapy to improve antiretroviral adherence and health outcomes in HIV-infected pediatric patients: Evaluation of a pilot program. AIDS, Patient Care, and STD's, 20, 112-121.

Ellis, D. A., Naar-King, S., Frey, M. A., Templin, T., Rowland, M., & Cakan, N. (2005). Multisystemic treatment of poorly controlled type 1 diabetes: Effects on medical resource utilization. *Journal of Pediatric Psychology, 30,* 656-666.

Ellis, D. A., Templin, T., Naar-King, S., Frey, M. A., Cunningham, P. B., Podolski, C., et al. (2007). Multisystemic therapy for adolescents with poorly controlled type I diabetes: Stability of treatment effects in a randomized controlled trial. *Journal of Consulting and Clinical Psychology, 75,* 168-174.

Emery, R. E. (1994). *Renegotiating family relationships: Divorce, child custody, and mediation.* New York: Guilford Press.

Emery, R. E. (1999). *Marriage, divorce, and children's adjustment* (2nd ed.). Thousand Oaks, CA: Sage.

Emery, R. E. (2004). *The truth about children and divorce: Dealing with the emotions so you and your children can thrive.* New York: Viking/Penguin.

Emery, R. E., & Sbarra, D. A. (2002). What couples therapists need to know about divorce. In A. S. Gurman & N. S. Jacobson (Eds.), *Clinical handbook of couple therapy* (3rd ed., pp. 508-532). New York: Guilford Press.

Eyberg, S. M., Nelson, M. M., & Boggs, S. R. (2008). Evidence-based psychosocial treatments for children and adolescents with disruptive behavior. *Journal of Clinical Child and Adolescent Psychology, 37,* 215-237.

Family Services Research Center. (2008). *Implementing contingency management for adolescent substance abuse in outpatient settings* (2nd ed.). Charleston: Family Services Research Center, Department of Psychiatry and Behavioral Sciences, Medical University of South Carolina.

Farrell, A. D., & Danish, S. J. (1993). Peer drug associations and emotional restraint: Causes or consequences of adolescents' drug use? *Journal of Consulting and Clinical Psychology, 61*(2), 327-334.

Farrington, D. P., & Welsh, B. C. (1999). Delinquency prevention using familybased interventions. *Children and Society, 13,* 287-303.

Feindler, E. L., & Guttman, J. (1994). Cognitive-behavioral anger control training for groups of adolescents: A treatment manual. In C. W. LeCroy (Ed.), *Handbook of child and adolescent treatment manuals.* New York: Lexington Books.

Feindler, E. L., Marriott, S. A., & Iwata, M. (1984). Group anger control training for junior high school delinquents. *Cognitive Therapy and Research, 8*, 299-311.

Fisch, R., Weakland, J. H., & Segal, L. (1982). The tactics of change: Doing therapy briefly. San Francisco: Jossey-Bass.

Fixsen, D. L., Naoom, S. F., Blasé, K. A., Friedman, R. M., & Wallace, F. (2005). *Implementation research: A synthesis of the literature.* Tampa: University of South Florida, Louis de la Parte Florida Mental Health Institute, National Implementation Research Network.

Fleming, C. B., Brewer, D. D., Gainey, R. R., Haggerty, K. P., & Catalano, R. F. (1997). Parent drug use and bonding to parents as predictors of substance use in children of substance abusers. *Journal of Child and Adolescent Substance Abuse, 6*, 75-86.

Franks, R. P., Schroeder, J. A., Connell, C. M., & Tebes, J. K. (2008). *Unlocking doors: Multisystemic therapy for Connecticut's high-risk children and youth: An effective home-based alternative treatment.* Connecticut Center for Effective Practice, Child Health and Development Institute of Connecticut.

Gambrill, E. D. (1977). *Behavior modification: Handbook of assessment, intervention, and evaluation.* San Francisco: Jossey-Bass.

Glisson, C., Schoenwald, S. K., Kelleher, K., Landsverk, J. Hoagwood, K. E., Mayberg, S., et al. (2008). Therapist turnover and new program sustainability in mental health clinics as a function of organizational culture, climate, and service structure. *Administration and Policy in Mental Health and Mental Health Services Research, 35*, 124-133.

Gruber, K., Chutuape, M. A., & Stitzer, M. L. (2000). Reinforcement-based intensive outpatient treatment for inner city opiate abusers: A short-term evaluation. *Drug and Alcohol Dependence, 57*.

Haley, J. (1987). *Problem-solving therapy* (2nd ed.). San Francisco: Jossey-Bass.

Haley, J. (1993). *Uncommon therapy: The psychiatric techniques of Milton H. Erickson, M.D.* New York: Norton.

Halliday-Boykins, C. A., Schoenwald, S. K., & Letourneau, E. J. (2005). Caregiver-therapist ethnic similarity predicts youth outcomes from an empirically based treatment. *Journal of Consulting and Clinical Psychology, 73*, 808-818.

Henggeler, S. W. (Ed.). (1982). *Delinquency and adolescent psychopathology: A family-ecological systems approach.* Littleton, MA: John Wright-PSG.

Henggeler, S. W., & Borduin, C. M. (1990). *Family therapy and beyond: A multisystemic approach to treating the behavior problems of children and adolescents*. Pacific Grove, CA: Brooks/Cole.

Henggeler, S. W., & Borduin, C. M. (1992). *Multisystemic Therapy Adherence Scales. Unpublished instrument.* Charleston: Department of Psychiatry and Behavioral Sciences, Medical University of South Carolina.

Henggeler, S. W., & Schoenwald, S. K. (1998). *The MST supervisory manual: Promoting quality assurance at the clinical level.* Charleston, SC: MST Institute.

Henggeler, S. W., Borduin, C. M., Melton, G. B., Mann, B. J., Smith, L., Hall, J. A.,et al. (1991). Effects of multisystemic therapy on drug use and abuse in serious juvenile offenders: A progress report from two outcome studies. *Family Dynamics of Addiction Quarterly, 1*(3), 40-51.

Henggeler, S. W., Borduin, C. M., Schoenwald, S. K., Huey, S. J., & Chapman, J. E. (2006). *Multisystemic Therapy Adherence Scale—Revised* (TAM-R). Unpublished instrument. Charleston: Department of Psychiatry and Behavioral Sciences, Medical University of South Carolina.

Henggeler, S. W., Chapman, J. E., Rowland, M. D., Halliday-Boykins, C. A., Randall, J., Shackleford, J., et al. (2007). If you build it, they will come: Statewide practitioner interest in contingency management for youths. *Journal of Substance Abuse Treatment, 32*, 121-131.

Henggeler, S. W., Chapman, J. E., Rowland, M. D., Halliday-Boykins, C. A., Randall, J., Shackleford, J., et al. (2008). Statewide adoption and initial implementation of contingency management for substance abusing adolescents. *Journal of Consulting and Clinical Psychology, 76*, 556-567.

Henggeler, S. W., Clingempeel, W. G., Brondino, M. J., & Pickrel, S. G. (2002). Four-year follow-up of multisystemic therapy with substance-abusing and substance-dependent juvenile offenders. *Journal of the American Academy of Child and Adolescent Psychiatry, 41*, 868-874.

Henggeler, S. W., Halliday-Boykins, C. A., Cunningham, P. B., Randall, J., Shapiro, S. B., & Chapman, J. E. (2006). Juvenile drug court: Enhancing outcomes by integrating evidence-based treatments. *Journal of Consulting and Clinical Psychology, 74*, 42-54.

Henggeler, S. W., Letourneau, E. J., Chapman, J. E., Borduin, C. M., Schewe, P. A., & McCart, M. R. (in press). Mediators of change for multisystemic therapy with juvenile sexual offenders. *Journal of Consulting and Clinical Psychology*.

Henggeler, S. W., Melton, G. B., Brondino, M. J., Scherer, D. G., & Hanley, J. H. (1997). Multisystemic therapy with violent and chronic juvenile offenders and their families: The role of treatment fidelity in successful dissemination. *Journal of Consulting and Clinical Psychology, 65*, 821-833.

Henggeler, S. W., Melton, G. B., & Smith, L. A. (1992). Family preservation using multisystemic therapy: An effective alternative to incarcerating serious juvenile offenders. *Journal of Consulting and Clinical Psychology, 60*, 953-961.

Henggeler, S. W., Melton, G. B., Smith, L. A., Schoenwald, S. K., & Hanley, J. H. (1993). Family preservation using multisystemic treatment: Long-term followup to a clinical trial with serious juvenile offenders. *Journal of Child and Family Studies, 2*, 283-293.

Henggeler, S. W., Pickrel, S. G., & Brondino, M. J. (1999). Multisystemic treatment of substance abusing and dependent delinquents: Outcomes, treatment fidelity, and transportability. *Mental Health Services Research, 1*, 171-184.

Henggeler, S. W., Pickrel, S. G., Brondino, M. J., & Crouch, J. L. (1996). Eliminating (almost) treatment dropout of substance abusing or dependent delinquents through home-based multisystemic therapy. *American Journal of Psychiatry, 153*, 427-428.

Henggeler, S. W., Rodick, J. D., Borduin, C. M., Hanson, C. L., Watson, S. M., & Urey, J. R. (1986). Multisystemic treatment of juvenile offenders: Effects on adolescent behavior and family interactions. *Developmental Psychology, 22*, 132-141.

Henggeler, S. W., Rowland, M. D., Halliday-Boykins, C., Sheidow, A. J., Ward, D. M., Randall, J., et al. (2003). One-year follow-up of multisystemic therapy as an alternative to the hospitalization of youths in psychiatric crisis. *Journal of the American Academy of Child and Adolescent Psychiatry, 42*, 543-551.

Henggeler, S. W., Rowland, M. D., Randall, J., Ward, D. M., Pickrel, S. G., Cunningham, P. B., et al. (1999). Home based multisystemic therapy as an alternative to the hospitalization of youths in psychiatric crisis: Clinical outcomes. *Journal of the American Academy of Child and Adolescent Psychiatry, 38*, 1331-1339.

Henggeler, S. W., Schoenwald, S. K., Borduin, C. M., Rowland, M. D., & Cunningham, P. B. (1998). *Multisystemic treatment of antisocial behavior in children and adolescents*. New York: Guilford Press.

Henggeler, S. W., Schoenwald, S. K., Borduin, C. M., & Swenson, C. C. (2006).

Methodological critique and meta-analysis as Trojan horse. *Children and Youth Services Review, 28*, 447-457.

Henggeler, S. W., Schoenwald, S. K., Liao, J. G., Letourneau, E. J., & Edwards, D. L. (2002). Transporting efficacious treatments to field settings: The link between supervisory practices and therapist fidelity in MST programs. *Journal of Clinical Child and Adolescent Psychology, 31*, 155-167.

Henggeler, S. W., Schoenwald, S. K., Rowland, M. D., & Cunningham, P. B. (2002). *Serious emotional disturbance in children and adolescents: Multisystemic therapy*. New York: Guilford Press.

Henggeler, S. W., Sheidow, A. J., Cunningham, P. B., Donohue, B. C., & Ford, J. D. (2008). Promoting the implementation of an evidence-based intervention for adolescent marijuana abuse in community settings: Testing the use of ntensive quality assurance. *Journal of Clinical Child and Adolescent Psychology, 37*, 682-689.

Higgins, S. T., Silverman, K., & Heil, S. H. (2008). *Contingency management in substance abuse treatment*. New York: Guilford Press.

Hoge, R. D., Guerra, N. G., & Boxer, P. (Eds.). (2008). *Treating the juvenile offender*. New York: Guilford Press.

Hollon, S. D., Jarrett, R. B., Nierenberg, A. A., Thase, M. E., Trivedi, M., & Rush, A. J. (2005). Psychotherapy and medication in the treatment of adult and geriatric depression: Which monotherapy or combined treatment? *Journal of Clinical Psychiatry, 66*, 455-468.

Howell, J. C. (2003). *Preventing and reducing juvenile delinquency: A comprehensive framework*. Thousand Oaks, CA: Sage.

Hoza, B., Molina, B. S. G., Bukowski, W. M., & Sippola, L. K. (1995). Peer variables as predictors of later childhood adjustment. Special issue: Developmental processes in peer relations and psychopathology. *Development and Psychopathology, 7*, 787-802.

Huey, S. J., Henggeler, S. W., Brondino, M. J., & Pickrel, S. G. (2000). Mechanisms of change in multisystemic therapy: Reducing delinquent behavior through therapist adherence and improved family and peer functioning. *Journal of Consulting and Clinical Psychology, 68*, 451-467.

Huey, S. J., Henggeler, S. W., Rowland, M. D., Halliday-Boykins, C. A., Cunningham, P. B., Pickrel, S. G., et al. (2004). Multisystemic therapy effects on attempted suicide by youth presenting psychiatric emergencies. *Journal of the American Academy of Child and*

Adolescent Psychiatry, 43, 183-190.

Huey, S. J., & Polo, A. J. (2008). Evidence-based psychosocial treatments for ethnic minority youth: A review and meta-analysis. *Journal of Clinical Child and Adolescent Psychology, 37*, 262-301. Individuals with Disabilities Education Act Amendments of 1997. H.R. 5, 105th Cong. (1997).

Jennison, K. M., & Johnson, K. A. (1998). Alcohol dependence in adult children of alcoholics: Longitudinal evidence of early risk. *Journal of Drug Education, 28*, 19-37.

Jones, H. E., Wong, C. J., Tuten, M., & Stitzer, M. L. (2005). Reinforcement-based therapy: 12-month evaluation of an outpatient drug-free treatment for heroin abusers. *Drug and Alcohol Dependence, 79*, 119-128.

Kazdin, A. E. (2003). Problem-solving skills training and parent management training for conduct disorder. In A. E. Kazdin & J. R. Weisz (Eds.), *Evidence-based psychotherapies for children and adolescents* (pp. 241-262). New York: Guilford Press.

Kazdin, A. E. (2007). Mediators and mechanisms of change in psychotherapy research. *Annual Review of Clinical Psychology, 3*, 1-27.

Kazdin, A. E., Siegel, T. C., & Bass, D. (1992). Cognitive problem-solving skills training and parent management training in the treatment of antisocial behavior in children. *Journal of Consulting and Clinical Psychology, 60*, 733-747.

Kazdin, A. E., & Weisz, J. R. (1998). Identifying and developing empirically supported child and adolescent treatments. *Journal of Consulting and Clinical Psychology, 66*, 19-36.

Kim, J. E., Hetherington, E. M., & Reiss, D. (1999). Associations among family relationships, antisocial peers, and adolescents' externalizing behaviors: Gender and family type differences. *Child Development, 70*, 1209-1230.

Klein, K. J., & Knight, A. P. (2005). Innovation implementation: Overcoming the challenge. *Current Directions in Psychological Science, 14*(5), 243-246.

Kolko, D. J., & Swenson, C. C. (2002). *Assessing and treating physically abused children and their families*. Thousand Oaks, CA: Sage.

Lahey, B. B., Moffitt, T. E., & Caspi, A. (Eds.). (2003). *Causes of conduct disorder and delinquency*. New York: Guilford Press.

Larson, R. W., & Verma, S. (1999). How children and adolescents spend time across the world: Work, play, and developmental opportunities. *Psychological Bulletin, 125*, 701-736.

Leahy, R. L. (2003). *Cognitive therapy techniques*. New York: Guilford Press.

Lebow, J. L. (Ed.). (2005). *Handbook of clinical family therapy*. Hoboken, NJ: Wiley.

Leschied, A., & Cunningham, A. (2002, February). *Seeking effective interventions for serious young offenders: Interim results of a four-year randomized study of multisystemic therapy in Ontario, Canada*. London: Centre for Children & Families in the Justice System.

Letourneau, E. J., Henggeler, S. W., Borduin, C. M., Schewe, P. A., McCart, M. R.,

Chapman, J. E., et al. (in press). Multisystemic therapy for juvenile sexual offenders: 1-year results from a randomized effectiveness trial. Journal of Family Psychology.

Linehan, M. M. (1993). *Cognitive-behavioral treatment of borderline personality disorder*. New York: Guilford Press.

Littell, J. H., Popa, M., & Forsythe, B. (2005). *Multisystemic therapy for social, emotional, and behavioral problems in youth aged 10-17*. Campbell Collaborative Library, Issue 4: Wiley.

Lochman, J. E., Nelson, W. M., & Sims, J. P. (1981). A cognitive-behavioral program for use with aggressive children. *Journal of Clinical Child Psychology, 10*, 146-148.

Lochman, J. E., & Wells, K. C. (2002). Contextual social-cognitive mediators and child outcome: A test of the theoretical model in the Coping Power program. *Development and Psychopathology, 14*, 945-967.

Loeber, R., & Farrington, D. P. (Eds.). (1998). *Serious and violent juvenile offenders: Risk factors and successful interventions*. Thousand Oaks, CA: Sage.

Loeber, R., Farrington, D. P., Stouthamer-Loeber, M., & Van Kammen, W. B. (1998). *Antisocial behavior and mental health problems: Explanatory factors in childhood and adolescence*. Mahwah, NJ: Erlbaum.

Maccoby, E. E., & Martin, J. A. (1983). Socialization in the context of the family: Parent-child interactions. In E. M. Hetherington (Ed.), P. H. Mussen (Series Ed.), *Handbook of child psychology, Vol. 4: Socialization, personality, and social development* (pp. 1-101). New York: Wiley.

Marcenko, M. O., & Meyers, J. C. (1991). Mothers of children with developmental disabilities: Who shares the burden? *Family Relations, 40*, 186-190.

March, J. S. (2002). *Diagnosis and treatment of the childhood-onset anxiety disorders*. Available at www2.mc.duke.edu/PCAAD/PCAAD March.htm.

Margo, J. (2008). *Make me a criminal: Preventing youth crime*. London: Institute for Public Policy Research.

Mash, E. J., & Barkley, R. A. (Eds.). (2006). *Treatment of childhood disorders* (3rd ed.). New York: Guilford Press.

McGue, M. (1999). Behavioral genetic models of alcoholism and drinking. In K. E. Leonard & H. T. Blane (Eds.), *Psychological theories of drinking and alcoholism* (2nd ed., pp. 372–421). New York: Guilford Press.

McKay, M., Davis, M., & Fanning, P. (2007). *Thoughts and feelings: Taking control of your moods and your life* (3rd ed.). Oakland, CA: New Harbinger.

McMahon, R. J., & Forehand, R. L. (2003). *Helping the noncompliant child* (2nd ed.). New York: Guilford Press.

Meichenbaum, D. (1977). *Cognitive-behavior modification: An integrative approach*. New York: Plenum Press.

Mihalic, S. (2004). The importance of implementation fidelity. *Emotional and Behavioral Disorders in Youth, 4*, 83–86, 99–105.

Miller, W. R., & Rollnick, S. (2002). *Motivational interviewing: Preparing people for change* (2nd ed.). New York: Guilford Press.

Minuchin, S. (1974). *Families and family therapy*. Cambridge, MA: Harvard University Press.

Minuchin, S., & Fishman, H. C. (1981). *Family therapy techniques*. Cambridge, MA: Harvard University Press.

Minuchin, S., Nichols, M. P., & Lee, W. Y. (2007). *Assessing families and couples*. Boston: Allyn & Bacon.

MTA Cooperative Group. (1999). A 14-month randomized clinical trial of treatment strategies for attention-deficit/ hyperactivity disorder. *Archives of General Psychiatry, 56*, 1073–1086.

Munger, R. L. (1993). *Changing children's behavior quickly*. Lanham, MD: Madison Books.

Munger, R. L. (1999). *Rules for unruly children: The parent discipline bible*. Boys Town, NE: Boys Town Press. Available at www.parenting.org/ebook/index.asp.

National Alliance on Mental Illness. (2003, Fall). Multisystemic therapy: An evidence- based practice for serious clinical problems in adolescents. *NAMI Beginnings, Issue 3*, pp. 8–10.

National Alliance on Mental Illness. (2008, Winter). Medicaid coverage of multisystemic therapy. *NAMI Beginnings, Issue 10*, pp. 5-8.

National Institute on Drug Abuse. (1999). *Principles of drug addiction treatment: A research-based guide* (NIH Publication No. 99-4180). Rockville, MD: U.S. Department of Health and Human Services, National Institutes of Health.

National Institutes of Health. (2006). State-of-the-Science Conference statement: Preventing violence and related health-risking, social behaviors in adolescents. *Journal of Abnormal Child Psychology, 34*, 457-470.

National Mental Health Association. (2004). *Mental health treatment for youth in the juvenile justice system: A compendium of promising practices*. Alexandria, VA: Author.

National Youth Employment Coalition. (2005). *PEPNet guide to quality standards for youth programs*. Washington, DC: Author. Available at www.nyec.org/page.cfm?pageID=123.

Nezu, A. M., Nezu, C. M., & D'Zurilla, T. J. (2007). *Solving life's problems*. New York: Springer Publishing.

North, M. S., Gleacher, A. A., Radigan, M., Greene, L., Levitt, J. M., Chassman, J., et al. (2008). The Evidence-Based Treatment Dissemination Center (EBTDC): Bridging the research-practice gap in New York State. *Emotional and Behavioral Disorders in Youth, 8*, 9-17.

Office of Justice Programs. (2005). *The OJP what works repository: Working group of the federal collaboration on what works*. Washington, DC: Author.

Office of Juvenile Justice and Delinquency Prevention. (2007). *The Office of Juvenile Justice and Delinquency Prevention's Model Programs Guide* (MPG). Available at www.dsgonline.com/mpg2.5//TitleV_MPG_Table_Ind_Rec.asp?id=363.

Office of Program Policy Analysis and Government Accountability. (2007, February). *Redirection pilots meet and exceed residential commitment outcomes: $5.8 million saved*. Tallahassee: Florida Legislature.

Ogden, T., & Hagen, K. A. (2006a). Multisystemic therapy of serious behaviour problems in youth: Sustainability of therapy effectiveness two years after intake. *Journal of Child and Adolescent Mental Health, 11*, 142-149.

Ogden, T., & Hagen, K. A. (2006b). Virker MST?: Kommentarer til en systematisk forskningsoversikt og meta-analyse av MST. *Nordisk Sosialt Arbeid, 26*, 222- 233.

Ogden, T., Hagen, K. A., & Andersen, O. (2007). Sustainability of the effectiveness of a programme of multisystemic treatment (MST) across participant groups in the second year of operation. *Journal of Children's Services, 2*, 4-14.

Ogden, T., & Halliday-Boykins, C. A. (2004). Multisystemic treatment of antisocial adolescents in Norway: Replication of clinical outcomes outside of the U.S. *Child and Adolescent Mental Health, 9*(2), 77-83.

Oswald, D. P., & Singh, N. N. (1996). Emerging trends in child and adolescent mental health services. In T. H. Ollendick & R. J. Prinz (Eds.), *Advances in clinical child psychology* (pp. 331-365). New York: Plenum Press.

Palinkas, L. A., Schoenwald, S. K., Hoagwood, K., Landsverk, J., Chorpita, B. F., Weisz, J. R., et al. (2008). An ethnographic study of implementation of evidence-based practice in child mental health: First steps. *Psychiatric Services, 59*, 738-746.

Patterson, G. R. (1976). *Living with children: New methods for parents and teachers.* Champaign, IL: Research Press.

Patterson, G. R., Reid, J. B., & Dishion, T. J. (1992). *Antisocial boys.* Eugene, OR: Castalia Publishing.

Peake, T. H., Borduin, C. M., & Archer, R. P. (2000). *Brief psychotherapies.* Montvale, NJ: Jason Aronson.

Pierce, G. R., Sarason, B. R., & Sarason, I. (1995). *Handbook of social support and the family.* New York: Plenum Press.

President's New Freedom Commission on Mental Health. (2003). *Achieving the promise: Transforming mental health care in America.* Rockville, MD: DHHS.

Prinstein, M. J., & Dodge, K. A. (Eds.). (2008). *Understanding peer influence in children and adolescents.* New York: Guilford Press.

Pryor, J., & Emery, R. E. (2004). Divorce and children's well-being. In R. Unsworth (Ed.), *How American children lead their lives* (pp. 170-190). Piscataway, NJ: Rutgers University Press.

Putnam, R. D. (2000). *Bowling alone: The collapse and revival of American community.* New York: Simon & Schuster.

Quick, J. D., Nelson, D. L., Matuszek, P. A., Whittington, J. L., & Quick, J. C. (1996). Social support, secure attachments, and health. In C. L. Cooper (Ed.), *Handbook of stress, medicine, and health* (pp. 269-287). Boca Raton, FL: CRC Press.

Real, K., & Poole, M. S. (2005). Innovation implementation: Conceptualization and measurement in organizational research. *Research in Organizational Change and Development, 15*, 63-134.

Reid, J. B., Patterson, G. R., & Snyder, J. (Eds.). (2002). *Antisocial behavior in children and adolescents: A developmental analysis and model for intervention.* Washington, DC: American Psychological Association.

Robin, A. L., & Foster, S. (1989). *Negotiating parent-adolescent conflict: A behavioral family systems approach.* New York: Guilford Press.

Roid, G. H. (2003). *The Stanford-Binet Intelligence Scales—Fifth Edition.* Itasca, IL: Riverside Publishing.

Roseth, C. J., Johnson, D. W., & Johnson, R. T. (2008). Promoting early adolescents' achievement and peer relationships: The effects of cooperative, competitive, and individualistic goal structures. *Psychological Bulletin, 134*, 223-246.

Rowland, M. D., Chapman, J. E., & Henggeler, S. W. (2008). Sibling outcomes from a randomized trial of evidence-based treatments with substance abusing juvenile offenders. *Journal of Child and Adolescent Substance Abuse, 17*, 11-26.

Rowland, M. D., Halliday-Boykins, C. A., & Demidovich, M. (2003). *Caregiver substance use disorder: Impact on parenting.* Poster presentation, 50th annual meeting of the American Academy of Child and Adolescent Psychiatry, Miami, FL.

Rowland, M. D., Halliday-Boykins, C. A., Henggeler, S. W., Cunningham, P. B., Lee, T. G., Kruesi, M. J. P., et al. (2005). A randomized trial of multisystemic therapy with Hawaii's Felix Class youths. *Journal of Emotional and Behavioral Disorders, 13*, 13-23.

Saldana, L., & Henggeler, S. W. (2008). Improving outcomes and transporting evidence-based treatments for youth and families with serious clinical problems. *Journal of Child and Adolescent Substance Abuse, 17*, 1-10.

Sampson, R. J., & Laub, J. H. (2005). A life-course view of the development of crime. *Annals of the American Academy of Political and Social Science, 602*, 12-45.

Sanders, M. R. (1996). New directions in behavioral family intervention with children. In T. H. Ollendick & R. J. Prinz (Eds.), *Advances in clinical child psychology* (Vol. 18, pp. 283-330). New York: Plenum Press.

Schaeffer, C. M., & Borduin, C. M. (2005). Long-term follow-up to a randomized clinical trial of multisystemic therapy with serious and violent juvenile offenders. *Journal of Consulting and Clinical Psychology, 73*(3), 445-453.

Schaeffer, C. M., Saldana, L., Rowland, M. D., Henggeler, S. W., & Swenson, C. C. (2008). New initiatives in improving youth and family outcomes by importing evidence-based practices. *Journal of Child and Adolescent Substance Abuse, 17,* 27-45.

Schoenwald, S. K. (1998). *Multisystemic therapy consultation manual.* Charleston, SC: MST Institute.

Schoenwald, S. K. (2001). *The MST Consultant Adherence Measure.* Charleston: Family Services Research Center, Medical University of South Carolina.

Schoenwald, S. K., Carter, R. E., Chapman, J. E., & Sheidow, A. J. (2008). Therapist adherence and organizational effects on change in youth behavior problems one year after Multisystemic Therapy. *Administration and Policy in Mental Health and Mental Health Services Research, 35,* 379-394.

Schoenwald, S. K., & Chapman, J. E. (2008a). *Limits of caregiver-therapist ethnic similarity effects on youth outcomes of an empirically based treatment.* Manuscript in preparation.

Schoenwald, S. K., & Chapman, J. E. (2008b). *Therapist turnover affects youth outcomes of an empirically supported treatment.* Manuscript submitted for review.

Schoenwald, S. K., Chapman, J. E., & Sheidow, A. J. (2006, March). Implementation fidelity in MST. In S. K. Schoenwald & J. Reid (Co-Chairs), *Community-based model programs panel: Implementing with fidelity. Evidence-Based Programs: Research-to-Practice Conference (Blueprints for Violence Prevention).* Denver, CO.

Schoenwald, S. K., Chapman, J. E., Sheidow, A. J., & Carter, R. E. (in press). Longterm youth criminal outcomes in MST transport: The impact of therapist adherence and organizational climate and structure. *Journal of Clinical Child and Adolescent Psychology.*

Schoenwald, S. K., Heiblum, N., Saldana, L., & Henggeler, S. W. (2008). The international implementation of multisystemic therapy. *Evaluation and The Health Professions, Special Issue: International Translation of Health Behavior Research Innovations, Part I, 31,* 211-225.

Schoenwald, S. K., Henggeler, S. W., Brondino, M. J., & Rowland, M. D. (2000). Multisystemic therapy: Monitoring treatment fidelity. *Family Process, 39,* 83-103.

Schoenwald, S. K., Henggeler, S. W., & Edwards, D. (1998). *MST Supervisor Adherence Measure.* Charleston, SC: MST Institute.

Schoenwald, S. K., & Hoagwood, K. (2001). Effectiveness, transportability, and dissemination of interventions: What matters when? *Psychiatric Services, 52*, 1179-1189.

Schoenwald, S. K., Letourneau, E. J., & Halliday-Boykins, C. A. (2005). Predicting therapist adherence to a transported family-based treatment for youth. *Journal of Clinical Child and Adolescent Psychology, 34*(4), 658-670.

Schoenwald, S. K., Sheidow, A. J., & Chapman, J. E. (in press). Clinical supervision in treatment transport: Effects on adherence and outcomes. *Journal of Consulting and Clinical Psychology*.

Schoenwald, S. K., Sheidow, A. J., & Letourneau, E. J. (2004). Toward effective quality assurance in evidence-based practice: Links between expert consultation, therapist fidelity, and child outcomes. *Journal of Child and Adolescent Clinical Psychology, 33*, 94-104.

Schoenwald, S. K., Sheidow, A. J., Letourneau, E. J., & Liao, J. G. (2003). Transportability of multisystemic therapy: Evidence for multi-level influences. *Mental Health Services Research, 5*, 223-239.

Schoenwald, S. K., Ward, D. M., Henggeler, S. W., Pickrel, S. G., & Patel, H. (1996). MST treatment of substance abusing or dependent adolescent offenders: Costs of reducing incarceration, inpatient and residential placement. *Journal of Child and Family Studies, 5*, 431-444.

Schoenwald, S. K., Ward, D. M., Henggeler, S. W., & Rowland, M. D. (2000). MST vs. hospitalization for crisis stabilization of youth: Placement outcomes 4 months post-referral. *Mental Health Services Research, 2*, 3-12.

Seaburn, D., Landau-Stanton, J., & Horwitz, S. (1996). Core techniques in family therapy. In R. H. Mikesell, D. Lusterman, & S. H. McDaniel (Eds.), *Integrating family therapy: Handbook of family psychology and systems theory*. Washington, DC: American Psychological Association.

Sexton, T. S., Alexander, J. F., & Mease, A. L. (2004). Levels of evidence for the models and mechanisms of therapeutic change in family and couple therapy. In M. J. Lambert (Ed.), *Bergin and Garfield's handbook of psychotherapy and behavior change* (5th ed., pp. 590-646). New York: Wiley.

Sheidow, A. J., Bradford, W. D., Henggeler, S. W., Rowland, M. D., Halliday-Boykins, C., Schoenwald, S. K., et al. (2004). Treatment costs for youths in psychiatric crisis: Multisystemic therapy versus hospitalization. *Psychiatric Services, 55*, 548-554.

Sheidow, A. J., & Henggeler, S. W. (2008). Multisystemic therapy with substance using adolescents: A synthesis of research. In A. Stevens (Ed.), *Crossing frontiers: International developments in the treatment of drug dependence* (pp. 11-33). Brighton, UK: Pavilion.

Sheidow, A. J., Schoenwald, S. K., Wagner, H. R., Allred, C. A., & Burns, B. J. (2006). Predictors of workforce turnover in a transported treatment program. *Administration and Policy in Mental Health and Mental Health Services Research, 1*, 1-12.

Shortell, S. M., Bennett, C. L., & Byck, G. R (1998). Assessing the impact of continuous quality improvement on clinical practice: What it will take to accelerate progress. *Milbank Quarterly, 76*, 593-624.

Smith, J. C. (1990). *Cognitive Behavioral Relaxation Training: A new system of strategies for treatment and assessment.* New York: Springer.

Sparrow, S. S., Cicchetti, D. V., & Balla, D. A. (2005). *Vineland Adaptive Behavior Scales— Second edition.* Bloomington, MN: Pearson.

Spivack, G., Platt, J. J., & Shure, M. B. (1976). *The problem-solving approach to adjustment.* San Francisco: Jossey-Bass.

Stambaugh, L. F., Mustillo, S. A., Burns, B. J., Stephens, R. L., Baxter, B., Edwards, D., et al. (2007). Outcomes from wraparound and multisystemic therapy in a center for mental health services system-of-care demonstration site. *Journal of Emotional and Behavioral Disorders, 15*, 143-155.

Stanton, M. D., & Shadish, W. R. (1997). Outcome, attrition, and family-couples treatment for drug abuse: A meta-analysis and review of the controlled, comparative studies. *Psychological Bulletin, 122*, 170-191.

Steinberg, L., Lamborn, S. D., Darling, N., Mounts, N. S., & Dornbusch, S. M. (1994). Over-time changes in adjustment and competence among adolescents from authoritative, authoritarian, indulgent, and neglectful families. *Child Development, 65*, 754-770.

Strother, K. B., Swenson, M. E., & Schoenwald, S. K. (1998). *Multisystemic therapy organizational manual.* Charleston, SC: MST Institute.

Stroul, B. A., & Friedman, R. M. (1994). *A system of care for children and youth with severe emotional disturbances* (rev. ed.). Washington, DC: Georgetown University Child Development Center, National Technical Center for Children's Mental Health, Center for Child Health and Mental Health Policy.

Substance Abuse and Mental Health Services Administration. (2007). National registry of evidence-based programs and practices. Available at *www.nrepp.samhsa.gov/programfulldetails.asp?PROGRAM_ID=102.*

Sundell, K., Hansson, K., Löfholm, C. A., Olsson, T., Gustle, L. H., & Kadesjö, C. (2008). The transportability of multisystemic therapy to Sweden: Short-term results from a randomized trial of conduct disordered youth. *Journal of Family Psychology, 22,* 550-560.

Swenson, C. C., Henggeler, S. W., Taylor, I. S., & Addison, O. W. (2005). *Multisystemic therapy and neighborhood partnerships: Reducing adolescent violence and substance abuse.* New York: Guilford Press.

Swenson, C. C., Saldana, L., Joyner, C. D., Caldwell, E., Henggeler, S. W., & Rowland, M. D. (2005). *Multisystemic therapy for child abuse and neglect.* Charleston: Family Services Research Center, Department of Psychiatry and Behavioral Sciences, Medical University of South Carolina.

Teplin L. A., Abram K. M., McClelland G. M., Dulcan, M. K., & Mericle, A. A. (2002). Psychiatric disorders in youth in juvenile detention. *Archives of General Psychiatry, 59,* 1133-1143.

Teplin, L. A., McClelland G. M., Abram K. M, & Mileusnic, D. (2005). Early violent death among delinquent youth: A prospective longitudinal study. *Pediatrics, 115,* 1586-1593.

Thornberry, T. P., & Krohn, M. D. (Eds.). (2003). *Taking stock of delinquency: An overview of findings from contemporary longitudinal studies.* New York: Kluwer/Plenum.

Timmons-Mitchell, J., Bender, M. B., Kishna, M. A., & Mitchell, C. C. (2006). An independent effectiveness trial of multisystemic therapy with juvenile justice youth. *Journal of Clinical Child and Adolescent Psychology, 35,* 227-236.

Tompkins, M. A. (2004). *Using homework in psychotherapy.* Strategies, guidelines, and forms. New York: Guilford Press.

Trupin, E., Kerns, S., Walker, S., & Lee, T. (in press). Family Integrated Transitions: A promising program for juvenile offenders with co-occurring disorders. *Psychiatric Services.*

Unger, D. G., & Wandersman, A. (1985). The importance of neighbors: The social, cognitive, and affective components of neighboring. *American Journal of Community Psychology, 13,* 139-169.

U.S. Department of Education. (1998). *Dropout rates in the United States: 1998.* Washington,

DC: National Center for Education Statistics. Available at www.ed.gov.

U.S. Department of Health and Human Services. (1999). *Mental health: A report of the Surgeon General.* Rockville, MD: U.S. Department of Health and Human Services, National Institutes of Health, National Institute of Mental Health.

U.S. Public Health Service. (2001). *Youth violence: A report of the Surgeon General.* Washington, DC: Author.

Vitaro, F., Brendgen, M., & Tremblay, R. E. (2000). Influence of deviant friends on delinquency: Searching for moderator variables. *Journal of Abnormal Child Psychology, 28,* 313-325.

Waldron, H. B., & Turner, C. W. (2008). Evidence-based psychosocial treatments for adolescent substance abuse. *Journal of Clinical Child and Adolescent Psychology, 37,* 238-261.

Wechsler, D. (2001). *Wechsler Individual Achievement Test—Second Edition (WIAT-II).* Bloomington, MN: Pearson.

Wechsler, D. (2003). *Wechsler Intelligence Scale for Children—Fourth Edition (WISC-IV).* Bloomington, MN: Pearson.

Weisz, J. R. (2004). *Psychotherapy for children and adolescents: Evidence-based treatments and case examples.* New York: Cambridge University Press.

Weisz, J. R., Donenberg, G. R., Han, S. S., & Weiss, B. (1995). Bridging the gap between laboratory and clinic in child and adolescent psychotherapy. *Journal of Consulting and Clinical Psychology, 63,* 688-701.

Weithorn, L. A. (2005, Summer). Envisioning second-order change in America's responses to troubled and troublesome youth. *Hofstra Law Review, 33*(4).

Wierson, M., & Forehand, R. (1994). Parent behavioral training for child noncompliance: Rationale, concepts, and effectiveness. *Current Directions in Psychological Science, 3,* 146-150.

Wilcox, B. L., Turnbull, H. R., & Turnbull, A. P. (1999-2000). Behavioral issues and IDEA: PBS and the FBA in the disciplinary context. *Exceptionality, 8,* 173- 187.

Wilkinson, G. S., & Robertson, G. J. (2006). *Wide Range Achievement Test—Fourth Edition (WRAT4).* Lutz, FL: Psychological Assessment Resources.

Winters, K. C., Latimer, W. W., & Stinchfield, R. (2001). Assessing adolescent substance use. In E. F. Wagner & H. B. Waldron (Eds.), *Innovations in adolescent substance abuse interventions* (pp. 1-29). New York: Pergamon Press.

Wolpe, J., & Lazarus, A. A. (1966). *Behavior therapy techniques: A guide to the treatment of neuroses*. London: Pergamon Press.

Woodcock, R. W., McGrew, K. S., & Mather, N. (2001a). *Woodcock-Johnson Tests of Cognitive Abilities—Third Edition (WJTCA-III)*. Itasca, IL: Riverside.

Woodcock, R. W., McGrew, K. S., & Mather, N. (2001b). *Woodcock-Johnson Tests of Achievement—Third Edition (WJTA-III)*. Itasca, IL: Riverside.

🌷 찾아보기 🌷

저자 소개

스콧 헹겔러(Scott W. Henggeler) PhD.

미국 사우스캐롤라이나 의과대학 정신의학 및 행동과학과 교수이자 동 대학의 가족서비스 연구센터 소장이다. 최근 지역사회의 현안을 해결한 공로로 애니 케이시 재단과 포인트 라이트 재단으로부터 표창을 받았다. 헹겔러 박사는 250편 이상의 논문과 저서를 집필하였으며, 현재 9개 저널의 편집위원을 맡고 있다. 그의 연구와 정책적 관심은 주로 정신건강 및 물질남용 서비스 분야의 위기아동과 그 가족을 위해 혁신적인 치료를 개발하고 타당화하는 데 있다. 헹겔러 박사는 정신건강 및 물질남용 치료가 임상적으로 효과적이고, 비용 효율적이며, 가족을 보존하기 위한 서비스로 재편될 수 있도록 노력하는 한편, 증거기반치료를 지역사회로 보급하는 연구를 수행하고 있다.

소냐 슈엔왈드(Sonja K. Schoenwald) PhD.

미국 사우스캐롤라이나 의과대학 정신의학 및 행동과학과 교수이자 동 대학의 가족서비스 연구센터 부소장을 1994년부터 2004년까지 역임하였다. 슈엔왈드 박사는 주로 MST를 지역사회로 보급하기 위한 훈련과 서비스보증향상체계 매뉴얼을 개발·정교화하는 임상적 연구를 수행하는 데 앞장서 왔다. 슈엔왈드 박사의 주요 관심사는 청소년과 가족을 위한 효과적인 지역사회기반치료를 보급·실행·확산하는 데 있다. 슈엔왈드 박사는 수많은 논문을 썼으며, 3권의 저서와 여러 치료 매뉴얼, 모노그래프를 집필하였다.

찰스 보딘(Charles M. Borduin) PhD.

미국 미주리주 컬럼비아 대학교 심리학과 교수이자 미주리 비행 프로젝트의 책임자를 맡고 있다. 그는 복잡한 임상적 문제를 가진 청소년을 위한 효과적인 정신건강서비스의 개발과 타당화와 관련하여 100편 이상의 논문과 저서를 저술하였다. 보딘 박사는 아동정신건강서비스의 개혁과 관련하여 미국 및 전 세계 정부와 공공기관에 자문을 제공하고 있다.

멜리사 로랜드(Melisa D. Rowland) MD.

미국 사우스캐롤라이나 의과대학 정신의학 및 행동과학과와 가족서비스연구센터의 부교수이다. 로랜드 박사의 주요 관심사는 중증 정서행동장애를 가진 청소년을 위한 효과적인 가족기반 개입을 개발·실행·평가하는 데 있다. 그는 국립약물남용연구소에서 지원하는 임상 및 프로젝트 실행연구의 공동연구자이기도 하다. 이 연구는 사우스캐롤라이나 의과대학에서 치료를 받고 있는 청소년 약물남용자를 위한 수반성 관리의 강도를 높이도록 고안된 세 가지 훈련과정의 차별적 효과를 검증하기 위한 것이다. 로랜드 박사는 뉴욕시 가정 외 시설에 수감될 위기에 처한 반사회적 청소년을 위한 증거기반치료를 개발하는 애니 케이시 재단 프로젝트의 공동연구자이다.

필립프 커닝햄(Phillippe B. Cunningham) PhD.

미국 사우스캐롤라이나 의과대학 정신의학 및 행동과학과와 가족서비스연구센터의 교수이다. 커닝햄 박사는 오랫동안 아동·청소년, 특히 취약계층에 속한 아동·청소년의 심리적 문제를 치료하는 데 헌신해 왔다. 커닝햄 박사는 2000년 미국심리학회 임상심리분과로부터 시어도어 블로 얼리 커리어상을 수상하였으며, 2006년에는 청소년을 위한 영부인 자문위원회의 위원으로 활동하였다.

역자 소개

김윤희(Kim Yunhee)

서울대학교 심리학 박사(임상 · 상담심리학)

한국임상심리학회 공인 임상심리전문가

한국상담심리학회 공인 상담심리사 1급

보건복지부 공인 정신보건임상심리사 2급

현 신라대학교 교육학과 상담심리전공 조교수

　　다중체계치료연구소 협동조합 자문

강윤숙(Kang Yunsuk)

신라대학교 교육학 석사(상담심리학)

현 울산광역시 북구 청소년상담복지센터 상담원

공영숙(Kong Youngsook)

미국 오하이오 주립대학교 사회복지학 석사

사회복지사 1급

부산시 아동청소년과 아동복지팀장

현 부산시 복지정책과 생활보장팀장

　　다중체계치료연구소 협동조합 자문

박영순(Park Youngsun)

신라대학교 교육학 박사(상담심리)

현 신라대학교 교육학과 초빙교수

서　미(Seo Mi)

한양대학교 교육학 박사(상담심리학)

한국심리학회 공인 상담심리사 1급

미국 시애틀퍼시픽대학교 초빙교수

현 한국청소년상담복지개발원 상담조교수

서수균(Seo Sugyun)

서울대학교 심리학 박사(임상 · 상담심리학)

한국임상심리학회 공인 임상심리전문가

한국상담심리학회 공인 상담심리사 1급

보건복지부 공인 정신보건임상심리사 1급

현 부산대학교 심리학과 상담심리전공 교수

　　다중체계치료연구소 협동조합 자문

소수연(Soh Sooyoun)

가톨릭대학교 심리학 박사(상담심리학)

여성가족부 공인 청소년상담사 1급

한국상담심리학회 공인 상담심리사 1급

현 한국청소년상담복지개발원 상담조교수

이인숙(Lee Insook)

부산대학교 사회복지학 박사(사회복지실천)

부산광역시 건강가정지원센터 통합사례관리 슈퍼바이저(사회복지사 1급)

현 부산장신대학교 사회복지상담학과 교수

　　다중체계치료연구소 협동조합 이사

이정경(Lee Jungkyang)

미국 사우스웨스턴뱁티스트신학교 박사(심리상담)

한국상담학회 공인 1급 전문상담사 및 일반수련감독자

한국발달지원학회 공인 놀이심리상담 수련감독자

현 숭실대학교 사회복지대학원 초빙교수

조고은(Jo Goeun)

부산대학교 자연과학대학 해양학과 졸업

신라대학교 상담학과 석사 졸업

현 신라대학교 학생상담센터 연구원

하성현(Ha Seonghyun)

신라대학교 간호학과 졸업

현 신라대학교 상담학 석사과정

아동·청소년을 위한
반사회적 행동의 다중체계치료
Multisystemic Therapy
for Antisocial Behavior in Children and Adolescents(2nd ed.)

2020년 2월 1일 1판 1쇄 인쇄
2020년 2월 10일 1판 1쇄 발행

지은이 • Scott W. Henggeler · Sonja K. Schoenwald · Charles M. Borduin ·
　　　　Melisa D. Rowland · Phillippe B. Cunningham
옮긴이 • 김윤희 · 강윤숙 · 공영숙 · 박영순 · 서　미 · 서수균 ·
　　　　소수연 · 이인숙 · 이정경 · 조고은 · 하성현
펴낸이 • 김진환
펴낸곳 • ㈜ 학지사
　　　　04031 서울특별시 마포구 양화로 15길 20 마인드월드빌딩
대표전화 • 02-330-5114　　팩스 • 02-324-2345
등록번호 • 제313-2006-000265호

홈페이지 • http://www.hakjisa.co.kr
페이스북 • https://www.facebook.com/hakjisa

ISBN 978-89-997-2024-6 93180

정가 23,000원

역자와의 협약으로 인지는 생략합니다.
파본은 구입처에서 교환해 드립니다.

이 책을 무단으로 전재하거나 복제할 경우 저작권법에 따라 처벌을 받게 됩니다.

이 도서의 국립중앙도서관 출판시도서목록(CIP)은 서지정보유통지
원시스템 홈페이지(http://seoji.nl.go.kr)와 국가자료공동목록시스템
(http://www.nl.go.kr/kolisnet)에서 이용하실 수 있습니다.
(CIP 제어번호: CIP2020001204)

출판 · 교육 · 미디어기업 학지사
간호보건의학출판 학지사메디컬 www.hakjisamd.co.kr
심리검사연구소 인싸이트 www.inpsyt.co.kr
학술논문서비스 뉴논문 www.newnonmun.com
원격교육연수원 카운피아 www.counpia.com